Das Kriterium des Christseins

Karl-Heinz Menke

Das Kriterium des Christseins

Grundriss der Gnadenlehre

Verlag Friedrich Pustet
Regensburg

Bibliografische Information Der Deutschen Bibliothek

Die Deutsche Bibliothek verzeichnet diese Publikation in der
Deutschen Nationalbibliografie; detaillierte bibliografische Daten
sind im Internet über http://dnb.ddb.de abrufbar.

ISBN 3-7917-1729-4
© 2003 by Verlag Friedrich Pustet, Regensburg
Umschlaggestaltung: Martin Veicht, form fünf, Regensburg
Gesamtherstellung: Friedrich Pustet, Regensburg
Printed in Germany 2003

Professor Dr. Gisbert Greshake (* 10. 10. 1933)
dem Brückenbauer
zwischen Theologie und Verkündigung
zwischen Theorie und Praxis
dem Pionier einer vom Augustinismus befreiten Gnadenlehre
zum 70. Geburtstag

Vorwort

Gewiss, das Wort *Gnade* ist unzeitgemäß; und eine Lehre über die Gnade riecht nach den unzähligen Versuchen unzähliger Scholastiker, Erfahrungen in Begriffe, Distinktionen und Subdistinktionen zu fassen. Da wird nicht nur zwischen geschaffener und ungeschaffener Gnade unterschieden, sondern auch zwischen der Gnade des Schöpfers, der Gnade des Erlösers und der Gnade des Pfingstgeistes, zwischen äußerer und innerer Gnade, Amtsgnade und Heiligungsgnade, heilender und heiligender, habitueller und aktueller, zuvorkommender und nachfolgender, wirkender und mitwirkender, hinreichender und wirksamer, natürlicher und übernatürlicher Gnade.

Und doch: Die von solchen Unterscheidungen nicht selten mehr verdeckte als entdeckte Sache ist alles andere als ein Glasperlenspiel für den theologischen Elfenbeinturm. Denn es geht um das Verhältnis Gottes zum Menschen, um den Kern aller Theologie, um das, was alle theologischen Einzelaussagen immer schon voraussetzen. Genauer gesagt: Es geht um das von Christus (wahrer Gott *und* wahrer Mensch) geoffenbarte und ermöglichte Verhältnis von Gott und Mensch. Kurzum: Es geht um *das Kriterium des Christseins.*

Der vorliegende *Grundriss* unternimmt den Versuch, diese eigentliche Sache der Gnadenlehre bzw. deren alles bedingenden Kern auch da freizulegen, wo theologische Kontroversen, Spitzfindigkeiten und Irrwege ihn mehr verschüttet als entfaltet haben.

Für selbstlose Hilfe bei der formalen Gestaltung und Korrektur danke ich meiner Assistentin Julia Knop und meinem Mitarbeiter Ralph Poirel; für die vorbildliche Betreuung vonseiten des Verlags Pustet Herrn Dr. Rudolf Zwank.

Bonn, am 10. Oktober 2002   Karl-Heinz Menke

Inhalt

Einführung

Wenn man irgendeinen Menschen, der nicht gerade Theologie studiert hat, mit der Frage konfrontieren würde: ‚Was ist das eigentlich, Gnade?' wäre Schweigen oder Achselzucken die normale Reaktion; und es käme gewiss keiner der Befragten auf den Gedanken, den Begriff Gnade als adäquate Bezeichnung für den Sinngrund des eigenen Lebens zu halten. Für die Unzeitgemäßheit des Begriffs gibt es viele Gründe. Einige liegen im Paradigmenwechsel der Denkformen; so will in einer demokratischen Gesellschaft niemand mehr von der Gnade eines anderen abhängig sein. Andere Gründe liegen in der theologischen Reflexion selbst; denn niemand wird bestreiten, dass die neuthomistische Theologie mit ihren unzähligen Distinktionen[1] das Wort bzw. Nomen Gnade traktiert hat, ohne nach der Erfahrbarkeit der gemeinten Wirklichkeit zu fragen.

Viele jüngere Abhandlungen zum Thema Gnade beginnen mit einer etymologischen Ableitung des Wortes, setzen ihre Untersuchung mit differenzierten Beobachtungen über die Verwendung des Wortfeldes in den einzelnen biblischen Schriften fort und gelangen zu dem Ergebnis, dass es nicht um den Terminus bzw. das Nomen, sondern um die damit gemeinte Sache geht. In unserem notwendig auf Kürze bedachten Grundriss wird von vornherein auf Begriffsanalysen verzichtet[2]. Denn es trägt zur gemeinten Sache nur relativ wenig bei, wenn man weiß, dass sich das deutsche Wort Gnade vom Mittelhochdeutschen *genada* bzw. vom Wortstamm *nidan* (sich herablassen) herleiten lässt; dass das griechische *charis* im Unterschied zum lateinischen *gratia* ganz allgemein das den Menschen Erfreuende meint; dass Jesus selbst das aramäische Äquivalent möglicherweise nie verwandt hat; oder dass Paulus aus autobiographischen Gründen das Wort *charis* anders und vor allem sehr viel häufiger als die Evangelisten verwendet.

---

1   Zur ‚Terminologie der Gnade' vgl. M. Flick / Z. Alszeghy, Vangelo della Grazia, 19–23; G. Kraus, Gnadenlehre, 255–259.

2   Dazu: J. Auer, Das Wesen der Gnade, 336–354; E. Schillebeeckx, Christus und die Christen, 78–102; L. Scheffczyk, Heilsverwirklichung, 13–47.

Unsere Einführung lenkt den Blick auf die zentralen Dimensionen einer in den Kontext von Christologie, Trinitätslehre und Anthropologie eingebetteten Gnadenlehre; und dabei besonders auf Karl Rahner als den bedeutendsten Promotor einer „zeitgemäßen Gnadenlehre"[3]. Näherhin geht es um einleitende Anmerkungen über das Verhältnis der *Gnadenlehre* zur *Christologie*, *Pneumatologie* und *theologischen Anthropologie*.

1. Gnadenlehre und Christologie

Als Karl Rahner (1904–1984) nach seiner Promotion und Habilitation im Wintersemester 1937/38 seine akademische Lehrtätigkeit in Innsbruck mit dem Traktat *De Gratia Christi* beginnt, ist kaum jemandem aufgefallen, dass er bei aller äußeren Treue zur neuthomistischen Einteilung und Terminologie schon im Titel eine wichtige Korrektur vornimmt. Denn er überschreibt seine erste theologische Vorlesung nicht einfach mit ‚De Gratia', sondern mit ‚De Gratia *Christi*'[4]. Auf diese Weise deutet er schon im Titel zwei Komponenten seiner weiteren Ausführungen an, die im Rahmen der zeitgenössischen Schultheologie alles andere als selbstverständlich waren:

– Das Wort ‚Gnade' bezeichnet nicht zuerst eine Wirkung im Menschen (*gratia creata*), sondern die *Selbst*mitteilung Gottes *(gratia increata)*.
– Und die Selbstmitteilung Gottes ist identisch mit Jesus Christus, der sich durch den Heiligen Geist jedes Geschöpfes und jedes geschichtlichen Ereignisses bedienen kann, um jeden Menschen in Raum und Zeit zu erreichen (*gratia externa*)[5].

---

3   Vgl. R. Siebenrock, Gnade als Herz der Welt, 34–71.

4   Karl Rahner legte seiner Vorlesung das Lehrbuch seines Valkenburger Dogmatik-lehrers H. Lange, De Gratia, zugrunde und fertigte für seine Studenten selbst ein Skript an mit dem Titel: De Gratia Christi. Summa Praelectionum in usum privatum auditorum ordinata. Dazu ausführlich: K. H. Neufeld, Brüder Rahner, 130–137.

5   P. Rulands, Menschsein, 63–96, zeigt, dass Rahner – obwohl den Traktaten von H. Lange, De Gratia und L. Lercher, Institutiones Theologiae Dogmaticae, weithin folgend – eine These unabhängig von den genannten Vorlagen anführt, nämlich: „Haec Dei voluntas salvifica nos attingit in Christo Iesu et Ecclesia" (Manuskript S. 19). In der Kommentierung dieser These heißt es: „Voluntas enim Dei quidem immediate respicit singulares homines in quantum singulorum ut talium vult salutem unicuique specialem et propriam et sua gratia creata et increata sese ipsum singulis communicat" (ebd.). Rulands bemerkt dazu: „Das ,se*se ipsum communicare*' ist hier unzweifelhaft als Äquivalent zu dem von Rahner später so häufig gebrauchten Begriff der *,Selbstmitteilung Gottes'* anzusehen. Obwohl

Schon in Rahners erster Vorlesung zeichnet sich ab, wie sehr er in seinen späteren Werken das Thema Gnade dem Thema Heilsuniversalismus unterordnet. Wie der Kirchenvater Irenäus in seiner so genannten Rekapitulationstheorie, so nennt auch Rahner das Ziel von Schöpfung und Geschichte die Gemeinschaft möglichst aller Menschen mit Christus. Denn durch denselben Logos, der in Christus Fleisch angenommen hat, ist alles entstanden und finalisiert. In Rahners Vorlesung von 1937/38 findet sich noch kein Hinweis auf die von Teilhard de Chardin inspirierte Einzeichnung der Christologie in eine evolutive Weltanschauung. Aber im Unterschied zu allen zeitgenössischen Lehrbüchern formuliert Rahner schon zu diesem Zeitpunkt die These, alles, was mit dem Wort Gnade bezeichnet werde, sei hingeordnet auf die personale Selbstmitteilung des Logos in Jesus Christus und auf das Entstehen seines mystischen Leibes, der Kirche. Nicht zuletzt deshalb hat man in der Rückschau auf Rahners Frühwerk von einem Rekurs auf die erfahrbare Wirklichkeit bzw. von einem Neuentdecken der *gratia externa* gesprochen. Gemeint ist die Abkehr von der augustinistischen Auffassung, die Gnade sei ein unmittelbares und unsichtbares Handeln Gottes im Inneren des Menschen, das von bestimmten Symbolen nur äußerlich (im Sinne eines Okkasionalismus) bezeichnet werde. Rahner setzt dieser Sichtweise die Identifikation der Gnade mit Christus entgegen. Christus ist nicht die Verbergung, sondern die Offenbarung des trinitarischen Gottes; und weil jedes Geschöpf durch denselben Logos entstanden ist, der in Christus geschichtlich greifbare Person war, kann jedes Geschöpf Medium der Verähnlichung mit Christus sein[6]. Was so *potenziell* von jedem Geschöpf gilt, muss in eminenter Weise von den Ereignissen der Geschichte gesagt werden, durch welche Gott Israel erwählt und zum Bundespartner erzogen hat.

Im Blick auf Israel und die Kirche kennzeichnet Rahner das Gnadengeschehen immer auch als Berufung oder Sendung. Er sieht in Christus zuerst Israel und in Anbindung an die Heilsgeschichte Israels dann auch alle übrigen Menschen gerufen, ihre Identität (ihre je einmalige Sendung) zu entdecken. In dieser Auffassung kommt die ignatianische Spiritualität des Jesuiten Rahner besonders klar zum Ausdruck. Denn Ignatius von Loyola, der seine Bekehrung am Flüsschen Cardoner bei Manresa zugleich als *Gnaden-* und

---

Gottes Heilswille und Gnade unmittelbar dem einzelnen Menschen gelten, wird von ihm dennoch – was die Vermittlung der Gnade betrifft – ein ,*Medium*' bzw. ein Mittler bestimmt, ,*per quod et in quo omnis gratiae communicatio fit, Christus nempe et Ecclesia, quae cum Christo tamquam eius corpus unum magnum sacramentum gratia constituit*' (DGChr 19). Hier zeigt sich eine ausdrückliche Verknüpfung von universalem Heilswillen, Christus und Kirche" (69).

6 Zur Entwicklung und Entfaltung dieser These in Rahners Werk vgl. N. Schwerdtfeger, Gnade und Welt, 277–296.

*Berufungs*erfahrung schildert, weiß sich ganz und gar beschenkt und gleichzeitig Christus ‚zugesellt'. Die Annahme der mit Christus identifizierten Gnade ist im *Bericht des Pilgers* die Annahme einer ganz bestimmten (einmaligen) Sendung. Gnade ist hier kein Handeln Gottes *am* Menschen *ohne* den Menschen, sondern ein *Bundes*geschehen. Ignatius will in seinem Exerzitienbüchlein jedem Menschen sagen: Wenn derselbe Logos, der Grund und Sinn aller Schöpfung und Geschichte ist, in Christus konkret geworden ist, dann kann jeder Mensch im Blick auf ihn den Sinn bzw. die Identität seines eigenen Lebens entdecken. Deshalb besteht das Exerzitienbüchlein, das jeden Menschen zur Entdeckung seiner je einmaligen Berufung führen will, zu neunzig Prozent aus Christusbetrachtungen.

Rahner sieht jeden Menschen – nicht nur den getauften Christen – immer schon gerufen durch Jesus Christus. Diese bereits in seiner ersten Vorlesung artikulierte Überzeugung ist – so darf man vermuten – nicht nur der Ausgangspunkt für seine berühmt gewordene These vom anonymen Christen, sondern auch der Auslöser für die später entwickelte Theorie von einem übernatürlichen Existential, von einer apriorischen Hinordnung jedes Menschen auf Christus[7].

2. Gnadenlehre und Pneumatologie

Vertreter der in den letzten Jahren viel diskutierten Pluralistischen Religionstheologie (PRT) berufen sich besonders gern auf Karl Rahner, um mit seiner Autorität ihre These zu stützen, dass sich der Gott, von dem die jüdisch-christliche Tradition spricht, nicht nur in Jesus Christus *als er selbst* mitgeteilt habe, sondern seine *Selbstmitteilung* auf die gesamte Geschichte verteile. Doch auch wenn manche Formulierung Rahners – isoliert betrachtet – für die Position der PRT spricht, wird seine Intention durch solche Vereinnahmung geradezu in ihr Gegenteil verkehrt. Denn Rahner geht es schon in seiner ersten Vorlesung über die Gnade um die *Einzigkeit* der personalen Selbstmitteilung des Logos in Christus. Aus seiner Sicht ist das Ereignis der Inkarnation nicht die graduell besonders intensive Offenbarkeit eines mono-

---

7 Die Frage, ob diese Hinordnung in der Natur des Menschen selbst liegt oder eine ungeschichtliche Selbstmitteilung Gottes neben der geschichtlichen des Christusereignisses ist, hat die Rahner-Interpretationen immer wieder beschäftigt. In diesen Zusammenhang gehören die Debatten um die neuthomistische Hypothese eines unabhängig vom Christusereignis gedachten Menschen (natura pura), die Diskussionen um die Antithese der nouvelle théologie des Henri de Lubac und um die Enzyklika Humani Generis. Eine Bilanz der Diskussion bietet: P. Rulands, Menschsein, bes. 195–300.

personal oder transpersonal gedachten Gottes, sondern an die trinitätslogische Aussage gebunden, dass Christus unter den Bedingungen von Raum und Zeit die Person des innertrinitarischen Sohnes (des Logos) *ist.* Erst bei dem Versuch zu erklären, wie das Christusereignis jeden Punkt in Raum und Zeit bestimmen kann, erinnert Rahner an den Zusammenhang von Schöpfung/Geschichte und Inkarnation, genauerhin daran, dass jedes Geschöpf durch dasselbe Wort geworden ist, das sich in Christus personal (!) mitgeteilt hat. Wenn Rahner das Ereignis der Inkarnation als „einmalig höchsten Fall des Wesensvollzugs der menschlichen Wirklichkeit"[8] bezeichnet, dann gerade nicht, um das Christusereignis als jederzeit wiederholbare oder gar überbietbare Gestalt der Selbstoffenbarung Gottes zu relativieren[9], sondern im Gegenteil, um zu bekennen, dass der eine Mensch, in dem Gott sich als er selbst aussagt, unter den Bedingungen von Raum und Zeit dieselbe Beziehung zum Vater darstellt, die der Logos (der innertrinitarische Sohn) von Ewigkeit her ist.

Rahner argumentiert stets aszendenz- und deszendenzchristologisch zugleich. Weil der Mensch das einzige Geschöpf ist, das auf Grund seiner Geistbegabung sich selbst transzendieren kann, darf man die Inkarnation als höchsten Fall des Wesensvollzugs der menschlichen Wirklichkeit beschreiben. Von Gott her betrachtet aber – also deszendenzchristologisch – heißt Menschwerdung, dass Gott nicht nur einen Menschen benutzt, um durch ihn etwas zu sagen, sondern dass er sich selbst in vollkommener und also unüberbietbarer Weise im Leben und Sterben eines bestimmten Menschen aussagt[10].

---

8 K. Rahner, Grundkurs, 216.

9 Mit dem Ziel einer Relativierung des Christusereignisses interpretiert Schmidt-Leukel Rahner wie folgt: „Der Gedanke eines höchsten Falls menschlichen Wesensvollzugs setzt voraus, daß es in abgestuften Graden andere, weniger hohe, weniger geglückte, aber durchaus ebenfalls echte Fälle eines solchen Wesensvollzugs gibt. Könnte es dann nicht aber prinzipiell auch andere gleichermaßen hohe, gleichermaßen geglückte Fälle dieses Wesensvollzugs geben? Ja, ist, wenn es sich denn wirklich um Fälle eines menschlichen *Wesens*vollzugs handeln soll, nicht geradezu mit dieser Möglichkeit zu rechnen? Wäre es nicht überaus merkwürdig, wenn es unter allen Menschen nur bei einem einzigen von ihnen im vollen Sinn zum Vollzug des menschlichen Wesens gekommen sein sollte? Wäre dies nicht um so merkwürdiger, als dabei vorauszusetzen ist, daß von Gott her den Menschen alles zu einem solchen gelungenen Wesensvollzug drängt, daß also die gnadenhafte Selbstmitteilung Gottes an den Menschen überall und immer schon nach konkreter Gestaltwerdung in der Existenz eines jeden einzelnen Menschen drängt?" (P. Schmidt-Leukel, Religionstheologie, 324).

10 Rahner affirmiert die von den frühen Konzilien entfaltete Aussage über die Subsistenz der menschlichen Natur in der Person des ewigen Logos und bemerkt dann: Solange die „endliche Vermittlung der göttlichen Selbstaussage nicht streng

Die PRT relativiert das Christusereignis zu einer besonders intensiven Epiphanie des sich stets und überall mehr oder weniger offenbarenden Gottes. Mit anderen Worten: Gott teilt sich nicht im strengen Sinne ein für allemal *als er selbst* mit, sondern Logos und Pneuma sind die nur noch verbal voneinander unterschiedenen *Wirkweisen* Gottes nach außen. In den Interpretationen von John Hick oder Perry Schmidt-Leukel teilt sich Gott nicht als die Person mit, die der Logos ist, sondern Gott macht sich als Sinn der Geschichte (Logos) bzw. als Beziehung zum Menschen (Heiliger Geist) erfahrbar.

Im Unterschied dazu reserviert Rahner den Ausdruck *Selbstmitteilung Gottes* für das Christusereignis. Gnade ist in seiner Theologie nicht das unmittelbare bzw. ungeschichtliche Einwirken Gottes auf das Innere des einzelnen Menschen, sondern stets vermittelt durch Jesus Christus. Der Heilige Geist ist keine ungeschichtliche Selbstmitteilung Gottes neben der geschichtlichen des Christusereignisses. Denn streng genommen kennt die Kirche kein Fest des Heiligen Geistes, sondern das Pfingstfest ist die Vollendung des Christusfestes. Der Heilige Geist ist – heilsgeschichtlich betrachtet – die Universalisierung des Christusereignisses. Der auferstandene Christus sendet den Geist, um sich jeden Menschen zuzugesellen. Diese ‚Zugesellung' ist kein geschichtsflüchtiger Aufstieg des Einzelnen in die private Communio mit einem transpersonal verstandenen Gott, sondern Teilgabe an dem Weg Christi in Welt und Geschichte hinein, Teilgabe an dem Weg von oben nach unten, an der fußwaschenden Proexistenz dessen, der mit dem Vater eins ist, *indem* er

---

und im eigentlichen Sinne eine Wirklichkeit Gottes selbst darstellt, ist sie immer noch grundsätzlich vorläufig, überholbar, weil sie endlich und in dieser Endlichkeit nicht einfach Gottes Wirklichkeit selber ist und so von Gott selbst durch neue Setzung von Endlichem überholt werden kann. Soll also die Wirklichkeit Jesu, in der als Zusage und Annahme die Selbstmitteilung Gottes absoluter Art an die Gesamtmenschheit für uns ‚da ist', wirklich die unüberholbare und endgültige Zusage und Annahme sein, dann muß gesagt werden: sie ist nicht nur von Gott gesetzt, sondern ist Gott selbst. Ist diese Zusage aber selbst eine menschliche Wirklichkeit als absolut begnadete und soll diese Zusage wirklich absolut Gottes selbst sein, dann ist sie die absolute Zugehörigkeit einer menschlichen Wirklichkeit zu Gott, also eben das, was wir, richtig verstanden, unio hypostatica nennen" (K. Rahner, Grundkurs, 202). Weil die reale Selbstzusage Gottes an uns die menschliche Wirklichkeit bzw. das Faktum Jesus von Nazaret ist, „kann die Einheit zwischen dem Zusagenden und der Zusage nicht nur ‚moralisch' gedacht werden, wie etwa die zwischen einem menschlichen Wort (bloß Zeichenhaftem) einerseits und Gott anderseits, sondern nur als eine Einheit unwiderruflicher Art zwischen dieser menschlichen Wirklichkeit mit Gott, als eine Einheit, die eine Trennungsmöglichkeit zwischen der Verlautbarung und dem Verlautbarenden aufhebt, also das real menschlich Verlautbarte und die Zusage für uns zu einer Wirklichkeit Gottes selbst macht. Und eben dies sagt die unio hypostatica, dies und eigentlich nichts anderes" (ebd.).

herabsteigt bis in die Hölle des Sünders. Wo jemand im Sinne des hl. Paulus Christus anzieht, da vollzieht er den geschichtlichen Weg der Verleiblichung und Fleischwerdung mit.

Die Trennung der Gnade von Jesus Christus würde den Erlöser zur bloßen Veranschaulichung dessen degradieren, was Gott auch unabhängig vom Christusereignis durch den Heiligen Geist unmittelbar in jedem einzelnen Sünder bewirken könnte. Neutestamentlich betrachtet aber gibt es keine Gemeinschaft mit dem Vater im Heiligen Geist an der Verähnlichung mit dem Fleisch gewordenen Logos vorbei. Entsprechend spricht Karl Rahner erst da von Gnade, wo ein Mensch – bewusst oder unbewusst – in der Kraft des Heiligen Geistes Christus bzw. das Ereignis der Inkarnation mitvollzieht bzw. darstellend abbildet.

Indem eine bestimmte Richtung der so genannten Geistchristologie Logos und Pneuma nur noch verbal voneinander unterscheidet[11], erklärt sie alles in Schöpfung und Geschichte zur Selbstmitteilung Gottes, was Menschen zu mehr Selbsttranszendenz befähigt. Gewiss trifft die These zu, dass die Gnade, die Christus *ist*, kraft des Heiligen Geistes durch jedes Geschöpf und jedes Ereignis der Geschichte *vermittelt* werden kann. Aber *Vermittlung* ist etwas ganz anderes als die schon von Hegel gedachte und von der PRT neu erfun-

---

11 Zwei Hauptströmungen der so genannten Geistchristologie sind klar zu unterscheiden: „a) ‚relativierende‘ Modelle, die das trinitarische Gottesverständnis ablehnen und Jesus als eine ‚Geist-Person‘ oder ‚geisterfüllte Person‘ auffassen [Newman, John Hick, Borg]; b) ‚integrale‘ Modelle, die die Fülle des Mysteriums Christi durch eine dezidiert pneumatologische Orientierung interpretieren [v. Balthasar, Moltmann, Kasper]" (M. Doss, Geist-Christologie, 87). Neben John Hick oder Perry Schmidt-Leukel ein eklatantes Beispiel für die erste Kategorie ist der niederländische Theologe Piet Schoonenberg: Zumindest in seinen jüngsten Veröffentlichungen zum Thema spricht er nur noch dem Vater Personsein im strengen Sinn zu und bezeichnet Logos und Pneuma als ‚energetische Ausströmungen‘. Zunächst hat sich Schoonenberg nur gegen die traditionelle Lehre von der ‚Anhypostasie‘ der menschlichen Natur Jesu Christi gewandt und eine Umkehrung dieser Lehre in dem Sinne gefordert, dass man von der Enhypostasie der göttlichen Natur in der Person des Menschen Jesus statt umgekehrt von der Enhypostasie der menschlichen Natur in der Person des Logos sprechen solle. Da jedoch die Behauptung, der Logos finde seine Personalität durch das In-Sein in der Person des Menschen Jesus, die Frage aufwirft, wie eine geschöpfliche Person Konstitutivum einer göttlichen Qualität sein könne, gelangt Schoonenberg zu einer neuen These, nämlich der von der ‚wechselseitigen Enhypostasie‘. Erst in den jüngsten Veröffentlichungen wird ihm bewußt, dass dieses Etikett die Grundfrage nach der Präexistenz des Logos nur verdeckt, aber nicht klärt. Also entschließt er sich zu einer ‚Trinitätslehre‘, die nur noch dem Vater Personsein im strengen Sinne zuspricht und dessen ‚Außenformen‘ als Logos und Pneuma charakterisiert. Vgl. dazu die aufschlussreiche Analyse von: G. Essen, Freiheit Jesu, 85–95.

dene *Identifikation* der gesamten Schöpfungs- und Heilsgeschichte mit der entweder als Logos oder als Pneuma oder neutral als Selbstmitteilung veranschaulichten Gottheit.

Trinitätslogisch ist die Bezeichnung Gottes als Geist gerade nicht identisch mit der Beschreibung seiner geschichtlichen Selbstmitteilung. Trinitätslogisch bedeutet die Bezeichnung Gottes als Geist: Er ist von Ewigkeit her als Vater ganz im Sohn und als Sohn ganz im Vater, ohne dass der Vater den Sohn in sein Vatersein und ohne dass der Sohn den Vater in sein Sohnsein aufhebt. Die Frage, woher wir das wissen, lässt sich kurz und prägnant beantworten: durch Jesus Christus. Er war der Mensch, der ganz im Anderen seiner selbst sein konnte – Geheimnis des Heiligen Geistes! Er war so sehr in seinem Vater, dass er von sich sagen durfte: „Wer mich sieht, sieht den Vater" (Joh 10,30; 16,15). Und er war so sehr in den Menschen, denen er begegnete, dass er sagen durfte: „Wer in mir bleibt und in wem ich bleibe, der hat das Leben, das nicht sterben kann" (Joh 6,56).

Zutreffend erkennt Hegel in seiner *Phänomenologie des Geistes*, dass der Mensch sich in jedem seiner geistigen Akte in etwas hineinbegibt, was außerhalb seiner selbst ist, sodass dieses Andere gewissermaßen in ihm und er in diesem Anderen ist[12]. Sobald ein Kind seine Umwelt zu verstehen beginnt, ist sie ihm nicht mehr äußerlich, sondern mit jedem Begriff inwendiger geworden. Begriffe sind – so formuliert Hegel – das In-Sein der Gegenstände in unserem Bewusstsein und das In-Sein des Bewusstseins in den Gegenständen. Und Hegel entnimmt der christlichen Trinitätslehre, dass die höchste Form des Geistes (die höchste Form des Verstehens) die Liebe ist. Solange ich den Anderen denke, bin ich immer in der Gefahr, ihn mit meinem Bild von ihm, mit meiner Idee von ihm, mit meinem Begriff von ihm zu verwechseln. Wenn ich den Anderen aber liebe, dann gehe ich wirklich hinaus aus dem eigenen Ich in das Du des Anderen hinein. Gott ist Heiliger Geist bzw. absolute Liebe, weil der Vater ganz im Sohn und der Sohn ganz im Vater ist, ohne dass der Eine den Anderen in sich aufhebt.

Sichtbar bzw. erfahrbar wird der Heilige Geist zuerst und vor allem in Jesus Christus, weil der – obwohl an die Bedingungen von Raum und Zeit gebunden – in der Weise des ewigen Sohnes (diesem hypostatisch geeint) ganz im Vater ist. Sichtbar bzw. erfahrbar aber wird der Heilige Geist immer auch dann, wenn – Ereignis der Gnade! – ein Mensch in Christus bzw. Christus in ihm ist; auch dann, wenn ein Mensch so in Christus und Christus in ihm ist, dass er durch, mit und in Christus an die Stelle seines Nächsten treten kann, ohne damit die Unterschiedenheit zwischen sich selbst und dem Anderen aufzuheben.

---

12   Dazu: W. Kern, Philosophische Pneumatologie, 54–90.

3. Gnadenlehre und Theologische Anthropologie

Während die protestantische Theologie die mit den Stichworten Pietismus, Aufklärung und Idealismus umrissene Wende zum Subjekt evoziert, ist die katholische Theologie bis weit in das 19. Jahrhundert geprägt durch eine Abweisung aller Subjektivismen. Erst die mühsame Kant-Rezeption einzelner Theologen bahnt gegen heftige Widerstände des römischen Lehramtes den Weg zu einer ‚anthropologischen Wende'. Gemeint ist eine Theologie, die sich gegen die Metaphysik der Neuscholastik wendet, indem sie die Frage nach den apriorischen Bedingungen des Subjekts für die Erkenntnis jeglicher Glaubenswahrheit stellt. Indem Karl Rahner betont, dass im Blick auf Jesus Christus jede theologische zugleich eine anthropologische und jede anthropologische zugleich eine theologische Aussage ist, gelangt er zur Forderung eines eigenen Traktats mit dem Titel *Theologische Anthropologie*[13].

Allerdings sollte ein solcher Traktat nicht an die Stelle der Gnadenlehre treten. Denn auch wenn eine *theologische* Anthropologie im Vergleich zu anderen Anthropologien den Menschen in seiner Bezogenheit auf Gott betrachtet, geht es ihr primär um die Beschreibung des *Menschen*. Die Gnadenlehre aber reflektiert, wie Gott als Schöpfer, Erlöser und Vollender am Menschen handelt. Natürlich sind beide Perspektiven aufeinander verwiesen. Denn eine Gnadenlehre ohne Anthropologie ist in Gefahr, wie eine Wolke über der vom Menschen erfahrenen Wirklichkeit zu schweben. Und eine theologische Anthropologie ohne Gnadenlehre steht immer in der Versuchung, die faktische Heilsgeschichte auf die apriorischen anthropologischen Verstehensbedingungen zu reduzieren.

Im deutschen Sprachraum sind vor allem zwei Entwürfe einer theologischen Anthropologie zu erwähnen: Wolfhart Pannenbergs „Anthropologie in theologischer Perspektive" und Otto Hermann Peschs großes Werk mit dem Titel „Frei sein aus Gnade. Theologische Anthropologie". Aus ökumenischer Perspektive ist besonders bemerkenswert, dass der Protestant Pannenberg eine eher fundamentaltheologisch ansetzende und der Katholik Pesch eine vom Horizont des Rechtfertigungsgeschehens bestimmte Anthropologie entwirft. Pannenberg beginnt mit einer sorgfältigen Analyse dessen, was die Humanwissenschaften über den Menschen sagen, und er fragt erst dann nach den theologischen Implikationen oder Konsequenzen dieser Bilanz. Auch Pesch berücksichtigt die Ergebnisse philosophischer, psychologischer und soziologischer Anthropologien, stellt diese aber von vornherein unter den kritischen Anspruch der Christologie.

---

13 Vgl. K. Rahner, Grundentwurf einer theologischen Anthropologie. – Dazu: K. P. Fischer, Mensch als Geheimnis, bes. 268–388; ders., Gott als das Geheimnis, 1–23.

Beide Ansätze gelangen zu erstaunlich ähnlichen Ergebnissen. Ein für beide Anthropologien zentrales Thema ist das Phänomen der Sünde. Pesch setzt bei Luthers Definition des Sünders als des *cor incurvatum in seipsum* an, betont aber zugleich, dass Theologie nur dann sinnvoll von der Sünde des Menschen sprechen kann, wenn das, was durch die Sünde im Verhältnis des einzelnen Menschen zu Gott gestört ist, im Menschen selbst aufgewiesen werden kann. Pesch spricht von der Unfähigkeit des modernen Menschen, sich den Sinn seines Daseins schenken zu lassen, und von dem sinnlosen Versuch, diesen Sinn selbst machen bzw. leisten zu wollen. Das fast einhellige Leitmotiv vieler Zeitgenossen lautet: „Wirkliche Liebe ist unmöglich, und wer es versucht, täuscht sich selbst und geht an diesem Versuch zugrunde."[14] Pesch zeigt, dass das, was die *Theologie* Glaube nennt, *anthropologisch* betrachtet das Sich-auf-den-Anderen-Verlassen ist und dass es ohne diese Selbsttranszendenz für keinen Menschen die Erfahrung von Sinn bzw. Identität gibt.

Zu demselben Ergebnis gelangt auch Pannenberg – allerdings auf umgekehrtem Wege. Er bezeichnet im Gespräch mit Arnold Gehlen und Helmut Plessner den Menschen als das Wesen der *Weltoffenheit* bzw. *Exzentrizität*. Der Mensch ist nicht einfach das Ergebnis bestimmter Determinanten, sondern er kann sich zu allem ihm gegenüber Anderen verhalten – entweder, indem er die Andersheit des Anderen anerkennt (Exzentrizität), oder indem er die Andersheit des Anderen vereinnahmt (Egozentralität). Natürlich sprechen Philosophie, Psychologie und Soziologie nicht von Sünde. Aber wenn sich die Anthropologien verschiedener Humanwissenschaften in der Beobachtung treffen, dass zum gelungenen Menschsein das Grundvertrauen, das Sichselbst-verlassen-Können bzw. die exzentrische Selbsttranszendenz gehört, dann ist die theologische Rede von der Sünde nichts von außen an den Menschen Herangetragenes, sondern Bestätigung der phänomenologisch aufweisbaren Tatsache, dass ich mich selbst verfehle, wenn ich im Anderen nur noch mich selber will[15].

Gleichgültig, ob eine theologische Anthropologie den Menschen im Licht der biblischen Offenbarung betrachtet oder umgekehrt beim Menschen anfängt und diesen dann in das Licht des christlichen Glaubens stellt, ihre Aufgabe ist die Klärung der Bedingungen, die aufseiten des Menschen erfüllt sein müssen, wenn er das Evangelium als *seine* Wahrheit erfassen soll. In jeder theologischen Anthropologie geht es um den Menschen als das wesentlich auf seinen Schöpfer und Erlöser bezogene Geschöpf.

Im Vergleich zur theologischen Anthropologie blickt die Gnadenlehre weder zuerst auf Gott noch zuerst auf den Menschen; und ihre Aufgabe

---

14 O. H. Pesch, Frei sein aus Gnade, 167.
15 Vgl. W. Pannenberg, Anthropologie, bes. 77–150.

liegt auch nicht in der Klärung der anthropologischen Voraussetzungen des einzelnen Dogmas. Ihr geht es vielmehr um das Gott-Mensch-Verhältnis *als solches*.

4. Die Verhältnisbestimmung von Gott und Mensch oder die Frage nach dem Kriterium des Christseins

Die hier vorgelegte Gnadenlehre trägt den Titel *Das Kriterium des Christseins*, weil sich nicht nur für Augustinus oder Luther, sondern für jeden Christen an der Verhältnisbestimmung des eigenen Daseins zu dem Gottes entscheidet, was Christus – ganz Gott *und* ganz Mensch – für mich und also Christsein bedeutet.

Dabei gilt es zu beachten: Die Frage nach dem Kriterium des Christseins ist zwar verwandt, aber nicht identisch mit zwei anderen Fragen: der nach dem Wesen des Christentums und der nach dem unterscheidend Christlichen. Die zumeist im Binnenraum der christlichen Kirchen gestellte Frage nach dem Wesen des Christentums[16] birgt in sich die Tendenz zur Gleichsetzung des ‚eigentlichen‘ Christentums mit den Instruktionen eines übernatürlichen Offenbarers oder mit einer Idee, einem Ideal oder Prinzip. Und die zumeist von außen gestellte Frage, was denn das Christentum z. B. von anderen Weltreligionen unterscheide, führt zur besonderen Betonung jener Lehren, Riten und Strukturen, die nur das Christentum ausgebildet hat. Die Frage nach dem Kriterium des Christseins jedoch zielt auf das, was einen Christen zum Christen macht. Sie kann, wie im Folgenden gezeigt wird, weder extrinsezistisch (durch die Identifikation des wahren Christentums mit einer übernatürlichen Wahrheit, mit einer heiligen Institution oder einem göttlichen Programm) noch intrinsezistisch (durch die Reduktion des Christseins auf die Sehnsucht der individuellen Vernunft, des Gefühls oder der Kontingenzerfahrung), sondern nur im Blick auf Christus – ganz Gott und ganz Mensch – beantwortet werden.

---

16 Vgl. H. Hoffmann, Zum Aufkommen des Begriffs, 452–459; R. Schäfer, Wesen des Christentums; H. Wagenhammer, Wesen des Christentums, bes. 146–157; F. Courth, Wesen des Christentums, 1–34.

Erstes Kapitel

Die Entstehung einer ‚Lehre' über die Gnade

Beginnen wir mit Augustinus! Denn er hat die christliche Gnadenlehre bis in das 20. Jahrhundert hinein nachhaltiger geprägt als die Heilige Schrift. Und es gibt kaum einen anderen Theologen, der in ähnlichem Maße wie er „das persönliche Beispiel des eigenen Lebens mit der Erkenntnis inhaltlicher Sachaussagen verbindet"[17].

1. Der Sitz im Leben: Die Biographie des Augustinus

In der Mitte des Jahres 395 wird Augustinus zum Bischof von Hippo geweiht; und zwischen Ende 397 und 401 verfasst er seine *Confessiones*[18]. Angesichts der asketischen Ideale des zeitgenössischen Christentums ist es einfach erstaunlich, mit welchem Freimut ein amtierender Bischof hier über die sexuellen Verirrungen seiner jungen Jahre berichtet.

a) Die *Confessiones* des jungen Bischofs von Hippo

„Ich will mir", so beginnt er das zweite Buch, „ins Gedächtnis rufen meinen Schmutz in abgelebten Jahren und das verderbliche Werk des Fleisches […]. Denn einst in jungen Jahren entbrannte ich vor Gier, am Niederen mich zu sättigen, und ich trieb es bis zum Verwildern im Wechsel tagscheuer Liebes-

---

17 V. H. Drecoll, Entstehung der Gnadenlehre, 31.
18 Die Seitenzahlen im Text beziehen sich auf: Aurelius Augustinus, Confessiones/ Bekenntnisse (lateinisch-deutsche Ausg.), eingel., übers. u. erl. v. Joseph Bernhart, München ³1966.

freuden. [...] Nebeldünste stiegen aus dem sumpfigen Gelüst des Fleisches und dem Strudel sich regender Mannbarkeit, und sie verwölkten und verdunkelten mein Herz, daß sich der heiter ruhige Glanz der Liebe nicht mehr unterscheiden ließ von der Finsternis der Wollust. Beides wogte durcheinander und schleifte meine wehrlose Jugend durch Abgründe von Leidenschaft und riß sie hinein in einen Wirbel von Schändlichkeiten" (67). Augustinus formuliert seine Bekenntnisse als Gebet. Aber er schreibt sie nicht für Gott nieder, sondern für alle, die mit ähnlichen Versuchungen kämpfen wie er selbst. Wörtlich bemerkt er: „Wem erzähle ich das? Nicht Dir, mein Gott; ich erzähle es in Deiner Gegenwart meinesgleichen, dem Menschengeschlecht, wie klein auch das Häufchen sein mag, das einst an dies mein Buch geraten wird. Und wozu erzähl ich's denn? Damit ich und jeder, der es liest, bedenke, dass man aus jeder Tiefe, noch so groß, zu Dir rufen soll" (72 f). Mit schonungsloser Ehrlichkeit schildert der Bischof von Hippo auch seine Eltern. Er nennt den Vater ehrgeizig – stolz auf die Vitalität seines Sohnes und eher besorgt um seine Karriere als um seinen Charakter. Weil der nicht gerade vermögende Vater den Sohn nicht nur in der Nachbarstadt Madaura, sondern bei berühmteren Lehrern in Karthago studieren lassen will, lesen wir in den *Confessiones*: „Alle rühmten sie damals einen Menschen, meinen Vater, daß er über seine Kräfte hinaus für seinen Sohn alle Mittel aufwenden wollte, die ein Studium in der Fremde, gar noch ein langes, erforderte – viele weit vermöglichere Bürger brachten für die Ausbildung ihrer Kinder kein solches Opfer. Aber derselbe Vater machte sich keine Sorge darum, als welcher Mensch ich wohl vor Dir in die Jahre wüchse oder wie es um meine Keuschheit stehe: wenn ich's nur zur wohlgebauten Rede brächte" (73). Allen Plänen seiner Eltern zum Trotz muss Augustinus sein Studium aus finanziellen Gründen unterbrechen und vorübergehend in das kleine Thagaste zurückkehren. Er bemerkt im Rückblick auf diese Zeit: „Eben damals [...], als ich des Geldmangels wegen wieder bei meinen Eltern lebte, nun ein Müßiggänger und aller Schule ledig, wuchs mir das Dornengestrüpp der Sinnlichkeit über den Kopf, und keine Hand war da, es auszureißen. Im Gegenteil, mein Vater, wie er nun einmal war, erzählte, als er beim Bäderbesuch die Zeichen durchbrechender Mannesreife und den Drang meines jungen Leibes bemerkt hatte, voll Vergnügen der Mutter davon, als trüge er bereits auf Enkel an" (73). Augustinus entschuldigt den oberflächlichen Ehrgeiz und die Eitelkeit seines Vaters damit, dass dieser zum damaligen Zeitpunkt noch nicht getauft gewesen sei. Vielleicht – so meint er im Nachhinein – hätte ihn ein christlicher Vater vor den Abgründen der Unzucht bewahrt. Nur die Mutter redete ihm ins Gewissen. Auch sie wollte die vom Vater betriebene Karriere des hochbegabten Sohnes nicht durch das Drängen zu einer vorschnellen Heirat gefährden. Doch wenigstens vom Verkehr mit verheirateten Frauen sollte sich der Sohn abwenden. Augustinus bekennt: „Solche Ermahnungen hielt ich für weibisch, und ich hätte mich geschämt, sie zu befolgen. […] So rannte ich weiter in einer Blindheit, dass ich mich vor meinen Altersgenossen schämte, wenn ich es weniger schamlos trieb als sie; ich hörte doch, wie sie ihrer Schandtaten sich rühmten und um so mehr mit ihnen prahlten, je schändlicher sie waren, und so gefiel ich mir in gleichem Tun schon nicht mehr bloß aus Lust an der Tat, sondern am Ruhm. Was verdient denn Tadel, wenn nicht das Laster? Und ich, um nicht getadelt zu werden, wurde noch lasterhafter, und wenn ich keine wirkliche Untat aufzuweisen hatte, die mich der verworfenen Gesellschaft gleichstellte, so log ich ihnen vor, ich hätte getan, was ich nicht getan, damit ich nicht um so verächtlicher schien, als ich unschuldiger war, umso kümmerlicher dastand, als ich keuscher war. Welche Gesellschaft, in der ich mich auf den Straßen Babylons herumtrieb, in seinem Schmutz mich wälzte, als wäre er Balsam und köstliche Narde! Und mitten drin, damit ich um so fester steckenbliebe, trat mich der unsichtbare Feind noch unter seine Füße und verführte mich, weil ich leicht zu verführen war" (75 f).

In der Rückschau erkennt Augustinus, dass er zuweilen das Böse um des Bösen willen getan hat. „Ich beging", so bekennt er, „einen Diebstahl, von keiner Not gedrungen, nur vom Mangel und Überdruß am Gutsein und vom feisten Behagen am Bösen. Denn was ich stahl, davon besaß ich selbst im Überfluß und noch viel besser. Ich wollte mich ja auch gar nicht an der Beute letzen, auf die ich beim Stehlen ausging, sondern allein an der Dieberei und der Sünde" (79). Augustinus betont immer wieder, dass sein Diebstahl nicht einem bestimmten Gut galt, sondern aus reiner Bosheit geschah. „Selbst ein Catilina", so bemerkt er, „liebte nicht seine Schandtaten, sondern etwas anderes, eben das, weswegen er sie beging" (83). Ein irdisches Gut über alles andere zu stellen, ist nach seiner Ansicht nur möglich, wenn man dieses Gut nicht mehr auf Gott bezieht. Der absolute Gipfel der Gottlosigkeit aber ist die Freude an dem, was gar kein Gut ist, an der Verneinung alles Guten, am Bösen als solchem. Augustinus bekennt: „Ja, so war mein Herz, Gott, Du weißt es, so war mein Herz, dessen Du in der Tiefe seines Abgrunds Dich erbarmt hast. Siehe, nun soll dieses Herz Dir auch sagen, was es dabei suchte: dass ich um nichts und wieder nichts schlecht war, meine Bosheit eben nur die Bosheit zum Grunde hatte. Abscheulich war sie, und ich liebte sie; ich liebte es, zu verkommen, ich liebte meine Sünde: nicht das, wonach ich in der Sünde griff, sondern mein Sündigen selbst. Schändliche Seele! Von dem festen Grunde, der Du bist, sprang sie ab ins reine Nichts: denn nicht ein Etwas begehrte sie, ob auch schändlicherweise, sondern das Schändliche selbst" (79).

Im Nachhinein weiß Augustinus wohl zu unterscheiden zwischen verschiedenen Graden der Gottferne – auch auf dem Gebiet der Sexualität. Über seine Studienjahre in Karthago bemerkt er: „Es brodelte um mich her von schändlichem Liebestreiben – wie das Wallen in einem kochenden Kessel.

Noch liebte ich nicht und liebte doch Liebe [...]. Denn Hunger war da wohl in meinem Innern nach der Speise für das Innere, nach Dir selbst, mein Gott, und in diesem Hunger wollte ich doch nicht essen" (97). Augustinus unterscheidet konkret zwischen der Zeit seiner wechselnden Liebschaften und der Zeit, in der er nur mit einer Frau geschlechtlichen Umgang hatte, nämlich mit der Mutter seines Sohnes Adeodatus, der seine Eltern – wenn auch nicht geplant – zu wirklicher Liebe befähigt (141). Doch der frischgebackene Vater ist nicht Manns genug, sich gegen die Vorstellungen seiner Mutter von einer standesgemäßen Heirat zu wehren. Diese hatte ein Mädchen für ihn ausgewählt, das wegen seines Alters noch zwei Jahre bis zur Heirat warten sollte. Inzwischen sollte die Konkubine verschwinden. Augustinus willigt ein, obwohl er damit gegen sein Gewissen und gegen die Liebe handelt. Und entgegen seiner ursprünglichen Absicht hält er die bis zur Heirat versprochene Enthaltsamkeit nicht aus[19].

Nur vordergründig sind die Bekenntnisse des späteren Kirchenvaters auf das Sextum fixiert. In Wahrheit weiß Augustinus sehr wohl um den Zusammenhang seiner sexuellen Ausschweifungen mit anderen Schwächen, z. B. mit seiner Theaterleidenschaft. Er schreibt: Ich war „Verführter und Verführer, Betrogener und Betrüger in der Vielgestalt meiner Leidenschaften: öffentlich durch die sogenannten ‚Wissenschaften für die Freigeborenen', dazu noch heimlich unter der falschen Maske der Religion; dort eingebildet, hier abergläubisch, ein Windbeutel da wie dort. Denn als Rhetor jagte ich dem nichtigen Ruhm bei der Menge nach, – und wäre nur der Beifall des Theaters gewesen, der Wettbewerb der Dichter, der Siegesstreit um Kränze von Heu, das hohle Possenspiel und die Reizung zum Unmaß sinnlicher Lust" (139).

---

19 „Man hatte mir die Genossin meines Lagers als Hindernis für die Ehe von der Seite gerissen, sie, die mir ans Herz gewachsen war, und von Schnitt und Wunde vergoß dies Herz von seinem Lebensblut. Sie war heimgekehrt nach Afrika, nicht ohne Dir gelobt zu haben, sie wolle keinem andern Mann mehr gehören, und hatte meinen natürlichen Sohn, dessen Mutter sie war, bei mir zurückgelassen. Ich aber, ich Unseliger, nicht einmal imstande, es einem Weibe gleichzutun, fand den Aufschub, dass ich erst nach zwei Jahren die erhalten sollte, um die ich warb, unerträglich und verschaffte mir, weil ich ja nicht Freund der Ehe war, sondern Sklave der Lust, eine andere Genossin, natürlich nicht Gattin, so als ginge es darum, die Sucht meiner kranken Seele im Verlaß auf die Dienste eingefleischter Gewohnheit bei Kraft zu erhalten und unversehrt, ja noch üppiger, hinüberzuschleppen ins Reich des ehelich Fordernden. Und doch heilte jene Wunde nicht, die mir die Losreißung von der früheren Gefährtin geschlagen hatte; nach dem wühlenden Schmerz der Entzündung ging sie in Fäulnis über, und ihr gleichsam nun kälteres Schmerzen ließ um so weniger Hoffnung" (295).

Zu der Zeit, als Augustinus sich nach Reinheit sehnt, spricht er von zwei miteinander kämpfenden Willen seiner Seele. Er wendet sich gegen jeden Dualismus. Was in ihm kämpft, ist nicht das Gegeneinander zweier Seelen bzw. Naturen, sondern: „Es ist ein und dieselbe Seele, nur ist sie nicht mit ganzem Willen zu dem einen oder andern gewillt, und so zerspannt sie sich zu ihrer schweren Pein, weil sie dem einen, kraft der Wahrheit, wohl die Ehre gibt, aber das andere, kraft der Gewohnheit, doch nicht aufgibt" (409). Augustinus spricht von der Präsenz seines Ich in beiden Willenskräften: „So kämpften zwei Willen miteinander, beide die meinigen, der eine alt, der andere neu, vom Fleische der eine, vom Geiste der andere, und ihre Zwietracht zerriß mir die Seele. [...] Mein Ich war freilich in beiden, aber Ich war ich mehr in dem, was ich in mir billigte, als in dem, was ich in mir missbilligte. Denn hierin war ich schon weniger Ich, weil ich zu gutem Teil es ungern ertrug, mehr, als daß ich mit Willen es getan hätte. Aber dennoch, ich war es ja selbst gewesen, aus dem her die Gewohnheit gegen mich bedrängerisch geworden, weil ich doch wollend zu dem, was mir täglich gegen den Willen ging, gelangt war" (381/383). Die Sehnsucht nach dem Licht, das Christus ist, hat Augustinus ergriffen. Und dennoch ist da das Gebundensein an den alten Willen. Weil dieser Wille verkehrt war, bekennt er, „kam aus ihm das Gelüste, und da ich dem Gelüste dienstbar wurde, kam es zur Gewohnheit, und da ich der Gewohnheit nicht widerstand, kam es zur Notwendigkeit" (381). Augustinus vergleicht sich mit einem, der – den Schlaf noch in den Gliedern – aufstehen soll, dann aber liegen bleibt und mit schlechtem Gewissen weiterschläft. Er schreibt: „Genau so war es mir gewiß, daß es besser wäre, mich Deiner Liebe, [Herr], hinzugeben, als meinem Gelüste nachzugeben, aber das eine empfahl sich und überzeugte, das andere tat wohl und überwältigte. Denn da gab es nichts, was ich Dir hätte antworten können, als Du zu mir sagtest: ‚Steh auf, der du schläfst [...], als nur die Worte, die säumigen, träumigen: ‚Gleich‘, ‚ach ja gleich‘, ‚nur ein klein wenig laß mich noch‘. Aber auf das ‚gleich, gleich‘ geschah doch nichts dergleichen, und das ‚laß mich ein wenig noch‘ zog sich in die Länge. Umsonst war, dass ich ‚nach dem inneren Menschen Freude hatte an Deinem Gesetz‘, da ‚ein anderes Gesetz in meinen Gliedern im Streite lag mit dem Gesetz meines Geistes und mich zum Gefangenen unter dem Gesetz der Sünde machte, das in meinen Gliedern war‘. Das ‚Gesetz der Sünde‘ ist nämlich die Zwängnis der Gewohnheit, von der, auch wider Willen, der Geist gezogen und gebunden wird" (383/385). Mit einem Schuss Sarkasmus bekennt Augustinus im Rückblick: Ich hatte, Herr, „auch um Keuschheit zu Dir gebetet, aber so: ‚Gib mir Keuschheit und Enthaltsamkeit, nur gib sie nicht schon jetzt!‘ Denn ich fürchtete, Du möchtest mich sogleich erhören und sogleich mich heilen von der Krankheit der Begier, die ich lieber stillen wollte, als daß sie mir erloschen wäre" (395). Augustinus weiß bereits, dass die Freude, die bleibt, unendlich viel erstrebenswerter ist als die Freuden, die nicht nur vergänglich, sondern nicht selten auch mit nachfolgendem Ekel (71) verbunden sind. Dennoch ist da immer wieder der alte Adam, der ihm zuflüstert: „Gemach! Freude machen auch die Dinge dieser Welt, sie haben ihre Süße, und die ist nicht gering; nicht so leichthin soll man mit ihnen brechen, es wäre ja schimpflich, hinterher doch wieder umzukehren. – Ach, so einen besseren Posten zu ergattern, – wie viel wär schon gewonnen! Was sollte ich mir mehr noch wünschen auf dieser Welt? Hochmögende Freunde hätte ich ja genug: so ein Ämtchen als Tribunalpräsident, um nichts zu überstürzen, das ließe sich doch kriegen! Und dann nimmt man sich eine Frau mit etwas Geld, damit sie einem das Budget nicht belaste, und die Seele hätte ihre Ruh" (285). Wie eine Bilanz lesen sich die Worte: „Während [...] die wechselnden Winde mir das Herz hierhin und dorthin trieben, verging die Zeit, und ich [...] verschob von Tag zu Tag, in Dir, [mein Herr], zu leben, aber nicht verschob ich's, Tag für Tag in mir selbst meinen Tod zu sterben: es zog mich nach dem glückseligen Leben, und ich fürchtete es dort, wo es zuhause ist; auf der Flucht vor ihm war ich auf der Suche nach ihm. Denn ich glaubte, ich wäre doch zu übel dran, wenn ich der Umarmungen des Weibes entbehren müßte, aber ich dachte nicht an die Heilkraft Deiner erbarmenden Hilfe für solche Schwachheit, weil mir die Erfahrung fehlte und die Enthaltsamkeit als die Sache der eigenen Kraft erschien, der Kraft, die ich an mir nicht kannte. Ich Tor, ich wußte ja nicht, daß niemand, wie geschrieben steht, enthaltsam sein kann, wenn nicht Du es gewährst. Gewiß hättest Du es gewährt, hätte ich mit Herzensklage an Dein Ohr gepocht und mit fester Zuversicht meine Sorge auf Dich geworfen" (287).

Bei einem Besuch erzählt ein gewisser Ponticianus Augustinus von Menschen, die sich am kaiserlichen Hof in Trier von dem Beispiel gelebten Christentums so anstecken ließen, dass sie zur radikalen Umkehr ihres Lebens schritten. Augustinus ist angesichts dieser Erzählung aufgewühlt bis ins Innerste. Er erkennt, dass seine angebliche Suche nach Gewissheit nur ein Vorwand ist, sich nicht endlich ganz von Christus ergreifen zu lassen. „Jetzt", so heißt es an der entsprechenden Stelle seiner *Confessiones*, „war der Tag gekommen, da ich nackt ward vor mir und mein Gewissen hart mich anließ: ‚[...] Du sagtest doch, weil das Wahre sich nicht ausmachen ließe, wollest du deinen Packen Eitelkeiten noch nicht abwerfen. Sieh, es gibt Gewißheit, und noch immer liegt die Last auf dir, wo doch den freieren Schultern derer Flügel wuchsen, die sich nicht im Suchen so zergrübelt und ein Jahrzehnt und länger sich daran versonnen haben" (395). Augustinus erfährt die befreiende Gnade als eine Kraft, die ihn gegen die Widerstände des alten Adam erst ganz allmählich befreien kann: Ich „wälzte mich in meiner Fessel, daß sie nun endlich, dem Gebundenen, schon so dünn geworden, ganz zerrisse. Aber ich blieb doch gebunden. Da warst Du es, Herr, der in strenger Milde meinen geheimen Tiefen sich nahte mit der Doppelpeitsche der Furcht und der Scham, daß ich nicht wieder lässig würde und dieses schwache, dünne Letzte meiner Fessel zu neuer Kraft erwüchse und mich noch fester schnürte" (409). Augustinus möchte das Ziel seiner Sehnsucht sofort erreichen. Aber, so bekennt er: „Noch hielten sie mich auf, Torheit über Torheit und Eitelkeit über Eitelkeit, sie meine alten Freundinnen, und zupften heimlich am Gewande meiner Sinnlichkeit und raunten: ‚Schickst du uns weg?' Und dann: ‚Von jenem Augenblick an werden wir nicht mehr bei dir sein in alle Ewigkeit.' Und dann: ‚Von jenem Augenblick an darfst du das und jenes nicht mehr tun in alle Ewigkeit.' […] Welchen Schmutz rückten sie mir vor, welche Schande! Schon hörte ich sie nur mehr halb, viel weniger noch: sie traten mir sozusagen nicht entgegen mit offenem Widerspruch, nur so von hinten war es wie Gezischel und heimliches Gezupf am Gehenden, damit ich umsähe. Gleichwohl, sie verlangsamten mir den Schritt in meinem Zögern, mich loszureißen und sie wegzustoßen und mit einem Sprunge dort zu sein, wohin es mich rief, – denn Gewohnheit, zwingerisch, sprach zu mir: ‚Du glaubst, du hältst es aus ohne sie?'" (411).

Auch der Tag, an dem Augustinus alle Ausflüchte und Widerstände aufgibt, ist keineswegs identisch mit dem vollkommenen Hineinlassen der Gnade des Erlösers. Von den Erzählungen des erwähnten Ponticianus aufgewühlt, läuft er in den kleinen Garten des Hauses, das er zusammen mit seinem Freund Alypius gemietet hat. „Ich warf mich", so heißt es da, „unter einem Feigenbaum zu Boden […] und ließ den Tränen ihren Lauf […]. Da auf einmal hörte ich aus dem Nachbarhaus die Stimme eines Knaben oder Mädchens im Singsang wiederholen: ‚Nimm es, lies es, nimm es, lies es!' Augenblicklich machte ich andere Miene, gespannt besann ich mich, ob unter Kindern bei irgendeinem Spiel so ein Leierliedchen üblich wäre, aber ich entsann mich nicht, das irgendwo gehört zu haben. Ich hemmte die Gewalt der Tränen und stand vom Boden auf: ich wußte keine andere Deutung, als daß mir Gott befehle, das Buch zu öffnen und die Stelle zu lesen, auf die zuerst ich träfe. Denn von Antonius hatte ich gehört, wie er bei einer Evangelienlesung, zu der er sich von ungefähr eingefunden hatte, die Worte ‚Geh hin, verkaufe alles, was du hast, gib es den Armen, und du wirst einen Schatz im Himmel haben; und komm und folge mir nach', als wäre es für ihn vermeint, was man da las, sich zur Mahnung genommen und bei diesem Gottesspruch sogleich zu Dir gekehrt hatte. So ging ich eilends wieder an den Platz, wo Alypius saß; denn dort hatte ich das Buch des Apostels hingelegt, als ich aufgestanden war. Ich ergriff es, schlug es auf und las still für mich den Abschnitt, auf den zuerst mein Auge fiel: ‚Nicht in Schmausereien und Trinkgelagen, nicht in Schlafkammern und Unzucht, nicht in Zank und Neid, vielmehr ziehet an den Herrn Jesus Christus und pfleget nicht des Fleisches in seinen Lüsten.' Weiter wollte ich nicht lesen, und weiter war es auch nicht nötig. Denn kaum war dieser Satz zu Ende, strömte mir Gewißheit als ein Licht ins kummervolle Herz, dass alle Nacht des Zweifelns hin und her verschwand" (415/417).

Nach diesem Ereignis erkennt Augustinus, dass er seine Enthaltsamkeit nur der Gnade des Erlösers und in keiner Weise sich selbst verdankt. Deshalb bekennt er: „Und meine ganze Hoffnung ist nur in Deinem großen Erbarmen. [...] O Liebe, die Du immer brennst und nie erlischst, o Liebe, mein Gott, entzünde mich! Enthaltsamkeit verlangst Du: gib, was Du verlangst, dann verlange, was Du willst. Gewiß verlangst Du, daß ich mich enthalte ,von Fleischeslust, Augenlust und Hoffart dieser Welt'. Du hast den Beischlaf, der nicht Ehe ist, verboten und hast zu Besserem noch als diesem Erlaubten der Ehe gemahnt. Und weil Du mir's gegeben hast, so vollbrachte ich's, noch ehe ich Verwalter deines Sakramentes wurde. Aber in meinem Gedächtnis, von dem ich jetzt so viel gesprochen, da sind lebendig noch die Bilder von solchen Dingen, die meine Gewohnheit dort befestigt hat. Sie drängen sich im Wachen, freilich ohne Kraft, heran, im Schlafe aber wird daraus ein Wohlgefallen, mehr noch, schon ein Ja und Tun so ganz nach ihresgleichen. Und so viel vermag der Trug solchen Bildes in meiner Seele, meinem Fleische, daß mich im Schlafe unwirkliche Gesichte überreden, wozu den Wachen auch die gesehene Wirklichkeit nicht bringt" (553). Augustinus fragt, ob er ein anderer sei, wenn er vom Traum betört werde. „Ist denn, allmächtiger Gott" – so fragt er betend – „Deine Hand nicht mächtig, alle die Unkraft meiner Seele zu heilen und mit reicherer Gnade die lüsternen Regungen auch meines Schlafes zu ersticken? Ja, Herr, Du lässest reich und reicher Deine Gnaden in mir wachsen, daß meine Seele, ledig von diesem Vogelleim des Gelüstes, mir zu Dir hin folge, daß sie nicht mehr rebelliere gegen sich selbst, daß sie auch im Schlafe nicht unter Bildern von tierischer Geile jene Schändlichkeiten der Unzucht bis zum Fluß des Fleisches treibe, nein, daß sie nicht einmal den Willen dazu habe" (553). Augustinus bittet den Herrn, in ihm zu vollenden, was er so sehr ersehnt: auch im Traume nicht mehr überwältigt zu werden von dem, was er eigentlich nicht will.

Der Bischof von Hippo verhält sich zu allem Lustvollen wie ein gebranntes Kind zum Feuer. Er schreibt: Wider alles „Lustliche kämpfe ich an, um nicht bestrickt zu werden, und einen täglichen Krieg führe ich dawider, indem ich ,in Fasten' immer wieder ,meinen Leib in Dienstbarkeit bringe' [...]. Das hast Du, [Herr], mich gelehrt, Nahrung so zu gebrauchen, wie man Heilmittel einnimmt. Aber indem ich von der Beschwer des Bedürfnisses übergehe zum Behagen der Stillung, ist es dieser Übergang, in dem die Schlinge der Begier auf mich lauert. Denn der Übergang ist Lust, und es gibt doch keinen andern als ihn, den zu gehen die Not erzwingt. Auch wenn man nur des Lebens wegen ißt und trinkt, gesellt sich doch als Begleiterin eine gefährliche

Wohlempfindung bei, ja sie gewinnt zumeist den Vorsprung, daß nun der Lust wegen das geschieht, wovon ich sage, ja auch möchte, ich täte es nur der Gesundheit wegen" (555/557). Nicht zufällig haben sich Menschen, die Christentum mit Weltflucht gleichsetzen, gern auf Zitate aus dem zehnten Buch der *Confessiones* des Augustinus berufen. Denn er wittert hinter allem, was ihm Lust verschafft – seien es Speise und Trank, Wohlgerüche, Musik oder Theater – die Fesseln, von denen er sich so qualvoll gelöst hat. Wie geradezu skrupulös sein Gewissen geworden ist, mag folgender Passus belegen: „Wer möchte erzählen, wie viele lächerlich geringe Anlässe unserm Fürwitz tagtäglich zur Versuchung werden und wie oft wir dabei straucheln! Wie manchmal lassen wir uns Alltagsschwätzer anfangs, möchte ich sagen, aus Duldsamkeit gefallen, nur um die Leutchen nicht zu kränken, und so allmählich hören wir der Erzählerei recht gerne zu. Wie ein Hund einen Hasen hetzt, das schaue ich mir im Zirkus freilich nicht mehr an; aber wenn ich es zufällig im Vorbeikommen im offenen Felde sehe, so fesselt mich ein solches Jagen, es bringt mich vielleicht aus einem wichtigen Gedankengang, und zwingt es mich auch nicht den Weg, den mein Reittier mich trägt, zu verlassen, so doch die Richtung meines Herzens; und blöde starr ich so hin, es sei denn, Du gibst mir im Bewußtwerden meiner Schwäche sogleich einen Wink, ich solle durch ein tieferes Nachdenken, das dem Anblick selbst entspringt, mich zu Dir erheben oder den ganzen Vorgang nicht beachten und darüber weggehen" (577). Augustinus spricht von der Versuchung seiner Augen und seiner Zunge und nicht zuletzt von dem „Ehrverlangen, das sich Beifall zusammenbettelt, um das liebe Ich in seiner besonderen Bedeutung hervorzuheben" (589).

b) Augustins Versuch, die manichäische durch die neuplatonische Denkform zu überwinden

Wie Volker Henning Drecoll in seiner Studie über die Entstehung der augustinischen Gnadenlehre nachweist, sind die *Confessiones* des Augustinus nicht nur die Schilderung eines langen Weges, sondern auch das theologische Ergebnis seiner Auseinandersetzung mit dem manichäischen und dem neuplatonischen Gottesbegriff. „Neuplatonische Ontologie, die Vorstellung von Gott als alles bestimmender Größe, und die Ablehnung des Manichäismus greifen ineinander"[20]. Die während der Jahre 389–395 entstandenen Schriften *De vera religione* und *Epistula ad Romanos inchoata expositio* bzw. *Expositio epistulae ad Galatas* argumentieren gezielt antimanichäisch. Sie entwickeln eine gleichermaßen auf die individuelle Erlösung wie auch auf die gesamte Heilsgeschichte bezogene *Vier-Stadien-Lehre*: *ante legem* – *sub lege*

---

20 V. H. Drecoll, Entstehung der Gnadenlehre, 358.

– *sub gratia* – *in pace*. Nicht der Kampf zwischen Gut und Böse bestimmt die Geschichte, sondern das in vier Stadien einteilbare Gnadenhandeln Gottes an dem mit Freiheit begabten Menschen. Innerhalb der *Confessiones* entspricht die Abfolge der Stadien *sub lege* und *sub gratia* dem Inhalt der Bücher VII und VIII. In einem entscheidenden Punkt allerdings geht die Bekenntnisschrift über die genannten Frühschriften hinaus. Denn während dort der Glaube als *meritum* bezeichnet wird, ist die *fides* in den *Confessiones* eindeutig ein Werk der Gnade. Schon innerhalb der Antworten, die Augustinus während der Jahre 396–398 auf Anfragen des Mailänder Presbyters Simplicianus gibt, gewinnt das *sola gratia* der antipelagianischen Spätschriften Gestalt. Indem Augustinus Röm 7,7–25a und Röm 9,10–29 kommentiert, gelangt er zu Formulierungen, die von einer Überwindung des Gesetzes durch die Gnade sprechen. Das Gesetz verleiht zwar Erkenntnis, vermittelt jedoch keine Kraft zu seiner Erfüllung. Im Gegenteil, es führt in den Widerspruch zwischen Wissen bzw. Wollen einerseits und Unvermögen andererseits.

Durch das siebte Buch der *Confessiones* zieht sich wie ein Leitfaden der Hiatus zwischen dem Erkennen und dem Vollbringen des göttlichen Willens (des Gesetzes). Augustinus hat immer wieder auf schmerzliche Weise erfahren, dass das Erkennen dessen, was die Juden die Tora nennen, das Erkennen auch des Lebens Jesu und der Inhalte der kirchlichen Verkündigung (Evangelium) noch keine Gemeinschaft mit Gott (Gnade) bedeuten. Für Augustinus entscheidend ist, dass die Welt der Geschöpfe Gott nicht vermitteln kann. Das gilt auch für das Wort, das Tora oder Evangelium genannt wird. In diesem Punkt bleibt Augustinus Neuplatoniker. Er unterscheidet sich zwar von Plotin oder Marius Victorinus, weil er Gott nicht als ein unpersönliches Eines, sondern als personalen Schöpfer beschreibt. Aber das, was ihn bleibend mit dem Neuplatonismus verbindet, ist die ständige Betonung des *Innen* vor dem *Außen*.

Augustinus hat die Zeit seiner Anhängerschaft an einen radikal dualistischen Manichäismus durch die Rezeption der neuplatonischen Philosophie überwunden, ohne zu erkennen, dass auch der Neuplatonismus latent dualistisch denkt. Weil er nämlich das Göttliche bzw. Gott mit dem *Einen* identifiziert und das *Eine* gleichzeitig als das unbedingte Gegenteil des *Vielen* definiert, tut sich gleichsam von selbst ein Graben auf zwischen der Materie als dem schlechthin Vielen und dem Immateriellen (Geistigen) als dem schlechthin Einen. Wenn zudem das Eine als das Göttliche mit dem Wirklichen gleichgesetzt wird, dann ist das Nur-Viele bzw. Nur-Materielle das *Nichtige*. Bei Platon ist die Seele so etwas wie eine Vermittlerin zwischen der Welt der Ideen und der Welt der Einzeldinge. Bei Plotin aber ist die Seele nur in dem Maße sie selbst, als sie sich von den Dingen trennt und durch Einkehr in das eigene Innere ihre Verbindung zu dem *Einen* bzw. zur Welt des Geistes sucht. Außen und Innen geraten – wenn nicht ontologisch, so doch anthropologisch betrachtet – in einen unüberbrückbaren Gegensatz.

Augustinus betont in seinen *Confessiones* gegenüber den Manichäern, dass die Dinge an sich nichts Schlechtes sind. Und dennoch formuliert er in immer neuen Variationen die Aufforderung, sich von den Dingen abzukehren, sich dem eigenen Inneren zuzuwenden und sich so auf die Wahrheit (auf Gott) zu beziehen[21]. Erst da hat Augustinus den Sieg der Gnade erfahren dürfen, wo sein Ich nicht mehr gespalten war in zwei Willensstrebungen. Deshalb muss das Erkennen und Wollen der außen befindlichen Dinge ganz und gar bezogen werden auf das Erkennen und Wollen der Liebe zu Gott.

Darin sieht Gottlieb Söhngen[22] nicht nur das neuplatonische Erbe Augustins, sondern *den* roten Faden seines gesamten Schrifttums, dass Innen und Außen unvermittelt bleiben. Dennoch wird dem Außen – den Gestalten der Schöpfung, den historischen Ereignissen, den Worten und Taten von Menschen – eine positive Funktion zugewiesen. Das Außen kann hinweisen, erinnern, anzeigen. Das gilt in besonderer Weise von den Worten der Heiligen Schrift und von den Ermahnungen der Kirche. Aber nicht sie vermitteln die Gemeinschaft mit Gott, sondern der innere Befreier und Lehrer, also der Heilige Geist bzw. die den Menschen innerlich umkehrende Macht Gottes. Bezeichnend für die Gnadenlehre Augustins ist folgendes Zitat aus der großen Spätschrift mit dem Titel *De civitate Dei*: „Ohne die innere Gnade, mit der Gott den menschlichen Geist leitet und antreibt, hilft dem Menschen alle Verkündigung der Wahrheit nichts, auch wenn Gott selbst, eines ihm ergebenen Geschöpfes sich bedienend, in irgendeiner menschlichen Gestalt

---

21 „In sich selbst trifft der Mensch auf jenes Licht der Wahrheit, das unmittelbar von Gott selber stammt. Wir stehen hier vor dem vieldiskutierten Phänomen der Illuminationslehre, deren Interpretation bis heute nicht einhellig ist. […]. Daß der Mensch nicht das Licht aus sich heraus hat, ist zunächst gut plotinische Lehre. Jedoch läßt sich – wie U. Duchrow [Sprachverständnis, 218 f] zeigt – eindeutig feststellen, daß Augustin nur eine Seite der plotinischen Lichtmetaphysik herausgreift, nämlich die, welche er christlich interpretieren kann […]. Einen zweiten Gedanken dagegen, der die Erleuchtung und Teilhabe an die Verwandtschaft der Seele mit Gott bindet, verschweigt er". Mit anderen Worten: „Augustin übernimmt weder die plotinische Überzeugung, daß die Seele deshalb in der Rückkehr zu sich selbst Gott findet, weil sie in ihrem eigentlichen Wesen göttlich ist, noch ist für ihn die alte griechische Idee gültig, nach welcher Gleiches nur durch Gleiches erkannt werden kann, und die Seele mithin, um das göttliche Licht zu erkennen, selbst göttlichen Lichts sein muß" (G. Greshake, Gnade als konkrete Freiheit, 210 f).

22 Vgl. G. Söhngen, Die neuplatonische Scholastik, 106.

zu den Sinnen des Menschen redete"[23]. Wie Wilhelm Geerlings umfassend nachweist[24], hat der geschichtliche Jesus im Werk des Augustinus fast ausschließlich exemplarische, belehrende, signifikative Bedeutung[25]. Das eigentliche Ereignis der Gemeinschaft zwischen Gott und Mensch geschieht nicht durch Worte oder geschichtliche Ereignisse, sondern dadurch, dass Gott seine Adressaten bei der Gelegenheit (*occasio* – Okkasionalismus) des Sehens oder Hörens der Heilsgeschichte innerlich mit dem Logos (mit dem Sinn des Ganzen) verbindet. Zugespitzt behauptet er gegenüber den Mönchen von Hadrumetum[26], dass die den Sünder mit Gott versöhnende Gnade auch ohne geschichtliche Vermittlung denkbar sei[27].

---

23 Augustinus, De civitate Dei XV,6 (CSEL 40,2,67).
24 Vgl. W. Geerlings, Christus Exemplum, bes. 209–228. – Die Arbeit des Bochumer Patrologen Wilhelm Geerlings entkräftet die von dem römischen Patrologen Basil Studer in einer Rezension (FZPhTh 21 [1974] 459–467) von Greshakes Habilitationsschrift vorgetragenen Bedenken. In dieser kritischen Besprechung wird die Vermutung geäußert, Augustinus habe als predigender Seelsorger die Begriffe signum, sacramentum, auctoritas und exemplum keineswegs so einseitig gedacht wie dies Greshake aus seinen philosophischen Positionen deduziere.
25 „*Strukturell* ist der gnadenhafte Eingriff Gottes, der die Liebe ins Herz senkt, durchaus mit der inneren Wahrheitserleuchtung vergleichbar. Man kann sagen, daß Augustin die Gnadenlehre am Modell der Illuminationslehre gewinnt. Beide Tätigkeitsweisen Gottes geschehen ohne geschöpfliche Vermittlung, direkt und unsichtbar im Inneren des Menschen und haben ihren Grund allein in der souveränen Huld Gottes. Nicht das Hören einer Lehre, und sei es auch der Lehre Christi, nicht sein Beispiel, nicht seine Nachfolge machen die Gnade Christi aus, sondern die uns heimlich und verborgen ins Herz gesenkte Liebe" (G. Greshake, Gnade als konkrete Freiheit, 219).
26 Die Mönche von Hadrumetum hatten Augustinus um die Lösung des Problems gebeten, wozu sie sich um die Befolgung der Worte des Evangeliums oder um gegenseitige Zurechtweisung oder um Gehorsam gegenüber ihrem Abt bemühen sollten, wenn doch Gott die Gnade unabhängig von diesem *Außen* bewirkt. Augustinus antwortet mit seiner Schrift *De correptione et gratia*, kann aber lediglich auf die Parallelität zwischen dem *Außen* des Wortgeschehens und dem *Innen* der Gnade hinweisen.
27 Vgl. Augustinus, De correptione et gratia V,8 (ALG VII,168).

Die Denkform des Manichäismus

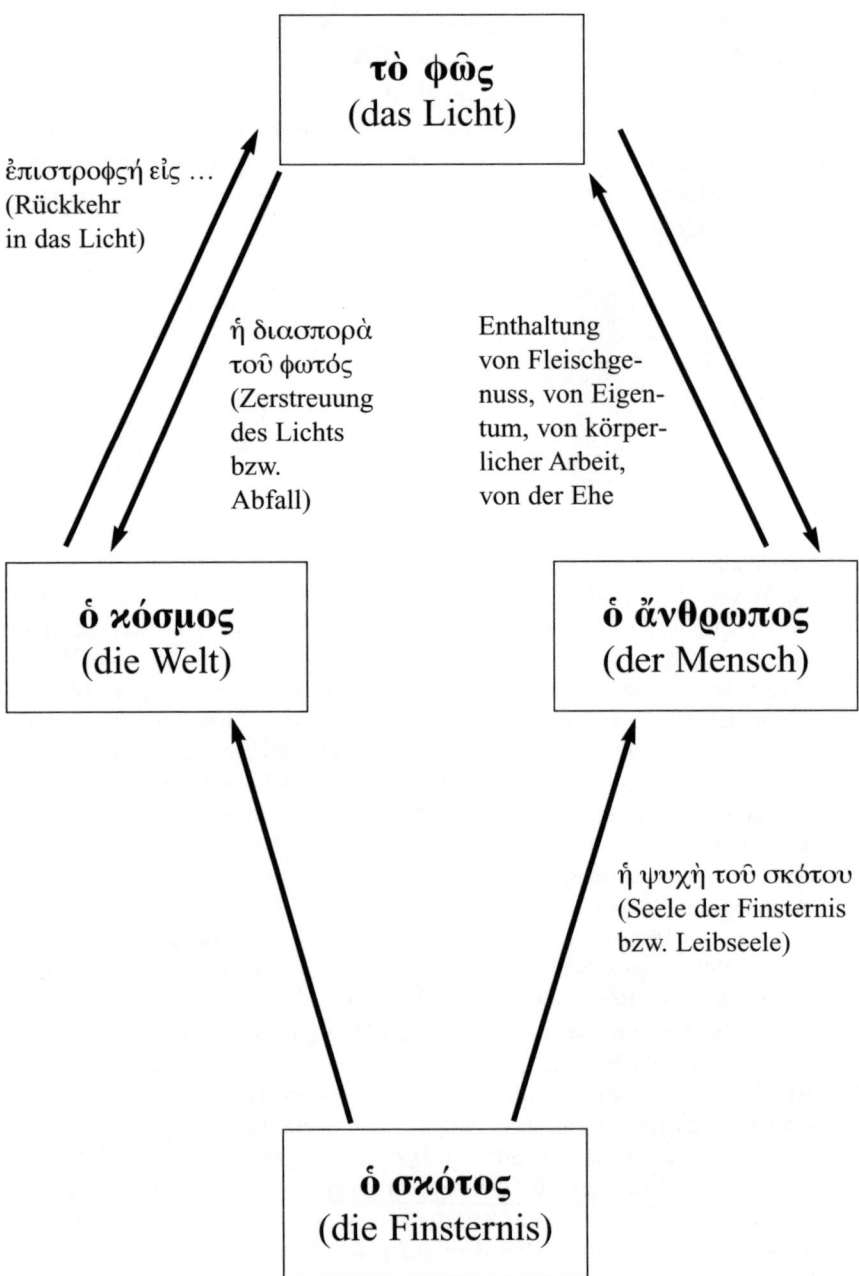

τὸ φῶς
(das Licht)

ἐπιστροφϛή εἰς …
(Rückkehr
in das Licht)

ἡ διασπορὰ
τοῦ φωτός
(Zerstreuung
des Lichts
bzw.
Abfall)

Enthaltung
von Fleischge-
nuss, von Eigen-
tum, von körper-
licher Arbeit,
von der Ehe

ὁ κόσμος
(die Welt)

ὁ ἄνθρωπος
(der Mensch)

ἡ ψυχὴ τοῦ σκότου
(Seele der Finsternis
bzw. Leibseele)

ὁ σκότος
(die Finsternis)

Die Denkform des Neuplatonismus

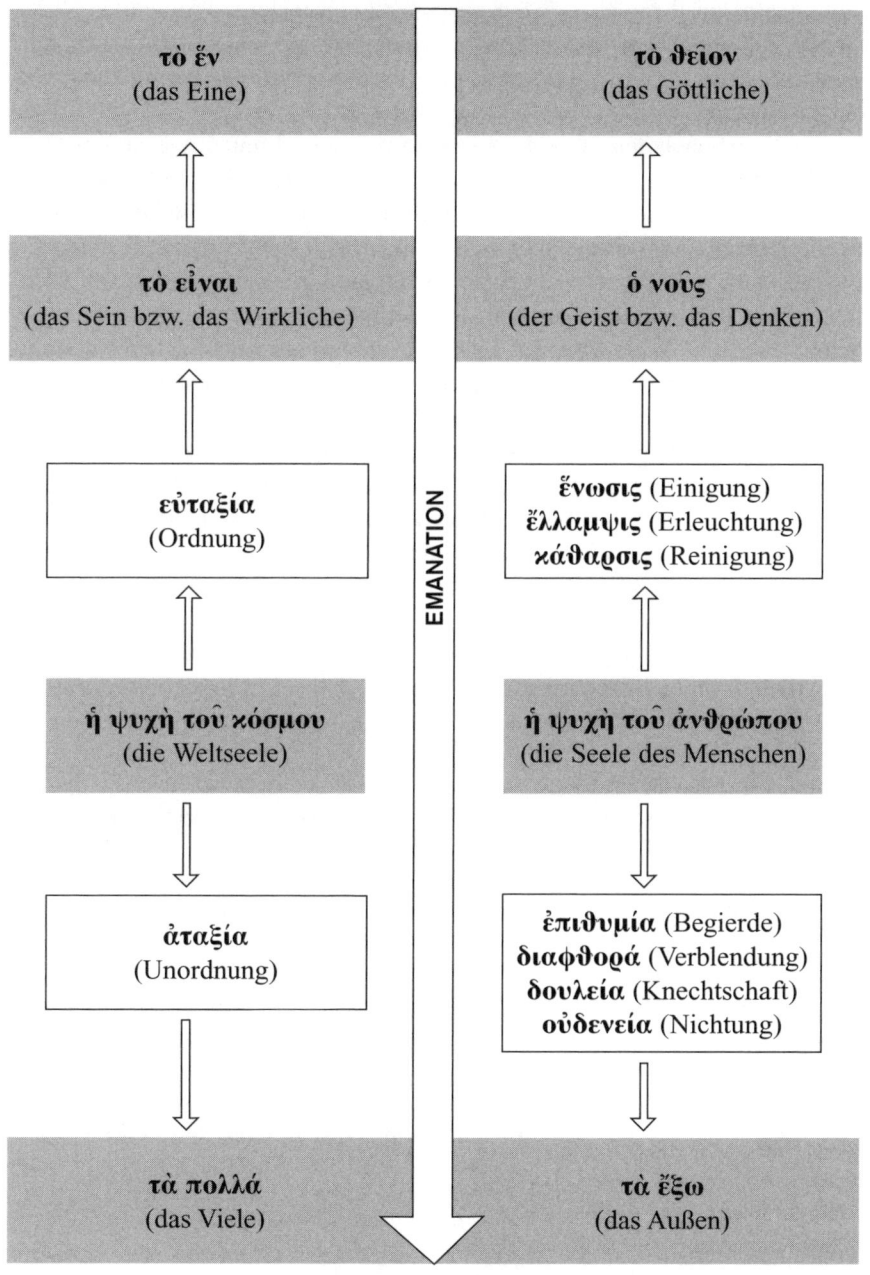

c) Augustins Unterscheidung zwischen *liberum arbitrium* und *libertas*

Die Abkoppelung des *Innen* (Gnadengeschehen) von dem *Außen* (Wort und Geschichte) wirft mit logischer Konsequenz ein weiteres Problem auf. Eine Gnade, die gleichsam in den Sünder ‚hineinkriecht' und selbst dessen Antwort (die Liebe) bewirkt, scheint mit der Freiheit ihrer Adressaten kaum vereinbar zu sein[28].

Die Frage nach dem, was der Kirchenvater unter Freiheit versteht, trifft in ein Wespennest der Forschung[29]. Obwohl Augustinus nicht durchgehend klar zwischen den Termini *libertas* und *liberum arbitrium* unterscheidet, spricht er doch einerseits von einem Willen, der auch nach dem Sündenfall realisiert werden kann, und andererseits von einer Freiheit, die seit Adam jedem Menschen fehlt, der nicht durch Christus im Heiligen Geist mit Gott versöhnt worden ist. Der freie Wille (*liberum arbitrium*) gehört zur spezifischen Natur des Menschen. In der Realisierung seines freien Willens unterscheidet sich der Mensch von anderen Lebewesen. Denn der Mensch kann sich zu sich selbst verhalten, ist also nicht einfach das Ergebnis von Kausalitäten und Reaktionen. „Als zur Natur des Menschen gehörig, ist der freie Wille unverlierbar und bleibt somit auch im Sünder bestehen. Denn sonst wäre die Sünde kein Akt des Menschen, ein Tun, das der Mensch zu seinem eigenen macht und darin bei sich ist, ein Handeln, an dem er innerlich Gefallen findet und das er zu verantworten hat"[30].

Doch die Wahlfreiheit ist nach Augustinus keineswegs identisch mit jener eigentlichen Freiheit, kraft derer der Mensch sich selbst und alles andere auf Gott beziehen kann. Seit dem Sündenfall Adams ist die eigentliche Freiheit

---

28   Alle Versuche der Scholastik, Augustins Aussagen über die unfehlbar wirksame Gnade abzumildern, wirken künstlich oder verfälschen den Sachverhalt. Dazu: G. Greshake, Gnade als konkrete Freiheit, 228–230.

29   Die m. E. beste Darstellung des Forschungsstandes bietet Bernd Goebel in den auf Augustinus bezogenen Teilen seiner Anselm-Studie. Dort heißt es: „Wir stehen offensichtlich vor zwei verschiedenen Begriffen von Willensfreiheit. Augustinus bezieht sich mit dem Ausdruck liberum arbitrium in aller Regel auf die Freiheit des Willens im Sinne der Ursachenlosigkeit, jedenfalls bis zu seiner großen gnadentheologischen Wende, nicht jedoch auf die Freiheit des sittlich guten Menschen, der an der Freiheit Gottes Anteil hat. Abweichend hiervon bezeichnet er in De civitate Dei die Freiheit des sittlich guten Menschen als das novissimum (‚höchste und letzte') liberum arbitrium, wenn auch immer mit diesem Zusatz. Das Nomen ‚Freiheit' (libertas) dagegen wird von Anfang an, d. h. bereits im Frühwerk, und sofern nicht ausnahmsweise die Freiheit von äußerem Zwang gemeint ist – stets von einem solchen Willen prädiziert, der sich dem göttlichen Willen unterworfen, sich diesem dadurch angeglichen und insofern seinen Besitzer ‚unbesiegbar' gemacht hat" (B. Goebel, Rectitudo, 319 f).

30   G. Greshake, Gnade als konkrete Freiheit, 199.

zerstört. Denn der Mensch, der nicht mehr von Gott her und auf Gott hin handelt und denkt, handelt und denkt notwendig vom eigenen Ego her und auf das eigene Ego hin. In seinen *Confessiones* schildert Augustinus Situationen, in denen er äußerlich betrachtet Gutes tat und dennoch der Sünde verhaftet blieb, weil er aus egoistischen Motiven – aus Stolz oder Ruhmsucht zum Beispiel – gehandelt hat. Als Sohn oder Tochter Adams kann der Mensch von sich aus nur noch sündigen. Diese Schlussfolgerung bildet den Kern jener formellen Erbsündenlehre, die erst von Augustinus in seiner Kontroverse mit Pelagius konzipiert wurde. Denn erst bei ihm findet sich die Vorstellung, mit den Folgen der Adamssünde gehe zugleich der damit verbundene Schuldzustand auf die ganze Menschheit über. Erst bei ihm findet sich die Bezeichnung der von der Erbsünde infizierten Nachkommenschaft Adams als *massa damnata*. Erst bei ihm wird aus der Praxis der Kindertaufe die Schlussfolgerung gezogen, ein ungetauftes Kind ziehe als Träger der Schuld Adams auch die Folgen dieser Schuld auf sich. Und erst bei ihm findet sich die These, dass kein Nachkomme Adams sich aus eigener Kraft (mittels der ihm verbliebenen Wahlfreiheit) dem Guten zuwenden kann; dass jeder Nachkomme Adams ausschließlich auf die ihm durch Christus im Heiligen Geist geschenkte Erlösung angewiesen ist.

Wenn Augustinusspezialisten auf einzelne Stellen verweisen, in denen der Kirchenvater ebenso wie vom Erhalt des freien Willens, so auch von der Fähigkeit der Vernunft oder von noch erhaltenen Resten der Gottebenbildlichkeit spricht, dann nicht, um die Konsequenzen der Erbsündenlehre aufzuweichen, sondern im Gegenteil, um deutlich zu machen: Auch da, wo ein Nachkomme Adams in der Sache Gutes tut bzw. vernünftig handelt, realisiert er seine vom eigenen Ich statt von Gott bestimmte Natur. Mit anderen Worten: Das, was Augustinus als Natur des Menschen bezeichnet, ist reine Potentialität, die entweder vom eigenen Ich her und auf das eigene Ich hin oder aber von Gott her und auf Gott hin aktualisiert wird. Es gibt kein Mittleres zwischen Existenz aus der Gnade und Existenz aus der Sünde. Der Mensch ist immer schon der so oder so Entschiedene.

Man kann Augustinus einen Vorläufer jenes Aktualismus nennen, der weite Teile der protestantischen Theologie des 20. Jhs. charakterisiert. Jedenfalls ist die Freiheit des Menschen, die nicht nur in der Fähigkeit des Wählens, sondern in der Selbstbindung an das Gute besteht, keine Eigenschaft der Natur, sondern reines Gottesgeschenk. Sobald der Mensch dieses Gottesgeschenk verloren hat, denkt und handelt er nur noch vom eigenen Ich her und auf das eigene Ich hin. Weder die eigene Natur mit ihrer Vernunft noch die Betrachtung der Schöpfung oder des Gesetzes können den Sünder von seiner Verhaftung an das eigene Ego befreien. Nur Gott selbst kann ihn erneut zur Selbsttranszendenz der Liebe – zu einem das Ich transzendierenden Denken und Handeln – bewegen.

Das der Schöpfung eingeschriebene Gesetz und die in der Geschichte Israels offenbare Tora werden von Augustinus durchaus positiv gewürdigt. Denn in Schöpfung und Gesetz drückt sich Gottes Wille aus. Aber der in der Bindung an das eigene Ich gefangene Sünder wird durch das Gesetz nicht von seinem Egozentrismus befreit, sondern im Gegenteil mit seiner Unfähigkeit zum Guten konfrontiert. Von daher sind die schon lange vor der Kontroverse mit Pelagius genannten Stadien *ante legem – sub lege – sub gratia – in pace* keine chronologisch beschreibbaren Größen, sondern Bezeichnungen für das je andere Verhältnis des Menschen zu Gott. Zumindest für den späten Augustinus sind die Zeit des Gesetzes und die Zeit der Gnade keine sukzessiv-historischen, sondern dialektische Parameter.

Augustinus bezweifelt nicht, dass zum Beispiel die großen Glaubensgestalten des Alten Testaments von Gott her und auf Gott hin gehandelt haben. Die im Christusereignis historisch sichtbar gewordene Erlösungsgnade ist nicht an die historische Begegnung mit Jesus Christus bzw. an den Empfang der Sakramente gebunden. Denn als innere Gnade (als Heiliger Geist) kann Gott auch einen Menschen erreichen, der lange vor Jesus aus Nazaret lebte. Aber auch ein Mensch, der dem historischen Jesus nie begegnet ist und die Verkündigung Jesu als des Christus durch die Kirche nie gehört hat, wird mit dem Empfang der Gnade Jesus Christus ähnlich, da nur Christus der geschichtliche Ausdruck absoluter Gemeinschaft eines Menschen mit Gott ist. Weil Augustinus die Gnade als ein exklusiv innovatorisches Handeln Gottes am Sünder versteht, kann er das Axiom *extra ecclesiam nulla salus* wörtlich nehmen. Wer die Taufe empfängt, der ist durch dieses Sakrament dazu bestimmt[31], Christus sichtbar zu machen und also sichtbares Glied der Kirche zu sein. Der historische Jesus, die Kirche und die Sakramente vermitteln nicht das Heil; aber sie zeigen es an[32]. Insofern vertritt Augustinus die These, dass nur der Mensch die innere (erlösende bzw. rechtfertigende) Gnade empfangen hat, der auch die Sakramente (speziell die Taufe) empfängt und also Glied der sichtbaren Kirche ist.

Natürlich ist die innere Gnade bei Augustinus immer die in Jesus Christus offenbare Gnade. Aber der Kirchenvater entwickelt seine Gnadenlehre nicht aus der Christologie, sondern umgekehrt die Christologie aus der Gnadenlehre[33]. Der Oberbegriff ist die Gemeinschaft des Menschen mit Gott. Sie wird durch das Christusereignis sichtbar, nicht aber im eigentlichen Sinne vermittelt. Deshalb kann Greshake resümierend feststellen: „Nicht eigentlich

---

31 Dazu: G. Nygren, Prädestinationsproblem; G. Kraus, Vorherbestimmung, 27–58.

32 Dazu: F. Hofmann, Kirchenbegriff des hl. Augustinus, 275–285.

33 In diesem Punkt vor allem unterscheiden sich die Augustinusinterpretationen von G. Greshake (Gnade als konkrete Freiheit) und B. Studer (Gratia Christi – gratia Dei; Grace in the Works of Augustine).

das Christusgeschehen vermittelt Gnade, sondern die Gnadenordnung Gottes setzt das Christusgeschehen als historisches ,Vehikel' und unerläßliche Vorbedingung, daß Gott auch uns (direkt und unmittelbar!) seine Gnade erteilt. Somit wird zwar Gnade mit dem historischen Faktum Christus ,wenn auch nur lose verknüpft', aber das Christusgeschehen tritt nicht qualifizierend in das eigentliche Liebes-Geschehen zwischen Gott und Mensch ein. [...] Die Bindung der Gnade an das Heilswerk Christi ist für Augustin die *einzige* geschichtliche Bindung der Gnade. Von hier aus und von hier aus allein kann die Gnade inkarnatorisch genannt werden. Stellte man diese einzige geschichtliche Verankerung in Frage, würde Gnade völlig welt- und geschichtslos den Menschen treffen"[34].

2. Ihr Katalysator: Die Alternative des Pelagius

Nach den quellenkritischen Studien von G. de Plinval[35] und einigen Dissertationen mit eher historischen Fragestellungen[36] hat die Habilitationsschrift von Gisbert Greshake erstmals den Verstehenshorizont und die theologische Denkstruktur des Pelagius untersucht[37]. Indem diese bahnbrechende Arbeit nicht nur alle zugänglichen Quellen[38] berücksichtigt, sondern auch nach dem

---

34 G. Greshake, Gnade als konkrete Freiheit, 226–228.

35 Vgl. bes. G. de Plinval, Pélage; ders., Essai.

36 J. Ferguson, Pelagius; T. Bohlin, Theologie des Pelagius; H. H. Esser, Paulusverständnis; R. Pirenne, La Morale de Pélage; S. Prete, Pelagio; R. F. Evans, Pelagius.; O. Wermelinger, Rom und Pelagius; B. R. Rees, The Letters of Pelagius; S. Thier, Kirche bei Pelagius.

37 G. Greshake (Gnade als konkrete Freiheit, 44 f) selbst bemerkt: Wenn „nicht bereits ein aktuelles Interesse und eine lebendige Fragestellung der *historischen* Text-Analyse vorangeht und diese selbst nicht vordringt zu einer *theologischen* Analyse, bleiben die Zeugen der Vergangenheit stumm und können auch nicht ohne weiteres ,aktualisiert' werden. ,Nur wonach wir fragen, wird licht' – sagt der Exeget N. Lohfink in bezug auf die historisch-exegetische Arbeit – ,der Rest bleibt dunkel, weil wir die Frage nicht ahnen, die ihn erhellen würde'."

38 G. Geshake (Gnade als konkrete Freiheit, 311 f) unterscheidet zwischen „a) Schriften, die mit ziemlicher Sicherheit Pelagius persönlich zuzuschreiben sind, b) Schriften, deren Herkunft von Pelagius selbst unsicher und nicht zweifelsfrei geklärt ist, die aber wenigstens in enger Beziehung zu Pelagius persönlich entstanden sein müssen; c) Schriften, die vermutlich nicht von Pelagius stammen, aber einem frühen Stadium des Pelagianismus angehören". – Zur Kritik an der auch von Greshake benutzten Ausgabe der Pauluskommentare des Pelagius (besorgt von A. Souter): H. J. Frede, Ein neuer Paulustext. – Forschungsüberblicke: O. Wermelinger, Neuere Forschungskontroversen, 189–217; S. Thier, Kirche bei Pelagius, 17–47.

Warum der insgesamt äußerst konsistenten Argumentationsweise des Augustinus-Kontrahenten fragt, kommt sie zu dem Ergebnis, dass sich in der Kontroverse zwischen Pelagius und Augustinus zwei unterschiedliche Denkformen begegnen, deren philosophische Voraussetzungen wechselseitig unverstanden blieben.

a) Die platonisch-stoische Denkform des ersten ‚Befreiungstheologen‘

Pelagius kam wahrscheinlich von Irland her um 400 nach Rom, ist aber von seiner Denkweise und Ausbildung her eindeutig im östlichen Mönchtum verankert. Gegen den Laxismus derer, die nach der so genannten Konstantinischen Wende aus eher fragwürdigen Motiven in die Kirche strömten, richtet er seine mönchische Askese und den Ruf nach einem Christentum, das Licht der Welt und Salz der Erde ist. Von daher enthalten seine Schriften rhetorische Übertreibungen, die – wenn man den Sitz im Leben vergisst und einzelne Zitate isoliert – zu Missverständnissen führen.

Wenn Pelagius die Freiheit des Menschen als ein Können (*posse*) bezeichnet, dann ist unbedingt zu beachten, wie sehr er dabei bis in die Terminologie hinein im platonischen Denken wurzelt. Dessen Zentrum liegt, wie Werner Jaeger in seinem monumentalen Werk *Paideia* gezeigt hat, in der Urbild-Abbild-Dialektik[39]. Einerseits bezeichnet der Begriff *Abbild* den unendlichen Abstand zwischen dem einzelnen Seienden und der zugrunde liegenden Idee. Zugleich aber erscheint die gesamte Welt als Ausdruck einer *Seele*, die sich im Menschen ihrer selbst bewusst wird[40]. In Platons Höhlengleichnis ist die Weltseele identisch mit der Idee des Guten. Durch Erziehung (παιδεία) sollen die Wächter des Staates zu einer höchstmöglichen Einsicht in die Idee des Guten gelangen. So ergibt sich die enge Verwandtschaft des παιδεία-Gedankens mit dem des Eben- und Abbildes[41]. Der Mensch erscheint als das Abbild, das von seinem göttlichen Urbild (von der Idee des Guten) paideutisch befähigt wird, durch μίμησις (durch kognitive und volitive Realisierung des Guten) immer mehr Abbild des Guten zu sein. Wie das erste Kapitel der Bibel (Gen 1,26) das erstaunliche Faktum echter geschöpflicher Freiheit mit dem Gedanken der Gottebenbildlichkeit des Menschen erklärt, so bemerkt Platon, dass der Mensch desto freier ist, je ähnlicher er der Idee des Guten (der höchsten Wirklichkeit) wird. Das Wirken des Urbildes (παιδεία) und das Wirken des Abbildes (erkennende und wollende μίμησις) sind nicht als konkurrierende Ursachen zu sehen, sondern stehen in einem

---

39 W. Jaeger, Paideia.
40 Dazu: H. R. Schlette, Weltseele, bes. 35–52.
41 Dazu: P. Gerlitz, Der mystische Bildbegriff.

direkt proportionalen Verhältnis zueinander. Die Freiheit des Menschen ist nach Platon vom Guten her ermöglichte Selbstbindung an das Gute. Der Begriff *Ermöglichung* ist hier nicht nur ethisch, sondern auch ontologisch zu verstehen. Das Urbild bzw. die Idee des Guten ist nicht nur Imperativ, sondern Konstitutivum des Abbildes; und die erkennende und wollende μίμησις ist kein vom Sein des Menschen ablösbarer Akt[42].

Mit Recht betont Greshake, dass Pelagius nicht direkt von Platon oder von platonischen Schulrichtungen her beeinflusst ist, sondern in einer Tradition steht, die mit dem vagen Etikett *griechisches Denken* nicht präzise beschrieben und dennoch zutreffend bezeichnet wird. In seinem theologischen Denken mischen sich bestimmte Grundgedanken der platonischen Dialoge mit einzelnen Elementen der stoischen Philosophie. Während Platon die Weltseele getrennt von den sinnlich wahrnehmbaren Dingen denkt, folgt Pelagius eher der aristotelisch-stoischen Auffassung, nach der die Weltseele identisch ist mit dem alles durchdringenden und verbindenden Logos. Allerdings tendiert Pelagius nirgendwo zu einer Gleichsetzung der Natur mit dem Göttlichen bzw. Gott. Vielmehr ist aus seiner Sicht alles in Schöpfung und Geschichte so sehr Ausdruck des Schöpfers, dass jedes Seiende den mit Bewusstsein (mit Erkenntnis und Willen) ausgestatteten Menschen zur Verähnlichung seiner selbst mit dem Ursprung alles Guten und Gerechten bewegen kann.

b) Die Rezeption des griechischen *Paideia*-Konzepts auf römischem Boden

Immer wieder sprechen die Repräsentanten der Stoa von dem Gesetz und dem Vorbild. Denn in Gesetz und Vorbild spiegelt sich in besonderem Maße der Logos, den der Mensch immer mehr in sich ausprägen bzw. abbilden soll[43]. Auch wenn in der Literatur über die Stoa oft diskutiert wird, wie sich der als universal umgreifende Bestimmung (εἱμαρμένη) bzw. als Vorsehung

---

42 Vgl. E. v. Ivánka, Apex mentis.

43 „Hatte bei Platon eikon = imago die Bedeutung von: menschliches Abbild, welches durch mimesis das himmlische Ur-Bild (idea/paradeigma = forma/exemplum) nachahmt, so bekommt nunmehr das in der menschlichen Natur anwesende Logos-Bild die Bedeutung von idea/paradeigma = forma/exemplum. Damit entfallen die Begriffsunterschiede zwischen imago auf der einen und forma/exemplum auf der anderen Seite. Damit ist auch geklärt, wieso in der Folgezeit, z.B. auch bei Pelagius, zur Bezeichnung des den Menschen zur Nachahmung provozierenden normativen Bildes unterschiedslos die Begriffe imago, exemplum, forma, ratio, lex, natura usw. gebraucht werden können." (G. Greshake, Gnade als konkrete Freiheit, 167).

(πρόνοια) verstandene Logos zu der starken Betonung der menschlichen Willensfreiheit verhält[44], ist doch unbestritten, dass die Stoiker die Verantwortung des Menschen mindestens ebenso affirmieren wie den Sinnzusammenhang von Welt und Geschichte. Max Pohlenz hat die Stoa unwidersprochen als die eigentliche Trägerin des Freiheitsdenkens in der Antike bezeichnet[45].

Entsprechend betont Pelagius in seinem Kommentar zu 1 Kor 11,7, dass der Mensch frei ist, *weil* er Bild Gottes ist[46]. Anders gesagt: Die Freiheit des Menschen besteht darin, das, was ihm von Gott geschenkt ist, nämlich das Bild-Gottes-Sein, anzunehmen bzw. zu realisieren. Während alle übrigen Geschöpfe mit Notwendigkeit sind, was die Natur ihnen vorgibt, kann der Mensch sich als vom Schöpfer gesetzt selber setzen. Die *libertas* ist im Den-

---

44 H. Krämer (Grundlegung des Freiheitsbegriffs in der Antike) kommt zu dem Ergebnis, dass die personale Mitte des Menschen aus der Sicht der Stoiker in der *Zustimmung* liegt: „In der Fähigkeit zuzustimmen oder die Zustimmung zu verweigern oder aber sich in beidem zu enthalten (Epoché zu üben) liegt die innere Freiheit des Menschen beschlossen, seine Haltung und Gesinnung gegenüber dem Weltlauf, die ihm bleibt, auch wo er nicht verändernd in ihn eingreifen kann. Freilich empfiehlt es sich, den Weltplan im Sinne eines amor fati sich zu eigen zu machen, denn wer sich verweigert, wird nichtsdestoweniger, wie es im Vergleich heißt, wie der Hund am Wagen mitgeschleppt: ‚Sträub ich mich, so handle ich schlecht und folgen muß ich doch‘, wie es ein Vers des Kleanthes formuliert, auf den wohl auch ein anderer, bei Seneca erhaltener zurückgeht: ‚Den Willigen geleitet das Schicksal, den Widerwilligen zieht es mit‘ […]. Wenn Freiheit hier als Einsicht in den Weltgang, als begriffene Notwendigkeit gedeutet wird […], so ist damit das letzte Wort noch keineswegs gesprochen. Dies zeigt sich zunächst in der stoischen Widerlegung des Vorwurfs eines quietistischen Fatalismus: Wenn alles ohnehin seinen Gang gehe, brauche man nicht mehr zu handeln. Gegen diesen sogenannten ‚faulen Schluß‘, das ‚Argument von der Passivität‘, wie man es damals nannte, macht Chrysipp geltend, daß die Mitwirkung oder Nichtmitwirkung des Menschen bereits providentiell eingeplant sei: Die Synergie ist ‚mitverhängt‘: ‚konfatal‘. Hier wird deutlich, daß der Weltplan sich gleichsam durch den Menschen und seine vermeintliche Entscheidungsfreiheit hindurch realisiert […]. Die Stoa hat also ihre Lösung nicht dialektisch halten können, sondern in letzter Instanz die freie Selbstbestimmung des Menschen dem tragenden Welt-Sinn untergeordnet. Überall dort, wo mit dem Providenzgedanken wirklich ernst gemacht wird, kann Freiheit eben nur scheinhaft bleiben – auch im christlichen Bereich, wo man sich zwar der stoischen Providenzlehre angeschlossen hat, aber ebenso wie im Neuplatonismus häufig der stoischen Konsequenz ausgewichen ist" (ebd. 249–251).

45 Vgl. M. Pohlenz, Griechische Freiheit, 143; H. Jonas, Augustin, 25–33; H. Arendt, Vom Leben des Geistes, 307–318.

46 „Vir ad imaginem dei factus (est) et idcirco liber est." (Pelagius, Expositiones XIII epistularum Pauli, hg. v. A. Souter, Cambridge 1926, 188).

Die platonisch-stoische Denkform

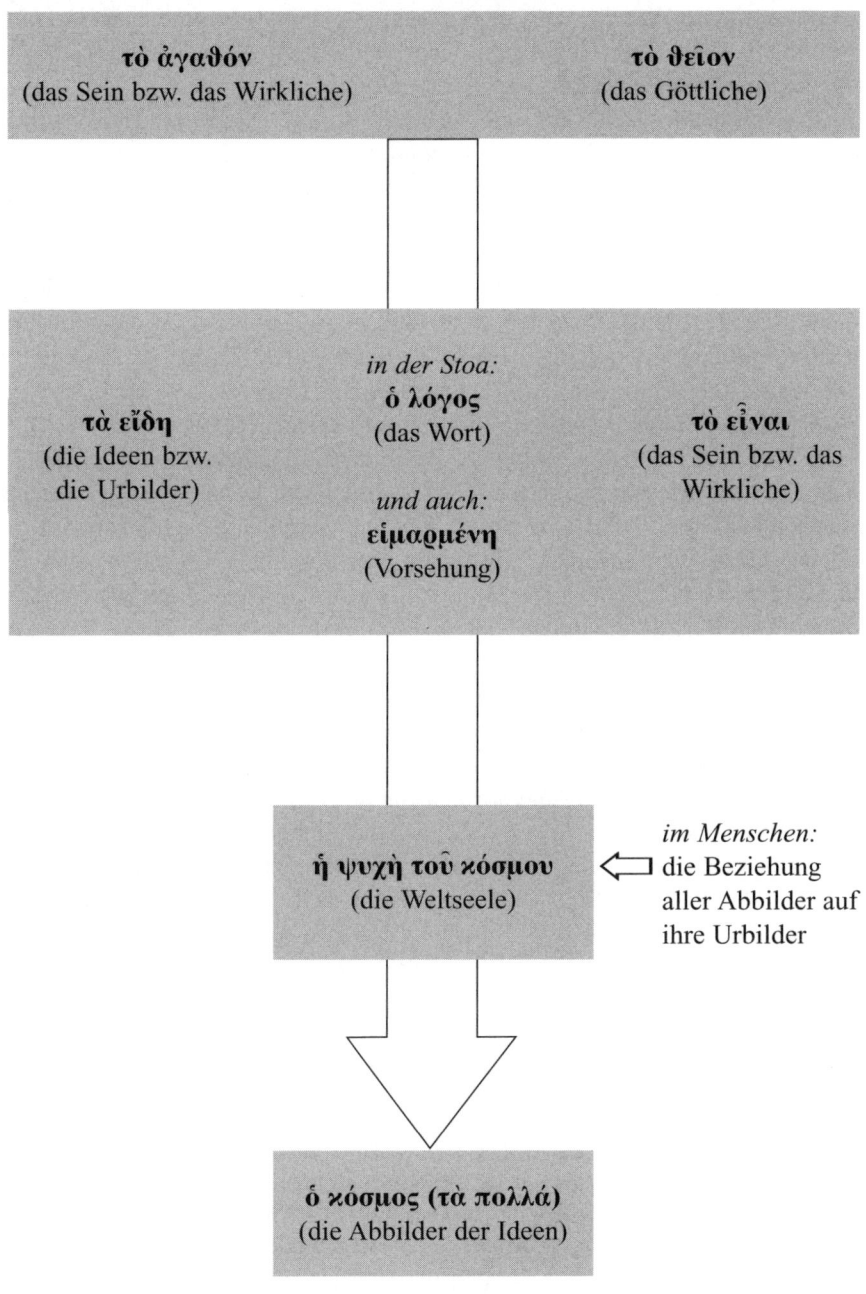

τὸ ἀγαθόν
(das Sein bzw. das Wirkliche)

τὸ θεῖον
(das Göttliche)

τὰ εἴδη
(die Ideen bzw.
die Urbilder)

in der Stoa:
ὁ λόγος
(das Wort)

und auch:
εἱμαρμένη
(Vorsehung)

τὸ εἶναι
(das Sein bzw. das
Wirkliche)

ἡ ψυχὴ τοῦ κόσμου
(die Weltseele)

im Menschen:
die Beziehung
aller Abbilder auf
ihre Urbilder

ὁ κόσμος (τὰ πολλά)
(die Abbilder der Ideen)

ken des Pelagius die Möglichkeit (das *posse*) des mit Bewusstsein begabten Menschen, selbst sein bzw. werden zu wollen, was er von Natur aus sein bzw. werden soll. Die *libertas* ist Gabe und Aufgabe zugleich; die Gabe (das *posse*) ist unzerstörbar. Wer die Gabe (das *posse*) realisiert, wird immer mehr zum Abbild des Gebers (→ Gottebenbildlichkeit); wer die Gabe ablehnt, sündigt, ohne deshalb die Gabe (das *posse*) zu zerstören.

Das Verhältnis von Gott und Mensch ist aus der Sicht des Pelagius dynamisch vermittelt durch die Geschöpfe und die Ereignisse der Geschichte. Die Tora ist nicht nur äußere Kundgabe des göttlichen Willens, sondern Gnade. Die Unterscheidung zwischen dem Gott-Mensch-Verhältnis *ante legem*, *sub lege* und *post legem* ist eine erzieherische Entwicklung (*paideia*) bzw. das Fortschreiten der stets geschichtlich vermittelten Heilsinitiativen Gottes. Die Gnade tritt ,von außen' an den Menschen heran, ist deshalb aber keineswegs identisch mit einem bloßen Imperativ oder Beispiel. Im Gegenteil: Die Worte (*verba*), Zeichen (*signa*) und Beispiele (*exempla*) des Heilsgeschehens sind den Sünder bewegende, erziehende und heilende Vermittler. Deshalb kann man von der Sakramentalität alles Seienden sprechen und die Sakramente im engeren Sinne als jene Gnade bezeichnen, welche das Christusgeschehen vergegenwärtigt. Das sich in Welt und Geschichte bis hin zum Ereignis der Inkarnation ausdrückende Urbild (der Sohn bzw. Logos) *ermöglicht* den Abbildern des Sohnes (den mit dem *posse* der Freiheit begabten Menschen) die Vervollkommnung der eigenen Abbildlichkeit. Diese Vervollkommnung ist in direkt proportionaler Weise zugleich ein Handeln Gottes und ein Handeln des Menschen; denn die Abbildung des Urbildes ist dem Abbild vom Urbild ermöglicht und doch zugleich ein Vollzug des Abbildes.

Christus ist im Denken des Pelagius die personale Offenbarung des Logos, durch den, in dem und auf den hin alles geschaffen ist. Die griechischen Philosophen, die auf der Suche nach der Einheit alles Vielen (nach dem Logos) waren, haben sich – ohne dies zu wissen – bewegen lassen von Jesus Christus. Er ist als der Sinn alles Seienden in Welt und Geschichte identisch mit der Gnade bzw. mit dem Handeln Gottes in der Welt. Zugespitzt darf man sagen: Die Gnadenlehre des Pelagius ergibt sich aus seiner Christologie. Inbegriff des Heilsgeschehens ist die Verähnlichung des einzelnen Menschen mit Christus. Insofern diese Verähnlichung jedem Menschen trotz des Sündenfalls möglich ist, entsteht die Kirche seit Abel (*ecclesia ab Abel*)[47].

---

47 S. Thier (Kirche bei Pelagius, bes. 90–126) projiziert seine augustinisch-protestantische Rechtfertigungslehre auf Pelagius, wenn er das Christusgeschehen als „Neuschöpfung des Sünders durch den Geist" bezeichnet. In Wahrheit schildert Pelagius das Christusgeschehen als die bis zum Äußersten (bis zur geschichtlichen Selbstmitteilung) gehende Initiative Gottes, dem Menschen die Abbildung des Urbildes (die Verähnlichung mit dem Urbild) neu zu ermöglichen.

Verschiedene Monographien zu Justin, Irenäus, Klemens von Alexandrien und Origenes haben bestätigt, dass die Verwurzelung der Gnadenlehre des Pelagius in der griechischen Paideia-Lehre nichts Außergewöhnliches ist[48]. Das Besondere liegt in dem Vertreten dieser Denkform auf römischem Boden[49]. Im Kontext der Paideia-Lehre ist die Gnade nicht etwas zur Welt bzw. zur Natur Hinzukommendes, sondern deren alles durchdringender Logos. Der einzelne Mensch steht weder Gott noch der Natur gegenüber, sondern er ist die Stelle der Natur, in der sich diese ihrer Finalisierung auf die Gemeinschaft mit Gott hin bewusst wird. Wie Stephan Otto in seinen Tertullian-Studien gezeigt hat[50], denkt der Lateiner anders als der Grieche: Gott (bzw. die Gnade) ist das gegenüber dem Menschen (bzw. der Natur) ganz andere. Der Einzelne steht mit seiner Natur, Welt und Geschichte Gott als dem ganz Anderen gegenüber. Schon im Denken des Tertullian und erst recht in dem des Augustinus ist die Gnade nicht wie der Logos der Stoa das Eigentliche der Natur (der Vernunft und der Freiheit) des Menschen, sondern eine von Gott gewährte oder verweigerte Hilfe. Alle späteren Auseinandersetzungen um die Verhältnisbestimmung von Natur und Übernatur wurzeln in diesem Gegensatz.

3. Augustinus und Pelagius im Vergleich

Zusammenfassend lassen sich die Differenzen zwischen der Gnadenlehre des Augustinus und der des Pelagius in die folgende Übersicht fassen:

a) **Die Bestimmung der Freiheit**

Augustinus:
Obwohl Augustinus nicht immer exakt zwischen *liberum arbitrium* und *libertas* unterscheidet, differenziert er in der Sache zwischen der Wahlfreiheit (*liberum arbitrium*), die auch nach dem Sündenfall erhalten bleibt, und der eigentlichen Freiheit (*libertas*), die nur in der Bejahung des Ursprungs ihrer selbst (der Liebe, die Gott ist) realisiert wird. Der Verlust der *libertas* durch den Sündenfall ist vonseiten des Sünders irreparabel. Deshalb sagt Augustinus, dass der Sünder auch dann, wenn er materialiter etwas Gutes tut, nicht aus Liebe (von Gott her und auf Gott hin), sondern aus Egoismus (vom eigenen Ich her und auf das eigene Ich hin) handelt.

---

48 Dazu: B. Studer, Logos-Christologie; A. Bengsch, Heilsgeschichte und Heilswissen, bes. 106–156; J. Wytzes, Paideia; H. S. Benjamins, Eingeordnete Freiheit.

49 Vgl. T. Bohlin, Theologie des Pelagius, 108.

50 Vgl. St. Otto, „Natura" und „Dispositio", bes. 216–218; H. Steiner, Das Verhältnis Tertullians.

Mit anderen Worten: Wer die *libertas* verloren hat, ist, was er tut: Sünde. Insofern ist Augustinus ein Vorläufer jener als typisch protestantisch bezeichneten Identifikation von Akt und Sein, die den Namen *Aktualismus* trägt.

Pelagius:

Auch Pelagius unterscheidet der Sache nach die Wahl zwischen verschiedenen Möglichkeiten (Wahlfreiheit) von der eigentlichen Freiheit der Selbstbestimmung (*libertas*). Aber letztere ist nicht identisch mit der Beziehung des einzelnen Menschen auf seinen Schöpfer, sondern der Inbegriff bzw. der Logos seiner Natur. Die *libertas* ist im Denken des Pelagius die Möglichkeit (das *posse*) des mit Bewusstsein begabten Menschen, selbst sein bzw. werden zu wollen, was er von Natur aus sein bzw. werden soll. Die *libertas* ist das, was die Natur des Menschen ausmacht; sie ist Gabe und Aufgabe zugleich. Wer die Gabe (das *posse*) realisiert, wird immer mehr zum Abbild des Gebers (Gottebenbildlichkeit); wer die Gabe ablehnt, sündigt, ohne deshalb die Gabe (das *posse*) gänzlich zu zerstören; denn die Gabe (das *posse*) ist unzerstörbar.

b) Die Bestimmung der Sünde

Augustinus:

Die neuplatonische Ontologie ist geprägt von dem Grundsatz, dass etwas in dem Maße wirklich ist, in dem es bezogen ist auf das Eine. Diese Bezogenheit ist, was den Menschen betrifft, gleichbedeutend mit dem Phänomen des Geistes und der Seele. Von daher bezeichnet die stark neuplatonisch eingefärbte Anthropologie Augustins das Innere (den Geist und die Seele) des Menschen als dessen *eigentliche* Wirklichkeit. Geist und Seele sind keine Attribute der menschlichen Natur, sondern bezeichnen den Menschen, insofern er bezogen ist auf Gott. In der Sünde verkehrt der Mensch das, was er eigentlich ist, in sein Gegenteil. Deshalb ist der erste Sündenfall aus der Sicht Augustins die Zerstörung des wahren Menschseins. Denn Adam *ist* nach dem Sündenfall das Gegenteil dessen, was er sein soll; er ist das Gegenteil der Bezogenheit auf Gott; er ist der von Gott Getrennte – in der Ontologie des Plotin *das Nichtige*. Mit dieser Erkenntnis eröffnet sich Augustinus eine Antwort auf die vom Manichäismus und Neuplatonismus nicht wirklich beantwortete Frage nach dem Grund für die phänomenologisch feststellbare Tatsache, dass alle Menschen sündigen. Adam – so lehrt Augustinus – vererbt seine Sünde an alle Nachkommen. Durch ihn wurde die Menschheit zur *massa damnata*. Weil jeder physisch (→ Traduzianismus) mit ihm verbunden ist, ist er auch gezeichnet durch Adams Unfähigkeit zum Guten. Die Natur (verstanden als reine Potentialität) jedes Adamiten ist apriori aktualisiert von dem

Stolz des Sich-selbst-genügen-Wollens. Deshalb kann ihr nur und ausschließlich durch eine Gnade geholfen werden, die sich gegen die adamitische Natur durchsetzt. Jeder Gedanke an einen Synergismus ist dabei auszuschließen. Gott handelt ohne und gegen den Sünder, wenn er ihn grundlos (*sola gratia*) aus seiner Nichtigkeit befreit. Nach 397 (*De diversis quaestionibus ad Simplicianum*) verwirft Augustinus jeden Gedanken, der eine Selbstbindung Gottes an seine Schöpfung ausdrückt. Wer die grundlose Gnade glauben kann, hat wie der Augustinus der *Confessiones* das Tor seines Geistes und seiner Seele für die ihn allmählich mehr und mehr zu Gott ‚herumwendende' Gnade geöffnet. Dem *sola gratia* des Befreiungshandelns vonseiten Gottes entspricht aufseiten des Menschen der reine Glaube (*sola fide*). Die Menschheit erscheint seit Adam als eine Sündenmasse, als ein Teig, aus dem Gott nach unerforschlichen Beschlüssen die einen zu Untergangsfiguren, die anderen zu Himmelserben knetet. Dies sind Augustins eigene Bilder. Alle Adamiten haben die Verdammnis verdient. Was einer Erklärung bedarf, ist nicht der Untergang der Menschheit, sondern die Errettung einzelner. Weil Augustinus die absolute Gratuität der Gnade nur dadurch zu retten glaubt, dass er Gott an keine Bedingung bindet, ist die Freiheit des Menschen (*libertas*) reines Geschenk. Menschen, denen dieses Geschenk zuteil wird, sind eo ipso frei, können aus dem Glauben (aus der Beziehung zu dem Gott, der die Liebe ist) denken, planen, handeln. Und umgekehrt: Menschen, denen das Geschenk der Gnade nicht zuteil wird, sind eo ipso unfrei; sie denken, planen und handeln vom eigenen Ich her und auf das eigene Ich hin. Die augustinische Lehre von der bedingungslosen Gratuität der Gnade mündet in die Lehre von der grundlosen Prädestination. Augustinus hat seine Prädestinationslehre nach 397 nicht mehr relativiert, sondern in den *Retractationes* als seine im Vergleich zu früheren Schriften (Genesis- und Römerkommentar) definitive Position bezeichnet.

Pelagius:

Zu dem von Pelagius beschriebenen *posse* der menschlichen Freiheit gehört die Möglichkeit der Verweigerung. Gemeint ist die Verneinung des in die Natur gelegten Gesetzes. Die Konsequenz der Sünde ist das Gegenteil der Verähnlichung des Menschen mit Gott. Obwohl Pelagius keine Erbsünde im augustinischen Sinne kennt, spricht er doch von der ersten Sünde des ersten Menschen als einer Katastrophe. Denn durch ihn kam die Sünde in die Welt, und durch dieses Ereignis entstand für alle Nachkommen eine neue Situation. Seit Adam wird der Mensch nicht nur durch seine Natur und die gute Schöpfung auf Gott hin gelenkt, sondern auch durch ein Beispiel bzw. Bild der Sünde in die gegenteilige Richtung gedrängt. Die *imago Adae* ist vor dem Horizont der platonischen Urbild-Abbild-Dialektik ebenso wenig wie jede *imago gratiae* ein bloßes Beispiel; Adam nimmt den Nachkommen das, was er ihnen positiv schenken sollte; er ist so ein Vakuum der Gnade; er zieht seine Nachkommen in die Nachahmung der Sünde.

Der Sog der Verneinung wird durch jede Sünde verstärkt; aber nicht bis hin zur Aufhebung der Möglichkeit zum Guten. Die unmittelbaren Nachkommen Adams waren im Vergleich zu den Nachgeborenen in einer vergleichsweise beneidenswerten Situation, weil die Geschichtsmacht der Sünde noch nicht so stark war. Deshalb verwirft Pelagius die These seines Anhängers Caelestius, die neugeborenen Kinder seien in demselben Zustand, in dem sich Adam vor dem Sündenfall befunden habe.

Pelagius bezweifelt nicht, dass de facto alle Menschen sündigen. Aber er hält daran fest, dass der Einzelne für jede seiner Sünden mitverantwortlich ist. Das *posse* der Freiheit kann geschwächt, nicht aber aufgehoben werden. Wer die Sünde so sehr zu seiner Gewohnheit werden lässt, dass er nicht mehr anders handeln kann, bleibt doch für das Entstehen dieser Gewohnheit mitverantwortlich.

Als die Sünde universal geworden war, setzte Gott einen neuen Anfang in und durch Jesus Christus. In ihm wurde die Tora bzw. der Logos Fleisch; in ihm wurde die Gnade so offenbar, dass sie unzählige Sünder aus der Nachahmung der *imago Adae* in die Nachahmung Jesu Christi ziehen konnte.

c) Die Bestimmung der Gnade

Augustinus:

Augustinus bleibt der neuplatonischen Denkweise vor allem da verhaftet, wo er mit Plotin lehrt, dass die Seele nur in dem Maße sie selbst ist, als sie sich von den Dingen trennt und durch Einkehr in das eigene Innere ihre Verbindung mit dem aller Welt und Geschichte transzendenten Göttlichen sucht. Das Verhältnis von Gott und Mensch ist aus der Sicht Augustins nicht durch Welt und Geschichte vermittelt. Die Tora ist zwar Ausdruck des göttlichen Willens, vermag den Sünder – da von außen kommend – jedoch nicht zu heilen; im Gegenteil, dem Sünder wird das Gesetz zum Verhängnis bzw. zur Verzweiflung, weil es ihn dazu verführt, sich selbst erlösen zu wollen. Die Unterscheidung zwischen dem Gott-Mensch-Verhältnis *ante legem*, *sub lege* und *post legem* bedeutet für ihn keine sukzessive Abfolge geschichtlich greifbarer Epochen, sondern beschreibt das dialektisch bzw. statisch aufgefasste Verhältnis des einzelnen Menschen zu Gott. Von daher ist die Gnade das Handeln Gottes in der Seele des Sünders, und zwar ohne diesen bzw. gegen diesen. Die Gnade ist unsichtbare

Wirkung Gottes im Innern des Menschen (*gratia interna*). Nicht der geschichtliche Jesus als solcher ist Gnade, sondern Gott bindet sein Wirken im Innern der Adressaten Jesu an die Gelegenheiten (*occasiones* → Okkasionalismus), in denen sie ihm bzw. seinen Worten (*verba*), seinen Taten (*signa*), seinem Beispiel (*exempla*) begegnen. Alles, was von außen kommt, ist bloßer Hinweis oder Verweis auf das Eigentliche. Das gilt auch von den Zeichen, die wir als Sakramente bezeichnen. Gott bindet sein inneres Wirken (*res*) an die Zeichen (*sacramenta*), die von Christus eingesetzt wurden; aber diese Zeichen *bezeichnen* die Gnade nur; sie *vermitteln* sie nicht.

Pelagius:
Pelagius bleibt auch auf römischem Boden der Urbild-Abbild-Dialektik des platonischen Denkens und der stoischen Lehre von der Immanenz des Urbildes bzw. des Logos in jedwedem Partikel von Welt und Geschichte verhaftet. Von daher ist das Außen der Dinge keine Gefahr für die Seele bzw. das Innere des Menschen, sondern im Gegenteil Gnade (*gratia externa*). Das Verhältnis von Gott und Mensch ist aus der Sicht des Pelagius dynamisch vermittelt durch die Geschöpfe und die Ereignisse der Geschichte. Die Tora ist nicht nur äußere Kundgabe des göttlichen Willens, sondern Gnade. Die Unterscheidung zwischen dem Gott-Mensch-Verhältnis *ante legem*, *sub lege* und *post legem* ist für Pelagius eine erzieherische Entwicklung (*paideia*) bzw. das Fortschreiten der stets geschichtlich vermittelten Heilsinitiativen Gottes. Die Gnade tritt von außen an den Menschen heran, ist deshalb aber keineswegs identisch mit einem bloßen Imperativ oder Beispiel. Im Gegenteil: Die Worte (*verba*), Zeichen (*signa*) und Vorbilder (*exempla*) des Heilsgeschehens sind den Sünder bewegende, erziehende und heilende Vermittler. Deshalb kann man von der Sakramentalität alles Seienden sprechen und die Sakramente im engeren Sinne als jene Gnade bezeichnen, welche das Christusgeschehen vergegenwärtigt. Das sich in Welt und Geschichte bis hin zum Ereignis der Inkarnation ausdrückende Urbild (der Sohn bzw. Logos) *ermöglicht* den Abbildern des Sohnes (den mit dem *posse* der Freiheit begabten Menschen) die Vervollkommnung der eigenen Abbildlichkeit. Diese Vervollkommnung ist in direkt proportionaler Weise zugleich ein Handeln Gottes und ein Handeln des Menschen; denn die Abbildung des Urbildes ist dem Abbild vom Urbild ermöglicht und doch zugleich ein Vollzug des Abbildes.

d) Die Verhältnisbestimmung von Gnadenlehre und Christologie

Augustinus:

Augustinus trennt in gewisser Weise Gnadenlehre und Pneumatologie von der Christologie. Die im Christusereignis historisch sichtbar gewordene Erlösungsgnade ist nicht an die historische Begegnung mit Jesus Christus bzw. an den Empfang der ihn abbildenden Sakramente gebunden. Denn durch seinen Geist kann Gott auch unmittelbar eingreifen in diese Welt, z. B. in das Innere des einzelnen Menschen. Gewiss: Auch ein Mensch, der dem historischen Jesus nie begegnet und die Verkündigung des Jesus als des Christus nie gehört hat, wird – wenn Gott durch seinen Geist bzw. seine innere Gnade in ihm gewirkt hat – anschließend christusförmig denken, reden und handeln. Denn Christus ist die authentische Darstellung des Heiligen Geistes.

Pelagius:

Christus ist im Denken des Pelagius die personale Offenbarung des Logos, durch den, in dem und auf den hin alles geschaffen ist. Die griechischen Philosophen, die auf der Suche nach der Einheit alles Vielen (nach dem Logos) waren, haben – ohne dies zu wissen – Jesus Christus gesucht. Er ist als der Sinn alles Seienden in Welt und Geschichte identisch mit der Gnade bzw. mit dem Handeln Gottes in der Welt. Von daher darf man zusammenfassend feststellen: Die Gnadenlehre des Pelagius ergibt sich aus seiner Christologie. Der Heilige Geist ist aus seiner Sicht kein zweiter Modus der Präsenz Gottes in der Welt neben dem Modus Inkarnation. Vielmehr ist der Heilige Geist innertrinitarisch die Ermöglichung einer direkten Proportionalität zwischen der Einheit und Differenz von Vater und Sohn (Logos) und heilsgeschichtlich die Ermöglichung einer direkten Proportionalität zwischen der Immanenz und der Transzendenz des Logos in seinem Verhältnis zur Schöpfung insgesamt und speziell zu dem Geschöpf Jesus. Anders gesagt: Die Immanenz des Logos in Welt und Geschichte – gipfelnd im Ereignis der Inkarnation und in der Verähnlichung der Christen mit Christus – *ist* das Phänomen des Heiligen Geistes.

e) Die Verhältnisbestimmung von Gnadenlehre und Ekklesiologie

Augustinus:

Weil Gott jedem, den er zum Heil prädestiniert und also mit der heilig machenden Gnade (dem Heiligen Geist) beschenkt hat, *post Christum natum* auch die Gelegenheit zum Empfang der Taufe gibt, gehört seit dem Christusereignis jeder Empfänger der heilig machenden Gnade der einen, heiligen, katholischen und apostolischen Kirche an. Obwohl Augustinus die Kirche nur als Ausdruck, nicht aber als Vermittlerin des Heils bezeichnet, verteidigt gerade er das wörtliche Verständnis des Axioms *extra ecclesiam nulla salus*. Denn aus seiner Perspektive wird in der Zugehörigkeit zur Kirche sichtbar, wem Gott durch die innere Gnade die Gemeinschaft mit Christus geschenkt hat.

Pelagius:

Weil der Logos dieser Welt und ihrer Geschichte nicht erst seit dem Ereignis der Inkarnation immanent ist, wirkt die von Christus personal repräsentierte Gnade von Anfang an. Trotz des Sündenfalls ist keinem Menschen die Möglichkeit genommen worden, allen Widerständen der Sünde zum Trotz Christus anzuziehen. Die Kirche entsteht nicht erst nach Christus, sondern seit Abel (*ecclesia ab Abel*). Und jeder Mensch, der im Sinne des hl. Paulus Christus angezogen hat, kann seinerseits zur Gnade für andere werden. Die Ekklesiologie des Pelagius wurzelt ebenso wie seine Gnadenlehre und Pneumatologie ganz und gar in der Christologie. Der von Augustinus beschworene Primat des Innen vor dem Außen ist ihm fremd. Was Pelagius *Geist* oder *Heiliger Geist* nennt, ist keine mystisch-unkonkrete, sondern eine konkret-bestimmte und bestimmbare, vom freien Tun des Menschen mitabhängige Realität.

4. Die Ausbildung von Lehrsystemen

Strikt von der Gnadenlehre des Pelagius zu unterscheiden sind der Pelagianismus und der Semipelagianismus.

a) Die Lehre des Pelagius, der Pelagianismus und der Semipelagianismus

Mit dem Etikett *Pelagianismus* bezeichnet man eine Position, die zunächst mit Berufung auf Pelagius von dessen Anhängern Caelestius und Julian von Eclanum vertreten wurde[51]. Aus der Sicht Augustins vertreten sie die Auffassung, von Natur aus sei der Mensch auch nach dem Sündenfall Adams in der Lage, den Willen Gottes ohne das innere Wirken der erlösenden Gnade zu erfüllen. Ob Julian von Eclanum mit der Bezeichnung der menschlichen Willensfreiheit als *emancipatio* wirklich sagen wollte, was Augustinus ihm unterstellt, bleibt umstritten. Jedenfalls bedeutet der Begriff emancipatio

---

51 Über die Unterschiede zwischen Pelagius und seinen Schülern und über die Reaktionen Augustins, der verschiedenen Synoden und der Päpste informiert detailliert: O. Wermelinger, Rom und Pelagius. Eine gute Zusammenfassung mit vollständigem Literaturverzeichnis bietet auch: G. Bonner, Pelagius.

nicht jene Autonomie, die Adolf von Harnack mit Gottlosigkeit gleichsetzt[52]. Angespielt wird mit diesem Begriff auf den römischen Rechtsakt, bei dem der Sohn von der Vormundschaft des Vaters befreit wird. Henri Rondet charakterisiert den Pelagianismus als eine Häresie, die zwar Tendenzen der Gnadenlehre des Pelagius und seiner Schüler aufgreift, diese aber im Sinne eines Konsequenzialismus radikalisiert. Er spannt einen weiten Bogen vom Pelagianismus der stoischen Philosophie über die autonome Pflichtethik Kants bis hin zum Existentialismus. Über diesen bemerkt er: „Der Mensch steht im Mittelpunkt der Natur als einer, der auf sich selbst gestellt ist, ohne irgendein anderes Ziel als das, das er sich selbst setzt, ohne eine andere Hilfe als seine eigene Freiheit."[53] Ganz allgemein kann man sagen: Das Etikett *Pelagianismus* wird zum Kampfbegriff, der auf alle möglichen Formen des Moralismus, der Leistungsethik, des Deismus und innerhalb der reformatorischen Streitigkeiten vonseiten des Protestantismus auf den Katholizismus appliziert wird.

Auch der Begriff *Semipelagianismus* ist zunächst ein Kampfbegriff. Im 17. Jahrhundert wird er innerhalb des binnenkatholischen Gnadenstreites von den Bañezianern polemisch gegen die Molinisten verwandt. Heute aber versteht man unter Semipelagianismus fast ausschließlich die schon während der letzten Lebensjahre Augustins (ab 425) bis hin zur Synode von Orange (529) vertretene Theologie einiger Mönchsgemeinden an der Ostküste des heutigen Tunesien und in der Nähe von Marseille (Massilia → Massilienses → Massilianer). Gemeint sind vor allem die Mönche des nordafrikanischen Klosters Hadrumetum, für die Augustinus – nicht ohne Respekt vor der Lebensweise seiner Adressaten – die Schrift *De correptione et gratia* verfasst; und die Mönche auf den Inseln vor Marseille, besonders die in dem Kloster Lérins (Lerinum), denen Augustinus seine im Ton verbindlichen, in der Sache aber kompromisslosen Abhandlungen *De praedestinatione sanctorum* und *De dono perseverantiae* widmet.

Konfrontiert mit den Positionen, die Augustinus nach 397 vertritt, fragen sich die in strenger Askese lebenden Mönche von Hadrumetum und Lérins, was das Kämpfen gegen die Schwerkraft des eigenen Gefälles soll, wenn sich diese Anstrengung ausschließlich dem Wirken Gottes (der inneren Gnade) verdankt. Sie wollen eher Augustinus als dem von ihm dargestellten Pelagius Recht geben, wenden sich aber gegen die Konsequenzen, die der Kirchenvater nach 397 aus seiner Erbsünden- und Prädestinationslehre zieht. Man kann ihre Argumentation wie folgt umreißen:

52　A. v. Harnack, Lehrbuch der Dogmengeschichte, 201.
53　H. Rondet, Pelagianismus, 1104.

– Auswirkungen der Sünde Adams auf alle seine Nachkommen: *ja*; aber absolute Unfähigkeit zum Vollbringen des Guten: *nein*.

– *Bejahung* dessen, was Augustinus über die Notwendigkeit einer nicht nur von außen (z. B. in Gestalt des Gesetzes) vermittelten, sondern innerlich heilenden Gnade sagt; aber *Verneinung* der These, die heilende Gnade handle nicht nur ohne den Sünder am Sünder, sondern in dem Sinne sogar gegen ihn, dass sie die Annahme ihrer selbst (ihr Gewolltsein) erzwinge.

– *Bejahung* einer Prädestination im Sinne einer Bestimmung zum Heil all derer, die durch ihre guten Werke die Annahme der Gnade bezeugen; aber *Verneinung* einer unabhängig von den guten Werken gedachten Prädestination.

– Annahme eines göttlichen Vorherwissens: *ja*; aber ein Vorherwissen ohne Einbeziehung der tätigen (→ Verdienstlehre) Annahme der Gnade vonseiten ihrer Empfänger: *nein*.

Kern der Auseinandersetzung zwischen den genannten Mönchen und Augustinus wird das Problem, „ob der Mensch die Initiative zur Erlangung der Gnade ergreifen muß, kann und soll (*initium fidei*) oder ob die Gnade für die menschliche, durch die Sünde eingeschränkte und verwundete Freiheit unbedingt notwendig ist, ob also die Gnade der Freiheit zuvorkommen und diese zu einem heilshaften Vollzug im Glauben und in den guten Werken befähigen (*gratia praeveniens*), die Freiheit begleiten (*gratia cooperans*) und durch die Gnade der Beharrung in der Rechtfertigung zum ewigen Ziel hinführen (*donum perseverantiae*) und auf diese Weise den Verdienstcharakter der menschlichen Akte im Heilsgeschehen begründen muß"[54]. Die so genannten Semipelagianer treiben Augustinus immer stärker in die Konsequenzen seiner Gleichsetzung von Gnade und Prädestination. Grund dafür ist das ungeklärte Verhältnis von Gnade und Freiheit. Kurt Flasch hat diesen Befund mit dem Titel *Logik des Schreckens* versehen und die folgende Feststellung detailliert belegt: Nach 397 lehnt es Augustinus ab,

„eine Initiative auch nur teilweise auf den Menschen zurückzuführen. Er verwirft die Vorstellung von einem gemeinsamen Wirken von Mensch und Gott. Er bezieht diese Ablehnung jetzt auch auf die Zwischenlösung, nach der unser *Wollen* zwar in unserer Macht liegt, aber das *Erreichen des Ziels* allein von Gott stammt. Nach der Theorie von 397 schmälert ein solcher Kompromiß die Allwirksamkeit Gottes. Auch das menschliche Wollen selbst muß das Werk des auswählenden Gottes sein. Es gibt in den entscheidenden Phasen kein Zusammengehen von freiem Handeln und

---

54 G. L. Müller, Semipelagianismus, 451 f.

Gottes Wirken. Nach der Begnadung will der Begnadete immer, was Gott will. Er ist frei, sagt Augustin, weil Gott ihn befreit hat. Befreit auch von der Initiative. Freiheit erhält hier einen anderen, einen eigentümlich augustinischen Sinn: Der Begnadete ist frei von seiner Sündendetermination. Gottes Wille bewegt ihn, ihm zu folgen."[55]

Von daher fragt sich: Hat nach Augustinus ein Unerwählter überhaupt einen Willen? Diese Frage kann man aus der Sicht von Kurt Flasch zwar mit Ja beantworten. Aber der entscheidende Punkt ist: „Dieser Wille ist zu nichts wert, als das Böse zu wählen. Einen Willen als Fähigkeit, von sich aus das Gute zu wollen, haben die Unbegnadeten nicht."[56]

b) Die Lehre des Augustinus und der Augustinismus

In der Literatur wird zwar immer wieder zwischen den nicht systematisierbaren Äußerungen Augustins selbst und dem Systemdenken (Augustinismus) seiner Anhänger und Epigonen unterschieden. Doch abgesehen davon, dass es nicht *den* Augustinismus, sondern verschiedene Augustinismen gibt[57], ist der Abstand eines konsequenzialistischen Augustinismus zu dem, was Augustinus selbst als seine endgültige Position bezeichnet hat, sehr viel geringer als der Abstand des Pelagianismus zu der Lehre des Pelagius. Man mag darauf verweisen, dass Augustinus z. B. von dem ‚Augustinisten‘ Fulgentius von Ruspe (467–532) auf unzulässige Weise systematisiert worden sei[58]. Doch

---

55 K. Flasch, Einleitung, 28 f. – Vgl. dazu die umfassenden Analysen von H. Häring, Macht des Bösen, bes. 137–266; B. Claret, Geheimnis des Bösen, bes. 189–251.
56 K. Flasch, Einleitung, 28 f.
57 Mindestens drei Augustinismen lassen sich unterscheiden. Der erste betrifft die Konsequenzen der augustinischen Gnaden- bzw. Prädestinationslehre. Der zweite bezeichnet jene Zuordnung von Vernunft und Offenbarung bzw. Philosophie und Theologie, die eine auch methodische Autonomie von Vernunft bzw. Philosophie ausschließt. Und der dritte Augustinismus (auch *politischer Augustinismus* genannt) betrifft die von Augustins Schrift *De civitate Dei* inspirierte Geschichtstheologie. Außerdem könnte man von einem Augustinismus der Mystik sprechen, weil diese den Primat des Innen (die einzelne Seele und Gott) vor dem Außen (die Heilsgeschichte und die Kirche) auf ähnliche Weise vertritt wie der große Kirchenvater. Dazu: A. Schindler, Augustin; G. Leff, Augustinismus im Mittelalter; U. Bubenheimer, Augustinismus in der Reformationszeit; M. Schmidt, Augustinismus in der Neuzeit.
58 Fulgentius treibt die Prädestinationslehre Augustins bis in die These, jemand, der sich von dieser Lehre nicht überzeugen lasse, gebe damit zu erkennen, dass er selbst nicht zum Heil prädestiniert sei. Diese in der Verteidigung des Augustinus zugespitzte Polemik findet sich bei Augustinus selbst nicht, bezeichnet aber auch keine substantiell von Augustins eigener Meinung abweichende Position.

dem kann man entgegenhalten, dass Augustinus seine gegen Pelagius und die so genannten Semipelagianer zugespitzte Position wiederholt als definitiv bezeichnet hat[59].

c) Der faktische Sieg der augustinischen über die pelagische Gnadenlehre

Der faktische Sieg der augustinischen über die pelagische Gnadenlehre ist ein kirchengeschichtliches Ereignis allerersten Ranges. Man darf ohne Übertreibung sagen: Die Geschichte des Abendlandes und mithin die Weltgeschichte wäre anders verlaufen, wenn diese Weichenstellung nicht stattgefunden hätte oder anders ausgefallen wäre. Das Autoritäts- und Staatsverständnis des Mittelalters ist ebenso von Augustinus geprägt wie das Gottes- und Menschenbild der folgenden Jahrhunderte[60]. Und was Luthers Reformation betrifft, ist offenkundig: Ohne die lehramtliche Verurteilung des Pelagius und die Erhebung Augustins zum Kirchenvater „hätte Luther keine Möglichkeit gehabt, auf Augustinus zu schwören (‚Augustinus totus meus est‘), ja ihn überhaupt zu lesen – denn die antipelagianischen Schriften eines

---

59 K. Flasch (Einleitung, 49 f) weist darauf hin, daß Augustinus die in der Quaestio I/2 seiner Schrift *De diversis quaestionibus ad Simplicianum* entfaltete Position dreimal ausdrücklich als seine endgültige Position bezeichnet hat: in den *Retractationes* (II,1); in *De praedestinatione sanctorum* (4,8); und in *De dono perseverantiae* (20,52; 21,55). Dort erklärt Augustinus unzweideutig, er habe sich vor 397 geirrt (*cum errarem*). Er beschwert sich darüber, dass man seinen Römerbriefkommentar von 394/95 so zitiere, als wenn er seitdem nicht neu nachgedacht habe; erst mit seiner an Simplicianus gerichteten Schrift habe er erkannt, dass auch der erste Anfang des Glaubens Sache der Gnade sei.

60 Augustins „Gnadenlehre schafft ein neues Lebensmuster. Sie beschreibt, wie an höchster Stelle mit den Menschen umgegangen wird und worauf es schließlich ankommt: auf den Willen des Weltenherrn. Dieser wird zwar immer noch als *Wahrheit* und *Gerechtigkeit* gedacht. Aber im Vordergrund stehen jetzt seine Willensenergie und seine unvordenklichen Beschlüsse. Der *Herr der Herren* soll nicht mehr nach den Kriterien seines Handelns befragt werden dürfen. Wir können in keiner Weise, indem wir uns vorwegnehmend nach diesen Kriterien richten, seine Beschlüsse modifizieren. Da er jede Wechselwirkung als seiner Würde widersprechend von sich weist, wird er absoluter Monarch. Das Urbild aller Herrschaft wird autoritärer. – Damit war ein neues Urbild von Autorität errichtet, das um so wirksamer werden mußte, je entschiedener die Menschen auf dem Weg zu sich selbst den Umweg über den Himmel einschlugen." (K. Flasch, Einleitung, 115 f).

Häretikers wären 1506 kaum in Basel erschienen[61], und Luther hätte sie nicht ‚verschlingen' können"[62].

Die beiden entscheidenden Stationen des augustinischen Sieges sind schnell genannt. Nachdem Pelagius zunächst auf der Synode von Diospolis 415 von dem Verdacht der Häresie freigesprochen worden war, gelang es Augustinus nicht nur, Zweifel an der Ehrlichkeit des Pelagius zu wecken, sondern auch Papst Innozenz I. (401–417) auf seine Seite zu ziehen. Doch dessen Nachfolger Zosimus (417–418) – aus Griechenland stammend und jüdischer Herkunft – bekräftigte den Freispruch der Synode von Diospolis[63]. Erst durch eine gründlich vorbereitete ‚Gegensynode' der afrikanischen Bischöfe in Karthago gelang Augustinus 418 der endgültige Durchbruch. Papst Zosimus sah sich unter kaiserlichem Einfluss (um des lieben Friedens willen) zum Einlenken gedrängt. In der so genannten *Epistula tractoria* bestätigte er im Wesentlichen die Beschlüsse von Karthago[64].

Auf indirektem Wege gelangte auch der so genannte *Indiculus* – eine Bilanz der Position, die Prosper von Aquitanien († 455) gegen die Augustinuskritik des Johannes Cassianus (360–432) bezog, zu allgemeiner Akzeptanz. Der *Indiculus* gelangte in die Dekretalensammlung des Dionysius Exiguus und wurde später Papst Coelestin I. (422–432) zugeschrieben (DH 236–249)[65].

Ebenso ohne Einschränkung auf der Linie Augustins liegen die Beschlüsse des so genannten *Zweiten Konzils von Orange* (529) – auch *II. Arausicanum* genannt. In den canones 1 u. 2 (DH 371f) lehrt diese Synode: Jeder Mensch ist als Nachkomme Adams, ganz unabhängig von persönlich zu

---

61 Die canones der Synode von Orange (529), die Augustins Position gegenüber dem Semipelagianismus zum Durchbruch verhalfen, waren bis ins 8. Jahrhundert bekannt, wurden aber dann geradezu vergessen, weil sie nicht mehr abgeschrieben bzw. in die Canonessammlungen aufgenommen wurden. Nur so lässt sich erklären, dass es von Augustinus abweichende Entwicklungen der Gnadenlehre im Mittelalter gab – Entwicklungen, die Luther dann als antiaugustinisch gebrandmarkt hat.

62 O. H. Pesch / A. Peters, Einführung, 39.

63 Der Freispruch des Papstes Zosimus ist unter der Perspektive des Verbindlichkeitsgrades von mindestens demselben Gewicht wie die halbherzige Bestätigung der Synode von Karthago durch denselben Papst. Denn: Papst Zosimus „hat in voller Kenntnis der Sachlage gehandelt, und es ist kein Grund gegeben, etwas am gefällten Urteil zu ändern. Caelestius hat, wie es vorgesehen war, alles verdammt, was ihm fälschlicherweise durch das Gerücht vorgeworfen worden ist" (O. Wermelinger, Rom und Pelagius, 164).

64 Zur inhaltlichen Beschreibung und zum Rekonstruktionsversuch der Epistula Tractoria vgl. O. Wermelinger, Rom und Pelagius, 211–218.

65 Dazu: R. Lorenz, Augustinismus.

verantwortender Schuld, der Sünder, der nicht nur mit dem Tod des Leibes, sondern auch mit dem Tod der Seele (Verlust der Gemeinschaft mit Gott) bestraft wird. Also erfolgt die Taufe (das Zeichen, an das Gott seine grundlos rechtfertigende Gnade faktisch gebunden hat) eines neugeborenen Kindes im wahrsten Sinne dieses Wortes ‚zur Vergebung der Sünde'.

Und in den folgenden canones wird deutlich, dass mit Augustins Gnadenlehre 529 auch dessen Prädestinationsvorstellung lehramtlich sanktioniert wird. Der can. 23 ist eine direkte Antwort auf das in den semipelagianischen Streitigkeiten traktierte Problem, ob wenigstens das *initium fidei* ein Akt des begnadeten Menschen selbst sei. Da lesen wir: „Wenn die Menschen das tun, was Gott mißfällt, dann vollziehen sie ihren, nicht Gottes Willen; wenn sie aber das vollziehen, was sie wollen, um dem göttlichen Willen zu dienen, so ist es, auch wenn sie willentlich tun, was sie tun, dennoch der Wille dessen, von dem vorbereitet und befohlen wird, was sie wollen" (DH 393).

In diesem Passus ist nicht nur gesagt, dass Gott es dem Sünder ermöglicht, zu wollen, was er will. Hier ist das Wollen des Guten in keiner Weise mehr eine Antwort des Menschen auf Gottes Gnade, sondern deren ausschließliches Werk. Mit anderen Worten: Wenn der Mensch das Gute will, dann ist er zwar psychologisch der Wollende, in Wahrheit aber bloßes Instrument der göttlichen Gnade[66].

Zum Vergleich bietet sich can. 9 der Synode von Karthago (418) an. Dort lesen wir: „Durch die Hilfe und Gabe Gottes wird der freie Wille nicht aufgehoben, sondern befreit, damit er aus einem finsteren zum leuchtenden werde, aus einem verkehrten zum geraden, aus einem kranken zum gesunden, aus einem unklugen zum umsichtigen. So groß ist nämlich die Güte Gottes gegen alle Menschen, daß er will, daß unsere Verdienste seien, was seine eigenen Geschenke sind, und für das, was er gewährt hat, ewigen Lohn schenken wird. Er wirkt nämlich in uns, daß wir sowohl wollen als auch tun, was er will, und läßt nicht zu, daß in uns müßig ist, was er zum Vollzug, nicht zur Vernachlässigung geschenkt hat, damit auch wir Mitarbeiter der Gnade Gottes seien. Und wenn wir sehen, daß etwas in uns aufgrund unserer Nachlässigkeit krankt, wollen wir angelegentlich zu ihm unsere Zuflucht nehmen, der alle unsere Krankheiten heilt und unser Leben vom Untergang rettet [Ps 103,3f] und dem wir täglich sagen: Führe uns nicht in Versuchung, sondern befreie uns von dem Bösen [Mt 6,13]" (DH 248). – Auch hier wird an der unbedingten Notwendigkeit der Gnade nicht der geringste Zweifel laut.

---

66 J. Alfaro (Person und Gnade) bemerkt dazu: „Wenn die persönliche Hingabe Gottes (also seine Huld) keinen einzigen geschaffenen Effekt im Inneren des Menschen hervorrufen würde, wäre sie im Grunde nur eine Beziehung Gottes zu sich selbst." (8).

Aber die Gnade bewirkt, dass wir – wir selber! – wollen, was Gott will. Ja, der begnadete Mensch wird sogar als *cooperator gratiae* bezeichnet – ein Titel, der mit der zugespitzten Position des II. Arausicanum nicht mehr vereinbar ist.

5. Unterschiedliche Erklärungen für den Triumph des Augustinus

Die jüngere Forschung benennt sehr unterschiedliche Gründe für den flächendeckenden und bleibenden Siegeszug der augustinischen Gnadenlehre.

a) Zwei konträre Positionen: Gisbert Greshake und Kurt Flasch

An erster Stelle zu nennen ist die These, die Verurteilung des Pelagius sei diesem selbst zwar nicht gerecht geworden, sei aber Ausweis der Tatsache, dass der Verurteilte innerhalb der philosophischen und soziokulturellen Bedingungen des lateinisch sprechenden Westens missverstanden werden *musste*. Diese Auffassung ist exemplarisch entfaltet worden von Gisbert Greshake, der die faktische Entscheidung für Augustinus rückblickend mit dem weder von Pelagius noch von Augustinus überbrückten Hiatus zwischen zwei Denkformen erklärt.

„Die Griechen nahmen eher den Kosmos als ein einheitlich-harmonisches Ganzes in den Blick. Sie betonten das Denken der Idee, die Schau der geistigen Gestalt und waren dabei immer in Gefahr, das konkret Stoffliche hinter sich zu lassen und das konkret einzelne – durch Reflexion und Ästhetik – in das Ganze aufzuheben. Dagegen war der Lateiner mehr den praktischen Fragen der konkreten Lebensführung und der politisch-rechtlichen Gestaltung des Gemeinwesens zugewandt. Ein anschauliches Beispiel für diese unterschiedliche Sicht der Wirklichkeit bietet die griechische und römische Plastik: Die griechische Plastik zeigt das Idealbild ‚des' Menschen, der Lateiner dagegen schafft ein bestimmtes Individuum. Weil es dem Lateiner eher um konkrete Praxis ging, stand im Westen gegenüber dem Osten in viel höherem Maße die Realisierung und Anwendung des Idealen und damit der einzelne, das Willensmäßige, die Frage nach Verantwortung, Schuld und Lohn im Mittelpunkt des Interesses. Das führte dazu, daß das westliche Christentum von Anfang an auch theologisch die Akzente anders setzte als das griechische. Im Osten war die innere Formung des Glaubens zu einem großen Teil durch die platonisch-platonisierende Philosophie erfolgt; dagegen spielte im Westen die Bestimmung der Theologie durch Rechtskategorien eine entscheidende Rolle. Das Christentum wurde im Westen nicht so sehr als die neue

Paideia verstanden, und die Erlösung wurde nicht als eine Art kosmischen Prozesses göttlicher Pädagogie begriffen, sondern das Christentum stellte sich dar als die *Religion des göttlichen Rechts*, das heißt als Begründung und Verwirklichung einer neuen rechtlichen Beziehung zwischen Gott und Mensch. Darum legte die Theologie des Westens ein besonderes Gewicht auf den einzelnen, auf dessen Schuld, Verantwortung und Freiheit. Deswegen ist nicht mehr, wie im Osten, Anschauungsbild für das Heilsgeschehen der *universale Prozeß* göttlicher Erziehung, sondern das Heilsgeschehen wird sehr viel mehr vom *einzelnen* und dessen Bedürfnis her gesehen"[67].

Ein Augustinus, der die griechische Sprache nicht verstand, konnte – so fasst Greshake seine Erklärung zusammen – den in der griechischen Denkform beheimateten Pelagius nicht angemessen verstehen. Hinzu kommt die biographisch bedingte Engführung seiner Erlösungslehre auf die Frage nach einer Befreiung aus der als Wesen der Sünde erfahrenen Unfreiheit. Augustinus fragt nicht nach der Erlösung des Kosmos, sondern nach der Versöhnung seiner eigenen Seele mit Gott. So musste ihm das Paideia-Konzept der griechischen Philosophie und konkret seines Gegenspielers Pelagius unverständlich bleiben.

Eine ganz andere Erklärung als die von Greshake vorgetragene finden wir innerhalb der Augustinus-Interpretation von Kurt Flasch. Er sieht in dem Sieg des Augustinus nicht den Sieg der lateinischen über die griechische Denkform. Im Gegenteil: Augustinus scheint ihm in den Jahren unmittelbar vor der Abfassung seiner *Confessiones* ein Vertreter derselben Denkweise zu sein, die auch Pelagius zum Ausdruck bringt. Wörtlich bemerkt er:

„In Augustins Schriften der Zeit von 386 bis 395 war *Weisheit* das Ziel seines Lebens; sie war der gemeinsame axiologische Nenner, auf den Augustin Cicero und Paulus bringen konnte. *Weisheit, das war Gott selbst.* Die Welt ist in ihr gegründet worden, und das Nachdenken über die letzten Gründe der Welt verband den Denkenden mit Gott. *Weisheit*, das war ein anderes Wort für den Logos, der alle Gründe der Welt in sich enthält; die volkstümlichen Bücher der Kirche nannten sie auch: *Christus.* Augustins Werke von 386 bis 391 kreisten um das glückselige Leben, das wir mit dieser Weisheit gewinnen, die zugleich Lebensziel ist und Weltgrund. Dieses neue, in die Ewigkeit reichende Leben erreichen wir mit Hilfe des sichtbar gewordenen Logos."[68]

---

67 G. Greshake, Geschenkte Freiheit, 39 f.
68 K. Flasch, Einleitung, 38.

Über die zunehmende Dominanz des Neuplatonismus in den späteren Schriften Augustins ist sich Flasch mit Greshake einig. Aber Flasch genügt die Analyse des Neuplatonismus völlig, um die Veränderungen der antipelagianisch zugespitzten Gnadenlehre nach 397 zu erklären. Was Greshake auf die lateinische Denkform zurückführt, die starke Betonung des Einzelnen und seiner unsichtbaren Beziehung zu Gott, ist nach Flasch mühelos aus der Rezeption des Neuplatonismus erklärbar. Denn wenn Gott das transzendente Eine ist und die sichtbare Welt der Natur und Geschichte das Viele, dann muss die sich ihres Ursprungs bewusste Schöpfung (die Seele) durch Abkehr von den Dingen (vom Außen) einkehren in ihr Eigentlichstes, in ihre Beziehung zu dem transzendenten Einen. Darin sind sich Greshake und Flasch einig: Augustinus wird zum Repräsentanten eines weltflüchtigen Heilsindividualismus.

Aber ist dieser Heilsindividualismus verbunden mit einer Umkehrung des pelagischen Theozentrismus in einen augustinischen Anthropozentrismus? Greshake betont: War bei „den Griechen ‚Gnade‘ die Art und Weise allen göttlichen Handelns, eine Eigenschaft Gottes und mithin primär eine *theologische* Größe (die göttliche Huld), so wird jetzt Gnade von einer *anthropologischen* Problematik her entworfen, nämlich von der Frage her: Wie kann der Mensch zur Freiheit kommen, welche Bedingungen müssen in ihm erfüllt sein, damit er frei werde? Gnade wird so im Westen zu einer anthropologischen Größe, zu etwas am und im Menschen."[69] Dem entgegen spricht Flasch von einer Theozentrik Augustins, die keinen Platz mehr lässt für Fragen oder Bedingungen aufseiten des Menschen. Flasch sieht in der Luther-Frage ‚Wie finde ich einen gnädigen Gott?‘ das Lebensmotto derer, die Augustinus bekämpft: der Mönche zum Beispiel, der Mönche des Ostens, aber auch der Mönche des Westens, der Mönchskirche Britanniens, aus der Pelagius stammt, der Mönche von Hadrumetum und Lérins. Heilsindividualistisch – so betont Flasch im Unterschied zu Greshake – denken besonders die östlichen Mönchsväter; das athanasianische Motto ‚Gott wurde Mensch, damit der Mensch Gott werde‘ zielt auf den Einzelnen.

Das Problem der Taufscheinchristen, der bloßen Mitläufer und Opportunisten beschäftigt aus der Sicht Flaschs nicht nur Pelagius, sondern auch Augustinus. Ihre Differenzen erklären sich für ihn als verschiedene Antworten auf das Problem einer werdenden Volkskirche. Zusammenfassend bemerkt Flasch: Augustinus steht vor dem Problem,

> „wie sich die Kriterien der Erwählung in den Gemeinden wiederfinden lassen. Im wesentlichen bleibt er ratlos. Er gesteht, daß ihm dunkel bleibt, wie Gott diese Mitchristen erwählen konnte. In einer Hinsicht kommt er aber zu einem klaren Resultat: Gott hat die bestehenden Christengemein-

---

69 G. Greshake, Geschenkte Freiheit, 40.

den offenbar weder unter dem Gesichtspunkt der intellektuellen Begabung (*ingenium*) noch dem der sittlichen Lebensführung, noch dem der wissenschaftlichen Ausbildung erwählt. [...] Um 390 noch, in seiner Schrift *De vera religione*, hatte Augustin der Kirche nachgerühmt, sie mache die hohen Einsichten Platons dem Volk zugänglich, dem die Platoniker die volle Wahrheit vorenthalten hätten. Die Kirche war ihm damals die zur Massengestaltung berufene Akademie. [...] 397 gesteht Augustin ein, daß die Gemeinden doch anders aussehen als eine erweiterte Akademie. [...] Jetzt verdeutlicht er seinem Leser: Der Weg vom Heidentum zum Christentum bedeute offenbar keinen Zuwachs an Geisteskraft (*ingenium*), keine Minderung willentlicher Fehleinstellungen (*peccata*) und schon gar keinen Fortschritt in den *freien Künsten*, den *artes liberales*. Daraus zieht Augustin nun die Konsequenzen für das christliche Selbstverständnis: Das Christentum darf sich nicht länger verstehen als die harmonische Fortentwicklung jener spätantiken Wertvorstellungen. Sein Gott entzieht sich den Normen dieser überwundenen Stufe. Mochte dieser Gott darüber unbegreiflich werden, mochten seine Auswahlkriterien verborgen, gar rätselhaft erscheinen: Sie waren eindeutig nicht die der spätantiken Bildung und Popularphilosophie. Für den historisierenden Rückblick heißt das: Bischof Augustin reflektiert über die seit Konstantin zur Massenkirche gewordene Gemeinde; er konstatiert ihren Qualitätsverlust durch den Machtgewinn. Er stabilisiert ihre Verankerung in den Machtsphären, indem er alle Einwände ethischer Art neutralisiert. Die neue Gnadenlehre immunisiert die kriterienlos gewordene Kirche gegen Zweifel im Namen der neutestamentlichen wie der philosophischen Ethik."[70]

Flasch sieht den entscheidenden Grund für den Sieg des Augustinus über Pelagius nicht in der wachsenden Dominanz der lateinischen vor der griechischen Denkform und schon gar nicht in einem Wechsel der theozentrischen zur anthropozentrischen Perspektive, sondern in der Eignung seiner Gnadenlehre, das zur Macht gelangte und zur Massenkirche mutierte Christentum theoretisch zu rechtfertigen.

Kurzum: Greshake spricht von einem geschichtlich unvermeidlichen, Flasch hingegen von einem interessebedingten Paradigmenwechsel.

b) Eine dritte Erklärung von Otto Hermann Pesch

Neben Greshake und Flasch Repräsentant einer dritten Erklärung für den Sieg des Augustinus über Pelagius ist Otto Hermann Pesch. Vornehm distanziert er sich von Greshakes Charakterisierungen des Westens und des Ostens,

---

70 K. Flasch, Einleitung, 35–37.

der lateinischen und der griechischen Denkform. Er möchte sich an Spekulationen nicht beteiligen, sondern sich auf die Fakten beschränken. „Und die
zeigen: Es ging tatsächlich und ganz im Zuge der Zeit (,Paulusrenaissance')
um eine Auseinandersetzung, *welche Paulusinterpretation recht hatte*"[71].

Es lohnt sich, den Hintergrund dieser These ein wenig auszuleuchten. Mit
dem Begriff *Paulusrenaissance* des 4. und 5. Jahrhunderts bezieht sich Pesch
auf das Phänomen einer Flut von Pauluskommentaren nach 350. Vorboten
dieser Flut sind Kommentare von Marius Victorinus und Ambrosiaster aus
der Zeit nach 360. Besonders erwähnenswert ist die etwa fünfzehn Jahre später anzusetzende Paulusexegese des Hieronymus. Und zwischen 394 und 395
hat Augustinus seine Erläuterungen zum Römer- und zum Galaterbrief verfasst. Nicht zufällig behandelt das erste Buch seiner an Simplicianus gerichteten Antwort Stellen aus dem Römerbrief.

In unserem Zusammenhang besonders wichtig ist der um 410 entstandene
Pauluskommentar des Pelagius[72], auf den die antipelagianischen Schriften des
Augustinus immer wieder Bezug nehmen. Wie Alfred J. Smith nachweisen
konnte[73], hat Pelagius zumindest den Pauluskommentar des Ambrosiaster ge-
kannt. Er macht sich dessen Hermeneutik zu Eigen. Er betrachtet das Corpus
Paulinum als ein göttlich inspiriertes, in sich widerspruchsfreies Lehrstück zu
dem die ganze Geschichte umfassenden, aber in Christus kulminierenden
Heilsplan Gottes[74]. Ihm geht es nie um die Einzelaussage, sondern um deren
Einordnung in die Heilsgeschichte, näherhin um ihren Christusbezug. Schon
äußerlich fällt auf, dass jede Seite seiner *Expositiones* mehrfach den Namen
Christi nennt. Jesus Christus ist der in Schöpfung, Natur und Geschichte,
ganz besonders aber in der Tora und schließlich in den Schriften des Neuen
Testaments offenbare Logos. Alles, was Pelagius über die Zentralthemen der
paulinischen Briefe (Gnade, Gesetz, Sünde, Glaube) sagt, steht unter der hermeneutischen Prämisse einer Gnade, die stets geschichtlich vermittelt ist
(*gratia externa*). Deshalb fiel es Augustinus relativ leicht, seinem Gegner die
Unterschlagung bestimmter Paulusworte entgegenzuhalten – Zitate, die vordergründig einen Graben zwischen Gesetz und Evangelium, Tora und Gnade,
Glaube und Werken aufreißen.

Augustinus und Pelagius sind gleichermaßen Repräsentanten der besagten
Paulusrenaissance. Im Unterschied zu der allegorischen Paulusexegese des

---

71 O. H. Pesch / A. Peters, Einführung, 28 f. – Vgl. E. Dassmann, Stachel im Fleisch,
317 f.
72 Expositiones XIII epistularum Pauli, hg. v. A. Souter, Cambridge 1926. – Zu den
Grenzen der von Alexander Souter geleisteten textkritischen Arbeit: S. Thier,
Kirche bei Pelagius, 32–40.
73 A. J. Smith, The Latin Sources.
74 Vgl. Expositiones XIII epistularum Pauli, hg. v. A. Souter, Cambridge 1926,
125f.187.191.243.393.

Origenes[75] konzentrieren beide ihre Interpretationen auf die zentralen Themen des Corpus Paulinum. Aber bei aller Verwandtschaft in der Methode gelangen sie doch zu unterschiedlichen Ergebnissen. Dabei – so konzediert Pesch der Position von Greshake – mögen philosophische Voraussetzungen und Denkmuster mitspielen. Aber entscheidend für den Sieg der augustinischen über die pelagische Gnadenlehre ist aus seiner Sicht die Fähigkeit des Augustinus, mit Pauluszitaten das heilsgeschichtliche Konzept des Pelagius (Untrennbarkeit der heilig machenden Gnade von deren geschichtlicher Vermittlung) als scheinbar offensichtlichen Rückfall in die angeblich jüdische Werkgerechtigkeit zu entlarven.

Wie wenig die Paulus-Exegese des Augustinus dem interpretierten Apostel gerecht wird, zeigt in immer deutlicherer Weise die Paulusforschung der letzten Jahrzehnte. Von dieser soll im Folgenden etwas ausführlicher die Rede sein.

6. Die jüngere Forschung als radikale Revision der augustinischen Paulus-Exegese

Gewiss ist es besonders innerhalb der Exegese schwer, von gesicherten Ergebnissen zu sprechen. Aber in einem Punkt zeichnet sich – allen Widerständen einzelner protestantischer Theologen[76] zum Trotz – ein Konsens ab: nämlich in der Erkenntnis, dass die augustinische (und damit weithin auch die

---

75 „Hatte für diesen Paulus als der Theologe der geistlich-mystischen Erkenntnis Bedeutung gehabt, der die Reinheit des Lebens lehrt und damit zur Gottesschau anleitet, so sind in den lateinischen Kommentaren unbeschadet aller Differenzen doch im großen und ganzen die Themen der Paulus-Briefe selbst im Mittelpunkt des Interesses gewesen. Verglichen mit Origenes, tritt im Westen generell die Allegorese zurück. Dafür sind Fragen wie die des Gesetzes, der Sünde, der Gnade, des Glaubens, der christlichen Ethik im Zentrum, sosehr hierbei freilich im Westen unterschiedliche Ansichten vertreten werden" (B. Lohse, Beobachtungen, 352 f).

76 G. Klein (Sündenverständnis, 289), der sich mit H. Hübner (Gesetz bei Paulus; ders., Was heißt bei Paulus) und E. Gräßer (Der ruhmlose Abraham) dem besagten Trend entgegenstellt, bemerkt schon 1979, dass die „im deutschsprachigen Bereich der Forschung relativ stabile Interpretationslage" in Bezug auf das paulinische Gesetzes- und Sündenverständnis „radikal in Zweifel gezogen" werde. Mit polemischer Schärfe wendet sich Klein gegen U. Wilckens, E. P. Sanders und H. Räisänen. Konfessionsübergreifend repräsentieren den von Klein und Gräßer bekämpften Paradigmenwechsel: U. Wilckens, Rechtfertigung als Freiheit; ders., Brief an die Römer (vgl. vor allem den Exkurs Gerechtigkeit Gottes in Bd. I, 202–233); E. P. Sanders, Paulus und das palästinische Judentum; ders., Paul; H. Räisänen, Paul and the Law; ders., Torah and Christ, bes. 3–54.168–184; ders., Sturmzentrum; P. von der Osten-Sacken, Evangelium und Tora, bes. 157–236;

lutherische[77]) Paulusexegese sich aus Gründen einer Abgrenzung der christlichen von der jüdischen Identität zu grundlegenden Irrtümern verleiten ließ.
Dabei darf man getrost eingestehen, dass die zum Teil revolutionären Einsichten der jüngeren Exegese nicht selten angestoßen wurden von dem
Bemühen des jüdisch-christlichen Dialogs. Auch die historisch-kritische Forschung wird bewegt von Erkenntnis leitenden Interessen. Vergleicht man allerdings die Argumente der jüngeren Forschung mit denen der augustinischen
Paulusexegese, dann scheint mir die Bilanz so erdrückend eindeutig, dass ich
die Voraussage wage: Wie die Philosophie nicht hinter die Einsichten der
kantschen Kritik zurückgehen kann, so die Exegese nicht hinter Erkenntnisse
wie die, dass die jüdische Tora von Paulus ebenso wie von Pelagius[78] als
Gnade (und nicht als deren Gegenteil!) verstanden wird[79].

K. Berger, Theologiegeschichte des Urchristentums, bes. 503–510; H. Merklein,
Bedeutung des Kreuzestodes; ders., „Nicht aus Werken des Gesetzes …“; ders.,
Paulus und die Sünde; ders., Der (neue) Bund; ders., Impliziert das Bekenntnis. –
Einen Überblick über den Anfang der zu einem Strom angeschwollenen Kehrt-
wende in der Paulusexegese bietet: O. Merk, Paulus-Forschung, bes. 42–52. – Eine
Skizze des jüngeren Diskussionsstandes bietet: J. D. G. Dunn, New Perspective.

77 „Als denjenigen, der den neueren Reigen des Protestes gegen die reformatorische
Paulusdeutung eröffnete, wird man wohl den schwedischen Lutheraner Krister
Stendahl (jetzt Amerika) ansehen dürfen, der 1961 vor der American Psycological
Association den Vortrag „The Apostle Paul and the Introspective Conscience in
the West" hielt, in dem er eine radikale Differenz zwischen Paulus und Luther be-
hauptete" (H. Hübner, Was heißt bei Paulus, 124). – Fünfundzwanzig Jahre nach
Stendahl stellt H. Hübner fest: „In einem noch radikaleren Sinn […] trifft Werner
Georg Kümmels Feststellung zu, daß Luthers Neuentdeckung des Evangeliums
umstritten ist. Sie ist so sehr umstritten, daß nicht nur die Rechtfertigung als Mitte
der paulinischen Theologie aufgegeben, sondern die Rechtfertigung aus Glauben
im Gegensatz zur Rechtfertigung aus Werken schlechthin als unpaulinisch behauptet wird" (132).

78 Greshake (Gnade als konkrete Freiheit, 145) betont, dass Pelagius zwar Christus
ausdrücklich als Gnade bezeichne, nicht aber das alttestamentliche Gesetz. Dieses
wird von ihm als „ungeheure Wohltat Gottes" oder „Hilfe" beschrieben. Augustinus allerdings wirft Pelagius die angeblich antipaulinische Gleichsetzung von
Gesetz und Gnade vor: „Quid est ergo quod vanissimi homines et perversissimi
Pelagiani legem dicunt esse Dei gratiam, qua iuvamur ad non peccandum?"
(Augustinus, De gratia et libero arbitrio ad Valentianum et cum illo monachos
XI,23 [ALG VII,112]). – „Nam gratiam Dei et adiutorium, quo adiuvamur ad non
peccandum, [Pelagius] aut in natura et libero ponit arbitrio aut in lege atque
doctrina, […]" (Augustinus, De gratia Christi et peccato originali libri duo. Liber
primus: De gratia Christi III,3 [ALG II,322]).

79 Der besagte ‚Paradigmenwechsel' lässt sich wie folgt zusammenfassen: „Es zeigt
sich, daß die Rechtfertigungslehre nicht als antijüdische Kampfeslehre entwickelt

a) Der Tora-Gehorsam als von der Gnade ermöglichte Antwort

Ohne damit einen Beitrag zum jüdisch-christlichen Dialog liefern zu wollen, haben der evangelische Neutestamentler Ulrich Wilckens und der katholische Alttestamentler Georg Braulik schon in den siebziger Jahren nachgewiesen, dass die Grundzüge der paulinischen Rechtfertigungslehre denen der deuteronomischen Tora entsprechen[80]. Diese Entsprechung beruht keineswegs auf einem nachträglichen Entdecken gewisser Gemeinsamkeiten; denn das Deuteronomium – zweifellos die Mitte des ganzen Alten Testaments – wird von Paulus immer wieder zitiert[81], um die eigenen Grundintentionen zu verdeutlichen.

Braulik vermutet, dass es mit der Auffindung der verschriftlichten Tora (2 Kön 22) 622/21 v. Chr. unter der Regierung des Königs Joschija zur Charakterisierung dieses Buches als Urkunde des Bundes zwischen Jahwe und seinem auserwählten Volk kam. Dieser Vorgang verlieh dem Tora-Buch zwar eine politisch-juridische Verbindlichkeit, änderte aber nichts an der überlieferten Zuordnung von Gnade und Gehorsam (Tun der Tora). Indem Braulik das Tora-Verständnis von Dtn 7,6–8[82] mit dem von Röm 9,4[83] vergleicht, kommt er zu dem Ergebnis: „Alle ethischen Handlungen sind relativ,

---

worden ist. [...] Paulus will [...] nicht behaupten, daß das Tun des Gesetzes Sünde sei (gegen Bultmann, Käsemann, Klein). In Übereinstimmung mit der deuteronomisch-deuteronomistischen Tradition hält er vielmehr prinzipiell daran fest, daß das Gesetz – denen, die es halten – Leben und Gerechtigkeit zueignet (Gal 3,10ff; Röm 2,13; 10,5). Nicht das Gesetz, sondern der Mensch, der sündigt, ist der Grund, daß ‚Werke des Gesetzes‘ faktisch nicht als Heilsparadigma beansprucht werden können (Wilckens). In diesem Kontext löst sich die Gnade aus ihrer traditionellen Verklammerung mit dem Gesetz, weil sie in Christus unabhängig vom Gesetz – sola fide – dem Sünder zuteil wird (Röm 3,21.24; 4,4.16; 11,6)“ (H. Merklein, Paulus, 1500).

80 G. Braulik, Gesetz als Evangelium, 130.
81 Z. B. Röm 2,29/ Dtn 30,6; Röm 7,7/ Dtn 5,21; Röm 10,3/ Dtn 9,4; Röm 10,6–10/ Dtn 30,12–14.
82 „Denn du bist ein Volk, das dem Herrn, deinem Gott, heilig ist. Dich hat der Herr, dein Gott, ausgewählt, damit du unter allen Völkern, die auf der Erde leben, das Volk wirst, das ihm persönlich gehört. Nicht weil ihr zahlreicher als die anderen Völker wäret, hat euch der Herr ins Herz geschlossen und ausgewählt; ihr seid das kleinste unter allen Völkern. Weil der Herr euch liebt und weil er auf den Schwur achtet, den er euren Vätern geleistet hat, deshalb hat der Herr euch mit starker Hand herausgeführt und euch aus dem Sklavenhaus freigekauft, aus der Hand des Pharao, des Königs von Ägypten“ (Dtn 7,6–8).
83 „Sie sind Israeliten; damit haben sie die Sohnschaft, die Herrlichkeit, die Bundesordnungen, ihnen ist das Gesetz gegeben, der Gottesdienst und die Verheißungen“ (Röm 9,4).

d. h. sie sind als ethische Haltung auf die Beziehung Jahwes zu Israel bezogen"[84].

Brauliks Exegese einzelner Stellen des Deuteronomiums und des Römerbriefes kann überzeugend erweisen, dass überall dort, wo Verheißungen an
die Befolgung der Tora gebunden werden (z. B. in Dtn 6,17–19), zunächst
von einem Geschenk Jahwes gesprochen wird[85]. Das Tun der Tora ist nicht der
Grund für das Eintreffen der Verheißung. Unmissverständlich lesen wir in
Dtn 9,4: „Wenn der Herr, dein Gott, sie [die Feinde] vor dir herjagt, sollst du
nicht meinen: Ich bin im Recht, daher läßt mich der Herr in das Land hin-
einziehen und es in Besitz nehmen." Also wird deutlich, „daß zwischen der
Inbesitznahme des Landes – d. h. aus der Sicht der Verbannten in Babylon:
der Rückkehr in ihre Heimat – und einer zuvor erbrachten Leistung, einer
eigenen Gerechtigkeit Israels, kein Kausalzusammenhang besteht"[86]. Gerade
da, wo dem exilierten Israel die Einhaltung der Tora neu eingeschärft
wird, nämlich am Schluss des Buches Deuteronomium, heißt es: Dtn 30,6:
„Der Herr, dein Gott, wird dein Herz und das Herz deiner Nachkommen be-
schneiden. Dann wirst du den Herrn, deinen Gott, mit ganzem Herzen und
mit ganzer Seele lieben können, damit du Leben hast." Paulus bezieht sich
auf eben diese Stelle, wenn er im Römerbrief (2,28f[87]) das *sola gratia* begründet.

Der Toragehorsam ist die von der Gnade ermöglichte Antwort[88]. Gott
schenkt dem Menschen die Möglichkeit, selbst sein zu wollen, was er von seinem Schöpfer her immer schon sein soll. Die so geschenkte Freiheit ist
grundlegend verschieden von der sich ohne den Sünder oder sogar gegen ihn
durchsetzenden Prädestinationsgnade Augustins. Obwohl der Mensch die
ihm durch Gottes Gnade geschenkte Freiheit in der Verneinung Gottes zerstören kann, zwingt ihn die Gnade nicht zur Annahme ihrer selbst. Braulik
wörtlich: Israel ist „nicht zu erniedrigender Unterwürfigkeit unter die Vor-

---

84 G. Braulik, Gesetz als Evangelium, 136.
85 E. P. Sanders (Paulus und das palästinische Judentum, 70) prägt für diesen Zu-
    sammenhang den Begriff „Bundesnomismus". Diesen charakterisiert er im Unter-
    schied zu jedwedem isolierten Nomismus wie folgt: „Bundesnomismus besteht,
    kurz gesagt, in der Vorstellung, daß der Platz eines jeden Menschen im Plane
    Gottes durch den Bund begründet wird und daß der Bund als geziemende Antwort
    des Menschen dessen Befolgung der Gebote verlangt, während er bei Übertretun-
    gen Sühnmittel bereitstellt."
86 G. Braulik, Gesetz als Evangelium, 146 f.
87 „Jude ist nicht, wer es nach außen ist, und Beschneidung ist nicht, was sichtbar
    am Fleisch geschieht, sondern Jude ist, wer es im Verborgenen ist, und Beschnei-
    dung ist, was am Herzen durch den Geist, nicht durch den Buchstaben geschieht.
    Der Ruhm eines solchen Juden kommt nicht von Menschen, sondern von Gott".
88 Dazu: J. D. G. Dunn, Justice of God; F. Avemarie, Tora und Leben, bes. 225–244.

herrschaft der Gnade gezwungen, sondern darf sich frei und freiwillig entscheiden. Denn ein menschenwürdiges Verhältnis und ein echt menschliches
Verhalten gibt es nur, wo sich der Mensch frei zusagen, aber auch verweigern
kann"[89].

b) Eine Kontroverse zwischen alter und neuer Paulus-Exegese

Der verstorbene Bonner Exeget Helmut Merklein hat bestimmte Stellen des
Corpus Paulinum, die Augustinus mit Vorliebe als Belege für seine Position
im Streit mit Pelagius anführt, ganz im Sinne von Georg Braulik und Ulrich
Wilckens ausgelegt.

Greifen wir als Beispiel Gal 2,15f auf. Dort sagt der Jude Paulus: „Wir
sind zwar von Geburt Juden und nicht Sünder wie die Heiden. Weil wir aber
erkannt haben, daß der Mensch nicht durch Werke des Gesetzes gerecht wird,
sondern durch den Glauben an Jesus Christus, sind auch wir dazu gekommen,
an Christus Jesus zu glauben, damit wir gerecht werden durch den Glauben
an Christus, und nicht durch Werke des Gesetzes; denn durch Werke des
Gesetzes wird niemand gerecht." – Merklein fragt: Was genau meint Paulus
mit der Bemerkung, „daß ‚der Mensch aus Werken des Gesetzes nicht gerechtfertigt wird‘? Will Paulus damit sagen, daß ‚*das Bemühen des Menschen,
durch Erfüllung des Gesetzes sein Heil zu gewinnen*, ihn nur in die Sünde hin-
einführt, ja im Grunde selber *schon die Sünde ist*‘?"[90] Und Merklein beantwortet die von ihm selbst gestellte Frage mit der Feststellung: „Das Gesetz ist
zuallererst gnädige Gabe Gottes. Es ist die Bundesordnung, die Israel auszeichnet. Selbstverständlich muß es als solche auch befolgt werden. Seine
Lebensverheißung gilt denen, die es erfüllen. An dieser Lebensverheißung
zweifelt auch Paulus nicht. In Gal 3 hält er ausdrücklich das Urteil der Schrift
fest: ‚Verflucht ist jeder, der nicht verharrt bei allem, was geschrieben steht
im Buch des Gesetzes, um es zu tun‘ (Gal 3,10b = Dtn 27,26), und: ‚Wer sie
(d. h. die im Buch des Gesetzes geschriebenen Gebote) tut, wird durch sie
leben‘ (Gal 3,12b = Lev 18,5). Noch deutlicher formuliert er in Röm 2,13:
‚Denn nicht die Hörer des Gesetzes sind vor Gott gerecht, sondern die Täter
des Gesetzes werden gerechtfertigt werden‘ (vgl. auch Röm 10,5). Paulus hält
also fest an dem *soteriologischen Prinzip* des Gesetzes, das auf dem *Tun*
beruht."[91]

---

89 G. Braulik, Gesetz als Evangelium, 135.
90 H. Merklein, „Nicht aus Werken des Gesetzes …", 305.
91 Ebd. – In ausdrücklichem Widerspruch zu Merklein bezeichnet E. Gräßer (Der
    ruhmlose Abraham) die ‚Antithese von Gnade und Gesetz‘ als Inbegriff der pau-
    linischen Gnadenlehre (14 f). Mit Nachdruck betont er, dass die Gesetzeserfüllung
    als solche identisch sei mit dem „Vertrauen auf das selbstsüchtige Fleisch" (19 f);

Nach Paulus ist nicht das Tun der Tora, sondern die Übertretung der Tora Sünde. Die Tora erweist sich jedem, der sie erfüllt, als Gemeinschaft mit Jahwe und also als Gnade. Doch sie kann auch pervertiert werden – dann nämlich, wenn sie statt Verleiblichung des Glaubens an die von Jahwe geschenkte Rechtfertigung Mittel der Selbstrechtfertigung wird. Wo sich jemand durch das Erfüllen der Tora selbst gerecht machen will, wird das Gesetz zum Ausweis seiner Sünde. So pervertiert, entlarvt das Gesetz nicht nur die Heiden, sondern auch die mit der Tora vertrauten Juden als Sünder. Deshalb – aber auch nur deshalb! – kann Paulus vom „Fluch des Gesetzes"[92] sprechen. Dessen ungeachtet richtet sich die paulinische Redewendung „nicht gerecht aus Werken des Gesetzes" bestimmt nicht gegen das Gesetz als solches, sondern gegen die Menschen, die – statt im Tun der Tora ihren Glaubensgehorsam (ihre Annahme des Bundes) zu bekunden – sich durch die Werke des Gesetzes selbst gerecht machen wollen.

Wenn sich der Jude auf Grund des Wissens um die Tora rühmt, dann rühmt er nicht sich selbst, sondern Gott. Gegen Rudolf Bultmann und Erich Gräßer betont Helmut Merklein: „Nicht das Sich-Rühmen (des Gesetzes) ist der Grund der Sünde, sondern die Sünde (das Übertreten des Gesetzes) ist der Grund, daß niemand sich rühmen kann. [...] Selbstverständlich hat der Jude sein περισσόν (Röm 3,1); ihm sind die λόγια τοῦ θεοῦ anvertraut (Röm 3,2), und dazu gehört auch die νομοθεσία (Röm 9,4). Insofern dürfte und darf er sich des Gesetzes rühmen. Solches Rühmen ist kein Selbstruhm, sondern ein Rühmen Gottes. Was das Rühmen pervertiert, ist nicht das Tun des Gesetzes, sondern das Übertreten des Gesetzes."[93]

---

und „daß der Mensch durch das Gesetz in die konkrete Sünde geführt" werde (21). Wie sehr er sich dabei die Brille Augustins und Luthers aufsetzt, lässt sich z.B. aus seiner Bemerkung entnehmen: „Demjenigen, der die Werke tut, gereicht das so wenig zur Rechtfertigung wie demjenigen, der sie nicht tut. Im einen wie im andern Fall gilt, was Luther (1524) exakt als Aussageabsicht des Paulus auf den Punkt gebracht hat" (17).

92 Der Fluchtod, den der Sündelose nach 2 Kor 5,21 stellvertretend für die Verweigerer der Gnade (der Tora) stirbt, „macht offenkundig, daß alle, Juden wie Griechen, unter der Herrschaft der Sünde stehen" (Röm 3,9): die Juden, weil sie die Tora selbst übertreten (Röm 2,17–29), und die Heiden, weil sie die ‚Rechtssatzung Gottes' zwar kennen (Röm 1,32) – ‚das Werk des Gesetzes ist ihnen in ihr Herz geschrieben' (Röm 2,15) –, aber dennoch Gott ‚nicht als Gott Ehre und Dank erweisen' (Röm 1,21). Im übrigen ergibt sich aus Gal 3,10–14 zwingend, daß die Sünde des Menschen im *Nicht-Tun des Gesetzes* besteht. Denn der Fluch, den der Gekreuzigte trägt, ist der *Fluch der Tora*. Und diese verflucht nur ihre Nicht-Täter, nicht aber ihre Täter!" (H. Merklein, Bedeutung des Kreuzestodes, 9).

93 H. Merklein, Paulus und die Sünde, 319[7].

c) Die Tora und Christus in paulinischer Perspektive

Im Horizont des Christusereignisses wird offenbar, dass die Sünde universal geworden ist[94]. Von daher erklärt sich die Adam-Christus-Typologie in Röm. 5,12–14, auf die Augustinus seine Erbsündenlehre stützt. Von einer Vererbung allerdings steht dort nichts. „Die Sünde ist (wie in Röm 3,9.20) die Tat-Wirklichkeit, die […] sich als die seit Adam herrschende Wirklichkeit und als beherrschende Macht darstellt. Insofern präsentiert sich die Sünde als übersummative Größe, die mehr ist als die Summe der einzelnen Sünden"[95]. Nicht nur die Sünde Adams, sondern auch jede weitere Sünde entfaltet eine Dynamik der Verführung und der Schwächung (Begierlichkeit). Diese Dynamik ist aber zu unterscheiden von der Notwendigkeit, mit der Augustinus jeden Adamiten zum Sklaven der Sünde erklärt. Paulus spricht an keiner Stelle von einer *massa damnata*, sondern bringt – exemplarisch in Röm 7,14–20[96] – zum Ausdruck, was Pelagius über die faktische Universalität der Sünde und über die Beeinträchtigung der Freiheit zum Guten durch die Gewohnheit im Schlechten sagt.

Indem der Apostel innerhalb der ersten drei Kapitel des Römerbriefes die These von der allgemeinen Sündhaftigkeit entwickelt[97], denkt er keineswegs

---

94 In Gal 2,21 lesen wir: „Wenn es durch das Gesetz Gerechtigkeit gäbe, so wäre Christus vergeblich gestorben." Merklein folgert: „Die Kehrseite dieser Überzeugung ist, daß alle unter der Sünde sind (Röm 3,9; vgl. Gal 2,15.17). In der Tiefenstruktur liegt diesem Gedanken wohl die Logik zugrunde: Wenn Christus für uns gestorben ist bzw. – wie Paulus zugespitzt formuliert – für uns zum Fluch und zur Sünde geworden ist (Gal 3,13; 2 Kor 5,21), dann können wir, Juden wie Heiden, nur unter der Herrschaft der Sünde und damit unter dem Fluch des Gesetzes stehen" (Paulus und die Sünde, 337).

95 H. Merklein, Paulus und die Sünde, 323.

96 „Wir wissen, daß das Gesetz selbst vom Geist bestimmt ist; ich aber bin Fleisch, das heißt: verkauft an die Sünde. Denn ich begreife mein Handeln nicht: Ich tue nicht das, was ich will, sondern das, was ich hasse. Wenn ich aber das tue, was ich nicht will, erkenne ich an, daß das Gesetz gut ist. Dann aber bin nicht mehr ich es, der so handelt, sondern die in mir wohnende Sünde. Ich weiß, daß in mir, das heißt in meinem Fleisch, nichts Gutes wohnt; das Wollen ist bei mir vorhanden, aber ich vermag das Gute nicht zu verwirklichen. Denn ich tue nicht das Gute, das ich will, sondern das Böse, das ich nicht will. Wenn ich aber das tue, was ich nicht will, dann bin nicht mehr ich es, der so handelt, sondern die in mir wohnende Sünde" (Röm 7,14–20). – Dazu detailliert: H. Merklein, Paulus und die Sünde, bes. 338–341.

97 In Röm 1,18–3,20 wird die These von der Allgemeinheit der Sünde am ausführlichsten behandelt. Doch sie findet sich auch schon zuvor in 1 Kor 1,21 und 2 Kor 5,21a. Weitere Belege sind: Gal 2,15–17 und Phil 3,2–11.

an eine traduzianistisch vererbte Ursünde im Sinne der augustinischen Erbsündenlehre. Andernfalls könnte er Abraham nicht als den exemplarisch Gerechten (Röm 4; Gal 3) rühmen. Allerdings gilt auch für Abraham: Gerecht
war er nicht *durch* die Erfüllung des Gesetzes, sondern sein Glaube an die
ihm allein von Jahwe geschenkte Gerechtigkeit fand seinen Ausdruck in der
Treue zur Tora (Gal 3,6; Röm 4,3 = Gen 15,6)[98].

Paulus selbst hat sich nicht „als ein am Gesetz Scheiternder erfahren, um
sich dann erleichtert der Rechtfertigung allein aus Glauben zuzuwenden. In
der Zeit vor seiner Hinkehr zu Christus war Paulus durchaus der Überzeugung, nach der vom Gesetz geforderten Gerechtigkeit untadelig zu sein [...]
(Phil 3,6)"[99]. Er wird sich aber in der Begegnung mit Christus (Damaskuser-
lebnis) bewusst, dass er *durch* das Tun des Gesetzes gerecht sein wollte, statt
mit dem Tun des Gesetzes das Geschenk der rechtfertigenden Gnade zu beantworten.

Nirgendwo nimmt Paulus an, „daß das vorchristliche Judentum der Gerechtigkeit entbehrt hat. Die Gerechtigkeit, die im Evangelium verkündet
wird, ist keine neue, sondern die Gott immer eignende Gerechtigkeit, die in
Christus [personal] offenbar wurde (Röm 3,21)"[100]. In Christus erweist sich
dieselbe Gerechtigkeit, die schon Abraham als Geschenk erfuhr[101], als eine
das Nein der Sünde unterfassende, als gekreuzigte, aber vom Kreuz nicht be-

---

98 Der Glaube ist nicht einfach identisch mit dem Tun der Tora. Und umgekehrt: Der
   Unglaube ist nicht einfach identisch mit der Sünde. Mit Bezug auf Röm 11 betont H. Merklein: „Der Glaube ist die Bedingung der Möglichkeit, nicht mehr zu
   sündigen; insofern stehen die Glaubenden nicht mehr unter der Herrschaft der
   Sünde, wiewohl sie faktisch noch in Gefahr sind, wieder zu sündigen. Umgekehrt
   fehlt dem Menschen vor dem Glauben keineswegs die (prinzipielle) Fähigkeit,
   nicht zu sündigen, wiewohl er dadurch, daß er faktisch sündigt, sich als unter der
   Herrschaft der Sünde stehend erweist" (Paulus und die Sünde, 338).
99 H. Merklein, Paulus und die Sünde, 335.
100 H. Merklein, Paulus und die Sünde, 331.
101 In diesem Zusammenhang ist der Hinweis wichtig, dass die Erwählung Israels
   mit dem Christusereignis nicht aufgehoben wird. Mit dem Wort vom Kreuz
   (vgl. 1 Kor 1,18–25) „intendierte Paulus also keineswegs den Ausschluß des
   Judentums. Seine Argumentation erfolgt aus jüdischen Voraussetzungen und
   mit Hilfe biblisch-jüdischer Vorstellungen. Selbst der Gekreuzigte [...] wird aus
   der Sicht der Tora wahrgenommen. [...] Paulus war [...] davon überzeugt, daß
   das, was er den Heidenchristen schrieb, auch jüdisch plausibel war. Daß seine
   jüdische Umwelt dies nicht so sah, wurde für ihn zum unbegreiflichen Rätsel, das
   ihn so sehr schmerzte, daß er selbst am liebsten von Christus weg für seine Brüder verflucht sein wollte (Röm 9,3)" (H. Merklein, Impliziert das Bekenntnis,
   125).

siegte Liebe[102]. Wer glauben kann, dass Gott sich mit Christus identifiziert hat, ist überzeugt, dass er trotz seiner Vergangenheit, trotz seiner Schuld und Schwäche unbedingt geliebt und gewollt ist. Wer an Christus glaubt, hört auf, dem eigenen Leben selbst einen Sinn geben zu wollen durch die Strategien der Leistung, der Macht und des Besitzens. Wer an die Auferstehung des gekreuzigten Christus glaubt, setzt auf keine andere Strategie als die der wehrlosen (gekreuzigten) Liebe – in der Gewissheit, dass diese stärker ist als der Tod[103].

Der Unterschied zwischen der Gnade der Tora und der Gnade des Christusereignisses liegt in dem Komparativ der personalen Selbstoffenbarung gegenüber der Offenbarung im Medium menschlicher Worte und geschichtlicher Ereignisse. Aber die Annahme des Christusgeschehens erfolgt durch denselben Glauben wie die Annahme der Tora – nämlich durch die Übersetzung des Geoffenbarten (der grundlos rechtfertigenden Gnade) in die eigene Existenz. Denn ein Glaube, der nicht Hand und Fuß bekommt im Tun der Tora bzw. im Tun Jesu Christi, ist ein fauler oder nichtiger Glaube.

d) Zusammenfassung: Der Gnadenstreit zwischen Augustinus und Pelagius vor dem Horizont der jüngeren Paulus-Exegese

Greifen wir zurück auf die u. a. von Otto Hermann Pesch vertretene These, der Sieg des Augustinus über Pelagius sei vor allem die Folge seiner Paulus-Exegese! Mir scheint diese Erklärung deshalb die plausibelste zu sein, weil Augustinus immer wieder einzelne Stellen des Corpus Paulinum anführen konnte, die isoliert betrachtet die Antithese von Gnade und Tora, das Nur-noch-Sündigen-Können aller Adamiten und die Gleichsetzung von Gesetzes-

---

102 „Das Judentum war und ist sich [...] bewußt, daß das Gesetz selbst Sühnemittel bereit hält für diejenigen, die es übertreten haben. Für Paulus sind diese Sühnemittel offensichtlich insgesamt in einem dialektischen Sinn aufgehoben in dem eschatologischen Sühnegeschehen des Todes Christi. Erst von hier aus kann Paulus überhaupt zu der Auffassung kommen, daß das Gesetz im Blick auf den Menschen keine andere Funktion hat, als die Sünde als Übertretung zu markieren und sie als die alle beherrschende Macht auszuweisen" (H. Merklein, Paulus und die Sünde, 353).

103 H. Merklein äußert im Blick auf die faktische Christusförmigkeit der aus dem Glauben an Christus lebenden Christen: „Die Christenheit wird am Ende dieses Jahrhunderts eingestehen müssen, daß der Glaube, in dem Paulus das Heil für Juden und Heiden beschlossen sah, heute kaum mehr eine jüdische Heilsmöglichkeit darstellt, und zwar insbesondere deshalb, weil das Versagen der Christenheit es den Juden so gut wie unmöglich gemacht hat, den gekreuzigten Christus als ‚Gottes Kraft und Gottes Weisheit' zu akzeptieren" (Impliziert das Bekenntnis, 125).

erfüllung und Selbstrechtfertigung formulieren. Nur in einer Zusammenschau aller Aussagen des Paulus können diese fatalen Missverständnisse vermieden werden. Wenn man die jüdischen Wurzeln des Apostels und den besonders in Dtn fassbaren Zusammenhang von Rechtfertigung und Tora-Gehorsam beachtet, gelangt man unweigerlich zu dem Paradigmenwechsel, der die jüngere Paulusexegese revolutioniert hat. Von daher darf man sagen: Die Paulus-Exegese des Pelagius ist zwar nicht identisch mit der oben referierten; denn was dort im Horizont des biblischen Bundesgedankens über die Verhältnisbestimmung von Gnade und Toragehorsam gesagt ist, wird von Pelagius in den Kategorien der platonischen Urbild-Abbild-Dialektik ausgedrückt; insgesamt aber geben die meines Erachtens nicht mehr revidierbaren Erkenntnisse der jüngeren Paulusforschung dem Pelagius (nicht dem Pelagianismus!) ungleich mehr recht als Augustinus.

Vor allem drei Punkte gehören zu den Schattenseiten des augustinischen Sieges über Pelagius:

- Der erste betrifft die Trennung der Gnadenlehre von der Christologie. Denn wenn Gnade ein ungeschichtliches und unsichtbares Handeln Gottes im Inneren des einzelnen Sünders ist, wird die biblische Identifizierung der Gnade mit Jesus Christus aufgegeben.
- Der zweite Punkt betrifft die Logik einer Erbsündenlehre, welche die Menschheit zur *massa damnata* erklärt und Gnade folgerichtig nur noch als Handeln Gottes am Sünder ohne und gegen diesen (Prädestination) versteht.
- Der dritte Punkt betrifft die augustinische Antithese von Gesetz und Gnade.

Die Frage liegt auf der Hand: Wie sehr hat diese Antithese den christlichen Antijudaismus mitverursacht und geprägt? Kurt Flasch macht darauf aufmerksam, dass sich die Erwählungslehre Augustins zunächst nicht gegen die Juden richtet, sondern lediglich feststellt: ‚Zuerst wurde nur den Juden das Heil angeboten, seit Christus sind alle gerufen‘. Doch nach 397 hat Augustinus aus Röm 9,12 (Der Ältere muß dem Jüngeren dienen.) „handfeste juristische und politische Konsequenzen gegen die Juden seiner Zeit gezogen; er hat sie für prinzipiell rechtlos erklärt, mit ungeheuren Folgen für das Mittelalter und die Neuzeit: Wenn der Erstgeborene dem Zweitgeborenen als dem Auserwählten dienen muß, so legte Augustinus dieses Dienen nicht als ein harmloses *Bedienen*, sondern juristisch als *Sklaverei* aus. Er dachte an eine völlige Abhängigkeit des Zurückgesetzten vom Auserwählten und ordnete in diesem auch juristisch-politischen Sinn die Juden dem neuen auserwählten Volk, den Christen, als Sklaven unter. Diese augustinische Auslegung des 9. Kapitels des Römerbriefs bedeutete für die rechtliche Lage der Juden in

Spätantike und Mittelalter einen äußerst folgenreichen Schritt. Ein christlicher Herrscher, der sich an Augustins *Gottesstaat* orientierte, fand dort die Rechtlosigkeit der Juden und ihren Sklavenstatus theologisch begründet [vgl. civ. XVI,35]. Im Schreiben *An Simplician* hat Augustin keinen Anlaß, auf diesen Machtanspruch der christlichen Gesellschaft zu sprechen zu kommen. Aber hier legte er die Grundlagen für seine Kirchen- und Judenpolitik, die keine selbständige Rechtssphäre gelten lassen konnte. Augustin zog aus der alttestamentlichen Zwillingsgeschichte, aus den Bemerkungen des *Römerbriefs* und aus seinen eigenen Auslegungen ganz reale, nämlich machtpolitische und vermögensrechtliche Konsequenzen"[104].

---

104 K. Flasch, Einleitung, 34 f. – Aufschlussreich ist ein Vergleich der antijudaistischen Aussagen Augustins mit den antijudaistischen Schriften Luthers (bes. Von den Juden und ihren Lügen [1542] und Vom Schem Hamphoras und dem Geschlechte Christi [1543]). – Zur gerechten Beurteilung dieser Schriften: H. A. Obermann, Wurzeln des Antisemitismus; J. Brosseder, Luthers Stellung zu den Juden.

Zweites Kapitel

Von der augustinischen Gnaden-
zur lutherischen Rechtfertigungslehre

Wenn man die Erbsündenlehre des hl. Augustinus konsequent zu Ende denkt, bleibt nur die Alternative zwischen der mehrfach von ihm selbst ausgesprochenen Lehre von einer doppelten Prädestination (eines Teils der Menschheit zum Heil, des anderen zum Verbleib unter dem Fluch Adams) und der Lehre von der einfachen Prädestination aller Menschen zur ewigen Gemeinschaft mit Gott (Apokatastasislehre).

Es überrascht nicht, dass die zentrale Frage der Mönche von Hadrumetum und Lérins in den Klöstern des Mittelalters von neuem gestellt wird: Wie verhält sich unser Bemühen um ein Leben nach dem Vorbild Christi zu der von Augustinus gelehrten Errettung *allein* durch Gottes Gnade? Der Mönch Gottschalk von Orbais (806–867) lehrte, dass das *Vorauswissen* Gottes gleichbedeutend sei mit der *Vorausbestimmung* der einen zum Heil, der anderen zum Unheil (*praedestinatio gemina*). Dagegen wenden sich unter der theologischen Federführung des Mainzer Bischofs Hrabanus Maurus die Synoden von Mainz (848) und Quiercy (853), indem sie den allgemeinen Heilswillen Gottes (vgl. Röm 8,33; Eph 1,1) mit dem Argument verteidigen, Gott *wisse* wohl im Voraus, wer in der von Augustinus beschriebenen *massa perditionis* verbleibe, *bestimme* deshalb aber niemanden durch sein Vorauswissen zur Verdammnis. Unter den Theologen war damit ein schier unlösbares Problem formuliert: das der Verhältnisbestimmung von *Vorauswissen* und *Vorausbestimmung*[105]. Auf der Synode von Toul (860) einigten sich die strengen Augustinisten (Verteidiger der Identität von Vorauswissen und Vorausbestimmung) mit den eher pragmatisch denkenden Anhängern des Hrabanus auf

---

105 Zur Geschichte des Problems: J. Auer, Evangelium der Gnade, 41–69.

ein ,Unentschieden'. Bestimmend für die Folgezeit aber wurden die Argumente des Bischofs von Mainz. Ohne Augustins Erbsündenlehre in Frage zu stellen, lehrt er: Gott hat in Christus seinen universalen Heilswillen geoffenbart. Mit der Taufe wird dem Menschen die Fähigkeit zurückgegeben, die Gnade Gottes durch gute Werke anzunehmen. Von daher gilt für jeden Getauften[106] das Prinzip: Gute Taten sind Ausweis eines Lebens aus der Gnade; böse Taten hingegen Ausweis der Ablehnung desselben Geschenkes. Gott hat im Voraus gewusst, wer der Taufgnade gute Taten folgen lässt; und auch, wer durch seine Bosheit zum Ausweis der Verneinung wird. Doch auch die Letzteren waren wie die Erstgenannten von Gott her zum Heil bestimmt. Aus der Tatsache, dass viele verloren gehen, kann man nach Hrabanus nicht schließen, Gott habe die Bösen durch sein *Vorauswissen* zu ihren bösen Taten *bestimmt.*

Hrabanus Maurus ist in keiner Weise an der theoretischen Frage einer Verhältnisbestimmung von Vorauswissen und Vorausbestimmung interessiert[107]. Ihm geht es durchgehend um die Beantwortung der praktischen (vor allem von den Mönchen gestellten) Frage, warum ein Mensch sich auch

---

106 „Nach Hrabans Verständnis der kirchlichen Prädestinationslehre erfüllt allein der Getaufte, also der gläubige Christ, die Bedeutung des Begriffs Mensch. Der Christ ist nämlich der Mensch, der in seinem Glauben das Wissen um Gut und Böse hat. Da der Glaube ein Gnadengeschenk Gottes ist, hat Gott dem Gläubigen jene Fähigkeit wiedergegeben, die mit der Ursünde das Menschengeschlecht verloren hatte, nämlich die Fähigkeit, zwischen Gut und Böse zutreffend zu unterscheiden, sich auf der Grundlage dieser Erkenntnis stets die richtigen Handlungsziele zu setzen und sie erfolgreich anzustreben. Der Getaufte ist also sittliches Subjekt. Da grundsätzlich jeder Mensch getauft werden kann, hat bei Hraban die Prädestinationslehre also die praktische Funktion, theoretisch sicherzustellen, daß grundsätzlich jeder Mensch sittliches Subjekt, d. h. verantwortlich handelnde Person sein kann. Dem Ungetauften spricht diese Lehre folgerichtig die Qualität des sittlichen Subjekts nicht zu. Die entscheidende Veränderung des ontologischen Status des Menschen geschieht in der Taufe. Sie macht aus einem biologischen Lebewesen, das mit Geist ausgestattet ist, eine Person" (G. Schrimpf, Die ethischen Implikationen, 165).

107 Der Versuch einer theologischen Durchdringung des Problems findet sich in dem von Gottschalks Ordinarius, dem Bischof Hinkmar von Reims, angeforderten Gutachten des Johannes Scottus Eriugena. Dieser entwickelt in seiner Abhandlung mit dem Titel *De divina praedestinatione* folgende Argumentation: Weil Gott von seinem Wesen her nur Gutes wirkt, *kann* er niemanden zur Sünde vorherbestimmt haben. Da ein und dieselbe Ursache nicht zwei entgegengesetzte Wirkungen zeitigen kann, kann Gott den Menschen nur zum Guten, niemals aber zum Bösen vorherbestimmen. Daraus folgt mit logischer Konsequenz die Ablehnung der von Gottschalk gelehrten *praedestinatio gemina*. Dazu: D. Ansorge, Johannes Scottus Eriugena, 322–333.

unter Inkaufnahme großer irdischer Nachteile um die Nachfolge Christi bemühen soll. Seine Antwort wird bestimmend für das ganze Mittelalter: Die guten Werke – wenngleich ohne die Taufgnade undenkbar – sind der Beweis für die Annahme der Gnade. Eine Extremposition evoziert die andere. Augustins *sola gratia* evoziert eine Position, welche die guten Werke zum Kriterium des wahren Christen erklärt. So spannt sich von der Gnadenlehre des Hrabanus Maurus ein logischer Bogen bis hin zu Duns Scotus und den Nominalisten, bis zu jener *Werkgerechtigkeit* also, die der von Nominalisten erzogene Martin Luther als das Gegenteil dessen brandmarkt, was sein Ordensvater Augustinus gelehrt hat. Duns Scotus und die Nominalisten unterscheiden zwischen der *potentia Dei absoluta* und der *potentia Dei ordinata*, um auf der einen Seite die Gratuität der Gnade festzuhalten und gleichzeitig die faktische Bindung dieser Gnade an das Vollbringen guter Werke zu rechtfertigen. Dabei nehmen sie wie schon Hrabanus Maurus in Kauf, dass nicht mehr die Beziehung zu dem Gott, der seine Gnade schenkt, sondern das Zählen der eigenen Werke in den Vordergrund tritt. Während Hrabanus die guten Werke ausdrücklich noch als Ausweis der neuen (durch die Taufgnade ermöglichten) Gottesbeziehung erklärt, betonen die Nominalisten, dass die guten Werke nicht notwendig, sondern nur faktisch (weil Gott dies faktisch so will) mit dem Glauben an die Gnade verbunden sein müssen. Die Folge ist vor allem eine Verdinglichung der guten Werke im Sinne von Verdiensten, die getauscht, berechnet, bezahlt oder ersatzweise von anderen geleistet werden können (Ablasswesen).

Es klingt vordergründig absurd; aber die einseitige Betonung des Handelns Gottes am Sünder begünstigt de facto ein Bewusstsein, das Augustinus selbst pelagianisch genannt hätte. Die Mönche des Mittelalters, die Augustinus als unhinterfragbare Autorität akzeptieren, erklären ihre guten Werke zum Kriterium für den Empfang und die Annahme der allein seligmachenden Gnade. Wer die Taufgnade empfangen hat, ist apriori befähigt, diesem Kriterium zu entsprechen. Es verbreitet sich die Überzeugung: Die guten Werke sind das Kriterium des Christseins.

Hinter der so charakterisierten Dialektik zwischen Theozentrismus und Anthropozentrismus verbirgt sich Augustins Trennung der Gnadenlehre bzw. Soteriologie von der Christologie. Zur Erinnerung: Der dem neuplatonischen Denken verpflichtete Augustinus lehrt einen strikten Primat des *Innen* vor dem *Außen*. Der einzelne Mensch findet in dem Maße zu seiner Eigentlichkeit, in dem er sich von der Welt draußen trennt. Sein mit dem Geist und der Seele identifiziertes Inneres ist unter dem Fluch der Adamssünde getrennt von Gott und deshalb Spielball der Verführungen von außen. Im Vorgang der Begnadung schenkt Gott dem Sünder ohne diesen und sogar gegen dessen Widerstände einen neuen Geist und eine neue Seele, d. h. ein Inneres, das bezogen ist auf seinen transzendenten und unsichtbaren Ursprung. Die Tora bringt zwar den Willen Gottes zum Ausdruck, kann aber – da von außen kommend – den Sünder nicht rechtfertigen; im Gegenteil, die Tora wird dem Sünder zum Verhängnis, weil er alles – und mithin auch das Gesetz – im Sinne einer Bestätigung seines Ich und also zur Selbstrechtfertigung missbraucht. Und was von der Tora gilt, gilt analog auch vom historischen Jesus, von seinen Worten und Taten: Sie sind zwar die Offenbarung Gottes; aber als solche vermitteln sie nicht die Rechtfertigung des Sünders, sondern verheißen sie nur.

Die auf Augustinus zurückgehende Trennung der Gnadenlehre von der Christologie ist – wie das folgende Kapitel zeigen soll – die Wurzel einer bis in die jüngste Gegenwart fortwirkenden Fehlbestimmung des Christseins.

1. Die augustinisch geprägte Gnadenlehre des Vaters der Scholastik

Wie dominierend der Einfluss Augustins bleibt, zeigt auf exemplarische Weise Anselm von Canterbury (1033–1109). Statt das Konzept des Kirchenvaters grundsätzlich in Frage zu stellen, arbeitet er sich an den Inkonsequenzen der augustinischen Gnaden- und Freiheitslehre ab, ohne deren Aporien wirklich zu überwinden.

a) Die *rectitudo* der Dinge und des Menschen

Mit Augustinus versteht Anselm die Welt als Ordnung (*ordo*), in der jedes Geschöpf einen bestimmten Zweck erfüllen soll. Von daher erklärt sich der Inhalt des für Anselms Werk schlechthin zentralen Begriffs Rechtheit (*rectitudo*).

Wahr sind die Dinge, insofern sie *recht* sind, und das heißt: insofern sie bezogen sind auf die Ursache ihres Daseinszweckes, auf ihren Schöpfer. Kurzum: Die *ontologische* Wahrheit liegt in der *rectitudo* der Dinge. Und die *logische* Wahrheit ist dem entsprechend nichts anderes als das In-Sein der ontologischen Wahrheit (der *rectitudo*) im Denken und Handeln des mit Bewusstsein und Willen ausgestatteten Menschen.

In seinem *Dialog über die Wahrheit* warnt Anselm seinen Schüler vor der Position jener Form von Realismus, der eine vom Denken, Sprechen und Handeln unabhängige Realität supponiert. Denn im Horizont dieser Position – so argumentiert er – lässt sich nicht erklären, wie das Denken das Sein erreichen soll. Unser Denken kann sich selbst nicht transzendieren; es kann nicht die denkunabhängige Wirklichkeit denkunabhängig erreichen. Man würde das selbstkritische Potential der antiken und mittelalterlichen Philosophie verkennen[108], wollte man Platon und Anselm unterstellen, sie wären im Unterschied zu Kant der Illusion aufgesessen, das Sein vom Denken trennen zu können. Nach Anselm liegt die Wahrheit der Dinge nicht in ihrer Unabhängigkeit von unserem Denken, sondern ganz im Gegenteil in ihrem Gedachtsein durch Gott, welches sich in unserem Denken insofern und insoweit abbildet, als wir die uns begegnende Wirklichkeit auf ihren Ursprung beziehen.

Auf den Schultern der augustinischen Trinitätslehre[109] beschreibt Anselm den menschlichen Geist (*mens*) in der Dreigestalt von Erinnerungsvermögen (*memoria*), Verstand (*intelligentia*) und Liebe (*amor*) als Abbild (*imago vel speculum*) des göttlichen Geistes. Weil alles Wirkliche von Gott gedacht, ausgesagt und gewollt ist, erreicht der Mensch die Wirklichkeit der Dinge, wenn er in seinem Geist dem Gottesbezug (der *rectitudo*) der von ihm gedachten, ausgesagten oder gewollten Schöpfung entspricht.

„Anselm steht in der Tradition von Platons *Kratylos* und Augustins *De magistro*[110], wenn er betont, daß alles zeichenhafte Sprechen und Denken ver-

---

108 Vgl. F. von Kutschera, Die falsche Objektivität, 271–283; H. Putnam, Vernunft, 73f.

109 „Haec igitur trinitas mentis non propterea dei est imago quia sui meminit mens et intelligit ac diligit se, sed quia potest etiam meminisse et intelligere et amare a quo facta est. Quod cum facit sapiens ipsa fit. Si autem non facit, etiam cum sui meminit seque intelligit ac diligit, stulta est. Meminerit itaque dei sui *ad* cuius *imaginem* facta est eumque intellegat atque diligat" (Augustinus, De Trinitate XIV,12,15 [= CCL L/A,442f]). – Zum Vergleich mit Augustinus folgende drei Zitate aus Anselms *Monologion*: „Amat ergo seipsum summus spiritus, sicut sui meminit et se intelligit" (Monologion XLIX; Opera Omnia I, 64, 23–24). – „Quod amor idem sic sit increatus et creator sicut pater et filius, et tamen ipse cum illis non tres, sed unus increatus et unus creator; et quod idem possit dici spiritus patris et filii" (Monologion LVII; Opera Omnia I, 68, 11–13). – „Omnino autem cogitare non potest rationali creaturae naturaliter esse datum aliquid tam praecipuum tamque simile summae sapientiae, quam hoc quia potest reminisci et intelligere et amare quid, quod optimum et maximum est omnium" (Monologion LXVII; Opera Omnia I, 78, 7–10).

110 „Wie Platon im ‚Kratylos' besteht Augustinus auf einem nicht durch Zeichen vermittelten, laut- und schriftlosen Wissen von den Dingen, aufgrund dessen wir die Zeichen verstehen lernen – und nicht aufgrund der Zeichen die Dinge. Wenn Augustinus in ‚De doctrina christiana' schließlich doch einräumt, daß ‚die Dinge durch Zeichen gelernt werden', so setzt dies jene apriorische Kenntnis des Bezeichneten (*rerum significatarum cognitio*), durch die wir allererst in der Lage sind, ihre Bedeutung zu erfassen, voraus. Es ist nach Augustinus die Anwesenheit des göttlichen Wortes im endlichen Geist, die es uns gestattet, den Sinn des Zeichens zu verstehen, weil das Bezeichnete selbst durch dieses Wort zu sein empfing. Dieses göttliche Wort ist ‚Christus, von dem es heißt, daß er im Innern des Menschen wohnt, die unwandelbare Kraft Gottes und immerwährende Weisheit'" (B. Goebel, Rectitudo, 108).

geblich bliebe und niemals auf ein Ding verweisen könnte, wenn im Geiste des Menschen die ‚natürlichen Wörter' nicht schon vorhanden wären, damit sie ihm das Wesen der Dinge erschließen. [...] Das begriffliche Denken der menschlichen Vernunft [...] erfaßt das Wesen der Wirklichkeit, weil es auf die absolute göttliche Vernunft verweist, den Inbegriff aller apriorischen Wahrheiten und das Prinzip aller Wirklichkeit."[111] Kurzum: Kriterium der *logischen Wahrheit* ist die Ordnung der Schöpfung bzw. die *ontologische Wahrheit*; und die ontologische Wahrheit gründet in der dreieinen göttlichen Wahrheit.

Wenn Anselm betont, dass die Wahrheit des Denkens nicht in den Dingen, sondern im Denken selbst liege, erklärt er keineswegs – wie Kurt Flasch behauptet[112] – die *mens humana* zum letzten Wahrheitskriterium. Das menschliche Denken bringt die Wahrheit nicht aus sich hervor; im Gegenteil, die Wahrheit ist die Rechtheit des Denkens. Also liegt sie nur insofern *im* Denken, als sie dessen Verwiesenheit auf die Bedingung der eigenen Möglichkeit ist. Anders gesagt: Der Grund aller Wahrheit, das göttliche Wort, ist dem Erinnerungsvermögen (*memoria*), der Vernunft (*ratio*) und den Begriffen (*verba naturalia*) des Verstandes (*intellectus*) in dem Maße immanent, in dem der erkennende Mensch (*mens humana*) auf seinen Schöpfer bezogen ist (*rectitudo*) und also seine Gottebenbildlichkeit freilegt.

b) Eine direkte Proportionalität von Theonomie und Autonomie

Die Ideen bzw. Begriffe bilden aus der Sicht Anselms wie Augustins keine zweite Welt neben der Welt der sinnlichen Wahrnehmung, sondern sie beschreiben die Bezogenheit der empirisch wahrgenommenen Dinge auf ihren Grund, auf Gott. Sie erscheinen in den Dingen und sind doch nicht mit den Dingen identisch, weil sie die Differenz zwischen dem Sein und dem Sollen der Dinge und also ein Sollen oder Müssen (*debere*) bezeichnen.

Das Verbum *debere* bedeutet in Anselms Werk keineswegs eine von außen an die Schöpfung gerichtete Aufforderung, sondern die ontologische Wahrheit alles Seienden. Jedes Seiende ist in dem Maße es selbst, als es dem in sein Innerstes gesenkten Sollen – nämlich seiner Bezogenheit auf den Schöpfer – entspricht. Im Blick auf den Menschen darf man deshalb sagen: Er entspricht in dem Maße sich selbst, als er Gott entspricht; seine Bezogenheit auf den Schöpfer ist zugleich die Realisierung seiner Selbstbestimmung

---

111 B. Goebel, Rectitudo, 94 f.
112 Vgl. K. Flasch, Begriff der Wahrheit.

(Autonomie)[113]. Die sittliche Gutheit des Menschen besteht darin, das ihr durch die natürlichen Vermögen der Erinnerung (*memoria*), des Verstandes (*intelligentia*) und des Willens (*voluntas*) eingeschriebene Bild des dreieinen Gottes zum Ausdruck zu bringen[114]. Die menschliche Natur verwirklicht sich in dem, was sie vor allem anderen wollen soll: sich des höchsten Gutes erinnern, es erkennen und es lieben. Niemand – so Anselm wörtlich – „kann bestreiten, daß das, was das Beste des eigenen Könnens ist, auch Gegenstand des eigenen Wollens sein muß"[115]. Der wesentlich auf Gott bezogene Mensch kann und soll Gott um seiner selbst willen und alle anderen Geschöpfe auf Grund ihrer Gottgewolltheit lieben[116].

---

113 „L'elemento imperativo, il debere, non va concepito come un comando eteronomo e arbitrario, ma come una dimensione ontologica dello stesso ente razionale. [...] In una prospettiva creazionistica questo è, probabilmente, il massimo di autonomia che l'imperativo etico possa avere: ‚la creatura razionale deve impegnare tutto il suo potere e volere a ricordare, comprendere e amare il sommo Bene, da quale sa di aver avuto l'essere'" (I. Sciuto, Monologion, 303).

114 „Indem der Wille des sittlich guten Menschen dem Gesetz seiner Vernunft folgt, das zugleich das Gesetz Gottes ist, bringt er seine Gott-Ebenbildlichkeit durch sein Wollen (*per voluntarium effectum*, wie es im *Monologion* heißt) zum Ausdruck. Damit erweist sich sein Wille aber als ursächlich bedingt und als selbstursächlich zugleich: Ursächlich bedingt ist er als Wille-zum-Glück eines endlichen Wesens, aufgrund seiner Bezogenheit auf ein Objekt des Gefallens. Selbstursächlich ist der durch die Vernunft bestimmte Wille, weil er mit dem Willen Gottes, der Ursache von allem, übereinstimmt; weil der sittlich gute Mensch sich so gewissermaßen zum Mit-Urheber und Nach-Vollzieher der göttlichen Werke macht und weil Gott, der ‚nichts ohne Grund tut', selbst frei und nicht aus Notwendigkeit will, was er will. Dies ist nur deshalb möglich, da das ethische Prinzip bei Anselm sich nicht vom ontologischen unterscheidet" (B. Goebel, Rectitudo, 401).

115 „Consequi itaque videtur quia rationalis creatura nihil tantum debet studere, quam hanc imaginem sibi per naturalem potentiam impressam per voluntarium effectum exprimere. Etenim praeter hoc quia creanti se debet hoc ipsum quod est: hinc quoque quia nil tam praecipuum posse quam reminisci et intelligere et amare summum bonum cognoscitur, nimirum nihil tam praecipue debere velle convincitur. Quis enim neget quaecumque meliora sunt in potestate, ea magis esse debere in voluntate?" (Monologion LXVIII; Opera Omnia I, 78,14–20).

116 „Nihil igitur apertius quam rationalem creaturam ad hoc esse factum; ut summam essentiam amet super omnia bona, sicut ipsa est summum bonum; immo ut nihil amet nisi illam aut propter illam, quia illa est bona per se, et nihil aliud est bonum nisi per illam" (Monologion; Opera Omnia I, 79,1–5).

c) Die Gabe der Freiheit als die Fähigkeit, die eigene *rectitudo* wollen zu können

Da der Mensch das einzige Geschöpf ist, das seine Bezogenheit auf den Schöpfer (*rectitudo*) wollen soll, ist er auch das einzige Geschöpf, das die Bedingung seiner eigenen Gutheit bzw. Glückseligkeit verneinen kann. Die Fähigkeit, die eigene *rectitudo* bejahen zu können, ist *identisch* mit der Gabe der Freiheit. Also folgert Anselm, dass die Verneinung der eigenen *rectitudo* nicht die Realisierung der Freiheit, sondern deren Verlust bedeutet. Denn – so seine Begründung – Gott selbst wäre nicht frei, wenn Freiheit definiert würde als die Fähigkeit, die *rectitudo* bejahen *oder* verneinen zu können[117]. Nein, die Freiheit ist nur *wirklich* im Bejahen ihres Grundes, im Wollen des Willens Gottes.

Anselm verwirft die in der Karolingerzeit aufgekommene Bestimmung der Willensfreiheit als des Vermögens, entweder zu sündigen *oder* nicht zu sündigen, und verankert – ganz Schüler des gegen Pelagius argumentierenden Augustinus[118] – die Selbstursächlichkeit des Willens (*libertas arbitrii*) in der Bezogenheit dieses Willens auf die Bedingung seiner selbst, auf Gott.

d) Die Identität des Strebens nach Glück mit dem Wollen des göttlichen Willens

In einem Punkt allerdings unterscheidet er sich von Augustinus. Während der Kirchenvater den freien Willen des Menschen nach dem Sündenfall bestimmt sieht von der Antinomie zwischen dem Wollen des für ihn selbst Guten (des Glücks) und dem Wollen des an sich Guten (des göttlichen Willens), spricht Anselm auch infralapsarisch von der Identität des Strebens nach Glück mit

---

117 „Quoniam ergo liberum arbitrium divinum et bonorum angelorum peccare non potest, non pertinet ad definitionem libertatis arbitrii ,posse peccare'. Denique nec libertas nec pars libertatis etst potestas peccandi." (De libertate arbitrii I; Opera Omnia I, 208,9–11).

118 Auch wenn in der antimanichäischen Frühschrift Augustins mit dem Titel *De libero arbitrio* von den beiden Fähigkeiten, zu sündigen und nicht zu sündigen, gesprochen wird, unterscheidet der Kirchenvater nicht erst in seinen antipelagianischen Streitschriften zwischen der Wahlfreiheit (*liberum arbitrium*) und der eigentlichen Freiheit (*vera libertas*). „daß Anselm zwischen *liberum arbitrium* und *libertas arbitrii* streng unterscheidet, ist um so bemerkenswerter, als bereits die karolingischen Theologen – offenbar auch in diesem Falle, weil sie beim Studium der Werke Augustins den unterschiedlichen Sprachgebrauch des Kirchenvaters und seiner pelagianischen Gegner nicht hinlänglich beachteten – dazu übergehen, die beiden Ausdrücke synonym zu verwenden" (B. Goebel, Rectitudo, 319).

dem Wollen des höchsten Gutes. Es ist „für Anselm völlig undenkbar, daß der Mensch gegen sein wahres Glück sittlich gut sein soll. Gott zu lieben heißt für den Menschen immer auch, sein wahres Selbst zu lieben, und damit auch sein Glück. […] In Anselms Augen ist es […] eines: die ‚Rechtheit des Willens' um seiner (der Rechtheit) selbst willen zu wollen, und im Hinblick auf seine wahre Glückseligkeit. Denn die wahre Glückseligkeit (*vera beatitudo*) besteht für den Menschen gerade in der Gemeinschaft mit Gott als dem Inbegriff aller Rechtheit"[119]. In den *Confessiones* gibt Augustinus Rechenschaft von der am eigenen Leibe verifizierten Erfahrung, dass sein Wille sich jeweils für das entscheide, was ihn mehr erfreue. Also bittet er Gott, ihn mehr Freude an der Enthaltsamkeit empfinden zu lassen als an dem Ausleben seines Triebes. Er ist überzeugt, dass die Freude an dem sittlich Guten reine Gnade und die Freude des Genießens Ausweis des Gegenteils ist. Dass er nicht kann, was er soll, gründet – davon ist er überzeugt – in der Struktur seines Willens als eines Willens zum Glück. Dieser Wille gilt ihm als eine Art Begehren (*concupiscentia*), das immer auf das je größere Vergnügen ausgerichtet ist. Ich kann mir – so denkt Augustinus – nur *wünschen*, ein sittlich guter Mensch zu sein; die Realisierung dieses Wunsches ist mir unmöglich. Das Sittengesetz – so argumentiert Augustinus – „verlangt von mir, daß ich das höchste Gut interesselos wollen soll. Aber mit einem wesentlich selbstischen Willen ausgestattet, kann ich nicht selbstlos, sondern kann bestenfalls interessiert wollen, daß ich interesselos das höchste Gut will – was so viel heißt wie, daß ich es überhaupt nicht kann"[120].

Anselm hingegen betont in seinem *Dialogus de libertate arbitrii*, dass es kein vom Schöpfer begründetes Sollen gibt ohne das Geschenk des entsprechenden Könnens. Denn man kann einen Menschen, der soll, was er nicht kann, für das, was er faktisch tut, nicht verantwortlich machen. Die ihm gegebene Freiheit, im Unterschied zum Tier all das selbst wollen zu können, was er soll, ist so stark, dass er – wenn andere versuchen, ihn durch die Androhung von Folter und Tod von seiner *rectitudo* abzubringen – immer noch wollen kann, was er soll[121]. Natürlich kann er auch der Versuchung nach-

---

119 B. Goebel, Rectitudo, 456 f.
120 B. Goebel, Rectitudo, 330 f.
121 „Sed nunc quomodo est humanae voluntatis arbitrium hac potestate liberum, cum saepe rectam habens homo voluntatem ipsam rectitudinem invitus cogente tentatione deserat? Nemo illam deserit nisi volendo. Si ergo invitus dicitur nolens, nemo deserit illam invitus. Ligari enim potest homo invitus, quia nolens potest ligari; torqueri potest invitus, quia nolens potest torqueri; occidi potest invitus, quia nolens potest occidi; velle autem non potest invitus, quia velle non potest nolens velle. Nam omnis volens ipsum suum velle vult" (De libertate arbitrii V; Opera Omnia I,214,15–23).

geben. Dann aber tut er das, was er eigentlich nicht will. Der Sünder bindet sich nicht mehr an das, was er immer schon will, sondern er lässt sich binden an das, was er eigentlich nicht will.

e) Folge des Sündenfalls: Die Dissoziation des Strebens nach Glück vom Wollen des göttlichen Willens

Wenn man als den entscheidenden Unterschied der Freiheitslehre Anselms im Vergleich zu der Augustins die Identität des Strebens nach Glück mit dem Wollen des göttlichen Willens bezeichnet, muss man zugleich die Untrennbarkeit des *Dialogus de libertate arbitrii* vom *Dialogus de casu diaboli* beachten. Der Sündenfall hat zur Folge, dass jeder Adamit das, was er für sich selbst will (das Glück), nicht mehr in der Befolgung des göttlichen Willens erkennt. Nach dem Sündenfall handeln die Menschen ausnahmslos gegen das, was sie eigentlich selbst wollen, also gegen ihr Glück. Sie erstreben ihr Heil unabhängig vom Willen Gottes wie durchgebrannte Pferde, die ihr Glück nicht im Gehorsam gegenüber den Anweisungen des Reiters, sondern unabhängig davon suchen[122].

Weil der Schöpfer den Menschen ein für allemal so geschaffen hat, dass er das höchste Gut um seiner selbst willen wollen kann, kann Gott das Geschenk dieses Könnens nicht mehr zurücknehmen. Mit anderen Worten: Anselm unterscheidet sehr genau zwischen dem der menschlichen Natur eingeschriebenen *Vermögen* zur sittlichen Gutheit und der *tatsächlichen Unfähigkeit* des Sünders, aus eigener Kraft das Streben nach Glück mit dem Wollen des höchsten Gutes theoretisch und praktisch zu identifizieren[123]. Er zieht wie so oft zur Veranschaulichung ein Bild heran: Wer in völliger Dunkelheit nichts sieht, muss deshalb nicht blind sein. Sobald ein Licht angezün-

---

122 „Tale est cum dicimus: absentia gubernaculi impellit navem in scopulos; aut: absentia freni facit equum discurrere; quod non est aliud quam: si gubernaculum adesset navi et frenum equo, nec venti navem impellerent nec equus discurreret" (De casu diaboli XXVI; Opera Omnia I,274,19–22).

123 „Während alles Sein und alles Gute immer von Gott stammen, hat der Mensch von sich nur das Böse und das Nicht-Sein. Der gute Wille ist uns ursprünglich immer von Gott gegeben, und jede guteTat wird erst durch Gottes Gnade möglich; nur den bösen Willen und die bösen Taten geben wir uns selber. Je strenggenommen geht nur das Böse [die Verneinung als solche] des bösen Willens und der bösen Taten ursprünglich auf uns selbst zurück; denn insofern der Willensakt und die Tat des Sünders überhaupt Bestand haben, als Willensakt nämlich und als Tat, insofern haben allerdings auch sie Anteil am absoluten Sein Gottes und sind sie Gottes Werk" (B. Goebel, Rectitudo, 477).

det wird, kann er sehen. Ähnlich ist es mit dem Vermögen der Vernunft, das unbedingte Sollen der Rechtheit erkennen zu können; und mit dem Vermögen des Willens, die Rechtheit bewahren zu können[124]. Doch der Vergleich hinkt. Denn während ein Mensch, der nichts sieht, von sich aus ins Licht treten oder ein Licht anzünden kann, ist der sittlich schlechte Mensch außer Stande, von sich aus sein grundsätzlich vorhandenes Vermögen zur sittlichen Gutheit bzw. Rechtheit zu aktuieren.

f) Gefangen von den Konsequenzen der augustinischen Prädestinationslehre

Um den geschilderten Konsequenzen der augustinischen Prädestinationslehre zu entgehen, nennt Anselm nicht erst die aktuierte *rectitudo*, sondern schon das Vermögen zu ihr *Freiheit*. Es geht ihm in seinem *Dialogus de concordia praescientiae et praedestinationis et gratiae Dei cum libero arbitrio* um die Vereinbarkeit des augustinischen *sola gratia* mit der besagten Selbstverant-wortlichkeit auch der Nachkommen Adams. Aber bei Licht besehen erfüllt das bloße Vermögen zur *rectitudo* keine der Bedingungen, die von der philo-sophischen Tradition mit dem Phänomen wahrer Freiheit verbunden werden. Denn – so resümiert Bernd Goebel – „unter Freiheit des Willens verstand man entweder (I) die sittliche Gutheit und Gott-Ähnlichkeit des menschlichen Willens bzw. seine Autonomie als vernünftige Selbstbestimmung oder (II) dessen Selbstursächlichkeit, bisweilen auch (III) die Freiheit dieses Willens vom Zwang äußerer Umstände"[125].

Das von Anselm Freiheit genannte Vermögen zur sittlichen Gutheit ist ebenso wenig Freiheit wie die Fähigkeit zum Gewinn eines Lotteriegewinns der Lotteriegewinn ist. Kein Nachkomme Adams kann auf Grund seines Vermögens zur sittlichen Gutheit sittlich gut sein ohne jene ungeschuldete Gnade, die den einen geschenkt und den anderen vorenthalten wird. Auch Anselm löst die entscheidende Frage der augustinischen Gnadenlehre nicht, warum der kleinere Teil der Menschheit das Geschenk der sittlichen Gutheit erhält und der größere Teil es nicht erhält. Anselm – ansonsten um keine Ant-

---

124 „Si igitur absente re quae videri possit, in tenebris positi et clausos sive ligatos oculos habentes, quantum ad nos pertinet, videndi quamlibet visibilem rem pote-statem habemus: quid prohibet nos habere potestatem servandi rectitudinem voluntatis propter ipsam rectitudinem, etiam ipsa absente rectitudine, quamdiu et ratio in nobis est qua eam valemus cognoscere, et voluntas qua illam tenere pos-sumus?" (De libertate arbitrii IV; Opera Omnia I,214,2–7).

125 B. Goebel, Rectitudo, 487 f.

wort der Vernunft auf die Fragen des Glaubens verlegen – verweist auf den unendlichen Abstand zwischen der Logik Gottes und der Logik menschlicher Gerechtigkeit[126].

g) Gefangen von den Konsequenzen der augustinischen Trennung der Gnadenlehre von der Christologie

Vor dem Hintergrund der ganz und gar von Augustinus bestimmten Gnaden- und Prädestinationslehre Anselms darf man mit guten Gründen bezweifeln, dass der Vater der Scholastik das Christusgeschehen selbst mit der Gnade identifiziert habe. Wie Bernd Goebel detailliert nachweist, betont Anselm in derselben Weise wie Augustinus, dass alle Erziehung, alle Ermahnung durch Beispiel und Predigt, alle von außen kommenden Gebote und Worte nichts nützen, wenn Gott nicht durch seine Gnade die von der Sünde verursachte Dissoziation zwischen dem Streben nach Glück und dem Wollen des Guten heilt[127]. Mit anderen Worten: Anselm affirmiert die von Augustinus vorge- gebene Trennung zwischen dem Christusereignis und der Rechtfertigung des Sünders.

Mit Recht hat die jüngere Forschung betont, dass Anselm selbst nie die ihm unterstellte These vertreten hat, der göttliche Vater verlange zur Be- friedigung seiner auf der Äquivalenz von Sünde und Sühne bestehenden Gerechtigkeit das Kreuzesopfer des eigenen Sohnes. Nein, in Anselms be- rühmtem Dialog über den Grund der Menschwerdung (*Cur Deus homo*) geht es nicht um die Ehre des durch die Sünde beleidigten Vaters, sondern um die Wiederherstellung der Satisfaktionsfähigkeit (Ehre) des Sünders[128]. Im Christusereignis ist ebenso wie im Ereignis der Adamssünde etwas gesche- hen, was für alle Menschen aller Zeiten Bedeutung hat. Weil der göttliche Sohn auf die Seite Adams getreten ist, konnte Adam – hier Synonym für die *massa damnata* aller Sünder – selbst dem Vater ein Lösegeld für seine Schuld zahlen. Seitdem erfährt jeder Adamit, der Jesus als den Christus glaubt, seine Rückkehr in das Rechtsein (*rectitudo*). Doch nicht Christus, nicht die Ver-

---

126 „Et hoc est forsitan, cur summe iustus potest velle bona malis. Sed si utcumque capi potest, cur de similibus malis hos magis salves quam illos per summam bonitatem, et illos magis damnes quam istos per summam iustitiam" (Proslogion XI; Opera Omnia I,109,20–24).

127 „Das letzte Wort darüber, ob ein Mensch nach dem Hören von Gottes Wort tatsächlich zur sittlichen Gutheit und zum Glauben gebracht wird, spricht jedoch immer Gott. Alle Bemühungen, einen Menschen zur sittlichen Gutheit zu erzie- hen, müssen fehlschlagen, wenn Gott nicht von Ewigkeit beschlossen hat, dessen Willen durch einen Gnadenakt zu revolutionieren" (B. Goebel, Rectitudo, 500).

128 Vgl. G. Greshake, Erlösung und Freiheit.

kündigung Christi in Wort und Sakrament und nicht die Kirche vermitteln die Gemeinschaft mit dem Vater[129], sondern die innerlich wirkende Gnade, deren Angekommensein sich nach außen im Glauben an Christus, im Empfang der Sakramente und in der Zugehörigkeit zur Kirche zeigt.

2. Der Versuch des Thomas von Aquin, in Treue zu Augustinus den Augustinismus zu überwinden

Nicht wegen seiner Originalität, sondern gleichsam als Schulbuch für viele nachfolgende Generationen wurde das vierbändige Sentenzen-Werk des Petrus Lombardus (1095–1160) zu einem wichtigen Bezugspunkt auch der Gnadenlehre des Thomas von Aquin. Lombardus geht es um Systematisierung und begrifflich klare Unterscheidungen. Er hat Augustinus wahrscheinlich nicht im Original gelesen, sondern eine der im Umlauf befindlichen Zitatensammlungen benutzt. Aber ganz im Sinne Augustins spricht er von der Einwohnung des Heiligen Geistes, der den Sünder heilt und zur Gottes- und Nächstenliebe bewegt[130]. Lombardus wörtlich: „Ohne vorausgehende und helfende Gnade reicht der freie Wille nicht aus, um das Heil und die Gerechtigkeit zu erlangen; und die Gnade Gottes kann nicht durch vorausgehende Verdienste herbeigerufen werden."[131]

Mit diesem Zitat werden wir unwillkürlich erinnert an die seit dem 16. Jahrhundert als *Semipelagianer* bezeichneten Mönche, welche Augustinus mit der Frage konfrontierten, ob der Mensch die Initiative zur Erlangung der Gnade ergreifen müsse, könne und solle (*initium fidei*). Aber Petrus Lombardus hat von den provenzalischen Mönchen und den an sie gerichteten Antworten Augustins nichts mehr gewusst. Nur so ist es zu erklären, dass seine Formulierungen mehr Spielraum für Interpretationen bieten als die Spätschriften Augustins.

a) Der thomanische *Sentenzenkommentar* und die *Summa contra gentiles*

Als der junge Thomas von Aquin seinen *Sentenzenkommentar* (*Scriptum super libros Sententiarum Magistri Petri Lombardi*) verfasst (1254–1256), hat auch er die von Augustinus an die Mönche des Klosters Lérins gerichteten

---

129 Dies nicht beachtet zu haben, ist der Grundfehler der von G. Gäde (Eine andere Barmherzigkeit, bes. 277–279) vorgelegten Anselm-Interpretation. Denn Gäde identifiziert Christus mit der Gnade, die jeden Sünder bedingungslos liebt und also das allen Menschen angebotene Heil ist.
130 Petrus Lombardus, Sent. I,17,6.
131 Petrus Lombardus, Sent. I,28,1.

Schriften *De praedestinatione sanctorum* und *De dono perseverantiae* noch nicht gelesen. Deshalb glaubt sich der Sentenzenkommentator durchaus in Einklang mit Augustinus, wenn er wie Alexander von Hales (1185–1245)[132] zwischen ungeschaffener und geschaffener Gnade unterscheidet und die Distinktion zwischen *gratia increata* und *gratia creata* mit dem aristotelischen Materie-Form-Schema erklärt. Nach diesem Schema ist die Gnade die übernatürliche *forma*, welche die *materia* der menschlichen Natur aktuiert. Die vorausgesetzte Materie beschreibt Thomas im Sentenzenkommentar als Vorbereitung (*praeparatio*) und Disponierung (*dispositio*) des menschlichen Willens auf die Gnade. Er geht zu diesem Zeitpunkt davon aus, dass sich jeder Mensch auch nach dem Sündenfall Adams auf die Gnade vorbereiten kann, und dass Gott jedem, der auf diese Weise das Seine tut[133], seine heilig machende Gnade (Rechtfertigungsgnade) nicht vorenthält. Thomas spricht zwar von einer Hilfe Gottes bei der Vorbereitung auf den Empfang der Gnade, hält aber daran fest, dass *praeparatio* und *dispositio* das Vermögen der infralapsarischen Natur nicht überfordern. Der Thomas des Sentenzenkommentars unterscheidet sich von Augustinus, weil er den ersten Schritt zum Glauben (*initium fidei*) nicht dem Wirken der Gnade zuschreibt. Der Aquinate setzt voraus, dass Gott das Heil aller Sünder will, dass aber nur die Sünder, die sich im Sinne der besagten *praeparatio* und *dispositio* nach der Gnade ausstrecken, auch tatsächlich die heilig machende Gnade empfangen[134].

Erst nachdem Thomas die augustinischen Spätschriften und den oben erwähnten *Indiculus Coelestini* gelesen hat[135], lässt sich erklären, warum er im

---

132 Alexander von Hales, Summa theologiae III,61–67.

133 „Facienti quod in se est, Deus non denegat gratiam." (Thomas von Aquin, In II Sent., d.28 q.1 a. 4).

134 Thomas unterscheidet zwischen dem allgemeinen Heilswillen (*voluntas antecedens*) und der Antwort Gottes auf die vom Sünder geleistete Vorbereitung (*voluntas consequens*). G. Kraus (Gnadenlehre, 230 f) spricht im Blick auf den frühen Thomas von einer „bedingten Prädestination" bzw. von einem „Vorauswissen menschlicher Leistungen".

135 „Man wird […] mit der begründeten Annahme rechnen dürfen, daß Thomas von Aquin einen Teil der in seinem Spätwerk zu Tage tretenden neuen Gesichtspunkte – vor allem die Setzung des *instinctus interior* als auf die Rechtfertigung vorbereitender Gnade – einer vertieften Kenntnis der Werke Augustins und der Lektüre kirchlicher Dokumente – vermutlich des *Indiculus* Coelestins – verdankt. Von nun an wird der Aquinate die Notwendigkeit einer inneren Hilfe für die Vorbereitung auf die Rechtfertigung stets fordern. Er gibt fortan dieser Hilfe gern den Namen *instinctus*, vor allem im Zusammenhang mit seiner dogmatischen Glaubenspsychologie, wo dieser Instinkt als einzig notwendiges, ausreichendes und wirksames *inductivum* erscheinen wird" (M. Seckler, Instinkt und Glaubenswille, 98).

dritten Buch seiner während der Jahre 1258 bis 1264 entstandenen *Summa contra gentiles* die frühere Position aufgibt. Jetzt betont er ausdrücklich, dass kein Mensch den ersten Schritt hin zum Glauben (*initium fidei*) selbst tun könne. Nach dem Sündenfall liege es in der Macht keines einzigen Menschen, das Ankommen der Gnade durch seinen Widerstand zu verhindern, geschweige denn positiv zu ermöglichen[136]. Mit anderen Worten: Thomas sieht sich durch Augustinus in die Konsequenzen einer unfehlbar prädestinierenden Gnade gezwungen.

Er hält wie im Sentenzenkommentar, so auch in der *Summa contra gentiles* daran fest, dass Gott das Heil aller Menschen will, betont aber gleichzeitig im Sinne Augustins, dass von den unter dem Gesetz der Sünde stehenden Adamiten nur einige zum Heil erwählt seien[137]. Um die Freiheit des Menschen zu wahren, erklärt er, dass Gott jedes Geschöpf nach seiner spezifischen Art bewege; also den menschlichen Willen im Sinne des Selberwollens und nicht im Sinne des Gezwungenwerdens. Da aber die Bewegung zum Selberwollen (*initium fidei*) von Gott ausgeht, muss man zwangsläufig fragen, warum der Allmächtige nicht bei allen Menschen bewirkt, dass sie selber wollen, was er will. Wer den letzten Abschnitt des dritten Buches der thomanischen *Summa contra gentiles* liest, wird unschwer erkennen: Hier zumindest wird Thomas zum Gefangenen der augustinischen Prädestinationslehre[138].

---

136 „Quod autem dictum est, in potestate liberi arbitrii esse ne impedimentum gratiae praestet, competit his in quibus naturalis potentia integra fuerit. Si autem per inordinationem praecedentem declinaverit ad malum, non erit omnino in potestate eius nullum impedimentum gratiae praestare. Etsi enim, ad aliquod momentum, ab aliquo peccati actu particulari possit abstinere propria potestate: si tamen diu sibi relinquitur, in peccatum cadet, per quod gratiae impedimentum praestatur. Cum enim mens hominis a statu rectitudinis declinaverit, manifestum est quod recessit ab ordine debiti finis" (ScG III, c.160).

137 „Et sicut non omnes caecos illuminat, nec omnes languidos sanat, ut et in illis quos curat, opus virtutis eius appareat, et in aliis ordo naturae servetur; ita non omnes qui gratiam impediunt, auxilio suo praevenit ut avertantur a malo et convertantur ad bonum, sed aliquos, in quibus vult suam misericordiam apparere, ita quod in aliis iustitiae ordo manifestetur." (ScG III, c. 161). – Zum Vergleich: „Cum igitur beatitudo aeterna, in visione Dei consistens, excedat communem statum naturae, et praecipue secundum quod est gratia destituta per corruptionem originalis peccati, pauciores sunt qui salvantur. Et in hoc etiam maxime misericordia Dei apparet, quod aliquos in illam salutem eriget, a qua plurimi deficiunt secundum communem cursum et inclinationem naturae" (Sth I, q.23 a.7 ad 3).

138 H. Hoping spricht in seiner Analyse der *Summa contra gentiles* (Weisheit als Wissen des Ursprungs, 397 f) von einer logischen Unvereinbarkeit zwischen dem Heilsuniversalismus, von dem Thomas ausgeht, und seiner Rede von „der Aus-

b) Die thomanische Erklärung der Gnade als *habitus*

Otto Hermann Pesch hat überzeugend begründet, dass man das große Spätwerk des Aquinaten, die während der Jahre 1266–1273 entstandene (aber un-
vollendet gebliebene) *Summa theologiae*, unter anderem als den Versuch des
hl. Thomas verstehen kann, in Treue zu Augustinus den Augustinismus zu
überwinden.

Thomas behandelt das Thema Gnade im zweiten Teil der *Summa theologiae*. Die Gnadenlehre bildet den Abschluss seiner Ausführungen über das
menschliche Handeln. Wo es um die Verhältnisbestimmung zwischen dem
göttlichen Wirken und der Freiheit des Menschen geht, unterscheidet der
Aquinate zwischen den *inneren Prinzipien* und den *äußeren Prinzipien* des
Handelns. Die inneren Prinzipien des Handelns nennt er *habitus* und *virtutes*.
Gemeint sind „dem Menschen innerliche, feste Tätigkeitsvorprägungen, das
heißt Neigungen zu einem bestimmten Handeln"[139].

Der nur mit Anmerkungen ins Deutsche übersetzbare Begriff *habitus*
stammt aus der aristotelischen Tafel der Kategorien bzw. Akzidenzien[140],

---

wahl nur einiger". Letztlich kennt seine Prädestinationslehre „keine Bedingung
außerhalb des göttlichen Willens. Zwar geschieht sie aus Gottes überfließender
Gutheit, da der sündige Mensch auf die Gnade keinen Anspruch hat. Warum Gott
allerdings diese und nicht jene Menschen zum ewigen Heil prädestiniert, dafür
soll es kein anderes Prinzip (ratio) geben können als Gottes reinen Willen, so wie
dieser Wille ebenfalls Prinzip dafür sein soll, da von den Dingen, die Gott aus
dem Nichts erschafft, einige höher stehen als die anderen. Die Prädestination
droht zu einem Willkürakt Gottes zu werden. Allerdings vertritt Thomas nicht die
Theorie einer doppelten Prädestination. Zwar gehört die Verwerfung mit Erwählung und Prädestination zur ewigen Vorsehung Gottes. Doch kennt Thomas keine
Vorherbestimmung zur ewigen Verdammnis, selbst wenn die Verwerfung mehr
besagt als ein göttliches Vorauswissen. Verwerfung meint den Willen Gottes, die
ewige Verdammnis zuzulassen."

139 O. H. Pesch/A. Peters, Einführung, 71.
140 O. H. Pesch erklärt die aristotelische Kategorientafel wie folgt: „Das sind die
    zehn obersten, alles Seiende erfassenden Gattungen des Seins und dementspre-
    chend die zehn umfassenden Aussageweisen und Gesichtspunkte, unter denen
    ein Seiendes in seiner Wirklichkeit zur Sprache gebracht werden kann. Diese
    Theorie geht von der einfachen Beobachtung aus: Ein jedes Ding ist kraft seines
    Wesens es selbst – eine ‚Substanz' –, und außerdem ist es zusätzlich durch Wirk-
    lichkeiten näher bestimmt, die nicht in sich selbst bestehen und wirklich sind,
    sondern allein dadurch, daß sie die Substanz ausgestalten: die ‚Akzidenzien'.
    Machen wir es konkret: Ein Mensch ist durch sein Wesen ein Mensch – eine
    ‚Substanz' von ganz bestimmter, unverwechselbarer Natur. Dieser Mensch er-
    scheint aber als solcher ausschließlich in Wirklichkeitszusammenhängen, die
    nicht einfach mit dem Wesen des Menschen identisch sind und ohne die dennoch

welche eine in sich stehende Wirklichkeit (*substantia*) näher beschreiben. Allerdings ist zu unterscheiden zwischen dem *habitus* der aristotelischen Kategorientafel, der ein von Natur aus gegebenes Gehaben beschreibt, und dem, was Thomas von Aquin *habitus* nennt[141]. Innerhalb der thomanischen Tugendlehre bezeichnet der Begriff *habitus* eine bestimmte Spielart der aristotelischen Kategorie *qualitas* (= Beschaffenheit, z. B. klug, musikalisch, sportlich). Näherhin bezeichnet Thomas als *habitus* eine Beschaffenheit des Menschen, die – obwohl inneres Prinzip eines bestimmten Handelns – dieses Handeln nicht *notwendig* entfaltet, sondern dazu einer weiteren – gewissermaßen ,äußeren' – Ursache bedarf. So ist ein von Natur aus talentierter Pianist gewiss geneigt, gern und häufig Klavier zu spielen; aber er *muss* dies nicht. *Wenn* er spielt, ist dies seine freie Entscheidung bzw. der zu seiner Neigung gleichsam von außen hinzu tretende Grund. Wenn ein begabter Musiker zu einem großen Pianisten wird, verdankt sich sein *habitus* beidem zugleich: der in seiner Natur angelegten Neigung *und* dem keineswegs notwendigen, sondern freien Entschluss des täglichen Übens und Trainierens. Die Frucht

---

niemand dieses Wesen ,Mensch' wahrnehmen könnte. Unser in sich selbst ,substanzhaft' existierender Mensch ist nämlich:

1. *ausgedehnt*, sogar dreidimensional – das ist die Kategorie *quantitas*;
2. von ganz bestimmter *Beschaffenheit*, z. B. weiß oder schwarz, dumm oder klug usw. – das ist die Kategorie *qualitas*;
3. bestimmt durch die *Beziehung* zu einem oder etwas anderem, als Vater zum Beispiel durch die Beziehung zu Tochter und Sohn – das ist die Kategorie der *relatio*;
4. er lebt in einer ganz bestimmten *Zeit* und innerhalb einer bestimmten Zeitspanne – das ist die Kategorie des *quando*;
5. außerdem lebt er an einem ganz bestimmten *Ort* und ist dementsprechend von anderen Orten mehr oder weniger entfernt [...] – das ist die Kategorie des *ubi*;
6. immer in einer ganz bestimmten *Lage*, d. h. *Anordnung seiner Körperteile*, zum Beispiel waagrecht auf das Bett hingestreckt oder aufrecht am Pult – das ist die Kategorie *situs*;
7. in irgendeiner Weise ist er *tätig* – das ist die Kategorie der *actio*;
8. und er ist möglicherweise *Gegenstand der Tätigkeit anderer, erleidend* – das ist die Kategorie der *passio*;
9. schließlich *hat* unser Mensch *etwas an*, zum Beispiel Kleider; zudem ist er vielleicht mit Instrumenten ausgerüstet, mit Waffen bewehrt – das ist die Kategorie des *habitus = Anhaben*.

Zusammen mit der ,Substanz' ergeben also die aufgezählten ,neun Akzidenzien' die heilige Zahl der ,zehn Kategorien'. Es gibt keinen Gegenstand in unserer Erfahrungswelt, der nicht unter diesen zehn Bestimmungen wirklich wäre und von dem daher nicht unter diesen zehn Gesichtspunkten Aussagen zu machen wären." (O. H. Pesch, Thomas von Aquin, 235 f).

141 Vgl. Sth I–II, 51,1–3.

der durch das Üben entfalteten Begabung ist ein *habitus*, der die Finger des Virtuosen quasi-spontan, leicht und lustvoll – mit den Worten des hl. Thomas: *prompte, faciliter et delectabiliter* – über die Tasten gleiten lässt.

Der Schritt von diesem Beispiel aus dem Bereich der Künste in den Bereich der Tugenden ergibt sich wie von selbst. Wer ausdauernd Gerechtigkeit übt, bringt es zur Tugend, zu einem ethischen *habitus*, der das entsprechende Handeln im oben bezeichneten Sinn quasi-spontan, leicht und freudig erscheinen lässt. Thomas unterscheidet insgesamt vierundvierzig Tugenden und teilt diese in verschiedene Gruppen ein, je nach dem, ob der sie bestimmende *habitus* im Willen oder im Intellekt oder in den sinnlichen Triebkräften zu suchen ist[142]. Mit dieser Einteilung verbunden ist auch eine gewisse Wertung. Es gibt Handlungen, die im Handelnden auf einer geradezu unumstößlichen Zurüstung beruhen. So wird kein gesunder Mensch in seinen Denkvollzügen gegen das Prinzip vom ausgeschlossenen Widerspruch verstoßen; und keiner wird das eigene Unglück intendieren. Es gibt aber auch Handlungen, die auf *Zurüstungen* basieren, die vom einzelnen Subjekt mehr oder weniger antrainiert worden sind und deshalb nicht unlösbar mit ihm verbunden bleiben. Ein lediglich durch Übung erworbener *habitus* kann rasch zu einer bloßen *dispositio* mutieren. Daraus folgert Thomas mit Blick auf die Zurüstungen, die Gott dem Menschen gleichsam ‚eingießt‘, dass nur sie *habitus* bzw. *virtutes* im Vollsinn genannt werden können. Zumindest im Vergleich erscheinen ihm die *erworbenen* bzw. auf Einübung beruhenden Tugenden als bloße *dispositiones* im Vergleich zu den *eingegossenen* Tugenden.

Die Tugenden Glaube, Hoffnung und Liebe werden ausschließlich von Gott dem Menschen geschenkt bzw. eingegossen. Sie sind als Zurüstungen zu

---

142 Dazu: E. Schockenhoff, Bonum hominis, 267–281. – „Die Struktur des ethischen habitus, also der Tugend, zeigt sich am anschaulichsten im Bereich der sinnlichen Antriebskräfte. Die Übung in der Mäßigung des Verlangens nach Alkoholgenuß etwa erzeugt die Tugend der Nüchternheit, die Übung in der Bezwingung des Jähzorns die Tugend der Sanftmut usw. Aber auch im Bereich geistiger Tätigkeitsvermögen ist es ähnlich. Die Übung in dem Willen, unbedingt jedem Menschen das ‚Seine‘ zukommen zu lassen, bewirkt die Tugend der Gerechtigkeit, die Übung des Intellektes in der situationsgerechten Anwendung der ethischen Gebote bewirkt die Tugend der Klugheit. Beim Intellekt ist allerdings zu beachten, daß nicht jeder habitus eine Tugend sein muß. Entscheidend ist, ob eine intellektuelle Betätigung auf ethische Ziele bezogen ist. Oder mit den Worten der angeführten zweiten mittelalterlichen Definition der Tugend: ob eine intellektuelle Tätigkeit ‚mißbraucht‘ werden kann. [...] Die Klugheit – im mittelalterlichen Verständnis – kann man nicht mißbrauchen, oder sie wäre nicht mehr Klugheit. Darum ist die ‚Wissenschaft‘ (scientia) zwar ein intellektueller habitus, aber keine Tugend. Die Klugheit dagegen ist ein intellektueller habitus und eine intellektuelle Tugend" (O. H. Pesch, Thomas von Aquin, 238 f).

beschreiben, die das Handeln des Glaubens, Hoffens und Liebens ermöglichen, und zwar mindestens so spontan, so leicht und freudig wie z. B. ein Klaviervirtuose die Tasten seines Instrumentes beherrscht. Das muss für den in der aristotelischen Denkform geschulten Denker so sein. Denn andernfalls würde Gott „den Menschen dort, wo es um seine eigentliche und höchste Berufung geht, vergleichsweise schlechter stellen [...] als in den Bereichen seines Lebens, die er mit den übrigen Geschöpfen gemeinsam hat"[143].

Aus diesen Vorbemerkungen ergeben sich als Eckpfeiler der thomanischen Gnadenlehre die folgenden Punkte:

1. Thomas verwendet in seiner Tugendlehre einen anderen *habitus*-Begriff als Aristoteles in seiner Kategorientafel. Denn in der thomanischen Tugendlehre bezeichnet dieser Begriff eine Spielart der Kategorie *qualitas*, näherhin eine Beschaffenheit, die – obwohl inneres (angeborenes oder eingegossenes) Prinzip eines bestimmten Handelns – auch auf einem von außen kommenden Grund beruht.

2. Das Leben aus der Gnade bzw. die praktizierten Tugenden des Glaubens, der Hoffnung und der Liebe werden von Thomas nicht deshalb als *habitus* bzw. *qualitates* beschrieben, weil er – was viele Kommentatoren fälschlich vermutet haben – die Gnade wie einen dinglich fassbaren Besitz versteht, sondern um sicherzustellen, dass das Leben aus der Gnade mindestens ebenso spontan, leicht und freudig sein kann wie das Leben aus den Anlagen der Natur.

3. Die Gnade – das betont Thomas mit aller wünschenswerten Deutlichkeit – ist *nicht* identisch mit den eingegossenen Tugenden. Thomas unterscheidet zwar die Gnade vom Gesetz mit dem Hinweis, dass letzteres nur äußeres, die Gnade aber zugleich äußeres und inneres Handlungsprinzip sei. Bei diesem Vergleich aber ist zu beachten, dass die Gnade nicht identisch wird mit den inneren Prinzipien des Glaubens, der Hoffnung und der Liebe, sondern diese Tugenden ermöglicht. „Auf eine Formel gebracht: Die Gnade ist äußeres Handlungsprinzip, das innerlich wird; die Tugend ist innerliches Prinzip, das der innerlich gewordenen äußerlichen Gnade entspringt. Darum ist die Tugend *nur* innerliches Prinzip, die Gnade dagegen innerliches und äußerliches Prinzip zugleich. Und das Gesetz ist *nur* äußerliches Prinzip – es sei denn, es werde dem Menschen so innerlich, dass es, Unterweisung und Kraft zugleich, dem Menschen zur inneren Spontaneität selbst wird. Von genau dieser Art ist nach Thomas das ‚neue Gesetz des Evangeliums'[144].

---

143 O. H. Pesch, Thomas von Aquin, 242.
144 Thomas stellt die quaestiones über das ‚neue Gesetz des Evangeliums' (Sth I–II, 106–108) in die Mitte zwischen seine Ausführungen über das Gesetz im allgemeinen (STh I–II,90–105) und über die Gnade (STh I–II,109–114).

Dieses ist darum nicht nur wesenhaft mit der Gnade verbunden, sondern mit ihr streng identisch [...] und nur noch im ‚analogen' Sinn ‚Gesetz'"[145].

Dieser Befund ist dem bis heute nicht ausgerotteten Verdacht entgegenzuhalten, die thomanische Rezeption des aristotelischen *habitus*-Begriffs sei theologiegeschichtlich betrachtet der entscheidende Schritt hin zu einer entpersonalisierten, verdinglichenden Gnadenlehre gewesen. Das Gegenteil ist richtig: Luther wird Thomas in keiner Weise gerecht, wenn er in ihm den Antipoden der paulinischen und augustinischen Gnadenlehre sieht. Um sich davon zu überzeugen, genügt bereits der folgende Passus aus der quaestio 110 über die Gnade: „Wie die Vermögen der Seele, welche Ausgangsgründe der Werke sind, aus ihrer Wesenheit ausfließen, so fließen auch von der Gnade die Tugenden in die Vermögen der Seele, durch welche die Vermögen zu den Akten veranlaßt werden. In diesem Sinne steht die Gnade im Verhältnis zum Willen wie das Bewegende zum Bewegten; und das entspricht dem Vergleich des Reiters mit dem Pferde, nicht aber dem der außerwesentlichen Bestimmtheit mit ihrem Träger. [...] Die Gnade ist nämlich Ausgangsgrund des verdienstlichen Werkes durch Vermittlung der Tugenden, wie die Wesenheit der Seele Ausgangsgrund der Werke des Lebens ist durch Vermittlung der Vermögen."[146]

c) Die thomanische Erklärung der *natura* als *motio in Deum*

Wie Thomas den aristotelischen *habitus*-Begriff nicht einfach aufgenommen, sondern im Blick auf das Phänomen der Gnade verändert hat, so verfährt er auch mit dem aristotelischen Begriff *physis* bzw. *natura*.

Allgemein formuliert bezeichnet Aristoteles mit diesem Begriff über die statische Beschaffenheit hinaus das innere Prinzip der Entwicklung eines Seienden bzw. den inneren Grund seines Wirkens und Erleidens. Man könnte auch sagen, der aristotelische Naturbegriff bezeichne den jedem Seienden innewohnenden Bauplan bzw. die bestimmende Norm seines Wirkens. Was dieser Norm widerspricht, ist ‚wider die Natur'. Daraus folgt für den Menschen, dass er gegen seine eigene Natur handelt, wenn er die in diese Natur gelegte Norm (das ethische ‚Soll') verletzt.

---

145 O. H. Pesch/ A. Peters, Einführung, 73.

146 „Ad primum ergo dicendum quod, sicut ab essentia animae effluunt eius potentiae, quae sunt operum principia; ita etiam ab ipsa gratia effluunt virtutes in potentias animae, per quas potentiae moventur ad actus. Et secundum hoc gratia comparatur ad voluntatem ut movens ad motum, quae est comparatio sessoris ad equum: non sicut accidens ad subiectum. [...] Est enim gratia principium meritorii operis mediantibus virtutibus; sicut essentiae animae est principium operum vitae mediantibus potentiis" (STh I–II,110,4,1).

Auf der Basis dieser Begriffsbestimmung sind die Geschöpfe anders als im Rahmen der platonischen Denkform keine bloßen Erscheinungen oder Abbilder, sondern in gewisser Weise selbstständig und eigenwirksam. Das erklärt die Sympathie des Aquinaten für den aristotelischen Naturbegriff. Aber im Unterschied zu Aristoteles kann Thomas von Gott nicht wie von der letzten Ursache einer Kausalkette, nicht wie von dem Schlussstein eines gotischen Gewölbes mit dem Namen Kosmos sprechen. Für ihn ist Gott der souveräne Herr der Geschichte, der die Welt nicht wie ein Uhrmacher ein Uhrwerk schafft, sondern sich im Sinne des biblischen Bundesgedankens zu seinen Geschöpfen verhält. Es geht um das Verhältnis von Gnade und Natur[147].

Dem großen französischen Theologen Henri Bouillard (1908–1981) kommt das Verdienst zu, die neuthomistische Darstellung des Verhältnisses von Natur und Übernatur bzw. Gnade gründlich hinterfragt und zwischen der thomistischen und der thomanischen Sicht unterschieden zu haben[148]. Zu Unrecht hat man ihm den Vorwurf gemacht, er habe Thomas durch die Brille seiner Blondel-Studien gelesen. Man muss nicht bestreiten, dass Maurice Blondel (1861–1949) ihm die Augen für die Defizienzen der neuthomistischen Gnadenlehre geöffnet hat. Aber diese Feststellung bedeutet keineswegs, dass er Thomas mit Blondel verwechselt hat. Das Gegenteil ist richtig, wie nicht zuletzt Max Seckler, der deutsche Übersetzer von Bouillards Blondel-Studien[149], in zwei bedeutenden Thomas-Monographien[150] nachweisen konnte.

Bouillard und Seckler zeigen, wie Thomas den aristotelischen Naturbegriff einzeichnet in die große Bewegung alles Seienden von Gott her (*processio a Deo* bzw. *egressus*) und zu Gott hin (*motio in Deum* bzw. *regressus*); dass also *natura* sein für jedes Seiende so viel bedeutet wie die ihm eigentümliche Art und Weise des Unterwegsseins zu Gott. Jedes Geschöpf ist in demselben Maße von Gott bewegt, als es sich selbst bewegt bzw. seiner ihm immer schon geschenkten Natur entspricht. Nur der mit Verstand und Wille ausgestattete Mensch kann sich zu seiner Natur so oder anders verhalten. Er ist das einzige Geschöpf, das um seine Endlichkeit weiß und deshalb das Gegenteil des Endlichen, nämlich das Unendliche, denken muss. Mit

---

147 Dazu: H. Rondet, Nature et surnaturel; J. Auer, Wirken der Gnade, 219–255; J. Auer, Wandel des Begriffes „supernaturalis"; J. Alfaro, Lo natural y lo sobrenatural; ders., Natur und Gnade; K. Rahner, Natur und Gnade; ders., Verhältnis; J. Auer, Evangelium der Gnade, 184–194; H. Mühlen, Gnadenlehre, bes. 163–174.

148 Vgl. H. Bouillard, Conversion et grace.

149 H. Bouillard, Blondel und das Christentum.

150 M. Seckler, Instinkt und Glaubenswille; ders., Heil in der Geschichte.

anderen Worten: Er weiß um seine Verwiesenheit auf etwas, was die Grenzen seiner Natur sprengt[151]. Und da er sich selbst nicht geben kann, wonach er sich notwendig ausstreckt, ist er entweder das absurdeste aller Geschöpfe oder Adressat eines Gottes, der ihn in seine Gemeinschaft, in die Teilhabe am ewigen Leben, ja in seine Freundschaft erheben will[152].

Im Lichte der christlichen Offenbarung erscheint die Natur des Menschen keineswegs als in sich abgerundete Wirklichkeit, sondern als Gerufensein in eine Seinsweise, die ihre eigenen Möglichkeiten unendlich übersteigt. Wenn aber das Geschenk der göttlichen Gnade keine an sich für die Natur des Menschen entbehrliche Zugabe, sondern das ist, wonach sich die Natur immer schon ausstreckt, dann verbietet sich die neuthomistische Konstruktion einer *natura pura* und die neuthomistische Rede von einer mittleren Gnade zur Vermittlung von Natur und Übernatur[153]. Wie Henri Bouillard und Max Seckler detailliert bewiesen haben[154], meint Thomas selbst in den Passagen seines Sentenzenkommentars, wo er – wie oben dargelegt – von einer Hilfe Gottes zur Vorbereitung auf den Empfang der heilig machenden Gnade spricht, kein ‚Mittleres' zwischen Natur und Übernatur. Denn „die ‚Hilfe' Gottes ist nichts anderes als die transzendentale Bewegung der Kreatur zum Guten durch Gott. Das *auxilium*, das Gott dem Menschen zur Vorbereitung auf die Gnade gewährt, ist kein aktueller Impuls [...], sondern jene Bewegung Gottes, die dem Menschen die innere Dimension der Rückkehr erstellt"[155].

---

151 Thomas geht davon aus, dass alles Geschaffene gut ist. Die Gutheit des Geschöpfes aber – so erklärt er – liegt in der Erfüllung dessen, was sein Telos bzw. seine Bestimmung ist. Ein Tier kann nie aus seiner Bestimmung herausfallen, denn es ist ein in seiner Endlichkeit immer schon vollendetes Wesen – eben ein vollendetes Endliches im Unterschied zu dem unvollendeten Endlichen, das der Mensch ist. Denn der Wille des Menschen ist, obwohl er ein endliches Seiendes wie das Tier ist, nicht durch ein bonum particulare, sondern durch das universale bonorum principium bestimmt. Demnach ergibt sich: Der Mensch ist ein Seiendes solchen Wesens, dass, wenn sein Wesen vollendet wäre, es nicht mehr wäre, was es jetzt ist. Vgl. dazu: B. Welte, Möglichkeit des Bösen.

152 Vgl. dazu: H. Dörnemann, Freundschaft, bes. 170–185.

153 Auch wenn Thomas in diesem Zusammenhang das Wort *supernaturalis* gebraucht, darf man das neuthomistische Vorstellungsmodell von den zwei Stockwerken der Natur und Übernatur nicht auf Thomas selbst projizieren. Dazu ausführlich: O. H. Pesch, Theologie der Rechtfertigung, 516–526; ders., Das Gesetz, 619–629.

154 Vgl. H. Bouillard, Conversion et grace, 59–67.216–219; M. Seckler, Instinkt und Glaubenswille, 174–197.

155 M. Seckler, Instinkt und Glaubenswille, 178.

d) Schöpfung und Geschichte als ‚Orte' der Gnade

Im Blick auf die Gesamtkomposition der *Summa theologiae* wird deutlich, dass Thomas Schöpfung und Geschichte insgesamt als Ausdruck einer von Gott ausgehenden Bewegung betrachtet. Große Thomasforscher wie Marie-Dominique Chenu, Max Seckler und Otto Hermann Pesch sprechen einerseits von der thomanischen Rezeption des neuplatonischen Egress-Regress-Schemas[156], zugleich aber von der Vereinbarkeit dieses Schemas mit dem biblischen Schöpfungs- und Bundesgedanken, also mit wirklicher Freiheit und geschichtlicher Kontingenz. Helmut Hoping schließt sich dieser Sichtweise mit dem Hinweis an, dass schon die *Summa contra gentiles* im Prinzip genauso konzipiert sei wie die *Summa theologiae*[157]. Hier ist nicht der Ort für eine Darstellung oder gar Bewertung der weit verzweigten Diskussion über Baupläne[158]. Deshalb setzen wir im Folgenden die gut begründeten Positionen von Chenu, Seckler und Pesch als zutreffend voraus[159].

Thomas gliedert sein großes Spätwerk in drei Teile: *De Deo* (Teil I); *De motu rationalis creaturae in Deum* (Teil II); *De Christo, qui secundum quod homo, via est nobis tendendi in Deum* (Teil III). Der erste Teil beantwortet die Frage nach dem Woher alles Seienden und handelt deshalb von Gott, dem Schöpfer, dem Schöpfungsakt (*de processione creaturarum a Deo*) und vom Bildcharakter alles Seienden. In aristotelischer Begrifflichkeit könnte man sagen: Der erste Teil ist der Wirkursache (der Schöpfung und Erhaltung alles Seienden) und der zweite der Zielursache (der Bestimmung alles Seienden und insbesondere des mit Vernunft und Willen begabten Menschen) gewidmet. Der erste Teil ist der Metaphysik (der Frage nach der *arche* alles Seienden), der zweite der Ethik (der Frage nach dem *telos* alles Seienden)

---

156 Über den Einfluss des von Proklos stammenden, im Mittelalter aber Aristoteles zugeschriebenen Liber de causis auf Thomas: M. Seckler, Heil in der Geschichte, 63–65.

157 Vgl. H. Hoping, Weisheit, bes. 353 f.

158 Eine grundsätzliche Infragestellung der bisher fast einhellig vertretenen Deutung des dreiteiligen Aufbaus der *Summa theologiae* (exitus der Kreaturen aus Gott; reditus der Kreaturen zu Gott; Christus als Weg der Rückkehr) bedeutet die Freiburger Habilitationsschrift von W. Metz (Architektonik). Metz verwirft die These der ‚heilsgeschichtlichen Erklärung' und orientiert die Komposition der *Summa* an der aristotelischen Trias *theoria – praxis – poiesis*. Zu den vielen Gründen, die man gegen diese These anführen kann, vgl. die zu der Arbeit von Metz publizierte Rezension von O. H. Pesch in: ThRev 97 (2001) 60–63.

159 Vgl. M. D. Chenu, Le plan; M. Seckler, Heil in der Geschichte; O. H. Pesch, Plan der Summa.

gewidmet[160]. Im Unterschied zu Marie-Dominique Chenu betont Max Seck-ler, dass Thomas die Bewegung von Gott her (*egressus*) und auf Gott hin (*re-gressus*) nicht erst im dritten Teil der *Summa* mit Christus identifiziert, son-dern schon in den einführenden Passagen seines großen Werkes[161]. Wenn die der Gnadenlehre gewidmeten quaestiones im zweiten und die eigentliche Christologie bzw. Soteriologie im dritten Teil der *Summa* verortet werden, dann darf man daraus keine Trennung der Gnadenlehre von der Christologie folgern. Im Gegenteil: „Für Thomas ist auch im allgemeinen Gnadentraktat die Gnade immer Gnade Christi"[162]. Otto Hermann Pesch zeigt ebenfalls, wie oft Thomas schon innerhalb der ersten beiden Teile der *Summa* von Christus spricht, ja dass alle zentralen Themen des *egressus a Deo* und des *regressus ad Deum* christologisch geprägt sind[163]. Von daher antwortet er auf die Frage

---

160 M. Seckler (Heil in der Geschichte, 37) sieht bei Thomas die Verhältnisbestim-mungen von Theorie und Praxis, Erkennen und Handeln, Dogma und Moral durch das Egress (Teil I) – Regress (Teil II) – Schema bestimmt.

161 „Quia igitur principalis intentio huius sacrae doctrinae est Dei cognitionem tradere, et non solum secundum quod in se est, sed etiam secundum quod est principium rerum et finis earum et specialiter rationalis creaturae, ut ex dictis est manifestum, ad huius doctrinae expositionem intendentes, primo tractabismus de Deo; secundo. de motu rationalis creaturae in Deum; tertio, de Christo, qui, secundum quod homo, via est nobis tendendi in Deum" (STh I,2, prooem.). – „Perficitur etiam per hoc [incarnationem] quodammodo totius operis divini universitas, dum homo, qui est ultimo creatus, circulo quodam in suum redit principium, ipsi rerum principio per opus incarnationis unitus" (Comp. theol., 201).

162 M. Seckler, Heil in der Geschichte, 39 f.

163 „a) Am Beginn der theologischen Synthese wird Christus ausdrücklich einge-führt als der ,Weg', auf dem der *reditus* der Kreatur verläuft – das ist die deut-liche Anweisung, bei der Lektüre der Iª und IIª Pars den Inhalt der IIIª Pars stets mitzudenken. – b) Die Abhandlung über Sendung und Einwohnung der gött-lichen Personen redet von der sichtbaren Sendung des Sohnes und von der Grün-dung der Kirche durch die sichtbare Sendung des Geistes [vgl. STh I,43,7]. – c) Erst durch die eschatologische Begegnung mit Christus wird der Mensch die Vorzüge des Urstandes wiedererlangen [vgl. STh I,97,1,3]. – d) Die Leugnung der Erbsünde muß den Glauben an die Erlösung in Christus unsinnig machen [vgl. STh I–II,81,3]. – e) Christus ist das Ziel des Alten Gesetzes [vgl. STh I–II,91,5,2; 98,1–6; 99,6; 101,2–4]. – f) Christus ist Urheber und Lehrer des Neuen Gesetzes [vgl. STh I–II,106–108]. – g) Christus ist Grund der Recht-fertigung des Sünders [vgl. STh I–II,113,4,3]. – h) Der Glaube an die Inkarnation ist heilsnotwendig für alle Menschen aller Zeiten [vgl. STh II–II,2,7–8]. – i) Schon Adam und ebenso die Frommen des Alten Bundes haben an Chris-tus geglaubt, nicht nur implizit, sondern explizit [vgl. STh II–II,2,7]. – k) Die durch Christus eröffnete Heilszeit ist die Zeit der Kirche und als solche die letzte

nach dem Proprium des dritten Teils der *Summa*: „Der Plan der I[a] und II[a] Pars zeichnet den Plan einer nicht-faktischen, gleichwohl christusbezogen gedachten Heilsgeschichte einer nicht-faktischen, nämlich sündelos verbliebenen Schöpfung und sucht die faktische Heilsgeschichte gedanklich darauf zu reduzieren. […] Der Plan von I[a] und II[a] Pars formuliert die Grundbewegungsrichtung von Heilsgeschichte überhaupt, die stets eine christusbezogene Grundbewegungsrichtung ist, welchen besonderen konkreten Verlauf und Sinn sie auch sonst immer haben mag"[164]. Mit anderen Worten: In den ersten beiden Teilen der *Summa* wird die Grundbewegung der Heilsgeschichte im Sinne der Formel ‚Von Gott durch die Welt zu Gott in Christus' beschrieben, wohingegen der dritte Teil das *concretissimum* des Weges beschreibt, der Christus ist: ‚Von Gott durch die Welt zu Gott in Christus, *dem Gekreuzigten*'.

Durch die Einzeichnung der faktischen Heilsgeschichte in das Egress-Regress-Schema macht Thomas deutlich, dass die Kontingenz der geschichtlichen Fakten dem Wirken Gottes in Welt und Geschichte nicht widerspricht[165]. Doch die Vereinbarkeit eines Geschichtsdenkens, das wirkliche Freiheit, Unableitbarkeit und Kontingenz kennt, mit dem Egress-Regress-Schema war für Thomas nur um den Preis erheblicher Korrekturen des neuplatonischen Vorbilds zu haben. Bei Plotin und Proklos beruht das Entstehen des Vielen (*egressus*) nicht auf einem Schöpfungsakt, sondern ist Ausdruck eines Abfalls, also etwas Nicht-sein-Sollendes. Wenn man nach dem Zeitbegriff Plotins fragt, wird man unschwer feststellen, dass *egressus* und *regressus* für ihn nicht zwei aufeinander folgende Phasen eines chronologisch messbaren Prozesses, sondern so etwas wie die Pole eines immer währenden Geschehens sind. Thomas dagegen spricht von einem realen Anfang alles

---

Zeit vor dem Weltgericht [vgl. STh I–II,112,1]. – Die Ia und IIa Pars hat demnach bereits das Heil nicht nur allgemein, sondern in seiner christlichen und gar kirchlichen Konkretisierung im Blick – mit Einschluß der Sündenvergebung" (O. H. Pesch, Plan der Summa, 131f).

164 O. H. Pesch, Plan der Summa, 133.

165 „Gemäß dem, was dem zeitlichen Geschehen in seinem ewigen Urbild ‚vorgezeichnet' ist, kann es sich nur vollenden, indem es sich zum Kreis schließt: *universum perficitur in coniunctione ultimi ad principium primum*. Diese Anlage zur Vollendung, oder, um es in heutiger Sprache zu sagen, die Offenheit des zeitlichen Prozesses für eine Heilsgeschichte, ist in der Grammatik des Kreises vorgegeben. Die teleologische Ordnung des zeitlichen Prozesses (*ordo ad finem*), seine eschatologische Orientiertheit, ist in der Schöpfung bereits grundgelegt. Sie spezifiziert sich nach dem Sündenfall in der Weise, daß das *Heil* in der Geschichte zur *Heilung* der Geschichte (*reparatio, restauratio*) wird: zu einer die erste Anlage noch überbietenden ‚Wiederherstellung' und Realisation der vorgezeichneten Verknüpfung" (M. Seckler, Heil in der Geschichte, 91).

Seienden (Schöpfung) und benennt damit die Voraussetzung für das Denken von etwas Nicht-Notwendigem, die grundlegende Bedingung der Möglichkeit wirklicher (nicht nur scheinbarer!) Geschichte[166]. Für ihn sind *egressus* und *regressus* nicht die simultanen Pole eines jederzeitlichen Jetzt, sondern chronologisch unterscheidbare Phasen.

Jedwede Immanenz Gottes in der Welt (Gnade) ist aus der Sicht des Aquinaten eine Bewegung zur Rückkehr bzw. Umkehr. Aber diese Bewegung zwingt und erzwingt nicht[167], sondern trägt die Signatur des trinitarischen Gottes, der sich in seinem Sohne als wahrer Mensch dem Nein der Sünde aussetzt und also in der Geschichte – und keineswegs außerhalb oder jenseits der Geschichte – das Ereignis der Gnade ist, die dem Sünder den *regressus ad Deum* ermöglicht. Insofern Christus im Vergleich zu dem in die Schöpfung gelegten Wort, im Vergleich zu dem Gesetz und den Propheten die nicht mehr überbietbare Gestalt der Immanenz Gottes in Welt oder Geschichte ist[168], ist die Annahme der Gnade auch vonseiten der Menschen *ante Christum natum* implizit ein Ja zu Christus[169]. Und dieses Ja trägt ein doppeltes Gesicht: Es ist

---

166 „Es ist in der Tat so, daß die Geschichte christlichen Ursprungs ist. Historisch gesehen bringt das Christentum den neuzeitlichen Prozeß der Vergeschichtlichung in Gang; theologisch gesehen geschieht das dadurch, daß der trinitarische Gottesbegriff das Schöpfungsgeschehen erhellt" (M. Seckler, Heil in der Geschichte, 98).

167 „Die Welt ist, als ganze genommen, dadurch vollkommen, daß ihre Rückkehr nicht ein Naturprozeß ist, sondern frei geleistete Tat. Verstand und Wille des Menschen, das heißt, die geschichtsbegründenden Akte der Freiheit, tragen den Prozeß der Verähnlichung und vollenden die Gestalt dieser Welt" (M. Seckler, Heil in der Geschichte, 101).

168 O. H. Pesch schließt sich der von G. K. Chesterton und von J. Pieper affirmierten Kennzeichnung des Aquinaten als des ‚Thomas a Creatore' mit dem Argument an, dass alle Wirkweisen Gottes in der Welt von Thomas eingezeichnet werden in die Intention des Schöpfungsaktes. „Denn eine genaue Analyse der thomanischen Aussagen zeigt, daß die entscheidende Wirkweise des Heilswerkes und auch des Todesleidens Christi, die alle anderen Wirkweisen (Verdienst, Genugtuung, Erlösung, Opfer) umgreift und trägt und allen Stationen des Heilswerkes, der Inkarnation, dem irdischen Leben, dem Todesleiden, der Auferstehung und noch dem Wirken des erhöhten Herrn zukommt, die Wirkweise des *instrumentum*, des Werkzeugs der Heilsliebe Gottes ist, der in allem Primat und Initiative zukommen. Auch hier bleibt also der Schöpfergott der eigentliche und letzte Akteur, Christus, der Gottmensch, ist und bleibt auch als *redemptor* der ‚Weg', d. h. die Vermittlungsgestalt der ‚Heimkehr', das Werkzeug, nicht weniger, aber auch nicht mehr!" (Plan der Summa, 134).

169 Über „das Heil der Nichtevangelisierten in thomanischer Sicht" vgl. die brillante Analyse von M. Seckler: Instinkt und Glaubenswille, 232–258.

die Annahme der von der Schuld lossprechenden, also rechtfertigenden und heilig machenden Gnade (*gratia gratum faciens*); und es ist die Annahme einer Berufung (*gratia gratis data*), auf je eigene Weise Gnade *sein* zu wollen für die anderen Brüder und Schwestern[170]. Wörtlich bemerkt Thomas: „Weil die Gnade darauf hingeordnet ist, daß der Mensch zu Gott zurückgeführt werde, so geschieht das in einer gewissen Reihenfolge; so nämlich, daß die einen durch die anderen zu Gott zurückgeführt werden. Unter diesem Gesichtspunkt gibt es zweierlei Gnade; eine Art von Gnade, durch die der Mensch selbst mit Gott verbunden wird, nämlich die ‚heilig machende Gnade‘; und eine andere Art von Gnade, wodurch ein Mensch mit einem anderen mitwirkt, damit er zu Gott zurückgeführt werde. Letztere Art heißt ‚freigewährte Gnade‘, weil diese dem Menschen […] nicht dazu gegeben wird, daß er selbst durch sie gerechtfertigt werde, sondern damit er durch sie zur Rechtfertigung des anderen mitwirken kann“[171].

---

170 In seiner ausgezeichneten Habilitationsschrift über das thomanische Verständnis der gratiae gratis datae verweist M. Scheuer auf die das Gesamtbild der thomanischen Gnadenlehre verfälschenden Interpretationen: „Wird Gnade bei Thomas als schöpferisches Ankommen der Liebe Gottes in der Seele bzw. Ich-Mitte des Menschen verstanden […] oder vorwiegend in der Subjektivität angesiedelt (Maréchal-Schule), so besteht die Gefahr der Verinnerlichung und Individualisierung, wobei nicht mehr deutlich wird, daß Gott sich selbst in Welt, Geschichte und Gemeinschaft mitteilt. Wird die Ekklesiologie von der Gnadenlehre abgekoppelt, so werden die Gnadengaben in ein Niemandsland zwischen der eigentlichen, heiligmachenden Gnade, der gegenüber sie bloß funktional und sekundär sind, und der Kirche, in der sie als außergewöhnlicher Weg gelten, ausgesiedelt. Die konstitutive Bedeutung der communicatio als Mitvollzug und Vermittlung von Gnade kommt dann nicht mehr in den Blick […]. Die Gnadengaben als Dimension der missio bleiben in einem Verhältnis nicht überwundener Äußerlichkeit gegenüber der inneren Begnadung des Menschen durch Gott […]. Zwischen Gnade und Gnadengaben wird ein garstiger Graben aufgerissen. Die kommunikative und sprachliche Vermittlung von Gnade in Geschichte, speziell durch die Menschheit Jesu, wird dann in einem hohen Maß vergleichgültigt. Durch eine Interiorisierung der Gnade verselbständigt sich die Gnade gegenüber Christologie und Ekklesiologie. Gnade wird weltlos und ‚Du-los‘, Welt hingegen gnaden- und freiheitslos“ (Weiter-Gabe, 308 f).

171 „Cum igitur gratia ad hoc ordinetur ut homo reducatur in Deum, ordine quodam hoc agitur, ut scilicet quidam per alios in Deum reducantur. Secundum hoc igitur duplex est gratia. Una quidem per quam ipse homo Deo coniungitur: quae vocatur „gratia gratum faciens“. Alia vero per quam unus homo cooperatur alteri ad hoc quod ad Deum reducatur. Huiusmodi autem donum vocatur ‚gratia gratis data‘ […] quia non datur ad hoc ut homo ipse per eam iustificetur, sed potius ut ad iustificationem alterius cooperetur“ (STh I–II,111,1).

e) Die Identifikation aller Gnade mit Christus

Nicht zufällig richtet sich Thomas gegen jede Form von Geschichtsspekulation, insbesondere gegen die des Joachim von Fiore[172]. Es gibt für ihn kein Zeitalter des Geistes neben dem Zeitalter des Sohnes, sondern der Sohn ist – im Heiligen Geist! – die einzige, endgültige und also unüberholbare Offenbarkeit Gottes in der Geschichte[173]. Deshalb gibt es keine Gemeinschaft mit dem Vater außer durch ihn. Jedwede Gnade ist wesentlich gebunden an das geschichtliche Ereignis *Jesus Christus*. Nachdem Thomas den Montanismus als die Irrlehre derer verworfen hat, die sich an der geschichtlichen Vermittlung Gottes in Christus und in den von ihm bevollmächtigten Aposteln auf den Heiligen Geist berufen, wendet er sich den Vertretern einer Periodisierung der Geschichte zu und bemerkt: „Das Alte Gesetz war nicht nur das Gesetz des Vaters, sondern auch das des Sohnes, weil Christus im Alten Gesetz vorgebildet wurde. Daher sagt der Herr Joh 5,46: ‚Wenn ihr dem Moses glaubtet, würdet ihr auch mir glauben; denn von mir hat er geschrieben.‘ Ebenso ist das Neue Gesetz nicht nur das Gesetz Christi, sondern auch das Gesetz des Heiligen Geistes: ‚Das Gesetz des Geistes des Lebens in Christus Jesus‘ (Röm 8,2). So ist kein anderes Gesetz des Heiligen Geistes mehr zu erwarten“[174].

Dass Gott selbst in Jesus Christus geschichtlich konkret wird, heißt nach Thomas nicht, dass in diesem einen Ereignis die ganze Zukunft vorentschieden ist; im Gegenteil, das Christusereignis ist die Eröffnung wirklicher Geschichte; es bedeutet, dass Gott selbst sich von der geschöpflichen Freiheit des Menschen bestimmen läßt. Wer hingegen die Geschichte in Epochen einteilt, in denen jeder Mensch zum Beleg einer gottgewollten Vorentscheidung mutiert, untergräbt die geschöpfliche Freiheit. Das gilt nach Thomas auch für jene Apokalyptiker, die nicht wahrhaben wollen, dass Gottes Reich nicht mit dem Abbruch irgendeiner Geschichtsepoche kommt, sondern mit

---

172 „Et per hoc etiam excluditur quorumcumque vanitas qui dicerent esse exspectandum aliud tempus, Spiritus Sancti." (STh I–II,106,4,2).

173 „Die Trinität und ihre Werke bilden nicht wie bei Joachim von Fiore und den anderen Vertretern der trinitarischen Geschichtsdeutung drei chronologisch aufeinander folgende Stufen des Weltprozesses, die je einer Person der Trinität zugeeignet sind, sondern die ganze Trinität schafft sich im zeitlichen Prozeß ihr ganzheitliches Abbild." (M. Seckler, Heil in der Geschichte, 103).

174 „Ad tertium dicendum quod lex vetus non solum fuit Patris, sed etiam Filii: quia Christus in veteri lege figurabatur. Unde Dominus dicit, Ioan. 5: „Si crederetis Moysi, crederetis forsitan et mihi: de me enim ille scripsit." Similiter etiam lex nova non solum est Christi, sed etiam Spiritus Sancti; secundum illud Rom 8: „Lex Spiritus vitae in Christo Iesu", etc. Unde non est expectanda alia lex, quae sit Spiritus Sancti." (STh I–II,106,4,3).

jedem Menschen, der Christus anzieht durch sein Glauben, Hoffen und Lieben. Max Seckler bringt die Sache auf den Punkt: „*Die Jetztzeit ist die letzte
Zeit*. Das heißt: Die mit dem Christusereignis eröffnete Zeit und Verfaßtheit
ist in ihrem innersten Wesen eschatologisch; innerhalb dieser Zeit sind die
eschata stets gleich präsent."[175]

Die viel diskutierte Frage, warum Thomas seiner *Summa theologiae* nicht
einen vierten Teil mit dem Titel *Die Zeit der Kirche* angefügt hat, beantwortet sich im Blick auf das skizzierte Geschichtsdenken von selbst. Für den
Aquinaten gibt es keine eigene Zeit der Kirche, sondern jede Zeit ist Zeit der
Kirche, weil jede Zeit – auch die Zeit *ante Christum natum* – die Begegnung
mit der in Christus Person gewordenen Gnade ermöglicht. Gegenüber dem
von Ernst Benz[176] formulierten Vorwurf, Thomas werde mit seiner Ekklesiologie zum Totengräber der Endzeiterwartung, bemerkt Seckler: Das Gegenteil
ist richtig. Denn Thomas fasst die Endzeiterwartung viel schärfer als alle
diejenigen, die auf eine kommende Epoche starren. Für ihn ist das Ende nicht
etwas in irgendeiner Zukunft Hereinbrechendes, sondern „eine Dimension
des Heute"[177]. Christus ist weder das geschichtsimmanent *realisierte*, noch
das geschichtsimmanent zu *realisierende* Ziel der Geschichte, sondern der
Weg[178] zum geschichtstranszendenten Ziel, also „die Eröffnung der Möglichkeit zu wahrer geschichtlicher Existenz"[179].

Weil für Thomas jedwede Gnade inkarnatorisch strukturiert ist, weil es –
mit anderen Worten – keine andere als die in Christus personifizierte Gnade
gibt, deshalb gibt es für ihn auch keine geschichtstranszendente, rein innerliche oder rein private Annahme der Gnade. Die Kirche ist nicht die nachträgliche Zusammenkunft derer, die sich von der heilig machenden Gnade ergreifen ließen, sondern das Kirche-*Sein* des einzelnen Gläubigen *ist* die Art
und Weise der Annahme der Gnade. Anders gesagt: Die *Annahme* trägt
ebenso inkarnatorischen Charakter wie die *Vermittlung* der Gnade[180].

---

175 M. Seckler, Heil in der Geschichte, 223.
176 E. Benz, Joachim-Studien, 114 f.
177 M. Seckler, Heil in der Geschichte, 225.
178 „Wollte man […] der thomanischen Ekklesiologie einen Namen geben, so müßte
   man sie eine *Theologie des Weges* nennen" (M. Seckler, Heil in der Geschichte,
   232). – „Wenn […] die Kirche ein Moment am Evangelium ist, so heißt das gerade, daß sie nicht dessen Erfüllung ist, denn sie ist in eine Bewegung hineingenommen, die keinen innergeschichtlichen Terminus kennt" (ebd. 234).
179 M. Seckler, Heil in der Geschichte, 226 f.
180 Dazu ausführlich: M. Seckler, Heil in der Geschichte, 251–260.

f) Die thomanische Verhältnisbestimmung von *gratia increata* und *gratia creata*

Was Thomas im Unterschied zur *natura corrupta* die *natura integra* nennt, ist strikt zu unterscheiden von dem neuthomistischen Begriff *natura pura*. Nirgendwo traktiert der Aquinate die Frage, ob Gott den Menschen auch ohne das Geschenk der Gnade seiner reinen Natur hätte überlassen können. Nirgendwo beteiligt er sich an einer solchen Possibilientheologie, die vom konkreten bzw. faktischen Verlauf der Heilsgeschichte abstrahiert. Wenn er von einer *natura integra* spricht, dann meint er den faktischen Zustand des Menschen vor dem Sündenfall. Zu diesem Zeitpunkt war die Natur des Menschen so unversehrt, dass sie das, was ihr gemäß ist, den oben geschilderten *regressus in Deum*, leicht und unbeschwert realisieren konnte. Aber auch für den Menschen vor dem Sündenfall gilt aus der Sicht des Aquinaten: Seine ihm von Gott geschenkte Natur, seine Fähigkeit, selbst wollen zu können, was er sein soll, ist nicht identisch mit der Gnade. Denn Thomas unterscheidet sehr genau zwischen der *communis dilectio*, die allen Geschöpfen und mithin auch dem Menschen ihre Natur schenkt, und der *specialis dilectio*, „in der Gott sich selbst aus ewiger Liebe dem Menschen zur Gemeinschaft gibt"[181].

Weil alle Menschen nach dem Sündenfall auch das nicht mehr realisieren können, was ihnen durch ihre Natur als Sollen eingeschrieben ist, trägt die Gnade infralapsarisch den doppelten Charakter der Heilung und der Befähigung zur Gemeinschaft mit Gott. Dabei ist zu beachten, dass die ‚eingegossenen Tugenden' als von Gott dem Menschen über seine natürliche Ausstattung zusätzlich geschenkte Tätigkeitsvorprägungen bzw. Tüchtigkeiten von Thomas zwar als *gratia creata* bezeichnet werden, deshalb aber keineswegs identisch sind mit der Liebe Gottes selbst. Denn die eigentliche Gnade (*gratia increata*) „ist gerade *nicht* ein Geschöpf, das, von Gott ins Sein gesetzt, sein eigenes Selbstsein hätte. ‚*Die* Gnade' ist ein Verhalten, ein Verhältnis Gottes zum Menschen, das, weil *Gottes* Verhalten, nicht ohne eine reale Auswirkung im Geschöpf gedacht werden kann und *insofern* dem Menschen innerlich wird – ansonsten aber ‚äußeres Prinzip' bleibt, eben jene ‚besondere Liebe', in der Gott sich selbst dem Menschen schenkt und die identisch ist mit der göttlichen Vorherbestimmung."[182]

---

181 O. H. Pesch, Einführung, 84.
182 O. H. Pesch, Einführung, 85.

3. Der reformatorische Protest: Rechtfertigungslehre statt Gnadenlehre

Thomas wollte Augustinus gerecht werden und hat deshalb auch den Anstoß (*initium*) zum Glauben, Hoffen und Lieben der Gnade zugeschrieben. Zugleich aber rezipiert er die aristotelische Kategorie *habitus* so, dass das Ankommen der Gnade im Sünder den Menschen zu sich selbst (zu dem, was er von Natur aus immer schon sein soll) befreit. Vielleicht waren die Distinktionen des Aquinaten zu kompliziert, um hinreichend verstanden zu werden. Ganz sicher aber ist seine geniale Verhältnisbestimmung von Gnade und Freiheit durch die Denkweise des Nominalismus verdrängt worden. Im Blick auf Luther, der auf Grund seiner nominalistischen Erziehung die besagte *habitus*-Lehre missverstehen musste, stellt sich wie von selbst die Frage, ob es zur Kirchenspaltung gekommen wäre, wenn der Reformator Thomas so gründlich wie Augustinus studiert hätte.

a) Eine Konsequenz des Augustinismus: Die Unterscheidung des Johannes Duns Scotus zwischen der *potentia Dei absoluta* und der *potentia Dei ordinata*

Wenn man die Denkform des Reformators Martin Luther (1483–1546)[183] verstehen will, empfiehlt sich ein wenigstens kurzer Blick auf den Theologen, der wie kein anderer das Ende des Hochmittelalters bezeichnet: auf Johannes Duns Scotus (1266–1308)[184]. Dessen so genannte *Akzeptations*theorie gründet in dem Axiom: ,Nihil creatum formaliter est a Deo *acceptandum* – nichts Geschaffenes als solches nötigt Gott zur *Annahme*'. In diesem Motto kommt unmittelbar der beherrschende Grundzug des skotischen wie überhaupt des spätscholastischen Gottesbildes zum Ausdruck: die Betonung der Freiheit Gottes von der Bindung an seine Schöpfung. Genauer formuliert: Es gibt kein Geschöpf, keine geschaffene Wirklichkeit, die in sich selbst den Grund hätte, warum Gott sie *annehmen* bzw. *akzeptieren* müsste. Der Mensch hat keine Eigenschaft und kein Werk aufzuweisen, worauf Gott aus Gründen der Gerechtigkeit mit dem ewigen Heil antworten *müsste*.

Von dieser Feststellung aus gesehen ist es nur noch ein Gedankenschritt hin zu der possibilientheologischen Frage: Ist es möglich, dass Gott – weil ja durch keine geschöpfliche Wirklichkeit genötigt – einen Menschen, der im Stande der heilig machenden Gnade ist, verwerfen kann? Oder ist es möglich, dass Gott einen Menschen, der nicht im Stande der heilig machenden Gnade

---

183 Das Kürzel WA bezeichnet im Folgenden die Bände und Seiten der Weimarer Ausgabe von Luthers Gesamtwerk.
184 Dazu: W. Dettloff, Lehre von der acceptatio divina, bes. 201–229.

ist, dennoch akzeptiert? Grundsätzlich – so führt Duns Scotus aus – kann Gott alles; aber man muss unterscheiden zwischen der *potentia Dei absoluta* und der *potentia Dei ordinata*. Nicht notwendig, wohl aber faktisch – so betont der von Johannes Paul II. selig gesprochene und in der Kölner Minoritenkirche beigesetzte Theologe – hat Gott sich an die Ordnung gebunden, dass er nur den Menschen, der im Stande der heilig machenden Gnade ist, akzeptiert. An sich könnte Gott auch anders (*potentia Dei absoluta*); de facto aber bindet er sich selbst an die von ihm gewollte Ordnung (*potentia Dei ordinata*).

Duns Scotus und seine Anhänger, die Skotisten, geben dem für die thomanische Gnadenlehre schlechthin zentralen Terminus *habitus* eine neue Bedeutung. Aus ihrer Sicht nämlich bezeichnet dieser Begriff nicht mehr den konkreten Modus des Ankommens Gottes im Menschen, sondern eine Größe zwischen Gott und Mensch und also eine Größe, die schnell in den Verdacht pelagianischer Tendenzen geraten kann. Wenn man fragt, wann Gott einen Menschen akzeptiert, und dann antwortet, dass er de facto nur einen Menschen akzeptiert, der im Stande der heilig machenden Gnade ist, dann schleicht sich fast automatisch das Missverständnis ein, der Begriff *heilig machende Gnade* bezeichne etwas, was ein Mensch ,hat' (→ *habitus*) oder nicht ,hat'. Duns Scotus betont zwar, Gott könne auf Grund seiner *potentia absoluta* auch ganz anders; deshalb sei die faktische Akzeptanz des im Stande der heilig machenden Gnade befindlichen Menschen keine geschuldete, sondern eine frei gewährte Akzeptanz. Doch dem Bewusstsein der mit solcher Theologie traktierten Zeitgenossen prägt sich nicht die Unterscheidung zwischen *potentia Dei absoluta* und *potentia Dei ordinata* ein, sondern ausschließlich dies: dass Gott nur solche Menschen akzeptiert, die einen bestimmten *habitus* vorweisen. So gesehen ist der *habitus* des Glaubens, Hoffens und Liebens nicht mehr der konkrete Modus des Ankommens der Liebe Gottes im Menschen (vgl. Thomas von Aquin), sondern ein Zustand des Menschen, der nicht Teil des als *acceptatio* beschriebenen Rechtfertigungsgeschehens ist, sondern diesem als Bedingung vorausliegt.

b) Luther als Rezipient und Kritiker des Nominalismus

Wilhelm von Ockham (1286–1349), der als der wirkungsgeschichtlich bedeutendste Repräsentant des Nominalismus gilt, treibt die skotische Unterscheidung zwischen *potentia Dei absoluta* und *potentia Dei ordinata* in ihre logischen Konsequenzen[185]. Denn wenn die Selbstbindung Gottes an eine be-

---

185 Dazu: W. Dettloff, Lehre von der acceptatio divina, bes. 253–290.

stimmte Ordnung nicht im Wesen des Schöpfers selbst gründet[186], sondern bloß ein faktisches Dekret ist, dann wird das von Thomas beschriebene Band zwischen *gratia increata* und *gratia creata* zerrissen; dann kann Gott – wenn er will – auch einen Menschen rechtfertigen bzw. akzeptieren, der jenseits aller Gnade – gleichsam ‚ex puris naturalibus‘ – lebt; dann kann er sogar befehlen, ihn nicht zu lieben oder gar zu hassen und trotzdem diesen Hass als verdienstlichen Akt akzeptieren[187].

Mittlerweile ist zwischen katholisch und protestantisch perspektivierter Forschung nicht mehr umstritten, dass Martin Luther Nominalist war und sich nicht nur in den Zeiten seines Erfurter Studiums, sondern auch in seinen späteren Tischreden zu Wilhelm von Ockham als seinem theologischen Meister bekannt hat[188]. Wie seine Erfurter Lehrer Gabriel Biel, Jodokus Trutfetter und Bartholomäus Arnoldi neigt er zu der nominalistischen These von einer doppelten Wahrheit: der von Gott geoffenbarten und der von der Vernunft konstruierten, der *theologischen* und der *philosophischen*. Und er wettert besonders heftig gegen die Theologen, die sich wie Thomas von Aquin mehr auf den „ranzigen Philosophen" Aristoteles als auf das Wort der Heiligen Schrift verlassen[189]. Besonders die Habituslehre des Aquinaten ist für Luther Stein des Anstoßes. Denn sie ist aus seiner Sicht Ausdruck der

---

186 „Der Wille Gottes ist weder von außen noch von innen her irgendwie gebunden. Gott handelt, wann er will und wie er will. Nicht sein Wesen, nicht seine Liebe und sein Mitteilungsdrang bewegen oder gar nötigen ihn zur Schöpfung. Diese ist seinem reinen Wohlgefallen entsprungen, und er steht ihr in völliger Unabhängigkeit, ja Indifferenz gegenüber. In seinem Handeln ist Gott nur durch das Widerspruchsprinzip gebunden. […] Den Moralgesetzen ist Gott nicht unterworfen, weil diese ja Festsetzung seiner eigenen Willkür sind und er sie beliebig aufheben oder ändern kann. Das Gute ist nicht ein Abbild des göttlichen Wesens, sondern eine Anordnung des göttlichen Willens. Die Vorstellung, daß Gott beim Erlassen seiner Gesetze einer Notwendigkeit seines göttlichen Wesens unterworfen ist, bedeutet für Ockham schon, seine Souveränität einschränken und ihn etwas Höherem unterordnen. Die Sünde besteht ja, wie wir sahen, nicht darin, daß etwas in sich Schlechtes getan wird, sondern daß der Wille etwas Verbotenes tut oder etwas Gebotenes unterläßt. Da aber für Gott keine Gebote bestehen, kann er alles tun, auch das, was für den Menschen Sünde ist. Unzucht und Gottesliebe widersprechen sich nicht in sich, sondern nur ‚per causam extrinsecam, puta per deum ordinantem‘. Gott könnte das Gesetz aufheben und umgekehrt vorschreiben, den betreffenden Menschen zu lieben. Dann vertrüge sich die Tat nicht nur mit der Gottesliebe, sondern wäre sogar verdienstlich" (E. Iserloh, Gnade und Eucharistie, 67 f).
187 Belege in: E. Iserloh, Gnade und Eucharistie, bes. 67–77.
188 Belege in: E. Iserloh, Luthers Stellung, 15 f.
189 Vgl. z. B. WA 9,43.

Hybris eines Menschen, der meint, das, was er ausschließlich der Gnade Gottes verdankt, sei sein Habitus, sein Besitz oder sein Verdienst. Und weil er in diesem Punkt Thomas vor allem kritisiert, kann er in demselben Punkt Ockham besonders loben. Denn – wie oben ausgeführt – lehrt Wilhelm von Ockham, dass Gottes Gnade in keiner Weise an irgendeine Voraussetzung aufseiten des Menschen gebunden ist.

Allerdings erkennt Luther auch, dass ‚sein Meister' diese Position mit Konsequenzen verbindet, die er selbst nicht teilen kann. Denn Ockham folgert aus der Ungebundenheit des göttlichen Willens, dass bestimmte Werke eines Menschen nicht deshalb als gut bezeichnet werden dürfen, weil sie Ausdruck der Ankunft des Heiligen Geistes in ihm sind, sondern nur deshalb, weil Gott sie als solche ansehen bzw. akzeptieren *will*[190]. Luther teilt Ockhams Thesen von der Unabhängigkeit Gottes, möchte sich aber nicht an Spekulationen über die Möglichkeiten beteiligen, die Gott unter Absehung von der faktischen Heilsgeschichte offenstehen. Für ihn ist jede Form von Possibilientheologie überflüssiges Philosophengeschwätz[191].

Wie im Folgenden noch zu zeigen, gelangt Luther zu einer wenigstens partiellen Überwindung des nominalistischen Augustinismus durch eine intensive Augustinus-Lektüre[192]. Dies wird besonders deutlich in seiner programmatischen Abrechnung mit der Scholastik, in der er unterrichtet wurde: in der *Disputation gegen die scholastische Theologie* von 1517[193] und in der *Heidelberger Disputation* von 1518. Die Disputation von 1517 wendet sich in den ersten vier Thesen gegen jede Abschwächung der Autorität des Kirchenvaters Augustinus und gegen die besagte Possibilientheologie. Und die Heidelberger Disputation orientiert jede Rede über das Verhältnis Gottes zum Menschen an der faktischen Heilsgeschichte.

---

190 Wenn man Ockhams Gesamtwerk berücksichtigt, darf man die besagte „Ungebundenheit des göttlichen Willens" geradezu als roten Faden bezeichnen. Deshalb können die von der protestantischen Ockhamforschung (vgl. exemplarisch die Iserloh-Kritik von K. Bannach: Die Lehre, bes. 369–413) unternommenen Versuche nicht recht überzeugen, das, was Ockham über das faktische Handeln Gottes sagt, stärker als seine erkenntnistheoretische Position zu gewichten.

191 „Quocirca mera deliria sunt, quae dicuntur, quod homo ex viribus suis possit Deum diligere super omnia et facere opera praecepti secundum substantiam facti, sed non ad intentionem praecipientis, quia non in gratia. O stulti, o Sautheologen! Sic ergo gratia non fuerat necessaria nisi per novam exactionem ultra legem. Siquidem lex impletur ex nostris viribus, ut dicunt, ergo non necessaria gratia pro impletione legis, sed solum pro impletione novae super legem exactionis a Deo impositae. Quis ferat has sacrilegas opiniones?" (WA 56,274).

192 Partiell bleibt Luther Nominalist, weil er jeden Abbildcharakter der Schöpfung in Bezug auf ihren Schöpfer leugnet und also auch Gottes- und Nächstenliebe trennt.

193 Dazu umfassend: L. Grane, Contra Gabrielem, bes. 9–48.

c) Luthers Turmerlebnis

Würde man Luthers Denkweise nur durch den Vergleich seiner Schriften mit denen des hl. Augustinus oder des Wilhelm von Ockham zu erfassen versuchen, dann würde man ihn lediglich *von außen* verstehen. Denn der Reformator war ebenso wie Augustinus eine Gestalt, deren Denken stets Reflex des persönlichen Erlebens war.

Hier soll und kann nicht erörtert werden, wie weit die Angst vor der Strenge des leiblichen Vaters Luthers Gottesbild beeinflusst hat. Hier kann auch nicht erörtert werden, wie weit die vielen psychologisierenden Lutherbiographien ihre Analysen auf Tatsachen oder Vermutungen stützen. Im Rahmen dieser kleinen Gnadenlehre muss es erlaubt sein, die Aufmerksamkeit auf zwei Ereignisse im Leben des jungen Reformators zu konzentrieren, die in unmittelbarem Zusammenhang mit seiner Rechtfertigungslehre stehen. Gemeint ist das so genannte *Gelübde von Stotternheim* (1505) und das so genannte *Turmerlebnis* (1514).

Martin Luther – aus kleinbürgerlichen Verhältnissen stammend – hatte unter dem Druck seines ehrgeizigen Vaters mit dem Studium der Rechtswissenschaften begonnen. Auf dem Rückweg von einem Heimatbesuch in die Universitätsstadt Erfurt wurde er in Stotternheim von einem in der Nähe eingeschlagenen Blitz zu Boden geworfen und versprach in seiner Todesangst, im Falle seiner Rettung aus dem Unwetter Mönch werden zu wollen. Obwohl der Vater ihn unbedingt von der Einlösung des Gelübdes abhalten wollte, hielt Luther Wort und trat am 17. 7. 1505 in das Kloster der Augustinereremiten von der strengen Observanz in Erfurt ein.

In der späteren Rückschau auf dieses Ereignis und die folgenden Klosterjahre hat Luther selbst zu Protokoll gegeben, wie sehr seine Frömmigkeit von Angst vor der Strenge eines Gottes geprägt war, den er sich im Sinne der Satisfaktionslehre mit den zwei Schalen einer Waage – auf der einen die Sündenschuld, auf der anderen die Taten der Sühne und des Verdienstes – vorstellte. Einige Beispiele aus einer langen Reihe beliebig vermehrbarer Zitate mögen dies belegen:

– Aufschlussreich für Luthers Gottesbild ist, dass er noch 1540 in der Rückschau auf seinen Primiztag erzählt: „Als ich noch ein Mönch war und erstmals im Meßkanon und bei meiner ersten Messe im Kanon die Worte las: ,*Te igitur clementissime pater*': ,Dich also gnädigster Vater' und weiter: ,Wir opfern dir, dem lebendigen, wahren und ewigen Gott', da bin ich völlig starr und entsetzt gewesen ob dieser Worte. Ich dachte nämlich: Wie soll ich eine Majestät von solcher Größe anreden, da schon beim Anblick oder der Unterredung mit einem Fürsten oder König alle verzagen müssen?"[194]

---

194 WA 43,382.

- Aus Angst vor der erschreckenden Majestät eines ganz und gar nicht milden Gottes versucht Martin Luther ein Mönch zu sein, der alle seine Zellengenossen an Eifer übertrifft. In seinen späteren Tischreden erzählt er: „Es ist wahr, ich bin ein frommer Mönch gewesen und habe meinen Orden so streng gehalten, daß ich sagen darf: Ist je ein Mönch in den Himmel gekommen durch Möncherei, so wollt ich auch hineingekommen sein. Das werden mir alle meine Klostergesellen, die mich gekannt haben, bezeugen. Denn ich hätte mich, wenn es noch länger gewährt hätte, zu Tode gemartert mit Wachen, Beten, Lesen und anderer Arbeit"[195].

- Was Luther schließlich zum Bruch mit seinem Dasein als Priester und Mönch treibt, ist die Verzweiflung an dem Graben zwischen Wollen und Können. „Ich habe", so bekennt er, „auch wollen ein heiliger, frommer Mönch sein und habe mich mit großer Andacht zur Messe und zum Gebet bereitet; aber wenn ich am andächtigsten war, so ging ich als Zweifler zum Altar, als Zweifler ging ich wieder davon. Hatte ich mein Beichtgebet gesprochen, so verzweifelte ich abermals. Denn wir waren schlechterdings in dem Wahn, wir könnten nicht beten und würden nicht gehört, wenn wir nicht ganz rein und ohne Sünde wie die Heiligen im Himmel wären"[196].

- Wie einstmals Augustinus, so weiß sich Luther zerrissen zwischen dem, was er eigentlich sein möchte, und dem, was er tatsächlich ist. Resümierend stellt er fest: „Ich bin fünfzehn Jahre lang Mönch gewesen. Trotzdem habe ich mich nie meiner Taufe getröstet, sondern dachte immer, ‚Oh, wann willst du einmal fromm werden und genugtun, daß du einen gnädigen Gott kriegst?' "[197]

Damit ist die Frage benannt, die ihn, den in Wittenberg zum Professor avancierten Mönch, in seinem im Turm gelegenen Studierzimmer zu einer Antwort führt, die ihn – so seine eigene Schilderung – wie ein Blitz trifft. Die Lutherforschung nimmt an, dass dieses Turmerlebnis in die zweite Hälfte seiner Psalmenvorlesung von 1513/14 fällt. Der Reformator selbst erzählt, dass er in seiner Heilsangst wieder einmal Trost in der Heiligen Schrift gesucht habe und bei solcher Suche auf Röm 1,17 getroffen sei. Zunächst habe er sich daran gestoßen, dass Paulus in einem Atemzug von dem Evangelium der Heilszusage und von der Gerechtigkeit Gottes spreche. Dann aber sei die Erkenntnis ihm wie Schuppen von den Augen gefallen, dass der Apostel nicht die Äquivalenzgerechtigkeit des Richters mit den zwei Waagschalen, sondern die geschenkte Gerechtigkeit meine, welche wir in das Wort Gnade fassen. Dies sei für ihn, Luther, wie eine Neugeburt gewesen. Die ganze Heilige

---

195 WA 38,143.
196 WA 22,305f.
197 WA 37,611.

Schrift sei in ein neues Licht getaucht worden. Und sogleich sei ihm klar gewesen, dass er diese wahrhaft befreiende Botschaft allen vermitteln müsse, die noch immer in dem Wahn gefangen seien, sie müssten sich selbst durch ihre Verdienste den *habitus* der Gerechtigkeit erwerben.

Die Erfahrung des Turmerlebnisses hat in Luthers Römerbriefvorlesung von 1515/16 ein bis heute beeindruckendes Zeugnis abgelegt. Das Ziel des ganzen Römerbriefes sieht Luther darin: „zu zerstören, auszurotten und zu vernichten alle Weisheit und Gerechtigkeit des Fleisches, […] wie sehr sie auch von Herzen und aufrichtigen Sinnes geübt werden mag, und einzupflanzen, aufzurichten und großzumachen die Sünde"[198]. Mit dem ‚Großmachen' der Sünde ist natürlich keine Aufforderung zur Sünde gemeint, sondern das Bekenntnis des Sünders zu seiner Sünde. Denn das ist der Part des Sünders im Rechtfertigungsgeschehen: durch das Bekenntnis der Sünde Gott allein die Ehre zu geben. „Denn Gott will uns nicht durch eigene, sondern durch fremde Gerechtigkeit und Weisheit selig machen, durch eine Gerechtigkeit, die nicht aus uns kommt und aus uns erwächst, sondern von anders woher kommt"[199].

Wenn Luther sein Turmerlebnis bzw. die Schlüsselstelle Röm 1,17 mit dem Begriff ‚fremde Gerechtigkeit' erläutert, dann nicht im nominalistischen Sinne einer dem Zustand des Sünders selbst äußerlich bleibenden (rein forensischen) Akzeptation. Allerdings will der Reformator klar unterscheiden zwischen der Vergebung der Sünden (*remissio*) und der Hinwegräumung von deren Folgen (*ablatio*). Die Vergebung bedeutet die Akzeptation des Sünders, obwohl der weiterhin an der Schwäche leidet, die traditionell als Begierlichkeit (*concupiscentia*) beschrieben wird. In Anspielung auf das Gleichnis vom barmherzigen Samariter schildert Luther das Geschenk der Rechtfertigung aus Gnade wie folgt: Christus ist der barmherzige Samariter; mit der Rechtfertigung aus Gnade hat er den Menschen, der sich selbst nicht mehr helfen konnte, „in die Herberge aufgenommen und begonnen, ihn zu heilen, nachdem er ihm völlige Gesundheit zum ewigen Leben zugesagt hat. Er rechnet ihm die Sünde, das heißt die Begierden, nicht zum Tode an, sondern verwehrt ihm nur, inzwischen in der Hoffnung auf die verheißene Gesundheit das zu tun und zu lassen, wodurch jene Genesung aufgehalten und die Sünde, das heißt die böse Begierde, gesteigert werden könnte. Ist er damit vollkommen gerecht? Nein, sondern er ist zugleich ein Sünder und ein Gerechter [*simul*

---

198 „Summarium huius epistolae est destruere et evellere et disperdere omnem sapientiam et iustitiam carnis […], quantumvis ex animo et sinceritate fiant, et plantare ac constituere et magnificare peccatum" (WA 56,157).

199 „Deus enim nos non per domesticam, sed per extraneam iustitiam et sapientiam vult salvare, non quae veniat et nascatur ex nobis, sed quae aliunde veniat in nos" (WA 56,158).

peccator et iustus]. Sünder in Wirklichkeit, aber gerecht kraft der Ansehung und der gewissen Zusage Gottes"[200].

Luther will mit der vieldiskutierten Formel *simul iustus et peccator* ausdrücken, dass die Annahme der von Gott geschenkten Gerechtigkeit der Glaube und nicht die Ersetzung der Tatsünden durch gute Werke ist. Wer glaubt, ist eo ipso ein neuer Mensch (*iustus*); denn er lebt nicht mehr aus dem Vertrauen in das eigene Können, sondern im Vertrauen auf die in Christus offenbar gewordene Gnade. Aber der Glaube ist nicht identisch mit dem Freisein von der Sünde, sondern die Voraussetzung für den lebenslangen Kampf gegen die Sünde[201]. Luther unterscheidet in seiner Römerbriefvorlesung zwischen der von außen zugesprochenen bzw. geschenkten Gerechtigkeit (*gratia*)[202], die im Glauben angenommen wird, und der inneren Gerechtigkeit (*donum*)[203], die so etwas wie die Frucht des guten Baumes ist. In seiner 1521 veröffentlichten Schrift *Wider den Löwener Theologen Latomus* bekennt Luther: „Wir glauben, daß die Vergebung aller Sünden geschehen ist ohne Zweifel, aber wir haben täglich zu tun und warten darauf, daß auch geschehe die Vernichtung aller Sünden und ihre vollständige Ausräumung. Und diejenigen, die daran arbeiten, die tun gute Werke"[204].

---

200 „Eodem modo Samaritanus noster Christus hominem semivivum aegrotum suum curandum suscepit in stabulum et incepit sanare promissa perfecta sanitate in vitam aeternam et non imputans peccatum i. e. concupiscentias ad mortem, sed prohibens interim in spe promissae sanitatis facere et omittere, quibus sanitas illa impediatur et pecctatum i. e. concupiscentia augeatur. Nunquid ergo perfecte iustus? Non, sed simul peccator et iustus; peccator re vera, sed iustus ex reputatione et promissione Dei certa" (WA 56, 272).

201 „Quocirca qui ad confessionem accedit, non putet se onera deponere, ut quietus vivat, sed sciat, quod onere deposito aggreditur militiam Dei et aliud onus subit pro Deo contra diabolum et vita sua domestica" (WA 56,350).

202 „Sed iustitia scripturae magis pendet ab imputatione Dei quam ab esse rei. Ille enim habet iustitiam, non qui qualitatem solam habet, immo ille peccator est omnino et iniustus, sed quem Deus propter confessionem iniustitiae suae et implorationem iustitiae Dei misericorditer reputet et voluit iustum apud se haberi" (WA 56,287).

203 „Gratiam et donum, quasi differant, Apostolus copulat, sed hoc ideo facit, ut formam futuri, quam dixit, clare ostendat, scilicet quia licet ex Deo iustificemur et gratiam accipiamus, eam tamen gratiam non merito nostro accipimus, sed est donum, quod Christo dedit pater hominibus dare, secundum illud Eph 4.: ,ascendens in altum captivam duxit captivitatem, dedit dona hominibus'" (WA 56,318).

204 „Credimus enim remissionem peccatorum omnium factam absque dubio, sed agimus quottidie et expectamus, ut fiat etiam omnium peccatorum abolitio et omnimoda evacuatio. Et ii, qui in hoc laborant, faciunt bona opera." (WA 8,96).

d) Grundzüge der lutherischen Rechtfertigungslehre

Luthers Ausführungen über die Sünde lassen mit aller Deutlichkeit erkennen, dass er im Rückgriff auf seinen Ordensvater Augustinus den zeitgenössischen Nominalismus überwindet. Dies gilt nicht nur auf dem Felde seiner Erbsündenlehre[205], sondern besonders dort, wo er die Sünde mit der Gnade konfrontiert. Mit Vehemenz wendet er sich gegen die These, an sich brauche der Mensch die Gnade nicht, um Gottes Gebote zu erfüllen; er brauche die Gnade nur, weil Gott dies de facto so festgesetzt habe. Gegen diese Reduzierung der Beziehung Gottes zum Menschen auf eine bloß äußere Anklage oder eine bloß äußere Akzeptation betont der Reformator ganz im Sinne Augustins, dass die Sünde den Menschen selbst verdirbt und dass deshalb die verzeihende Gnade mit der Beseitigung der Sündenfolgen verbunden sein muss. Luther spricht von der *wurzelhaften Sünde*, die durch die Kreuzigung der Natur so ähnlich ausgebrannt werden muss wie dies ein Arzt mit einer von Eiter zerfressenen Stelle des Körpers tut[206].

Weil die Sünde nicht nur die Beziehung zu Gott (äußeres Übel), sondern auch die Natur des Menschen (inneres Übel) zerstört, spricht Luther von den zwei Übeln des Gesetzes und den zwei Gütern der Gnade[207]. Die ‚zwei Übel des Gesetzes‘ sind der Zorn Gottes gegen den Sünder und die Unfähigkeit, seinem Anspruch gerecht zu werden. Und die ‚zwei Güter des Evangeliums‘ sind die Gnade (*gratia*) der Vergebung und die Gabe (*donum*), aus dem Glauben an die Gnade statt aus der Angst vor dem Gesetz zu leben. In der Verbindung von *gratia* und *donum* ist Luther ganz und gar getreuer Schüler des hl. Augustinus. Anders verhält es sich mit der klar ausgesprochenen Wertung, die er zwischen *gratia* und *donum* vornimmt; er schreibt: „Wie der Zorn ein

---

205 Mit Paulus und Augustinus nennt Luther nicht nur den Verlust der ursprünglichen Gerechtigkeit, sondern auch die bloße Begierlichkeit Sünde. O. H. Pesch (Theologie der Rechtfertigung, 109–122) hat detailliert erwiesen, dass in der Sache zwischen Luther und dem Tridentinum kaum ein Unterschied besteht. Denn das Konzil lehrt zwar, dass die Taufe alles wegnimmt, was „das wirkliche und eigentliche Wesen der Sünde ausmacht" (DH 1515). Aber es gibt zugleich zu, dass Paulus die Konkupiszenz Sünde nennt – allerdings mit der Zusatzbemerkung, die Konkupiszenz sei nicht Sünde im Vollsinn, weil dazu die Einwilligung des Sünders gehöre. Dahinter verbirgt sich die aristotelisch inspirierte Unterscheidung zwischen dem, was materialiter und dem, was auch formaliter Sünde ist. Luther übernimmt diese Unterscheidung nicht, verwendet aber eine sachlich verwandte (WA 8,96), wenn er zwischen peccatum regnatum bzw. beherrschter Sünde (Konkupiszenz) und peccatum regnans bzw. herrschender Sünde (zu der auch die freie Einwilligung gehört) differenziert.

206 Vgl. WA 8,91–93.

207 Vgl. WA 8,106.

größeres Übel ist als die Verderbnis der Sünde, so ist die Gnade ein größeres Gut als die Gesundheit der Gerechtigkeit"[208]. Dieser Satz Luthers könnte wohl eher bei Ockham oder Biel als bei Augustinus abgeschrieben sein. Wenn wir wählen müssten zwischen der Gnade (*gratia*) und der ‚Gesundheit der Gerechtigkeit' (*donum*), dann müssten wir selbstverständlich auf die Gesundheit der Gerechtigkeit verzichten und die Gnade wählen, weil sie allein das ewige Leben (die Gemeinschaft mit Gott) schenkt. Aber Luther fügt hinzu, dass dies nur eine theoretische Alternative sei[209]. Ausdrücklich spricht er von der Mitwirkung der Gerechtfertigten mit der empfangenen Gabe[210] – dies allerdings nicht im Sinne einer Ergänzung des göttlichen Wirkens, also nicht im Sinne eines Synergismus, sondern im Sinne eines Handelns aus dem Glauben an die von Gott geschenkte Gnade der Rechtfertigung. Mit anderen Worten: Wer die Liebe, die ohne Berechnung vergibt, glauben kann, der ist schon ein anderer Mensch und wird folglich alles, was dem Leben aus dem Glauben widerspricht, überwinden wollen.

Luther konstruiert hier einen fiktiven Gegensatz zwischen dem Glauben einerseits und der Hoffnung und der Liebe andererseits. Allein der Glaube ist aus seiner Sicht ein reines Empfangen; Hoffnung und Liebe aber sind dem Glauben folgende Betätigungen des Menschen. Unter dieser Voraussetzung kann er die thomanische Formel *fides caritate formata* nur missverstehen[211]. In ihr sieht er die von Ockham und Biel tatsächlich vertretene, Thomas aber fälschlich untergeschobene Lehre ausgedrückt, Glaube, Hoffnung und Liebe seien so etwas wie erworbene Qualitäten, die Gott – wenn auch nicht notwendig, so doch faktisch – mit seiner Gnade als Eintrittskarte in den Himmel

---

208 „Proinde sicut ira maius malum est, quam corruptio peccati, ita gratia maius bonum, quam sanitas iustitiae, quam ex fide esse diximus. Nemo (enim si posset fieri) non mallet carere sanitate iustitiae, quam gratia dei. Nam remissio peccatorum et pax proprie tribuitur gratiae dei, sed fidei tribuitur sanitas corruptionis" (WA 8,106).

209 „Iustus et fidelis absque dubio habet gratiam et donum: gratiam, quae eum totum gratificet, ut persona prorsus accepta sit, et nullus irae locus in eo sit amplius, donum vero, quod eum sanet a peccato et tota corruptione sua animi et corporis" (WA 8,107).

210 „Ita nos in regnum fidei vocati per baptismi gratiam, regnum peccati obtinemus, cesis omnibus viribus eius, tantum in membris reliquiae manent, remurmurantes et generis deleti sui ingenium et naturam referentes, quas nostro marte abolere debemus, fiet autem, ubi David noster confortato regno sederit in sede maiestatis suae" (WA 8,89).

211 Luther bezeichnet die thomanische Formel *fides caritate formata* zeitlebens (z. B. in der Römerbriefvorlesung WA 56,337; aber auch noch in seinem erst zwischen 1531 und 1535 entstandenen Großen Galaterkommentar in WA 40/I, 167.239.422) als *maledictum vocabulum*.

anerkenne. Damit die rechtfertigende Gnade in keiner Weise an irgendeine Bedingung aufseiten des Empfängers gebunden wird, unterstreicht der Reformator immer wieder, dass der Glaube die Form der Liebe – und nicht umgekehrt: die Liebe die Form des Glaubens – sei. Dennoch darf man mit guten Gründen vermuten[212], dass Thomas von Aquin mit der Formel *fides caritate formata* genau denselben Akt gemeint hat, den Luther als das Empfangen der Rechtfertigung beschreibt. Denn der Aquinate grenzt den *eigentlichen* Glauben ausdrücklich ab von dem Glauben, der *nur* ein Akt des Erkennens und Anerkennens ist, und kennzeichnet den wahren Glauben als den Akt, mit dem der Mensch Gott nicht nur etwas, sondern sich selbst (seine ganze Liebe / *caritas*) überlässt.

Die Aporien der lutherischen Rechtfertigungslehre werden überall da deutlich, wo der Reformator von der Unfähigkeit des Sünders spricht, der ihn ergreifenden Gnade zuzustimmen. Denn ähnlich wie Augustinus lehrt Luther in seiner berühmt gewordenen Schrift *De servo arbitrio* von 1525, dass der Sünder nur noch sündigen kann. Logisch müsste man aus dieser Position folgern, dass die rechtfertigende Gnade ein ausschließliches Handeln Gottes am Sünder ohne diesen selbst oder gar gegen dessen Widerstand ist. Und in der Tat lassen sich viele Formulierungen bei Luther finden, die Augustins Prädestinationslehre affirmieren[213]. Bezeichnend ist in diesem Zusammenhang Luthers Bild vom menschlichen Willen als Reittier Gottes oder als Reittier Satans[214]. Doch in einer Zusammenschau der Schrift *De servo arbitrio* mit allen anderen Werken Luthers[215] muss man dieses Bild relativieren. Würde Luther eine doppelte Prädestination lehren und von der rechtfertigenden Gnade behaupten, dass sie die Sünder, die von ihr ergriffen werden, unfehlbar zum Heil führt, dann wären die oben erwähnten Ausführungen des Reformators zu dem Axiom *simul iustus et peccator* bzw. zum Zusammenhang von *gratia* und *donum* in sich widersprüchlich. Die Intention Luthers ist eindeutig: Er will wie Augustinus die Freiheit des Menschen mit seiner Hingabe an den göttlichen Willen identifizieren, ohne ihm eine Entscheidung für oder gegen diese Hingabe zu konzedieren. Außerhalb der Hingabe an den göttlichen Willen – kurz: außerhalb des Glaubens – ist der Mensch Sklave der Sünde, gänzlich unfrei und also auch außer Stande, sich selbst aus dem Sklavenzustand zu befreien. Innerhalb der Hingabe an den göttlichen Willen bzw. im Vollzug des Glaubens aber ist er frei, weil er selber es ist, der glaubt. Die

---

212 Vgl. P. Manns, Fides absoluta, 270 f; E. Iserloh, Luthers Stellung, 24 f; O. H. Pesch, Theologie der Rechtfertigung, 308.

213 Dazu: O. H. Pesch, Theologie der Rechtfertigung, 382–393.

214 Zur Herkunft und Geschichte dieses Bildes: H. McSorley, Luthers Lehre, 309–313.

215 Vorbildlich durchgeführt von: W. Behnk, Contra liberum arbitrium.

meisten Lutherforscher sprechen in diesem Zusammenhang von dem Paradox, dass der Mensch in dem Maße er selbst ist, in dem er außerhalb seiner selbst ist. Aus heutiger Sicht allerdings ist dieses Paradoxon fragwürdig geworden. Was im 16. Jahrhundert noch verzeihlich war, ist nach Ansicht z. B. des Münsteraner Philosophen Klaus Müller im 20. Jahrhundert Ausweis mangelnder Bereitschaft der Theologie, sich auf die Anfragen von außen einzulassen. Er wirft auf katholischer Seite Karl Rahner und auf protestantischer Seite Wolfhart Pannenberg vor, mit der Formel, *das Beim-Anderen(Gott)-Sein sei identisch mit dem Bei-sich-Sein*, die Herausforderungen der neuzeitlichen Subjekt- bzw. Autonomieproblematik verdrängt zu haben. Resümierend bemerkt er: „Zwei – wohl *die* zwei – theologischen Ansätze der Gegenwart, die am nachhaltigsten das Gespräch und die produktive Auseinandersetzung mit der Moderne wagen, sind daraufhin zu befragen, in welchem Verhältnis sie zum Begriff des Selbstbewußtseins als dem Zentrum neuzeitlichen Denkens stehen, wie sie diesen Begriff rezipieren bzw. selbst konzipieren. Als Ergebnis kann festgehalten werden: Bei Rahner wie bei Pannenberg bleiben fundamentale, ans Mark des jeweiligen Entwurfs gehende theologische Probleme aufgrund des jeweils in Anspruch genommenen Selbstbewußtseinsgedankens unerledigt. [...] Konzepte, die mit der Formel eines ‚Bei-sich-sein(s) als Beim-andern-sein(s)‘ operieren oder von ‚relationale(m) Bei-sich-sein‘ sprechen, versuchen sich, statt aufzuklären, in rhetorischer Verschleierung ihrer Ratlosigkeit"[216].

Doch kehren wir zurück zu Martin Luther: Er hat die ihm selbst evidente Erfahrung, im Weggang von sich selbst die wahre Identität zu finden, keineswegs als etwas geschildert, was der kritischen Vernunft widerspricht. Allerdings unterscheidet der Reformator sorgfältig zwischen der Vernunft, die sich unter das Kreuz stellt, und jener anderen Vernunft, die im Sinne der von ihm bekämpften Scholastik über Gott verfügen will bzw. ihre Konstruktionen mit der Wirklichkeit verwechselt[217]. In der zweiten Psalmenvorlesung (1519–1521) findet sich das oft zitierte Wort: ‚Crux sola est nostra theologia‘ im Kontext eines Plädoyers für eine Theologie, die nicht mit Begriffen arbeitet, sondern Ausdruck einer gelebten Haltung – konkret: Annahme des Kreuzes im Sinne eines Durchkreuzenlassens des eigenen Denkens und Wollens – ist. In der Auslegung von Ps 9,8 betont der Reformator, dass die Annahme des Kreuzes zwei Seiten hat: nämlich die Kreuzigung bzw. Vernichtung des sündigen Menschen (das uneigentliche Werk Gottes am Sünder bzw. das *opus alienum*) und die Ersetzung des sündigen durch einen neuen Menschen (das eigentliche Werk Gottes am Sünder bzw. sein *opus proprium*).

---

216 K. Müller, Wenn ich „ich" sage, 120.
217 Dazu: K.-H. zur Mühlen, Reformatorische Vernunftkritik, bes. 63–167; ders., Luthers Kritik; O. Bayer, Oratio, Meditatio, Tentatio.

Die 1995 unter dem Titel *Martin Luthers Kreuzestheologie* veröffentlichte Arbeit des katholischen Theologen Hubertus Blaumeiser erklärt die Rede von der *Verborgenheit* (*absconditas*) Gottes im Geschehen des Kreuzes bzw. im Geschehen von Verdammnis und Gericht als das Fehlurteil des Sünders, der noch nicht erkannt hat, dass die Kreuzigung des alten Adam (*opus alienum*) ebenso *Offenbarkeit* Gottes ist wie die Kehrseite der Heilung bzw. Vergött-lichung (*opus proprium*). Blaumeiser schließt sich der finnischen Lutherfor-schung[218] an, die den Rechtfertigungsvorgang einerseits als Vernichtung des sündigen Menschen und andererseits als Wesensveränderung des Menschen (als *Vergöttlichung*) beschreibt[219]. Dass diese Interpretation vonseiten der deutschen Lutherforschung nicht unwidersprochen blieb, zeigt die Rezension von Reinhold Rieger, der von katholischer Vereinnahmung spricht und fol-gendes Fazit zieht:

> „Blaumeiser ist bemüht, ‚das katholische et-et und das lutherische aut-aut nicht einfach Alternativen bleiben' zu lassen, also dem katholischen Sowohl-als-auch die Priorität auch beim Verständnis Luthers zu geben. Dies wirkt sich so aus, daß er bei Luther neben einer Hermeneutik des Gegensatzes und des Paradoxes eine Hermeneutik der Identifikation, der Entsprechung, der Analogie ausmachen zu können glaubt, die sich auf den Aspekt der Gottähnlichkeit des neuen Menschen, seiner Teilhabe an Gott, seiner Vergöttlichung gründet. Deshalb stellt er in Luthers Kreu-zestheologie ein ‚bemerkenswertes Nebeneinander von Kontradiktorik und Analogie' fest, das mit dem *aut-aut* ein *et-et* verbindet. Obwohl Blau-meiser erkennt, daß diese ‚Analogie' nicht vom menschlichen Verstehen zur Offenbarung aufsteigt, sondern umgekehrt das Verstehen durch die Offenbarung bestimmt wird, faßt er sie doch wieder als metaphysisch auf, indem er der Kreuzestheologie eine neue Ontologie unterstellt"[220].

Auf der Basis seines bis heute unübertroffenen Vergleichs zwischen Thomas und Luther hat Otto Hermann Pesch von der Unmöglichkeit gesprochen[221], Begriffe einer Denkform ohne das mühsame Geschäft der Übersetzung in eine andere Denkform zu transferieren. Pesch meint die *sapientiale Denkform* der Scholastik, speziell des Thomas von Aquin, und die *existentielle Denk-form* des Reformators. Die *existentielle Theologie* „hat den Glaubensvoll-zug als solchen und dessen theoretische Implikate zum Thema; zielt ab auf

---

218 Dazu: T. Mannermaa, Glauben; F. Beißer, Zur Frage der Vergöttlichung.
219 Vgl. H. Blaumeiser, Martin Luthers Kreuzestheologie, bes. 519–528.
220 R. Rieger, Rez. zu: Blaumeiser, 482.
221 Vgl. O. H. Pesch, Existentielle und sapientiale Theologie.

Existenzverantwortung im wörtlichen Sinne; blickt vom Menschen aus auf Gott und von Gott aus zurück zum Menschen; redet in ihrer Urgestalt in der Ich-Du-Form und nur nachträglich und abgeleitet in der Er-Form; redet bekennend; verlegt im Heilsakt den Akzent auf Glaube, Demut und Buße".
Dagegen hat die *sapientiale Theologie* „den Glaubensvollzug (,nur') zum Grund der Möglichkeit theologischer Aussagen, die thematisch von ihm absehen; zielt ab auf ,sapientia' im mittelalterlichen Sinne, auf Verstehen aus den höchsten Gründen; blickt von Gott aus auf den Menschen; redet primär in der Er-Form; redet beschreibend; verlegt im Heilsakt den Akzent auf Staunen, Liebe und Gottesfreundschaft"[222].
Beide Denkformen sind mit ihrer jeweils unterschiedlichen Sichtweise im Recht. Erst wenn man die Aussagen der einen unverändert in den Argumentationstext der anderen Denkform transferiert, werden sie falsch. Viele der interkonfessionellen Verwerfungen – besonders auf dem Feld der Rechtfertigungslehre – lassen sich so erklären.

Thomas denkt „Sünde und Gnade nach der Modellvorstellung der Qualität [...], die ein Subjekt näher bestimmt und prägt. Luther dagegen denkt [...] auch und gerade hier nicht in Qualitäten, sondern in (personalen) Beziehungen. Sünde und Gnade sind gegenläufige Beziehungen, in denen der Mensch steht: Sünde ist die vom Menschen begonnene Beziehung der Feindschaft gegen Gott, man könnte auch sagen: die vom Menschen *abgebrochene* Gottesbeziehung; Gnade, Gerechtigkeit dagegen ist die Beziehung der Freundschaft, der Gemeinschaft, der Zuwendung, die Gott mit dem Menschen *trotz* seiner Sünde, *gegen* seine Sünde begründet. Weil somit die gleichen Worte (Sünde, Gnade, Gerechtigkeit) bei Thomas und Luther Verschiedenes bedeuten, geraten beide Theologen zunächst einmal gar nicht in Konflikt. [...] Der fälligen Rückfrage des katholischen Christen, ob das denn zutreffe, daß der gläubige Christ in einer Beziehung der Feindschaft zu Gott lebe, ist mit einer weiteren Präzisierung zu begegnen: Die beiden gegensätzlichen Beziehungen der Sünde und der Gerechtigkeit sind nicht ein Tatbestand, den man nach Art einer ärztlichen Diagnose feststellen könnte, sondern sie ereignen sich je und je neu im Handeln Gottes und des Menschen, des Christen. In der Tat sündigt der Christ nach Luther fortwährend, bleibt zurück hinter dem, was Gott von ihm will, widersteht Gottes Willen – die Mühseligkeit, mit der er sich das Handeln nach Gottes Willen abzwingen muß, ist das deutliche Zeichen dafür, wie tief dieser Widerstand im Wesen des Menschen festsitzt. Noch wenn der Mensch einmal Gottes Willen erfüllt hat, weidet er sich an seiner gelungenen Leistung, statt Gott die Ehre zu geben. Aber so wie der Mensch

---

222 Ebd. 738.

beständig sündigt, so läßt Gott sich ständig neu seine Zuwendung zum Sünder nicht durchkreuzen, er vergibt, er ‚rechnet die Sünde nicht an' – Luthers Denken in (personalen) Beziehungen macht jeden Vorwurf einer ‚Theologie des Als-ob' gegen den Begriff der Nichtanrechnung gegenstandslos. Mitten in seinem ständigen Widerstand gegen Gott kann so der Sünder gerecht sein, wenn er gleichsam seine Sünde nicht als Einwand gegen Gottes Nichtanrechnungswort gelten läßt, wenn er es annimmt oder jetzt ganz einfach: wenn er *glaubt*"[223].

e) Die Antwort des Konzils von Trient (1545–1563)

Das Herzstück des Ökumenischen Konzils, das auf die Reformation geantwortet hat, waren die Dekrete über die Ursünde (verabschiedet am 13. 12. 1545) und über die Rechtfertigung (verabschiedet am 13. 1. 1547). Während das Erbsündendekret (DH 1510–1516) nur aus sechs Lehrsätzen (*canones*) besteht, gliedert sich das Rechtfertigungsdekret (DH 1520–1583) in 16 *capita* und 33 *canones*. Während die *capita* so etwas wie eine zusammenhängende Darstellung versuchen, reduzieren die *canones* das in den Lehrkapiteln Gesagte auf die dogmatisch verbindlichen Kerninhalte.

Beide genannten Dekrete sind von katholischer wie protestantischer Seite immer wieder analysiert und in den ökumenischen Dialog integriert worden[224]. Hier kann es weder um eine historische Darstellung[225] noch um eine chronologische Analyse[226] gehen. Vielmehr sollen die zentralen Dokumente des auf Luther antwortenden Konzils an demselben Leitfaden geprüft werden, mit dessen Hilfe wir Augustinus und Pelagius verglichen haben. So ergeben sich die folgenden fünf Punkte:

---

223 Ebd. 734 f.

224 Besondere Aufmerksamkeit verdient bis heute die mit einem zustimmenden Vorwort von Karl Barth versehene Dissertation von H. Küng, Rechtfertigung, bes. 105–194. – Von protestantischer Seite ein nicht weniger wichtiger Brückenschlag wurde vorgestellt von P. Brunner, Rechtfertigungslehre.

225 Immer noch die beste Darstellung stammt von H. Jedin: Geschichte des Konzils von Trient, 104–268. Von protestantischer Seite zu nennen ist besonders: H. A. Oberman, Das tridentinische Rechtfertigungsdekret.

226 Vgl. M. Flick/Z. Alszeghy, Vangelo della Grazia, 189–195; G. Greshake, Geschenkte Freiheit, 73–81; G. Müller, Rechtfertigungslehre, 69–76; G. L. Müller, Katholische Dogmatik, 800–805.

(1) Die Bestimmung der Freiheit

Während Augustinus und Luther die Freiheit des Menschen einmal mit dem Begriff *libertas*, ein andermal mit dem Begriff *liberum arbitrium* bezeichnen, verwenden die Texte des Trienter Konzils ausschließlich den letzteren Terminus. Luthers These vom *servum arbitrium* wird von den Konzilsvätern die These vom Bleiben des *liberum arbitrium* auch nach dem Sündenfall entgegengestellt. Damit aber leugnet das Konzil nicht den Verlust der eigentlichen Freiheit durch den Sündenfall und auch nicht die Erlösung aus diesem Zustand allein durch die Gnade (*sola gratia*). Das Rechtfertigungsdekret schließt ausdrücklich aus, dass ein Mensch sich nach dem Sündenfall Adams selbst aus dem Verhängnis der Unfreiheit befreien (sich selbst rechtfertigen) kann (DH 1551f). Im Unterschied zu der gegen die Semipelagianer gerichteten Synode von Orange (DH 392) betonen die Konzilsväter jedoch, dass das *liberum arbitrium* durch den Sündenfall nicht ausgelöscht, sondern nur geschwächt werde (DH 1521). Daraus ergibt sich, dass nicht alles, was der Mensch nach dem Sündenfall tut bzw. wählt, Sünde ist (DH 1555f). Der Mensch kann auch nach dem Sündenfall das Böse wählen oder unterlassen, sich auf die Gnade vorbereiten, Schmerz über seine Sünde und Gottesfurcht empfinden (DH 1557f). Im Kern aber stimmt das Tridentinum mit Luther überein. Denn auch aus der Sicht des Konzils kann sich niemand selbst rechtfertigen bzw. zur eigentlichen Freiheit (*libertas*) befreien. Das gilt auch von Maria, wenn sie als *im Voraus* durch Christus Begnadete bezeichnet wird[227].

(2) Die Bestimmung der Sünde

Das Trienter Dekret über die Ursünde (DH 1510–1516) folgt mit jedem Satz der Lehre Augustins und enthält also nichts, was der Lehre Luthers widerspricht. Im Gegenteil, das Konzil stellt sich ausdrücklich auch da auf die Seite des Reformators, wo Luthers Kontrahent Erasmus von Rotterdam anderer Meinung war. Der nämlich hatte Luther durch die Infragestellung des von Augustinus gelehrten Traduzianismus provoziert und prompt die Antwort erhalten, die sich auch Trient zu Eigen macht: „*Wer behauptet, diese Sünde Adams, die ihrem Ursprung nach eine ist und, durch Fortpflanzung, nicht durch Nachahmung übertragen, allen – einem jeden eigen – innewohnt, werde entweder durch die Kräfte der menschlichen Natur oder durch ein anderes Heil-*

---

227 Ohne den Streit zwischen Thomisten und Skotisten über die Lehre von der *immaculata conceptio* entscheiden zu wollen, bemerkt das Tridentinum in can. 6 des Dekretes über die Ursünde (DH 1516), dass mit den Ausführungen über das universale Verhängnis der Ursünde und über die Notwendigkeit der rechtfertigenden Gnade für alle Adamiten die Lehre von der *immaculata conceptio* nicht in Frage gestellt werde.

*mittel hinweggenommen als durch das Verdienst des einen Mittlers, unseres
Herrn Jesus Christus, der – ‚uns zur Gerechtigkeit, Heiligung und Erlösung
geworden' (1 Kor 1,30) – uns in seinem Blute mit Gott wiederversöhnt hat
(vgl. Röm 5,9f), oder leugnet, daß das Verdienst Christi Jesu selbst durch das
in der Form der Kirche rechtmäßig gespendete Sakrament der Taufe sowohl
Erwachsenen als auch kleinen Kindern zugewendet wird: der sei mit dem
Anathema belegt"* (DH 1513). In der neueren katholischen Theologie[228] wird
unterschieden zwischen der Aussageintention des Konzils und den Mitteln

---

228 H. Hoping unterscheidet in seinem hervorragend informierenden Überblick zwischen Theologen, die die gesamte Erbsündenlehre und mithin auch die entsprechenden Aussagen des Trienter Konzils für eine Fehlentwicklung halten (z. B.
H. Haag) oder deren Inhalt auf die universale Bedeutung der individuellen Sünde
reduzieren (A. Vanneste, U. Baumann, H. Häring), von unterschiedlichen Versuchen, der besagten Grundintention des Trienter Konzils gerecht zu werden. Im
einzelnen unterscheidet er die folgenden fünf Typen: „1) Erbsünde in der Perspektive eines evolutiven Schöpfungsverständnisses (P. Teilhard de Chardin,
A. Hulsbosch, K. Schmitz-Moormann): Zum Verständnis der Erbsündenlehre
wird das Negative an der Schöpfungswirklichkeit in all seinen Erscheinungsfor-
men (Unordnung, Leiden, Sünde und Schuld) unter dem Begriff des Übels
zur evolutiven Welt als ganzer in Beziehung gesetzt und als Moment ihrer Entwicklung verstanden. – 2) Erbsünde als sündiges Situiertsein des Menschen
(P. Schoonenberg, K. Rahner): Unter Erbsünde wird eine universale Unheils-
situation (Gnadenlosigkeit) verstanden, die menschliches Dasein existential bestimmt und die hervorgerufen ist durch die bis in den ersten Anfang der Menschheit zurückreichende Sündengeschichte. – 3) Erbsünde als strukturelle Sünde
(G. Gutierrez, G. Scherer und M. Knapp): Hier wird die soziale oder gesell-
schaftliche Form der Sünde, die sich in kollektiven Unrechtsstrukturen und/oder
dem damit verbundenen Herrschafts-, Verblendungs- und Schuldzusammenhang
zeigt, als Erbsünde gedeutet. – 4) Erbsünde als das Verhängnis der Angst
(E. Drewermann): Die Bedeutung der Erbsündenlehre wird darin gesehen, den
Menschen als den verstehen zu lernen, der aus Angst vor Gott verzweifelt sein
muß, bevor er seine Verzweiflung im Glauben überwinden kann. Aus der Angst,
die zur Natur endlicher Freiheit gerechnet wird, werden Faktizität und Notwendigkeit der Sünde erklärt. – 5) Erbsünde als der transzendentale Ursprung der
Sünde (P. Hünermann, H. Hoping): Die Erbsündenlehre wird im Kontext von
Heideggers Daseinsanalytik und transzendentaler Freiheitsanalysen verstanden.
Der Erbsündenbegriff bezeichnet den Ursprung der Sünde, der als allgemeines
(Un-)Wesen der Verweigerung zu den transzendentalen Momenten im Konstitu-
tionsprozeß der Faktizität menschlichen Daseins gehört" (Erbsünde, 747). Als
weiterer Versuch ist die noch nicht veröffentlichte Habilitationsschrift von
M. Schulz zu nennen. Er hat die Kernthesen seines um Kongruenz mit dem
Trienter Dekret bemühten Ansatzes vorab in einem Aufsatz zur Diskussion ge-
stellt: Die „gefallene" Natur.

der Explikation. Die Intention liegt in der Absicht, aus der Perspektive des Christusereignisses die universale Erlösungsbedürftigkeit der Menschheit insgesamt und jedes einzelnen Menschen herauszustellen. Erlösungsbedürftigkeit bedeutet im Blick auf die von Augustinus gelehrte Notwendigkeit der Kindertaufe Schuldverfallenheit von Anfang an. Und da diese den Konzilsvätern nicht durch die bloße *Nachahmung*, sondern erst durch die *mit dem Akt der Zeugung übertragene Vererbung* hinreichend erklärt erscheint, übernehmen sie nicht nur die Intention, sondern auch die Explikation der augustinischen Erbsündenlehre.

(3) Die Bestimmung der Gnade

Obwohl der Begriff Rechtfertigung in den Sentenzenkommentaren und Summen der Scholastik eine eher untergeordnete Rolle spielte[229], lassen sich die Trienter Konzilsväter durch die Reformatoren von der zentralen Bedeutung dieses Terminus überzeugen. Ja, sie ordnen in gewisser Weise den Begriff Gnade dem Begriff Rechtfertigung unter. Denn in den Kapiteln 5–7 (DH 1525–1527) erscheint die Gnade geradezu als Mittel der Rechtfertigung. Besonders bemerkenswert ist, dass das Trienter Rechtfertigungsdekret gerade in dem *canon*, der den Rechtfertigungsvorgang in offensichtlicher Absetzung von den Reformatoren mit philosophischen Kategorien – konkret: mit Hilfe

---

229 Viele Scholastiker behandeln die Rechtfertigung des Sünders in ihren Kommentaren zum 4. Buch dist. 17 im Zusammenhang des Bußsakramentes. Auch Thomas von Aquin folgt dieser Tradition, wenn er von der im Bußsakrament geschenkten Sündenvergebung (remissio peccatorum) spricht (III q. 84–86). Zugleich geht er weit darüber hinaus, weil er die Rechtfertigung in seinen großen Hauptwerken zu einem entscheidenden Thema seiner Gnadenlehre macht. Und damit steht er keineswegs allein. Zu nennen sind u. a. Wilhelm von Auvergne, Wilhelm von Auxerre, Bonaventura und Alexander von Hales. Ende des 13. Jahrhunderts kommt es zur Verlagerung der Rechtfertigungslehre in die Gotteslehre, wo sie im Zusammenhang mit der Unterscheidung von potentia Dei absoluta und potentia Dei ordinata sowie mit der Lehre von der acceptatio divina erörtert wird. „Es gibt also im Mittelalter einen ‚locus de iustificatione impii‘, die Rechtfertigung, sie wird, je länger desto entschiedener, nicht irgendwo als Nachtrag abgehandelt, sondern in einem ihr höchst angemessenen Zusammenhang der Gnadenlehre oder – was gerade ein lutherischer Theologe kaum abwegig finden kann – in der Gotteslehre, genauer – in der Lehre von den Grundlagen des menschlichen Verhältnisses zu Gott. Gleichwohl [...] war die Rechtfertigungslehre ein Teilstück der systematischen Theologie, auf das man an einer bestimmten, vom jeweiligen Aufriß festgelegten Stelle zu sprechen kommen musste. Die Rechtfertigung war ein Thema der Theologie, nicht das Thema oder gar eine umfassende Perspektive aller Themen" (O. H. Pesch, Gottes Gnadenhandeln, 835).

der aristotelischen Kausalitätslehre – zu erklären versucht[230], nicht die heilig machende Gnade (*gratia creata*), sondern die Gerechtigkeit Gottes als die einzige Formalursache (*unica formalis causa*) bezeichnet. In diesem Punkt kommt das Konzil Luther mehr entgegen als Thomas, der klar unterscheidet zwischen dem äußeren (Gerechtigkeit Gottes bzw. *gratia increata*) und dem inneren Prinzip (Glaube, Hoffnung und Liebe bzw. die eingegossenen Tugenden bzw. die *gratia creata*) und deshalb das äußere Prinzip niemals als die einzige Formalursache des Rechtfertigungsvorgangs bezeichnet. Mit dem Begriff *Formalursache* distanzieren sich die Konzilsväter einerseits von der skotistisch-nominalistischen Akzeptationslehre und andererseits von der Identifikation der Rechtfertigung mit einem bestimmten Zustand (*habitus*) des Menschen. Christus – näherhin sein Leben, Leiden und Sterben für uns – ist unsere Gerechtigkeit in Gestalt einer Beziehung, die in uns verändernd wirkt. Christus selbst ist also ,die einzige Formalursache‘ unserer Rechtfertigung. Indem sich die Konzilsväter mehrheitlich gegen den Vorschlag gewandt haben, das sechste Kapitel des Rechtfertigungsdekretes mit der Überschrift *De actibus* und das siebte Kapitel mit dem Titel *De habitibus* zu versehen, ist – wie Otto Hermann Pesch mit Nachdruck herausstreicht – ein für allemal klar: Trient verpflichtet niemanden, den Gnadenstand als habitus zu beschreiben. „Trient verpflichtet nur […], die Gnade als verändernde Kraft für das menschliche Sein und in *diesem* Sinne als ,ontologische‘ und ,innermenschliche‘ Realität zu verstehen. Das bedeutet dann aber auch, daß kein reformatorischer Theologe den eigentlich dogmatischen Gehalt des Trienter Gnadenverständnisses beanstanden kann, es sei denn, er hielte die Gnade

---

230 „Die Ursachen dieser Rechtfertigung sind: nämlich die Zweckursache die Ehre Gottes und Christi sowie das ewige Leben; die Wirkursache aber der barmherzige Gott, der umsonst abwäscht und heiligt [vgl. 1 Kor 6,11], indem er ,mit dem Heiligen Geist der Verheißung‘ siegelt und salbt [vgl. 2 Kor 1,21 f], ,der das Pfand unseres Erbes ist‘ [Eph 1,13f]; Verdienstursache aber ist sein vielgeliebter Einziggeborener, unser Herr Jesus Christus, der uns, ,als wir Feinde waren‘ [Röm 5,10], ,wegen der übergroßen Liebe, mit der er uns liebte‘ [Eph 2,4], durch sein heiligstes Leiden am Holz des Kreuzes Rechtfertigung verdiente und Gott, dem Vater, für uns Genugtuung leistete; ebenso ist Instrumentalursache das Sakrament der Taufe, das das ,Sakrament des Glaubens‘ ist, ohne den keinem jemals Rechtfertigung zuteil wird. Schließlich ist die einzige Formalursache die Gerechtigkeit Gottes, nicht jene, durch die er selbst gerecht ist, sondern die, durch die er uns gerecht macht, mit der von ihm beschenkt wir nämlich im Geiste unseres Gemütes erneuert werden [vgl. Eph 4,23] und nicht nur als gerecht gelten, sondern wahrhaft gerecht heißen und sind [vgl. 1 Joh 3,1], indem wir die Gerechtigkeit – ein jeder die seine – in uns aufnehmen nach dem Maß, das der Heilige Geist den einzelnen zuteilt, wie er will [vgl. 1 Kor 12,11], und nach der eigenen Vorbereitung und Mitwirkung eines jeden" (DH 1529).

Gottes tatsächlich für eine reine Beziehung Gottes zum Menschen ohne Zusammenhang mit dessen realer Veränderung. Dann allerdings würde er den
Verdacht der Trienter Väter gegen die reformatorische Lehre posthum bestätigen, statt ihn als Mißverständnis aufzudecken"[231].

(4) Die Verhältnisbestimmung von Gnadenlehre und Christologie

Luther darf für sich beanspruchen, durch seine Rechtfertigungslehre den für
die zeitgenössische Theologie typischen Graben zwischen Gnadenlehre und
Christologie beseitigt zu haben. Wenn Luther von der Rechtfertigung spricht,
dann eo ipso von Christus als der uns vom Vater zugesprochenen Gnade. Wie
im vorausliegenden Abschnitt geschildert, kommt das Tridentinum dieser
Auffassung des Reformators in einigen Formulierungen erstaunlich nahe –
z. B. in den ersten beiden Kapiteln des Rechtfertigungsdekrets (DH 1521f)
oder da, wo die in Christus offenbare Gerechtigkeit Gottes als „die einzige
Formalursache unserer Rechtfertigung" bezeichnet wird (DH 1529). Dennoch leiden andere Teile unter dem gleichzeitigen Bestreben, nicht nur der
Anfrage Luthers, sondern auch Augustinus und der scholastischen Tradition
gerecht zu werden. Das Konzil vermeidet zwar den Anschluss an eine bestimmte theologische Schule, widmet sich aber ausführlich der in Augustins
Spätschriften traktierten Frage, worin sich der Zustand eines Menschen, der
sich auf die Taufe vorbereitet, vom Zustand eines schon gerechtfertigten
Menschen unterscheidet: Ist das *initium fidei* Werk der Gnade oder Werk
des Menschen? Wenn das *initium fidei*, wie Augustinus gegenüber den Mönchen von Hadrumetum und Lérins hervorhebt, Werk der Gnade ist, was ist
dann diese Gnade im Unterschied zu der rechtfertigenden Gnade? Nur unter
Voraussetzung dieser unglückseligen Fragestellung sind die innerkatholischen Gnadenstreitigkeiten der nachtridentinischen Zeit erklärbar. Man
unterscheidet eine *aktuelle*, d. h. vorübergehende und also nicht als Qualität
beschreibbare von der bleibenden bzw. *habituellen* Gnade und zerbricht sich
dann den Kopf darüber, wie Gott den Menschen mit der als *aktuell* bezeichneten Gnade anstoßen kann, ohne ihn deshalb zu zwingen. Weil die nach-
tridentinische Gnadenlehre anders als Luther und anders auch als Thomas das
Rechtfertigungsgeschehen von der Heilsgeschichte (vom Christusgeschehen)
trennt, verliert sie sich in unauflösbaren Aporien. Das Trienter Konzil selbst
spricht auch da von Christus, wo es von Gottes zuvorkommender oder
helfender im Unterschied zu Gottes rechtfertigender Gnade spricht (vgl.
DH 1525); insofern unterscheidet sich die Gnadenlehre der Konzilsväter
positiv von der der nachtridentinischen Theologen. Aber die Konzilstexte
erklären im Unterschied zur *Summa theologica* nicht, wie der Mensch gerade

---

231 O. H. Pesch/A. Peters, Einführung, 186.

da, wo Gott handelt, am meisten er selbst (frei) ist. Im Gegenteil, die Trienter Väter provozieren mit ihren Formulierungen jene unglückselige Frage, die sich in der Folgezeit verselbstständigt und alles andere überlagert: Wo endet die Hilfe Gottes (die *aktuelle Gnade*), und wo beginnt die Freiheit des Menschen? Symptomatisch für diesen Sachverhalt ist das fünfte Kapitel des Rechtfertigungsdekrets, das hier deshalb in seinem vollen Wortlaut zitiert werden soll: Das Konzil

> „erklärt außerdem, daß diese Rechtfertigung bei Erwachsenen ihren Anfang von Gottes zuvorkommender Gnade durch Christus Jesus nehmen muß, das heißt, von seinem Ruf, durch den sie – ohne daß ihrerseits irgendwelche Verdienste vorlägen – gerufen werden, so daß sie, die durch ihre Sünden von Gott abgewandt waren, durch seine erweckende und helfende Gnade [*per eius excitantem atque adiuvantem gratiam*] darauf vorbereitet werden, sich durch freie Zustimmung und Mitwirkung mit dieser Gnade zu ihrer eigenen Rechtfertigung bekehren; wenn also Gott durch die Erleuchtung des Heiligen Geistes das Herz des Menschen berührt, tut der Mensch selbst, wenn er diese Einhauchung aufnimmt, weder überhaupt nichts – er könnte sie ja auch verschmähen –, noch kann er sich andererseits ohne die Gnade Gottes durch seinen freien Willen auf die Gerechtigkeit vor ihm zubewegen. Wenn daher in der heiligen Schrift gesagt wird: ‚Kehrt um zu mir, und ich werde zu euch umkehren‘ [Sach 1,3], werden wir an unsere Freiheit erinnert; wenn wir antworten: ‚Kehre uns um, Herr, zu dir, und wir werden umkehren‘ [Klgl 5,21], bekennen wir, daß uns die Gnade Gottes zuvorkommt" (DH 1525).

(5) Die Verhältnisbestimmung von Gnadenlehre und Ekklesiologie

Die Annahme der Rechtfertigung erfolgt nach Luther ‚allein durch den Glauben‘. Er beruft sich auf Röm 3,22, um die Vorstellung auszuschließen, der Glaube sei eine Art Leistung und in diesem Sinne eine Bedingung der Rechtfertigung oder liege dieser irgendwie voraus. Luther bezieht sich zu Recht auf Paulus, übersieht aber, dass auch der Apostel (z. B. in 1 Kor 13,2) zwischen einem Glauben unterscheidet, der *nur* Erkenntnis und Anerkenntnis ist, und einem Glauben, der als Hinkehr des ganzen Menschen zu Gott Empfang der Rechtfertigung ist. Luther selbst spricht gelegentlich von der *fides historica* und meint dann gerade nicht den Glauben, durch den die Rechtfertigung empfangen wird. Leider ist dieser Sachverhalt im Rahmen der interkonfessionellen Polemik ebenso wenig beachtet worden wie die Tatsache, dass der wahrhaft glaubende Mensch *innerhalb des Glaubens* – nicht aber *innerhalb des reflexen Erkennens*! – seines Heils gewiss sein kann. Luther, der vom Akt des Glaubens her argumentiert, denkt: Ich kann doch nicht wirklich an das Geschenk der Gerechtsprechung glauben, wenn ich gleichzeitig behaupte, mir meines Heils nicht gewiss zu sein; und das Trienter Konzil, das den Glauben von außen betrachtet, sagt (DH 1534): Niemand kann mit Gewissheit *erkennen* (!), dass er gerechtfertigt ist[232].

Wenn das Tridentinum von der Rechtfertigung durch Glauben und (et!) Liebe spricht (DH 1531), dann mögen die Reformatoren diese parataktische Redewendung als unglücklich empfinden, werden aber zugestehen müssen, dass die Konzilsväter ausdrücken wollten, dass der Glaube, durch den die Rechtfertigung empfangen wird, kein bloßer Verstandesakt (Erkenntnis bzw. Anerkenntnis), sondern ein von der Liebe durchdrungenes Empfangen, also ganzmenschliche Übergabe, ist. Ängstlich bemüht, die Neutralität gegenüber den theologischen Schulen und deren Repräsentanten zu wahren, vermeidet das Tridentinum die thomanische Formel *fides caritate formata*, die aber im Sinne der ökumenischen Verständigung viel besser geeignet wäre als die besagte Parataxe. Dennoch sind die Konzilsväter in gewisser Weise über ihren eigenen Schatten gesprungen, indem sie sich auf die Exegese der von Luther vorgegebenen Bibelstelle Röm 3,22.24 eingelassen haben. Im achten Kapitel des Rechtfertigungsdekretes heißt es:

„Wenn aber der Apostel sagt, der Mensch werde ‚durch den Glauben‘ und ‚umsonst‘ [Röm 3,22.24] gerechtfertigt, so sind diese Worte in dem Sinne zu verstehen, den die katholische Kirche in beständiger Übereinstimmung festhielt und zum Ausdruck brachte, nämlich daß deshalb gesagt wird, wir würden durch den Glauben gerechtfertigt, weil ‚der Glaube der Anfang des menschlichen Heiles ist‘, die Grundlage und Wurzel jeder Rechtfertigung, ‚ohne den es unmöglich ist, Gott zu gefallen‘ [Hebr 11,6] und zur Gemeinschaft seiner Kinder zu gelangen; daß wir aber umsonst gerecht-

---

232 „Man darf aber auch nicht behaupten, daß diejenigen, die wahrhaft gerechtfertigt wurden, völlig ohne jeden Zweifel bei sich selbst feststellen müßten, sie seien gerechtfertigt, und da nur der von den Sünden losgesprochen und gerechtfertigt werde, der fest glaubt, er sei losgesprochen und gerechtfertigt worden, und daß allein durch diesen Glauben die Lossprechung und Rechtfertigung vollendet werde, so als ob, wer dies nicht glaubt, an den Verheißungen Gottes und an der Wirksamkeit des Todes und der Auferstehung Christi zweifelte" (DH 1534). – „Auch darf niemand, solange in dieser Sterblichkeit gelebt wird, so weitgehende Vermutungen über das verborgene Geheimnis der göttlichen Vorherbestimmung anstellen, daß er mit Sicherheit behauptet, er gehöre in jeder Hinsicht zu der Zahl der Vorherbestimmten, so als ob es wahr wäre, daß ein Gerechtfertigter entweder nicht mehr sündigen könne, oder, wenn er gesündigt hat, sich eine sichere Sinneswandlung versprechen solle" (DH 1540).

fertigt würden, wird deshalb gesagt, weil nichts von dem, was der Rechtfertigung vorhergeht, ob Glaube oder Werke, die Gnade der Rechtfertigung selbst verdient; ‚wenn sie nämlich Gnade ist, dann nicht mehr aufgrund von Werken, sonst wäre (wie derselbe Apostel sagt) Gnade nicht
mehr Gnade' [Röm 11,6]" (DH 1532).

Wenn man das Kapitel 8 des Rechtfertigungsdekretes zuerst und dann erst das
interkonfessionell so umstrittene Kapitel 7 liest, dann wird rasch klar, dass
die besagte Parataxe *et fide et caritate* nicht additiv, sondern explikativ gemeint ist – in diesem Sinne: Der Glaube, der das Geschenk der Rechtfertigung annimmt, ist ein Glaube, der sich verleiblicht in den guten Werken, in
der praktizierten Nächstenliebe.

Allerdings wird man bei aller Hinterfragung der jeweiligen hermeneutischen Prämissen und Termini eine gewisse Differenz zwischen der lutherischen und der tridentinischen Position nicht leugnen können. Diese Differenz
liegt darin, dass die Trienter Väter im Unterschied zu den Reformatoren die
Werke der Liebe nicht nur als Ausweis oder Konsequenz des die Rechtfertigung annehmenden Glaubens bezeichnen, sondern auch betonen, dass der
annehmende Glaube selbst nicht wirklich Annahme des Geschenkes der
Rechtfertigung ist, wenn er die Verleiblichung in Werken der Liebe vermis-
sen lässt. Wörtlich lesen wir im siebten Kapitel des Rechtfertigungsdekretes:
„Denn wenn zum Glauben nicht Hoffnung und Liebe hinzutreten, eint er
weder vollkommen mit Christus, noch macht er zu einem lebendigen Glied
seines Leibes. Aus diesem Grunde wird völlig zurecht gesagt, daß Glaube
ohne Werke tot und müßig sei [Jak 2,17], und daß ‚bei Christus Jesus weder
die Beschneidung noch das Unbeschnittensein etwas gelte, sondern der
Glaube, der durch die Liebe wirkt' [Gal 5,16]" (DH 1531).

Mit der Bezeichnung der guten Werke als zum Glauben selbst gehörig –
mit der Bezeichnung der guten Werke als heilskonstitutiv – ist ein Unterschied bezeichnet, der in den jüngsten Diskussionen um das römische Doku-
ment *Dominus Iesus* – näherhin in der Betrachtung des Zusammenhangs
von Christologie bzw. Rechtfertigungslehre und Ekklesiologie – wieder
aufgebrochen ist. Ist – so lautet die entscheidende Frage – die eine, heilige,
wahre und allumfassende Kirche identisch mit der unsichtbaren Gemeinschaft jener Einzelnen, die im Glauben die uns in Christus geoffenbarte und
geschenkte Gerechtigkeit angenommen haben? Ist die sichtbare, institutionell
verfasste Kirche nur die nachträgliche Vereinigung der sich in einer Kommunikationsgemeinschaft organisierenden Gläubigen? Oder ist diese sichtbare Gemeinschaft ebenso Konstitutivum des wahren Glaubens wie dies die
Werke der Nächstenliebe sind?

Bei Luther finden sich – vgl. unsere obigen Ausführungen – Sätze, die das
sola gratia oder das *simul iustus et peccator* im Sinne des so genannten

Aktualismus rein forensisch interpretieren[233]. Demnach ist der Sünder nur deshalb gerecht, weil Gott ihn als gerecht ansieht und er diese Gerechtspre- chung glaubt; nicht aber deshalb, weil mit der Gerechtsprechung auch ein heilendes *donum* bzw. ein reales Ankommen des Geschenkes der Rechtferti- gung im Sünder selbst verbunden ist. Andererseits lassen sich ebenso viele Lutherzitate sammeln, die in die gegenteilige Richtung zielen[234]. Vieles spricht dafür, dass Luther in den Zitaten, die auch die Werke ausschließlich zur Frucht des göttlichen Handelns am Sünder erklären, nur *einen* Aspekt der Werke meint: den Aspekt nämlich, der sich in dem unglücklichen, auch vom Trienter Konzil nicht vermiedenen Ausdruck *Verdienst* niederschlägt[235]. Wenn Luther also sagt: „Gott allein wirkt durch seinen Geist in uns sowohl das Ver- dienst wie auch den Lohn"[236], dann will er nicht das reale Ankommen der Rechtfertigung im Sünder bzw. in den Taten des Sünders abweisen, sondern nur die irrige Meinung, die Taten könnten von Gott irgendeine Belohnung oder einen Verdienst einfordern. Die Trienter Väter sprechen zwar von einem Wirken Gottes und (et!) des Menschen, verstehen das Wirken des Menschen aber nicht als etwas, was dem Wirken Gottes hinzugefügt wird, sondern ganz im Gegenteil als Erscheinen des Verdienstes Christi (der Gnade) in dem Men- schen, der durch seinen Glauben die Gnade empfängt. „Denn" – so wörtlich das abschließende Kapitel 16 des Rechtfertigungsdekretes – „Christus Jesus

---

233 Vgl. WA 18, 694.696.). – Dazu: K. Rahner, Gerecht und Sünder zugleich; O. H. Pesch, Theologie der Rechtfertigung, 283–322.

234 Vgl. WA 18, 695.754. – Dazu: H. Vorster, Freiheitsverständnis, 371–399; J. Lutz, Unio und Communio, bes. 82–179.

235 O. H. Pesch hat in seiner Abhandlung mit dem bezeichnenden Titel *Die Lehre vom ,Verdienst' als Problem für Theologie und Verkündigung* die Vermeidung des Begriffes *Verdienst* vorgeschlagen, ohne deshalb den biblischen Begriff *Lohn* (z. B. in Mt 10,42 oder in 2 Kor 4,17) und die mit der Verdienstlehre verbundenen Intentionen insgesamt eliminieren zu wollen. Er stellt fest: „1. Die Verdienstlehre hat mindestens in *einer* ihrer klassischen Gestalten, nämlich der des Thomas von Aquin, nicht das (Mit-)wirken des *Menschen* zum Thema, sondern die Teleologie der Gnade *Gottes*; sie ist nicht anthropozentrisch, sondern theozentrisch gewen- det. – 2. Selbst noch in dieser Gestalt, erst recht in allen anderen Gestalten, ist die Verdienstlehre *als solche*, unbeschadet ihrer langen Tradition und ihrer Bestäti- gung durch das Trienter Konzil, nicht unverzichtbares Glaubensgut, sondern ein Theologumenon, das ohne Verkürzung der Heilsbotschaft entfallen bzw. durch bessere Theologumena und Analogien ersetzt werden kann. – 3. In keiner ihrer Gestalten darf die Verdienstlehre Thema der Verkündigung oder der moralisch- aszetischen Paränese werden. – 4. Bewähren sich diese Behauptungen, dann ergibt sich als nicht unwesentliche Nebenfolge, daß der interkonfessionelle Streit um das meritum eingestellt werden darf und sollte" (ebd. 379).

236 WA 18, 696.

selbst läßt wie das Haupt in die Glieder [vgl. Eph 4,15] und wie der Wein-
stock in die Rebzweige [vgl. Joh 15,5] in die Gerechtfertigten selbst immer-
dar Kraft einströmen, eine Kraft, die ihren guten Werken immer vorangeht,
sie begleitet und ihnen nachfolgt, und ohne die sie auf keine Weise Gott ge-
fällig und verdienstvoll sein könnten." (DH 1546).

f) Konfessionsspezifische Konsequenzen der reformatorischen Rechtfertigungslehre

Der nicht gerade als katholikenfreundlich ausgewiesene Dogmenhistoriker
Adolf von Harnack (1851–1930) hat die zentralen Dokumente des Trienter
Konzils über die Erbsünden- und die Rechtfertigungslehre als bemerkens-
werte Versuche einer sachlichen Antwort auf Luther gewertet. Wörtlich
schreibt er:

> „Das Decret über die Rechtfertigung, obgleich ein Kunstproduct, ist in
> vieler Hinsicht vortrefflich gearbeitet; ja man kann zweifeln, ob die Refor-
> mation sich entwickelt hätte, wenn dieses Decret auf dem Lateranconcil
> am Anfang des Jahrhunderts erlassen worden und wirklich in Fleisch und
> Blut der Kirche übergegangen wäre. Allein das ist eine müssige Erwä-
> gung. Daß sich die römische Kirche so über die Rechtfertigung aus-
> gesprochen hat, wie jenes Decret lautet, ist selbst eine Folge der Refor-
> mation. Eben deshalb darf man es auch nicht überschätzen. Es ist aus
> einer Situation entsprungen, die sich für die römische Kirche so niemals
> wiederholt hat und nicht mehr wiederholen wird. Sie stand damals unter
> dem Einfluß des Augustinismus und Protestantismus [… Doch der] tiefe
> Unterschied zwischen Protestanten und augustinistischen Thomisten liegt
> offen genug in der Thatsache zu Tage, daß Jene eben um der Recht-
> fertigungslehre willen die ‚Gewohnheiten' der römischen Kirche als Ket-
> zereien bekämpften, diese nicht begreifen konnten, warum sich Beides
> nicht sollte vereinigen lassen"[237].

Mit einem sicheren Gespür für das Wesentliche bezeichnet von Harnack die
Grunddifferenz zwischen Protestantismus und Katholizismus. Diese liegt
aus seiner Sicht in dem schon früh einsetzenden Versuch (Phänomen des
‚Frühkatholizismus'), die These von der Heilsnotwendigkeit der Kirche mit
der paulinischen Rechtfertigungslehre zu verknüpfen[238]. Auf die spannende
Frage, ob es die besagte Grunddifferenz wirklich gibt und wie sie zu bestimmen ist, kann hier nicht eingegangen werden[239]. Doch immer kreisen solche

---

237 A. von Harnack, Lehrbuch der Dogmengeschichte, 711.
238 Dazu: H.-J. Schmitz, Frühkatholizismus, bes. 156–173.
239 Dazu: H. J. Urban / H. Wagner, Die konfessionellen Prinzipien; G. Hintzen,
   Scheitert der katholisch-lutherische Dialog?

Bestimmungsversuche um das von Harnack apostrophierte Verhältnis von Rechtfertigung und Kirche.

Wie die sorgfältigen Analysen von Sabine Pemsel-Maier zur Verhältnisbestimmung von Rechtfertigung und Kirche u. a. bei Rahner, Balthasar, Ebeling und Pannenberg gezeigt haben[240], sind unterschiedliche Sichtweisen durchaus miteinander zu vermitteln. Dennoch – oder besser: gerade deshalb – sollte man die Augen vor den wirkungsgeschichtlichen Konsequenzen einer bestimmten Position nicht verschließen. Gemeint ist die von Luther selbst nicht intendierte, von seinen Interpreten aber nicht selten formulierte und praktizierte Vermischung der Verhältnisbestimmung von Rechtfertigung und Kirche mit der Verhältnisbestimmung von geistlichem und weltlichem Regiment[241].

Luther unterscheidet scharf zwischen zwei Regimenten, dem geistlichen und dem weltlichen. Er will z. B. im Blick auf die Bischöfe, die zugleich Landes- und Kriegsherren sind, beide Bereiche trennen[242]. Dabei würde man ihn völlig missverstehen, wollte man in dem geistlichen Regiment das Reich des Guten und in dem weltlichen Regiment das Reich des Bösen sehen. Es geht vielmehr in beiden Bereichen um Gerechtigkeit. Aber die Gerechtigkeit, die im Glauben empfangen wird, ist eine andere Gerechtigkeit als jene, die zur Wahrung der Ordnung und Gesetze oft genug mit dem Schwert erzwungen werden muss. Die erstere Gerechtigkeit dient der Erlangung des ewigen Lebens; die letztere ist für die Gemeinschaft des Menschen mit Gott nicht notwendig, kann aber das geistliche Leben des Glaubens vor Beeinträchtigungen schützen[243].

---

240 Dazu: S. Pemsel-Maier, Rechtfertigung durch Kirche?, 205–381; vgl. auch: O. H. Pesch, Rechtfertigung und Kirche; K.-H. Menke, Annahme der Gnade; M. Theobald, Rechtfertigung und Ekklesiologie.

241 Die Literatur zum Thema ist unüberschaubar geworden. Sie ist bis 1973 gesichtet worden von J. Haun, Bibliographie. Außerdem zu nennen sind: R. Ohlig, Die Zwei-Reiche-Lehre Luthers; U. Duchrow, Christenheit und Weltverantwortung.

242 In der Schrift *Von weltlicher Obrigkeit* schreibt er: „Denn meine ungnädigen Herren, der Papst und die Bischöfe, sollten Bischöfe sein und Gottes Wort predigen. Das unterlassen sie und sind weltliche Fürsten geworden und regieren mit Gesetzen, die nur Leib und Gut betreffen. Raffiniert (‚fein‘) haben sie es umgekehrt: innerlich sollten sie die Seelen regieren durch Gottes Wort; stattdessen regieren sie äußerlich Schlösser, Städte, Land und Leute und martern die Seelen mit unsäglichen Morden" (WA 11, 265).

243 In einer Predigt über den ersten Timotheusbrief vom 25. 3. 1525 sagt Luther: „[…] die Welt kann nicht regieret werden nach dem Evangelium, […]. Zu Tausenden nimmt man es nicht an. Darum kann man mit ihm kein äußerlich Regiment aufrichten. Der Hl. Geist hat einen kleinen Haufen. Die anderen sind alle Huren und Buben, die müssen ein weltlich Schwert haben. Wo ein weltlich

Luther ist überzeugt davon, dass die meisten Menschen nicht aus dem Glauben leben; würden sie es, dann bräuchte man kein weltliches Regiment, weil alle in Familie, Beruf und Politik dem Glauben an das in Christus Fleisch gewordene Wort entsprechen würden. Auch wenn man Luther in dem Sinne interpretiert, dass die dem Glauben entsprechenden Werke der Gerechtigkeit und Liebe für die Gemeinschaft mit Gott (für das ewige Heil) *nicht konstitutiv* seien, betont der Reformator, dass wirklicher Glaube entsprechende Taten *zur Folge* hat. Von daher ist Luther missverstanden, wenn man ihm die These unterstellt, der Glaube an Gottes Wort verhalte sich zu den guten Werken ebenso wie das geistliche Regiment zum weltlichen. Glaube und gute Werke werden von ihm klar unterschieden, nicht aber getrennt. Man mag darüber diskutieren, ob er die Echtheit des Glaubens selbst in Frage stellt, wenn diesem keine entsprechenden Werke folgen. Unbezweifelt aber ist, dass dem echten Glauben entsprechende Werke folgen sollten. Ganz anders als über das Verhältnis von Glaube und guten Werken urteilt der Reformator über das Verhältnis von geistlichem und weltlichem Regiment. Beide werden von ihm nicht nur unterschieden, sondern getrennt. Luther hat die Entstehung des Landeskirchenregiments nicht gewollt, sondern nur aus pragmatischen Gründen geduldet. An sich fordert gerade er die klare Trennung von geistlichem Regiment bzw. Kirchenamt und weltlichem Regiment bzw. Regierungsamt.

Dennoch: Im Blick auf Luthers Wirkungsgeschichte wird man feststellen müssen, dass die Zwei-Regimente-Lehre von seinen Anhängern mit der These identifiziert wurde: *Für das ewige Heil des Menschen konstitutiv ist nur der unsichtbare Akt des Glaubens an die Rechtfertigung des Sünders* sola gratia*; und was der Mensch in Familie, Beruf und Gesellschaft tut, ist für sein Heil nicht konstitutiv*. Viele aus dem Kontext gerissene Lutherzitate sind zur Stützung dieser These missbraucht worden. So lesen wir in der 1523 entstandenen Schrift mit dem Titel „Von weltlicher Obrigkeit, wie weit man ihr Gehorsam schuldig ist": Die Werke der Nächstenliebe tut der Christ, „obwohl er ihrer keineswegs bedarf: er besucht ja die Kranken nicht deshalb, weil er selber davon gesund werden wollte [...]. Ebenso dient er auch der Obrigkeit nicht, weil er selbst sie brauchen würde, sondern weil die anderen sie brauchen, damit sie beschützt und die Bösen nicht ärger werden"[244]. Oder in Luthers Matthäuskommentar aus den Jahren 1530–1532 heißt es, der Mensch

---

Regiment sein Amt nicht streng ausübt [...], folgt Aufruhr, Morden, Krieg, Weib und Kinder schänden, da niemand sicher zu leben vermag. Herr Omnes ist nicht Christ. Könige, Fürsten und Herren müssen das Schwert brauchen und Köpfe abschlagen. Die Strafe muß bleiben, daß die anderen in Furcht gehalten werden und die Frommen das Evangelium hören und ihrer Arbeit nachgehen können" (WA 17/I, 149).

244 WA 11, 253 f.

sei einerseits ein Glaubender – nämlich in Bezug auf Gott –; und andererseits ein Fürst, Richter, ein Herr, ein Knecht oder eine Magd – nämlich in Bezug zur Welt[245]. Diese Unterscheidung zwischen Christperson und Weltperson – so kritisiert Erwin Iserloh – „bringt die Gefahr einer Trennung mit sich, einer Trennung zwischen Individualbereich und öffentlichem Bereich, zwischen Moral und Politik oder – um die berühmte Formulierung von Max Weber zu gebrauchen – zwischen Gesinnungsethik und Verantwortungsethik, sie kann dazu führen, sich dem Gewissensanspruch zu entziehen mit Hinweis auf die Weltverantwortung"[246].

Auch wenn Luther eigentlich das Gegenteil einer Vereinigung von Kirchen- und Regierungsamt wollte, war er nicht unschuldig an der Entstehung des landesherrlichen Kirchenregiments. Denn wenn man die eine, wahre und allumfassende Kirche Christi als eine unsichtbare Gemeinschaft der im Glauben gerechtfertigten Menschen beschreibt[247], relativiert man die sichtbare (institutionelle) Kirche so sehr, dass sie nur noch der äußeren Ordnung dient und also auch von den Hütern der politischen Ordnung übernommen werden kann. Nachdem Luther zunächst gehofft hatte, dass die Predigt des reinen Evangeliums von selbst zum Aufbau von vorbildlichen Gemeinden führen würde, musste er bald das Gegenteil erfahren und nach Abschaffung des Bischofsamtes den weltlichen Arm um die Schaffung der notwendigen Ordnung bitten[248].

Mit Recht kann man in dieser Entwicklung einen der zentralen Gründe für die besonders in Deutschland eklatante Liaison zwischen Protestantismus und politischer Obrigkeit sehen. Vor allem Karl Barth hat Luthers Verhältnisbestimmung von Glaube und Weltverantwortung als Grundlage der Zwei-Regimente-Lehre bezeichnet und diese für die Entstehung des Nationalsozia-

---

245 Vgl. WA 32, 390.

246 E. Iserloh, Mit dem Evangelium, 172.

247 „Concludo ergo adversus te, demonstrative convictum, verbum Christi Matt XVI, ad nullam personam pertinere, sed ad solam Ecclesiam in spiritu aedificatam super Petram Christum, non super Papam nec super Romam Ecclesiam" (WA 7, 709). – „Igitur sicut Petra ista sine peccato invisibilis et spiritualis est sola fide perceptibilis, ita necesse est et Ecclesiam sine peccato, invisibilem et spiritualem sola fide perceptibilem esse" (WA 7, 710). – „Sicut enim Ecclesia sine esca et potu non est in hac vita, et tamen regnum dei non est esca et potus secundum Paulum, ita sine loco et corpore non est Ecclesia, et tamen corpus et locus non sunt Ecclesia neque ad eam pertinent" (WA 7, 720). – „Evangelium et Ecclesia nesciunt iurisdictiones, quae sunt non nisi hominum tyrannicae inventiones. Solam scit caritatem et servitutem, non potestatem et tyrannidem: ideo qui Evangelium docet, ille Papa est, Petri successor, qui non docet, Iudas est, Christi traditor." (WA 7, 721).

248 Vgl. WA 30/I, 125.

lismus mitverantwortlich erklärt[249]. Das ist sicher nicht gerecht. Denn die Zwei-Regimente-Lehre ist nun einmal nicht zu verwechseln mit der Verhältnisbestimmung von Evangelium und Gesetz, von Glaube und Werken. Wo sie im Sinne einer Trennung des Christseins von der Weltverantwortung interpretiert wurde, ist sie nicht selten von Ideologen instrumentalisiert worden. Aber wo man mit Luther daran festhält, dass der wahre christliche Glaube entsprechende Werke zur Folge haben sollte, kann die Zwei-Regimente-Lehre sicherstellen, dass Christen wohl zu unterscheiden wissen zwischen dem binnenkirchlichen Ethos ihrer Gemeinden und dem, was ein demokratisch verfasster Staat in einer weltanschaulich pluralen Gesellschaft als notwendigen ethischen Konsens definiert[250].

g) Zwei Gestalten gelebter Gnadenlehre: Martin Luther und Ignatius von Loyola

Die beiden vorausliegenden Abschnitte beweisen: Wenn es so etwas wie eine Grunddifferenz zwischen lutherischer und römisch-katholischer Konfession des Christseins gibt, dann liegt diese zweifellos im Themenfeld der Verhältnisbestimmung von Evangelium und Gesetz, von Glaube und Werken, von Rechtfertigung und Kirche. Jenseits aller Einzelaussagen oder Definitionen der Reformatoren oder der Trienter Konzilsväter soll im Folgenden versucht werden, die besagte Differenz biographisch zu veranschaulichen. Denn bei aller Ähnlichkeit unterscheidet sich das Bekehrungserlebnis des Gegenreformators Ignatius von Loyola vom Turmerlebnis Martin Luthers[251].

---

249 Das deutsche Volk „leidet an der Erbschaft des größten christlichen Deutschen: an dem Irrtum Martin Luthers hinsichtlich des Verhältnisses von Gesetz und Evangelium, von weltlicher und geistlicher Ordnung und Macht, durch den sein natürliches Heidentum nicht sowohl begrenzt und beschränkt als vielmehr ideologisch verklärt, bestätigt und bestärkt worden ist […]. Der Hitlerismus ist der gegenwärtige böse Traum des erst in der lutherischen Form christianisierten deutschen Heiden […]. Es wird […] (nach dem Krieg) nötig sein, weitere Entwicklungen auf der fatalen Linie von Friedrich dem Großen über Bismarck zu Hitler physisch unmöglich zu machen" (K. Barth, Brief nach Frankreich, 113f).

250 Dazu: M. Honecker, Thesen; F.W. Graf, Konservatives Kulturluthertum; W. Huber, Kirche und Öffentlichkeit, 435–489.

251 Obwohl Ignatius vonseiten der protestantischen Theologie nicht annähernd soviel Aufmerksamkeit gefunden hat wie umgekehrt Luther vonseiten der katholischen Theologie, stammen die bedeutendsten Beiträge zu einem Vergleich zwischen Luther und Ignatius von protestantischen Theologen. Besonders empfehlend hingewiesen sei auf: A. Henkel, Geistliche Erfahrung, bes. 157–334; G. Maron, Ignatius von Loyola, bes. 269–284.

Während Luther auf Grund eines Gelübdes Mönch wird und sein Mönchtum als Gott geschuldetes Werk versteht, wird der vor Pamplona verwundete Soldat Ignatius nicht deshalb fromm, weil er Gott gnädig machen will, sondern umgekehrt: Er erfährt sich, ohne gefragt und gesucht zu haben – auf dem Krankenlager durch ein zufällig (aus Langeweile) aufgeschlagenes Buch – von Christus ergriffen.

Dieses Ergriffensein erfährt er als Trost. Aber sobald er in das eigene Ich (in den alten Adam) mit seinem Ehrgeiz nach Ritterruhm und Ritterehre zurückkehrt, erfährt er eine ähnliche Trostlosigkeit wie der nach einem gnädigen Gott suchende Mönch von Wittenberg. Und das nicht nur vor seinem Entschluss, Soldat Christi zu werden, sondern auch danach – ja, danach erst recht; da nämlich versucht er zunächst einmal dasselbe wie der frühe Luther: Er will sich selbst gerecht machen; er lebt in Manresa als verwahrloster und verspotteter Bettler ein Bußleben härtester Art – begleitet von Anfällen tiefster Niedergeschlagenheit, von innerer Verzweiflung, von Skrupulosität, angsterfülltem Beichten, Lebensüberdruss und Selbstmordgedanken. Die große Wende erfolgt in einer ,umwerfenden Erfahrung' in einer Höhle am Fluss Cardoner, der ganz in der Nähe von Manresa fließt. Noch als Sechzigjähriger bekennt er, dass die Summe aller Einsichten und Erkenntnisse seines Lebens nichts sei im Vergleich zu dem, was er dort am Cardoner erfahren durfte.

Diese Erfahrung, so sagt er ausdrücklich, war keine Erscheinung, sondern Ein-der-Enge-des-eigenen-Ich-Entrissenwerden – jedoch nicht von der Welt weg, sondern ganz im Gegenteil in den zur Welt herabsteigenden, zum Sakrament werdenden, eucharistischen Christus hinein. Ignatius hat im Nachhinein seine Cardoner-Erfahrung als Erfahrung (nicht als Vision!) der Trinität beschrieben. Er weiß sich aktiv hineingenommen in die Bewegung Gottes Von-weg-auf-hin. Er weiß sich vom Vater dem in die Welt gesandten Sohn ,zugesellt'. Ignatius erfährt am Cardoner eine ungeheure Befreiung, weil er sich unbedingt (ohne Bedingung oder Voraussetzung) geliebt weiß; er erfährt die Befreiung eines Menschen, der seine eigene Identität (den Sinn seines Lebens) leisten, machen, verdienen will, aber dann die im wahrsten Sinne des Wortes umwerfende Erfahrung macht, dass er nur eines muss: sich von dem Gott, der als der trinitarische unbedingte Liebe ist, durch, mit und in Christus ergreifen lassen.

Vergleicht man Luther und Ignatius, dann fällt auf, dass Luther seine Befreiung von der skrupulösen Angst der Werkgerechtigkeit als ausschließliches Geschenk Gottes erfährt – in diesem Sinne: Meine Erlösung verdanke ich nur Ihm; mein Glaube an seine in Christus geoffenbarte Liebe ist reines Empfangen; im Gebet ausgedrückt: Du, Herr, bist alles; ich selbst bin nichts. Ignatius erfährt sein Cardoner-Erlebnis ebenfalls als Befreiung. Auch er vollzieht eine radikale Umkehr der Perspektive. *Aber* er erfährt das Geschenk der Rechtfertigung (die Erfahrung, unbedingt geliebt zu sein) als Zugesellung, als Sendung und Auftrag. Die Annahme der Rechtfertigung ist für ihn nicht *zuerst* ein bloßes Empfangen, das *dann* ein Geben zur Konsequenz hat, sondern die Annahme der Rechtfertigung ist nur dann ein *echter*, ein *wirklicher* Glaube, wenn er sich einbeziehen (inkludieren) lässt in die Selbsttranszendenz des Erlösers. Die Liebe des trinitarischen Gottes – so bezeugt Ignatius in seinem Geistlichen Tagebuch ebenso wie in seiner Exerzitienanleitung – gipfelt gerade darin, dass er den Sünder nicht zum bloßen Empfänger eines einseitigen Geschenks bestimmt, sondern zum Geber dessen beruft, was er ihm schenkt. Gott wirft seine Gaben nicht einfach hin, sondern will sie in die offene Hand legen, die im Sich-Auftun das göttliche Geben mitermöglicht. Deshalb konnte G. Hevenesi das folgende Motto als Inbegriff der ignatianischen Gnadentheologie bezeichnen: „Sic Deo fide, quasi rerum successus omnis a te, nihil a Deo penderet. Ita tamen iis operam omnem admove, quasi tu nihil, Deus omnia solus sit facturus"[252]. Mit Gustave Martelet[253] spricht Hugo Rahner von einer „circumincession" der beiden in der Formel angesprochenen Haltungen und schlägt deshalb die folgende Übersetzung vor: „Vertraue so auf Gott, daß du dabei nie auf das (von ebendiesem Vertrauen wesentlich geforderte) Mittun vergißt; und dennoch: Tu so mit, daß eben dieses Mitarbeiten erfüllt bleibe vom Wissen um die alleinige Gewalt Gottes"[254]. Johannes Bours hat die Grundformel der ignatianischen Gnadenlehre noch kürzer in einen Buchtitel gefaßt: „Du wirst des Weges geführt, den du wählst". Prägnanter kann man das Zentrum des Gott-Mensch-Verhältnisses – nämlich: das *Zugleich* von *Gott alles* und *der Gläubige alles* – kaum zum Ausdruck bringen.

Das *Exerzitienbüchlein* des Ignatius[255] geht von ganz ähnlichen Voraussetzungen wie Thomas von Aquin mit dem Konzept seiner *Summa theologica* aus. Denn was der Gründer des Jesuitenordens als *Fundament*[256] des Exerzitienweges beschreibt, ist der Hinweis auf die Hinordnung der gesamten Schöpfung und insbesondere des Menschen auf die Gemeinschaft mit Gott. Das heißt: Der Mensch, der dem Willen Gottes folgt, realisiert in Freiheit das,

---

252 G. Hevenesi, Scintillae Ignatianae, 2. – Vgl. zu dieser Formel und deren Geschichte den ausführlichen Kommentar von: G. Fessard, La dialectique, 305–363.

253 Vgl. G. Martelet, La dialectique, 1060[20].

254 H. Rahner, Ignatius von Loyola, 231.

255 Im Folgenden wird die von Hans Urs von Balthasar vorgelegte Übersetzung (Ignatius von Loyola, Die Exerzitien, Einsiedeln ⁹1986) mit dem Kürzel *EB* zitiert.

256 „Der Mensch ist geschaffen dazu hin, Gott unseren Herrn zu loben, Ihn zu verehren und Ihm zu dienen, und so seine Seele zu retten. Die anderen Dinge auf Erden sind zum Menschen hin geschaffen, und um ihm bei der Verfolgung seines Zieles zu helfen, zu dem hin er geschaffen ist" (EB 23).

was er im Sinne eines ihm eingeschriebenen Sollens immer schon ist. Ignatius geht von der Überzeugung aus, dass Gott jeden Menschen ganz persönlich ruft; dass keiner nur ein Fall von Menschsein, sondern im Gegenteil ganz und gar einmalig ist. Dieser mit dem Willen Gottes für das eigene Leben identischen Einmaligkeit auf die Spur zu kommen, ist Sinn des Exerzitienweges.

Die Exerzitien des Ignatius beschreiben einen vierwöchigen Gebetsweg, an dessen Ende die Bitte ‚Dein Wille geschehe an mir und durch mich!' steht. Die *erste Exerzitienwoche* – verbunden mit einer das Leben umgreifenden Beichte – intendiert die Umkehr der Perspektive: Sich nicht mehr vom eigenen Ich her und auf das eigene Ich hin betrachten, sondern im Lichte Jesu Christi. Erich Przywara spricht in seiner Interpretation der Ignatianischen Exerzitien von der notwendigen ‚Nyktothetik'[257]. Wörtlich übersetzt bedeutet dieser Begriff so viel wie ‚das Setzen der Nacht'. Gemeint ist die ‚Nacht des Sehens mit den Augen des Ich'; d. h., das Sehen vom Ich her muss aufgegeben werden, wenn man sich selbst mit den Augen des in Christus Fleisch gewordenen Gottes sehen will. Die *zweite Exerzitienwoche* führt dem Exerzitanden vor Augen, wer der trinitarische, in Jesus Christus Mensch gewordene Gott ist: nämlich die Liebe, die sich selbst dazu bestimmt, sich von geschöpflicher Freiheit bestimmen zu lassen. Verbunden damit ist die Erkenntnis, dass er meiner bedürfen will; und dass ich in dem Maße mich selbst verwirkliche, als ich seinem Willen entspreche. Am Ende der zweiten Exerzitienwoche steht die *Wahl*, zu deren Fundament Ignatius bemerkt: „Bei jeder guten Wahl muß, soweit sie von uns abhängt, das Auge unserer Ausrichtung einfach sein, indem es einzig allein das anschaut, wozu ich geschaffen bin, nämlich zum Lobpreis Gottes unseres Herrn und zum Heil meiner Seele. Was immer ich also erwähle, muß so beschaffen sein, daß es mir zum Ziel hin helfe, zu dem hin ich geschaffen bin" (EB 169). Ignatius erweist sich in seinen Ausführungen (EB 169–188) zu dem in der Regel von vielen Einflüssen erschwerten Wahlprozess als hervorragender Psychologe. Auf diese Psychologie vor allem stützt sich Karl Rahner in seiner viel beachteten Abhandlung zur *Logik der existentiellen Erkenntnis*[258]. Ignatius weiß, wie leicht ein jeder Mensch dazu neigt, das Bequemere oder vorgeblich Leichtere mit Gottes Willen zu verwechseln. Aber er ist zugleich fest davon überzeugt, dass auf Dauer nur das die richtige Wahl sein kann, was dem Wählenden die Gewissheit der Übereinstimmung mit sich selbst vermittelt. Ignatius spricht in diesem Zusammenhang von der Erfahrung eines Trostes, der nicht von außen, sondern von Gott kommt und deshalb die Erfahrung der Übereinstimmung des

---

257 Dazu: M. Schneider, „Unterscheidung der Geister", bes. 33–35.

258 K. Rahner, Logik der existentiellen Erkenntnis, 74–148. – Dazu: A. Zahlauer, Karl Rahner, bes. 197–247.

eigenen mit dem göttlichen Willen bzw. die Erfahrung des Trösters ist, den die Tradition mit dem Heiligen Geist identifiziert.

Die der Passion und Auferstehung Christi gewidmeten Betrachtungen der *dritten Exerzitienwoche* sind so etwas wie die Vorbereitung des Gebetes, das den gesamten Exerzitienprozess zusammenfasst und ebenso wie die oben besprochene Kurzformel der Ignatianischen Gnadenlehre das *Zugleich* von *Alles Gottes* und *Alles des Menschen* ausdrückt: „Nimm hin, Herr, und übernimm meine ganze Freiheit, mein Gedächtnis, meinen Verstand und meinen ganzen Willen, mein ganzes Haben und Besitzen. Du hast es mir gegeben, zu Dir, Herr, wende ich es zurück; das Gesamte ist Dein; verfüge nach Deinem Willen; gib mir Deine Liebe und Gnade, das ist mir genug" (EB 234). Weil das in der richtigen Wahl erreichte Ziel – nämlich die Übereinstimmung des Ich mit dem Willen Gottes *und* (!) mit dem eigenen Selbst – niemals Besitz, sondern ein das ganze Leben bestimmendes Exerzieren ist, dient die *vierte Exerzitienwoche* der Übersetzung der Ausnahmesituation der Exerzitien im engeren Sinn in die Regelsituation der Exerzitien des Alltags.

Insgesamt ist das Exerzitienbüchlein der Versuch des Ignatius, erklärend einzuholen, was er als sein Schlüsselerlebnis am Flüsschen Cardoner bei Manresa bezeichnet hat: nämlich die Gewissheit jener trinitarischen Liebe, die eine einzige Bewegung zum Konkreten ist, eine herabsteigende, inkarnatorische Bewegung. In einem einzigen Moment intensivster Erfahrung erfasst Ignatius den Zusammenhang von Trinität und Schöpfung, von Trinität und Inkarnation, von Trinität und Bundesgeschichte[259]. Was Luther als die Erfahrung geschenkter Gerechtigkeit beschreibt, wird von Ignatius als Erfahrung einer Liebe geschildert, die nicht nur unverdient rechtfertigt, sondern auf eine unersetzbar-einmalige Weise einbezieht in die Proexistenz Christi. Mit anderen Worten: Das Geschenk der Rechtfertigung wird von Ignatius zugleich als Berufung und Sendung erfahren; er kann seinen Glauben an die in Christus geoffenbarte Liebe gar nicht anders explizieren als in Kategorien der konkreten Proexistenz. Hier liegt der Grund für die zeit seines Lebens bezeugte Untrennbarkeit von Christus- und Kirchentreue. Echter bzw. wirklicher Glaube ist nach Ignatius ein mitgeteilter, verleiblichter und also kirchlicher Glaube.

---

259 Die Freiburger Dissertation von K. Ruhstorfer (Prinzip ignatianischen Denkens) versucht den gesamten Weg der Exerzitien aus dem Prinzip der Erfahrung der Trinität zu erklären.

h) Ein Blick in die Geschichte der protestantischen Rechtfertigungslehre

Schon bei Luther selbst, aber deutlicher noch in den Werken der ihm folgenden Theologen ist der Artikel von der Rechtfertigung stets verbunden mit der Lehre von der stellvertretenden Genugtuung Christi. Weil Christus für uns gelebt hat, gelitten und gestorben ist, deshalb kann der Vater dem Sünder Vergebung zusprechen, ohne mit solcher Barmherzigkeit die Gerechtigkeit (das Gesetz des notwendigen Ausgleichs zwischen Sünde und Sühne) zu verletzen. Mit guten Gründen nennt Ernst Troeltsch die Lehre von der stellvertretenden Genugtuung das „protestantische Zentraldogma"[260].

(1) Luther, Calvin, Alt- und Neuprotestantismus

Werfen wir einen wenigstens kurzen Blick auf die vom Stellvertretungsgedanken beherrschte Rechtfertigungslehre Jean Calvins (1509–1564)[261]: Mit einer Schärfe, die nichts zu wünschen übrig lässt, verurteilt er die Vorstellung von den Bußwerken, die der Mensch Gott als sein Verdienst bzw. seine Wiedergutmachung (*satisfactio*) anbietet. Die einzige Genugtuung, von der man aus seiner Perspektive sprechen darf, ist die stellvertretende Genugtuung Jesu Christi. Sie wird dem Sünder ohne eigenes Verdienst ‚imputiert'[262]. Dennoch verwirft Calvin die Werke des durch die Gnade gerechtfertigten Sünders nicht. Aber sie sind nicht die Bezahlung vergangener Schuld, sondern der Ausweis empfangener Gerechtigkeit. Diese empfangene Gerechtigkeit erklärt Calvin viel deutlicher als Luther im Sinne eines Prozesses zunehmender Heiligkeit[263]. Heiligkeit ist zwar ausschließliches Werk der Gnade; aber die guten Werke gehören konstitutiv zu der von ihr ermöglichten Antwort des Sünders. Die Antwort bzw. Annahme ist als Werk des Heiligen Geistes zugleich Befreiung zur Freiheit[264].

In ihrer jüngst erschienenen Habilitationsschrift betont Eva-Maria Faber, dass Calvin mit seiner Rede vom Wirken des Heiligen Geistes im Menschen weder den neuplatonischen Dualismus von *Innen* und *Außen* (vgl. S. 31–33) noch die Vorstellung eines einseitigen Handelns Gottes *am* Menschen *ohne*

---

260 E. Troeltsch, Die Soziallehren, 447.

261 Das Hauptwerk J. Calvins (*Institutio Christianae Religionis*) wird mit dem Kürzel *Inst.* nach der von P. Barth und W. Niesel edierten Ausgabe (Opera selecta, Bd. 3 [München ²1957], Bd. 4 [München ²1959], Bd. 5 [München ²1962] zitiert. Eine deutsche Übersetzung wurde besorgt von O. Weber: Unterricht in der christlichen Religion, Neukirchen-Vluyn ²1963.

262 Vgl. Inst. III,4,26f.

263 Dazu: A. Ganoczy, Aus seiner Fülle, 193–200; S. Scheld, Media salutis, bes. 202–204.

264 Vgl. Inst. III,11,11; 14,12; 16,2; 17,15.

den Menschen verbindet[265]. Im Gegenteil: Gott, der dem Sünder die stellvertretende Genugtuung Christi vermittelt, will eine freie Antwort. Eva-Maria Faber spricht von Calvins Eintragung der Rechtfertigungslehre in die Bundesgeschichte und erklärt die „responsorische Struktur der Vermittlung" des Christusgeschehens (der stellvertretenden Genugtuung) zum roten Faden der gesamten Theologie des Genfer Reformators[266]. Dabei stellt sie keineswegs in Abrede, dass der Gedanke der doppelten Prädestination (der einen zum Heil, der anderen zum Unheil) mit der reformierten Rechtfertigungslehre Calvins verbunden bleibt[267]. Aber man würde den Genfer Reformator missverstehen[268], wollte man aus seinem Erwählungsgedanken ein Handeln Gottes *an* den Erwählten *ohne* die Erwählten folgern.

Während Luther und Calvin das *propter Christum* der Rechtfertigung immer auch im Sinne von *per Christum* oder *in Christo* verstehen, bevorzugt Philipp Melanchthon (1497–1560) die Formel *propter meritum Christi* und bezeichnet den Glauben als *instrumentum* der *applicatio meritorum Christi*[269]. So kündigt sich die von der *altprotestantischen* Orthodoxie konsequent vollzogene Trennung der Versöhnungslehre von der Christologie an. Fortan wird die stellvertretende Genugtuung des Erlösers rein juristisch als äquivalente Ersatzleistung zur Begleichung unserer Schuld vor Gott verstanden; die Übertragung des *meritum Christi* auf den Sünder geschieht nach Analogie eines Rechtsaktes. Das bedeutet: Der vom Stellvertreter Christus vertretene Sünder wird in das Stellvertretungsgeschehen der Erlösung ebenso wenig einbezogen wie ein Gefangener in den Zahlungsvorgang, mit dem er freigekauft wird.

Ganz anders argumentiert der von der Aufklärung bzw. von der Philoso-

---

265 E.-M. Faber, Symphonie von Gott und Mensch, 390–414. – Vgl. auch: M. Plathow, Problem, bes. 163–175.

266 E.-M. Faber, Symphonie von Gott und Mensch, 415–462.

267 Vgl. E.-M. Faber, Symphonie von Gott und Mensch, 419.

268 „Dies zeigt auch Calvins Umgang mit dem vermeintlich augustinischen Vergleich des menschlichen Willens mit einem Pferd unter den beiden Reitern Gott und Teufel [vgl. Inst. II,4,1]. Indem er einen längeren Passus zitiert, beschreibt das Zitat – anders als in Martin Luthers Paraphrasierung – gerade nicht die Symmetrie, in der sich die zwei Reiter eines willenlosen Pferdes bemächtigen, sondern die unterschiedliche Qualität der Lenkung: Während Gott das Pferd als ruhiger und geschickter Reiter lenkt und auf den rechten Weg leitet, treibt es der Teufel durch wegloses Land und in Abgründe hinein, reizt es zu Halsstarrigkeit und Wildheit. Die Beschreibung suggeriert, daß Gott dem Pferd als Pferd gerecht wird, während der Teufel es in Situationen und zu Verhaltensweisen treibt, die dem Pferd selbst Ruin sein müssen" (E.-M. Faber, Symphonie von Gott und Mensch, 423).

269 Vgl. G. Wenz, Geschichte der Versöhnungslehre, 96.

phie Kants und Hegels maßgeblich geprägte *Neuprotestantismus*[270]. Kant bezeichnet das protestantische Zentraldogma von der stellvertretenden Genugtuung Christi als Ausdruck einer Ersatzhandlung bzw. einer Entmündigung des Menschen. Er will das Dogma aber nicht gänzlich abschreiben, sondern mit der Vernunft versöhnen. Zwar könne – so bemerkt er – keiner die Verantwortung einer anderen Person (deren Schuld) übernehmen, doch werde ein sittliches (mit Freiheit begabtes) Subjekt im übertragenen Sinn sein eigener Stellvertreter, wenn der neue Mensch der sittlichen Umkehr an die Stelle des alten Menschen der Sünde trete. Christus sei nur die Veranschaulichung der Idee dieses Vorgangs, ersetze aber nicht, was der umkehrende Sünder selbst besorgen müsse[271].

---

270 Obwohl Martin Luther sich von der zeitgenössischen Mystik durch die Abweisung jedes vom Subjekt bestimmten oder gar asketisch errungenen Zugangs zu Gott unterscheidet (vgl. K.-H. zur Mühlen, Nos extra nos; bes. 101–116), ist er doch Repräsentant jener Hinwendung zum Subjekt, die man als das wichtigste Charakteristikum der Neuzeit bezeichnet. Bei aller Betonung der Unableitbarkeit des göttlichen Handelns und Willens fragt der Reformator nicht nach der Wahrheit ‚an sich‘, sondern danach, wie er ganz persönlich einen gnädigen Gott finden könne. Wenn man an Luthers Invektiven gegen den Ablasshandel, gegen das Verdienstdenken von Opfern, Wallfahrten und Bußwerken, auch gegen jede Form eines theologischen Bescheidwissens denkt, mag die Feststellung überraschen, dass die von Aufklärung und Idealismus propagierte Betonung des Subjekts (seiner Mündigkeit und Autonomie) ohne die Reformation kaum erklärbar ist. Doch schon in Luthers Werk selbst ist der Theozentrismus seiner Rechtfertigungslehre gepaart mit dem Anthropozentrismus einer in existentiellen Kategorien argumentierenden Theologie. Nur oberflächlich betrachtet bedeutet die Ablösung des so genannten Altprotestantismus durch den Neuprotestantismus eine Zäsur. Besser würde man von der Dialektik zwischen zwei sich gegenseitig bedingenden Polen sprechen. Diese Dialektik lässt sich exemplarisch beobachten in Vergleichen zwischen Schleiermacher und Barth bzw. Barth und Bultmann. Letzterer fordert von jeder Theologie, die sich protestantisch nennt, dass sie Gott Gott sein lässt, indem sie nicht über ihn, sondern über sein Dasein in der eigenen Existenz redet. Programmatisch formuliert Rudolf Bultmann: „Nur wenn man sich in seiner eigenen Existenz von Gott angesprochen weiß, hat es Sinn, von Gott als dem Herrn der Wirklichkeit zu reden. Denn jedes Reden über die Wirklichkeit, das absieht von dem Moment, in dem wir allein die Wirklichkeit haben können, nämlich von unserer eigenen Existenz, ist Selbsttäuschung. Gott ist nie ein von außen zu Sehendes, ein Verfügbares, ein ‚Woraufhin‘. [...] Wenn gefragt wird, wie ein Reden von Gott möglich sein kann, so muß geantwortet werden: nur als ein Reden von uns" (Glauben und Verstehen, 33).

271 Vgl. K.-H. Menke, Stellvertretung, 94–98.

(2) Schleiermacher und Barth

Wie sehr dieser Angriff auf den Kern der altprotestantischen Rechtfertigungslehre alle künftigen Interpretationen bis hin zu Karl Barths energischem ‚Nein!‘ prägt, lässt sich exemplarisch an den entsprechenden Passagen der *Glaubenslehre* Friedrich Daniel Ernst Schleiermachers (1768–1834) verdeutlichen. Wie Kant wendet er sich gegen den Terminus *satisfactio vicaria*; und wie Kant will auch er den von vielen Zeitgenossen als Inbegriff der lutherischen Orthodoxie betrachteten Terminus nicht eliminieren, sondern neu interpretieren. Genug – so schreibt er – hat Christus für uns getan, „indem er durch seine Gesamttat nicht nur der zeitliche Anfang der Erlösung, sondern auch die ewig unerschöpfliche und für jede weitere Entwicklung hinreichende Quelle eines geistigen und seligen Lebens geworden ist". Stellvertretend ist diese Genugtuung „weder so, als ob auch uns selbst hätte zugemutet werden können, dieses geistige Leben aus uns selbst heraus anzufangen, noch auch so, als ob wir durch die Tat Christi von der Notwendigkeit entbunden wären, dies geistige Leben in der Gemeinschaft mit ihm selbsttätig fortzusetzen"[272].

Schleiermacher degradiert Christus nicht zum bloßen Vorbild. Aber das, was der Erlöser für den Sünder tut, hat nichts zu tun mit der Imputation einer stellvertretenden Genugtuung, sondern ist lediglich die Initiation eines Umkehrprozesses, der in dem Maße sein Ziel erreicht, als er von möglichst vielen Menschen mitgegangen wird. Es geht um die Umkehrung des adamitischen Weges der sündigen Vereinzelung in einen Weg wechselseitiger Proexistenz mit dem Ziel vollendeter Communio zwischen Gott und Mensch und zwischen Mensch und Mensch[273].

Die anthropozentrische Umdeutung des ‚protestantischen Zentraldogmas‘ und die katholische *analogia-entis*-Lehre mit ihrem Axiom *gratia praesupponit naturam* haben Karl Barth (1886–1968) zu einem an Schärfe kaum zu überbietenden Widerspruch veranlasst. Gleich im Vorwort zu seiner monumentalen *Kirchlichen Dogmatik*[274] bemerkt er: Weil ich in dem Unternehmen einer existentialphilosophisch inspirierten Theologie

„nur eine Neuaufnahme der Linie Schleiermacher-Ritschl-Herrmann, und weil ich in jeder denkbaren Fortsetzung dieser Linie nur das klare Verderben der protestantischen Theologie und Kirche erblicken kann, weil ich

---

272 F. D. E. Schleiermacher, Der christliche Glaube, 130 f.

273 Dazu: G. Bader, Sünde und Bewußtsein der Sünde, 366–395; K.-H. Menke, Einzigkeit, 70–74.

274 Die „Kirchliche Dogmatik" Karl Barths wird im Folgenden mit dem Kürzel *KD* bezeichnet.

zwischen dem nur auf römisch-katholischem Boden legitimen Spiel mit der *analogia entis*, zwischen der Größe und dem Elend einer angeblichen natürlichen Gotteserkenntnis im Sinn des Vatikanums und einer aus ihrer eigenen Quelle sich nährenden, auf ihren eigenen Füßen stehenden, von jenem säkularen Elend endlich befreiten protestantischen Theologie keine dritte Möglichkeit mehr sehe, deshalb kann ich hier nur Nein sagen. Ich halte die *analogia entis* für die Erfindung des Antichrist und denke, daß man ihretwegen nicht katholisch werden kann. Wobei ich mir zugleich erlaube, alle anderen Gründe, die man haben kann, nicht katholisch zu werden, für kurzsichtig und unernsthaft zu halten"[275].

Barth fasst unter den von Thomas selbst nie verwandten, wohl aber von vielen Neuthomisten als Kurzformel der thomanischen Verhältnisbestimmung von Natur und Übernatur bezeichneten Terminus *analogia entis* jeden Versuch, *von unten* – vom Menschen bzw. von der Schöpfung her – auf Gott hin zu denken[276]. Deshalb bekämpft er nicht nur die vom Ersten Vatikanum lehramtlich sanktionierte Behauptung, die natürliche Vernunft könne Gott erkennen, sondern ebenso jede protestantische Theologie, die auf dem Rücken der zeitgenössischen Philosophie Theologie treibt. Der Rückgriff seiner eigenen Gnadenlehre auf Augustinus und Luther ist in jeder Zeile seiner ‚Versöhnungslehre' greifbar.

Allerdings treibt er deren latenten Aktualismus[277] in eine letzte Konsequenz. Für ihn *ist* der Mensch entweder das, was Gott will, oder er *ist* das, was Gott nicht will. Wenn er das ist, was Gott nicht will, ist er nicht teils gut und teils schlecht, sondern ganz und gar *das Nichtige*. Denn – so seine Begründung – wäre die Sünde im Sinne des Katholizismus eine Möglichkeit der menschlichen Freiheit, dann wäre sie vom Schöpfer gewollt oder zumindest „mit Gott *und* mit dem Menschen in irgendeiner allerletzten Harmonie zusammenzusehen"[278]. Da aber geschöpfliche Freiheit die gehorsame Bejahung der eigenen Existenz von Gott her und auf Gott hin ist, bedeutet Sünde niemals Realisierung, sondern immer Zerstörung menschlicher Freiheit. Für Barth verbietet sich jede Unterscheidung zwischen dem Sünder und seiner Sünde. Denn jede Unterscheidung zwischen dem Sünder als Subjekt und der Sünde als bloßem Prädikat des Subjekts unterstellt Gott die Schöpfung eines Menschen, zu dessen geschöpflichen Möglichkeiten auch die Sünde gehört.

---

275 KD I/1, VIIIf.

276 Bis heute unübertroffen ist die von H. U. von Balthasar geleistete Darstellung und Kritik der Barthschen Grundposition: Karl Barth, bes. 263–388. – Dazu: G. L. Müller, Möglichkeit einer natürlichen Theologie.

277 Vgl. K.-H. Menke, Aktualismus, 308 f.

278 KD IV/1, 455.

Barth weiß, dass die These, der Sünder werde von Gott verneint und werde doch nicht annihiliert, in sich widersprüchlich ist[279]. Er spricht von einem Paradox, das dunkel bleibt, solange es nicht in das Licht des gekreuzigten und auferstandenen Stellvertreters tritt. Denn das Geheimnis von Kreuz und Auferstehung bedeutet, dass der Mensch, der ganz mit Gott zusammen ist (Jesus Christus), an die Stelle derer getreten ist, die als Sünder von Gott Verneinte (Nichtige) sind. Sie wären auf Grund dieser Verneinung Genichtete, wenn nicht der sündelose Sohn an ihre Stelle träte und das den Sünder nichtende Nein auf sich nähme. Unabhängig von diesem Stellvertreter wäre der Sünder buchstäblich *nichts* mehr. Nur weil es diesen einen Menschen gibt, der an seiner Stelle zugleich von Gott verneint (Kreuzigung) *und* bejaht (Auferweckung) werden kann, ist der sündige Mensch nicht *nichts*, sondern als ein von Gott Verneinter (Nichtiger) zugleich ein von Gott Bejahter (simul peccator et iustus). Weil Gott die Sünde nicht bejahen kann, sondern verwerfen muss, deshalb nimmt seine Liebe da, wo Jesus Christus nicht nur im Sinne einer ethischen Haltung (Solidarität), sondern im real-ontologischen Sinn als Grund aller Schöpfung an die Stelle der durch die Sünde verneinten (genichteten) Schöpfung tritt, die Gestalt des Gekreuzigten an[280]. Aber indem der Stellvertreter dieses kreuzigende Nein *bejahend annimmt*, ist er als der Gekreuzigte (Verneinte) schon der Auferweckte (Bejahte) und deshalb für alle von ihm vertretenen Sünder die einzige Hoffnung, nicht von der Sünde genichtet zu werden.

Wo Barth das *Nichtige* im Ganzen seiner Ontologie ansiedeln will, zeigt er durch die Einordnung seiner entsprechenden Ausführungen in die Vorsehungslehre, die ihrerseits Teil der Erwählungslehre ist. So wird schon äußerlich deutlich, dass das Nichtige nicht aus dem ontischen Zusammenhang herausfällt, in dem Gott und das Geschöpf *wirklich* sind[281]. Das Nichtige ist *das Andere*, von dem sich Gott trennt, demgegenüber er sich selbst behauptet und seinen positiven Willen durchsetzt. Es handelt sich nicht um

---

279 Vgl. KD III/2, 332.

280 Jesus Christus „hat eben damit, daß er – der an unsere, der Sünder Stelle trat – in den Tod gegangen ist, mit uns als Sündern und damit mit der Sünde selbst in seiner Person Schluß gemacht [...]. Der Mensch der Sünde, der erste Adam, der mit Gott im Streit liegende Kosmos, dieser ganze ‚gegenwärtige böse Äon‘ (Gal 1,4) ist in und mit Ihm ans Kreuz geschlagen, getötet, begraben worden. [...]. Eben das ist es, was geschehen ist, indem Jesus Christus die Sünde, zu deren Träger und Vertreter er sich selbst machen wollte, in seiner eigenen Person (als der eines großen Sünders!) ans Kreuz schlagen und töten ließ" (KD IV/1, 279).

281 „Der *ontische* Zusammenhang, in welchem das Nichtige wirklich ist, ist das auf *Erwählung* begründete *Handeln* Gottes" (KD III/3,405).

etwas Vorgegebenes; Gott setzt sich nicht – dualistisch – gegen einen Konkurrenten durch, sondern weil und indem das Werk seiner Erwählung und Gnade geschieht, geschieht „nur als dessen Kehrseite [...] auch sein *opus alienum*, wird jenes mächtige Nein gesprochen, durch das dem Nichtigen seine eigentümliche Gestalt und Existenz verliehen wird"[282]. Weil Gott etwas nicht will, darum ist das Nichtige *Etwas* und nicht *Nichts*. „Aus dieser eigentümlichen Ontik des Nichtigen folgt aber sein *Charakter*: folgt, daß es das Böse ist"[283]. Das Nichtige ist „die Verneinung der guten Schöpfung Gottes, die als solche auch von ihm eben nur verneint, ausgeschlossen, verworfen sein kann"[284].

Weil es keine Erwählung gibt, wo es nicht auch Nicht-Erwählung, Übergehung, Verwerfung gibt, spricht Barth von einer *doppelten Prädestination*. Er nennt das Nichtige wiederholt „unvermeidlich" und „notwendig"[285]. Aber er charakterisiert diese „Notwendigkeit" auch als „relative", „untergeordnete" und „vorübergehende"[286]. Denn nur weil Gott in Jesus Christus dem Nichtigen in Jesus Christus verneinend gegenübergetreten ist – nur in dieser *Relation*[287] – ist das Nichtige real. „Es *ist nicht an sich*, es ist nur in dieser Gegensätzlichkeit"[288]. Und deshalb ist es nach Barth kein Widerspruch, wenn er das Entstehen und das Vergehen des Nichtigen mit ein und demselben Verneinungsakt Gottes begründet. In Jesus Christus wird das Nichterwählte verneint und zugleich genichtet (Negation der Negation). Im Geschehen der Kreuzigung und Auferweckung Christi denkt Barth auf seine Weise Gott und die Sünde zusammen: „in dem *Tat-Gegensatz*, in dem er sie *meistert, bestreitet, besiegt*"[289]. Indem Jesus Christus an die Stelle des Sünders tritt, wird dessen Nichtung genichtet, ist das Nichtige der durch Gottes Zorn „wie entstandene, so schon verjagte Schatten seines Werkes"[290]. Weil es in Gottes Zeit (in der Ewigkeit) kein *vor Christus* und kein *nach Christus* gibt, weil die Erwählung Christi von Gott her ewig ist, ist auch die Verneinung der Verneinung (die Nichtung des Nichtigen) von Gott her gesehen ein ewiges *Jetzt*. Andernfalls wäre ja Gott bis zu einem bestimmten Zeitpunkt der Schöpfer, Wahrer und Erhalter des Nichtigen. Das von Luther hinter der Formel *simul*

---

282 KD III/3,409.
283 KD III/3,407. – Dazu: W. Krötke, Sünde und Nichtiges, 36–49; W. Härle, Sein und Gnade, 130–153.
284 KD IV/3,796.
285 Vgl. KD II/2,176f; III/3,405.417.
286 Vgl. KD III/1,440; III/3,380f.417.
287 Dazu: K.-H. Menke, Analogia fidei.
288 KD III/3,381.
289 KD IV/2,449.
290 KD III/3,87f.

iustus et peccator versteckte Grundproblem ist aus Barths Sicht das der Verhältnisbestimmung von Ewigkeit und Zeit. Was von Gott her gesehen ewiges Jetzt ist, die Verneinung des Sünders *und* die Verneinung der Verneinung, das ist vom Menschen her betrachtet Vergangenheit und Zukunft. Deshalb kann der Mensch sich dem, was *an sich* erledigt ist, weiterhin verschreiben. So wird die universale Bedeutung des Hintretens Christi an die Stelle der Verneinung (des Nichtigen) deutlich: Sie ist das Geschenk der Zukunft. Wer dieses Geschenk annimmt, ist bereits real verbunden mit dem, der die Zugänglichkeit zum Vater und damit die Zukunft bis an die von Gott verneinte Stelle (Zeitlosigkeit = Hölle) getragen hat. Und umgekehrt: Wer das Geschenk verweigert, bringt in sich zur Geltung, was an sich nur noch *Nicht-Wirklichkeit* ist: das Nichtige bzw. Vergangene[291].

Angesichts dieses Plädoyers für die Macht der in Christus geoffenbarten Gnade legt sich die Frage nahe, was Barth auf den Vorwurf erwidert, dass Gott sich nach seiner Auffassung auch gegen das durchgehaltene Nein des Sünders im Sinne einer Apokatastasislehre durchsetzt. Barth antwortet, dass in der Heiligen Schrift die Verdammung der Sünder nirgendwo eine Einschränkung des Heilsuniversalismus bedeute. Aber er ist sich auch bewusst, dass es im NT eine Reihe von Texten gibt, die von der Hölle sprechen. Auf der reflexen Ebene der Philosophie lassen sich beide Aussagereihen nicht vereinbaren. Aber der gelebte Glaube ist aus seiner Sicht in der Lage, mit beidem Ernst zu machen: mit der Warnung vor der billigen (weil sich notwendig durchsetzenden) Gnade *und* mit der Hoffnung, dass Christus alles in allem und in allen sein werde[292].

Wie Schleiermacher die lutherische Rechtfertigungslehre auf den Kopf gestellt hat, so Barth die augustinische Prädestinationslehre. Wiederum muss der Begriff Paradox herhalten, um die Ungereimtheiten einer Position zu verdecken, die einerseits von einer Gnade spricht, die eigentlich (von Gott her betrachtet) alles schon ‚erledigt‘ hat und dennoch ungeschuldeter Grund unserer Hoffnung sein soll. Ein Beispiel für die Verweigerung, die sich logisch widersprechenden Aussagen Barths theologisch zu vermitteln, ist die Habilitationsschrift von Martin Bieler. Mit Berufung auf Barth betont er: Das mit dem Begriff Stellvertretung Gemeinte „tat Christus in Exklusivität *gegen* unseren Widerstand. Er vollzog die Unterscheidung von Tat und Täter ohne

---

291 Vgl. KD III/3,419–421.

292 Barth fragt: „Weist die überlegene, die verkehrte menschliche Situation jetzt schon so kräftig begrenzende Wirklichkeit […] nicht eindeutig in die Richtung eines Werkes, einer in der Tat ewigen göttlichen Geduld und Errettung und also einer ‚Apokatastasis‘ und ‚Allversöhnung‘?“ (KD IV/3,550f). – Zum Inhalt einer Existenz aus der von Barth beschriebenen Hoffnung: C. Gestrich, Christentum und Stellvertretung, 416–449.

unser Zutun und enteignete uns damit so, dass wir das Böse fortan nicht mehr tun können. Der Mensch ist in Christus zunichte gemacht [sic!], und wir alle sind unabhängig von unserer Stellungnahme in ihm gestorben!"[293] Die Frage, wie denn Barth die Identität des Sünders vor und nach seiner Rechtfertigung erkläre, wird von Bieler mit dessen Begriff der Neuschöpfung beantwortet. Dennoch sieht er keinen Widerspruch zwischen der Lehre von einer Gnade, die sich *gegen* den Menschen und *ohne* ihn durchsetzt, und der Ablehnung jeder Art von Apokatastasis[294].

(3) Barth und Przywara

Weil Barth das Geschöpf nur insoweit als *wirklich* betrachtet, als es bezogen ist auf das Wort, durch das es geworden ist, ist es *an und für sich* im wahrsten Sinne des Wortes nichts. Alles Gerede über das Verhältnis Gottes bzw. der Gnade zum Geschöpf bzw. zur Natur ist aus seiner Sicht von vornherein verfehlt, wenn das Geschöpf bzw. die Natur als etwas betrachtet wird, was auch unabhängig von Gottes Beziehung zu ihm/ihr noch etwas *für sich selbst* ist. Alles Gerede der katholischen Theologie vom Verhältnis der Gnade zu einer auch unabhängig von diesem Verhältnis gedachten Natur ist – wie oben zitiert – „Erfindung des Antichrist". Damit ist neben der liberalen (anthropozentrisch ansetzenden bzw. *von unten nach oben* argumentierenden) protestantischen Theologie die zweite Front genannt, gegen die Barth kämpft[295].

Joseph Ratzinger hat diese ‚zweite Front' der Barthschen Theologie treffend charakterisiert:

„Das Axiom ‚Gratia praesupponit naturam' (oder auch ‚Gratia non destruit, sed supponit et perficit naturam') war in der Zeit der Jugendbewegung [zwischen den beiden Weltkriegen] beinahe zu einer Art Schlagwort geworden. Ein zentraler Punkt des religiösen Empfindens jener Zeit fand sich von diesem Axiom in einer geradezu erregenden und beglückenden Art bestätigt. Ein neues Ethos der Wahrhaftigkeit war durchgebrochen, ein Wille zur unverstellten Natürlichkeit, der aller Konvention, aller ‚bürgerlichen' Form den Kampf ansagte; das frische Lebensgefühl der Jugend mit ihrem unverbrauchten Optimismus, ihrer Liebe zum Leben, zur Welt, zu allem Schönen, das sie trägt, bäumte sich auf gegen

---

293 M. Bieler, Befreiung der Freiheit, 376.
294 Vgl. M. Bieler, Befreiung der Freiheit, 404–407.
295 Dazu: J. Beumer, Gratia supponit naturam; U. Kühn, Natur und Gnade. Untersuchungen; ders., Natur und Gnade; T. Koch, Natur und Gnade; D. Berger, Natur und Gnade.

die Grenzsetzungen und Vorsichtigkeiten der Erwachsenen, deren ge-
scheite Welt doch soeben im ersten Weltkrieg ihre wahren Abgründe
geoffenbart hatte. Nein, man wollte nicht mehr in der stickigen Luft der
alten Konventionen weiterleben, man wollte hinaus aus ihr; man suchte
die Freiheit, man suchte die Natur mit ihrem lauteren Adel und ihrer
unverlorenen Würde. Zweifellos steckte auch eine gute Dosis von Gedan-
kengängen Nietzsches in diesem Ethos, der grimmige Hohn, mit dem er
die leider oft genug wirklich doppelbödige Tugend der Tugendhaften
übergoß, die unerbittliche Offenheit, womit er die Leere aufdeckte, die
hinter ängstlich gehüteten Formeln stand, die Leidenschaft, mit der er
für den Menschen eintrat – all das hatte nun wirklich gezündet und das
Lebensgefühl dieser Jugend geprägt. […] In dieser Situation, in der das
Christentum gleichfalls dem großen Abbau aller Konventionen verfallen
schien, entdeckte man das Axiom ‚Gratia praesupponit naturam' neu wie
eine rettende Macht. Es eröffnete eine ganz neue Möglichkeit christlichen
Bewußtseins: Christsein bedeute gar keinen Bruch mit der Natur, sondern
deren Erhöhung und Vollendung, als das große, erfüllende Ja. Der Katholizismus, der dieses Axiom hervorgebracht hatte, erschien als die Religion des Et-Et: Geist *und* Leib, Gott *und* Mensch, Gnade *und* Natur –
als die große universale Harmonie. Es galt nur, diesen wahren Katholizismus wieder zu entdecken gegenüber der aszetischen Engbrüstigkeit des
19. Jahrhunderts, um zu erkennen, daß hier immer schon jenes freudige
Ja zur schönen Reinheit der Natur gelebt hatte, das sich soeben wieder
mühsam Bahn brach gegen einen Supranaturalismus, der Gott zu verehren
meinte, indem er den Menschen kreuzigte."[296]

Wie weit – rein historisch gesehen – Barths Theologie als Reaktion auf einen
solchen Katholizismus zu verstehen ist, mag hier dahingestellt bleiben. Jedenfalls kann Barths Theologie als Gegenschlag aufgefasst werden. Barth
spricht zwar auch von einer Natur, in der uns die Gnade Christi nicht fremd
ist. Aber der wirkliche Mensch, der Mensch, wie er geschichtlich existiert, ist
nach Barth eben der Mensch, den schon Augustinus so umfassend charakterisiert hat: der sich in seiner Endlichkeit festmachende Mensch, der seine
Natur (Ausrichtung der eigenen Endlichkeit auf das Unendliche) in eine
Unnatur pervertiert hat. Diese Natur fortsetzen und vollenden hieße nach
Barth wie nach Augustinus die selbstzerstörerische Abschließung des Menschen vollenden. Gnade kann für den Menschen nicht *perfectio*, sondern nur
crux naturae sein.

Nach Barth muss der Sünder regelrecht zerstört werden, wenn er fähig

---

296 J. Ratzinger, Gratia praesupponit naturam, 163f.

werden soll zur Annahme Christi, des Erlösers. Barth versteigt sich bis zu der Formulierung, hier helfe keine Operation, sondern nur die Tötung des Patienten. Insofern potenziert er die pessimistische Anthropologie des Augustinus. Denn der Kirchenvater begnügt sich mit dem Hinweis, dass der adamitische Mensch nur dann zur Annahme der Gnade fähig werde, wenn sein in sich verkrampftes Ego gekreuzigt werde[297].

Kein katholischer Theologe ist dieser Kritik Barths so sehr entgegengekommen wie Erich Przywara (1889–1972), der gegen Barths These von dem antichristlichen Charakter der *analogia-entis*-Lehre die Gegenthese von der *analogia entis* als dem Herz des christlichen Glaubens gestellt hat[298]. Es gibt aus Przywaras Sicht[299] in der katholischen Theologie zwei Aussagereihen über die Beziehung von Natur und Gnade, die sich oberflächlich betrachtet widersprechen[300]. Einerseits wird gesagt, die menschliche Natur werde unter der Herrschaft der Gnade nicht nur nicht zerstört, sondern im Gegenteil als Natur vervollkommnet. So erklärt sich das besagte Axiom: *gratia non destruit sed supponit et perficit naturam*. Andererseits wird – weniger in dogmatischen Handbüchern als in den Abhandlungen der *geistlichen Theologie* – betont, dass die Gnade der Natur widerstehe, dass sie in das christliche Leben das Grundgesetz der Entsagung eintrage, ja sich gerade da offenbare, wo die aus der Perspektive der Natur des Menschen höchsten Werte wie Selbstbestimmung, Ehe, Reichtum aufgegeben werden – z. B. in der Befolgung der evangelischen Räte[301], in dem Verzicht auf Besitz, Familie und Karriere. Gnade kann daher auch mit dem Axiom *gratia est crux naturae* bezeichnet werden.

Die Versöhnung dieser zwei Grundsätze stellt eine nicht leicht zu bewältigende theologische Aufgabe, die nach Przywara nicht nur aus ökumenischen

---

297 Vgl. dazu: H. Mühlen, Gnadenlehre, 174–186.

298 Dazu: J. Terán Dutari, Christentum und Metaphysik; E. Mechels, Analogie; E. Naab, Begründung.

299 Besonders aufschlussreich: E. Przywara, Grundsatz. – Über die ‚Kreuzgestalt der Analogie' als den zentralen Gedanken von Przywaras Gesamtwerk: J. Terán Dutari, Christentum und Metaphysik, 491–565.

300 Die folgenden Ausführungen stützen sich auf die beiden Abhandlungen: J. Terán Dutari, Gnade als Kreuz der Natur; ders., Auffassung der Freiheit.

301 „Die Entschiedenheit, mit der namentlich in der Bergpredigt der Widerspruch zur Natur zum inneren Konstitutiv übernatürlichen Verhaltens proklamiert wird, macht es unbedingt notwendig, einen Satz wie *gratia supponit naturam* damit [mit dem Axiom *gratia est crux naturae*] zu konfrontieren, dies um so mehr, als eine derartige Gegenüberstellung bisher systematisch nicht unternommen wurde. Ohne weiteres ist zu begreifen, daß es sich dabei um eines der entscheidendsten Probleme im Verhältnis Natur und Übernatur handeln muß" (B. Stoeckle, „Gratia supponit naturam", 362 f).

Gründen ernst genommen werden sollte. Es geht letztlich um die Frage, wie die Gnade *im Modus der Kreuzigung* Vollendung des Menschen als Menschen sein kann.

Wenn die so gedachte Versöhnung von Bejahung (*perfectio naturae*) und Verneinung (*crux naturae*) kein bloßes Paradox bleiben soll, muss zunächst zwischen supralapsarischer und infralapsarischer Gnade unterschieden werden. Die supralapsarische Gnade war mit der Fähigkeit des Menschen verbunden, seine Natur personal ganz und gar integrieren zu können. Die Folge der Sünde war ein wie immer gearteter Graben zwischen Natur und Person[302]: mit der Konsequenz, dass ich in keinem meiner Akte ganz ich selbst bin – weder im Guten, noch im Bösen. Infralapsarisch spricht man von der Schwäche zum Guten oder der Schwerkraft zum Bösen, von der Konkupiszenz oder schlicht von dem Unvermögen, das durch jede Sünde vertieft wird. Wenn es in der Heiligen Schrift heißt, dass der Tod der Sold der Sünde ist, dann deshalb, weil wir im Tod endgültig erfahren, was wir anfanghaft bzw. antizipativ in jeder Sünde erleben: nämlich dass sich das mit der Natur Gegebene oder von außen ihr Auferlegte der totalen Verfügung der Person entzieht.

Wenn also infralapsarisch dies die Natur des Menschen ist, dass sie sich der Person infolge der Sünde mehr oder weniger entzieht, dann gehört das Leiden bzw. das Kreuz schon zu ihr, bevor die Gnade in ihr mächtig werden kann. Die infralapsarische Gnade trifft die durch jede Sünde vertiefte Spannung zwischen Natur und Person so innerlich, dass das, was Folge der Sünde ist, zum Mittel des Heils (der Gemeinschaft mit Gott) wird. Wer das ihm von außen auferlegte Kreuz annimmt oder in Gestalt der evangelischen Räte, proexistenter Askese oder selbstloser Diakonie sich selbst kreuzigt, erfährt die Gnade *zugleich* als Kreuzigung *und* als Vollendung der eigenen Natur.

„Das ganze christliche Leben, das ja ein Mitsterben mit Christus (Röm 6,3–8), und zwar nicht bloß ein mystisches Sterben der Sünde gegenüber (und erst darin ein Mit-Auferstehen und Mit-Verklärtwerden: Eph 2,16, Kol 2,12; 3,1) ist, erscheint also als vom Kreuz gezeichnet und ist gerade so das Offenbarwerden der immer siegreichen Gnade Gottes am sündigen und in Christus begnadeten Menschengeschlecht"[303]. Gnade ‚kreuzigt' die Natur. Aber indem die Gnade ihr Zeichen schafft, ist sie selber da. Indem sie kreuzigt, erscheint sie in ihrem Wesen, das Vollendung des Menschen bedeutet; sie vollendet als kreuzigende. Und es gibt, wohlgemerkt, außer im Kreuz überhaupt keine wahre Vollendung. Was in der theologischen Tradition ver-

---

302 In seinen Ausführungen über die Konkupiszenz rezipiert Terán Dutari: K. Rahner, Konkupiszenz.

303 J. Terán Dutari, Gnade als Kreuz der Natur, 309.

hängnisvollerweise ‚übernatürlich' genannt wird, nämlich die Gnade als Kreuz der Natur, ist heilsgeschichtlich betrachtet nichts ‚über' oder ‚neben' oder ‚gegen' die Natur, sondern deren Heilung oder Vollendung.

i) Die kriterielle Funktion der Rechtfertigungslehre

Dass der Begriff Rechtfertigung auch dem gebildeten Zeitgenossen nicht verständlicher ist als der Begriff Gnade, hat der Philosoph Herbert Schnädelbach aus Anlass der Jahrtausendwende mit seinem in der ZEIT veröffentlichten Artikel *Der Fluch des Christentums* eindrucksvoll bewiesen[304]. Ohne sich an irgendeiner Stelle der Mühe begriffsgeschichtlicher Forschung zu unterziehen, behauptet der Verfasser, die Rechtfertigungslehre stehe schon bei Paulus für einen ‚Rechtshandel' zwischen Gott und Christus. Die erst in der Frühscholastik entwickelte Satisfaktionslehre wird von Schnädelbach einfach auf Paulus projiziert. Näherhin handelt es sich dabei um die von germanischen Rechtsvorstellungen inspirierte Lehre, Gott habe den Kreuzestod Jesu als äquivalentes Verdienst zum Ausgleich für die von Adam vererbte Sünde verlangt und dann alle Sünder auf Grund des stellvertretend von Jesus erworbenen Verdienstes für gerechtfertigt erklärt.

Das Körnchen Wahrheit, das sich mit gutem Willen selbst in Schnädelbachs Verdrehung des historischen Sachverhaltes finden lässt, liegt in seinem Hinweis auf den Zusammenhang zwischen dem Begriff *Rechtfertigung* und dem Begriff *Gerechtigkeit*. Aber die Gerechtigkeit Gottes ist bei Paulus nicht Ausdruck für die Äquivalenz von Sünde und Sühne, sondern Kennzeichnung einer Gnade, die ihrem Adressaten unbedingt gerecht werden will. Das Gesetz (die Tora) des von Jahwe gestifteten Bundes mit dem Volk Israel ist keine Vereinbarung zwischen Jahwe und Israel, sondern Inbegriff der göttlichen Gnade. Jahwe wird der Würde und Freiheit jedes einzelnen Israeliten gerecht, indem er seine Gemeinschaft (die Gnade) an die Erfüllung der Tora bindet. Anders gesagt: Die Tora erweist sich jedem Israeliten, der sie erfüllt, als Gemeinschaft mit Jahwe und also als Gnade. Augustinus und Luther irren, wenn sie sich für ihre Antithetik von Gnade und Gesetz auf Paulus berufen. Denn der Apostel lehrt gerade nicht, was Luther ihm unterstellt: dass die Gesetzeserfüllung als solche identisch sei mit dem Vertrauen auf das selbstsüchtige Fleisch. Im Gegenteil: In Gal 3,10b lesen wir: „Verflucht ist jeder, der nicht verharrt bei allem, was geschrieben steht im Buch des Gesetzes, um es zu tun". Oder Gal 3,12b: „Wer die im Buch des Gesetzes geschriebenen Gebote tut, wird durch sie leben". Oder Röm 2,13: „Denn nicht die Hörer des Gesetzes sind vor Gott gerecht, sondern die Täter des Gesetzes werden gerechtfertigt werden".

---

304 H. Schnädelbach, Fluch des Christentums, 41 f.

Die Rechtfertigung, die der Jude Saulus in seiner Begegnung mit Christus erfahren hat, ist keineswegs die Erfahrung einer Gnade, die sich als Alternative zur Tora versteht. Saulus hat sich ja im Unterschied zum jungen Luther nicht als ein am Gesetz Gescheiterter erfahren. Im Gegenteil, er war der Überzeugung, die Tora in allem zu befolgen und also gerecht zu sein (Phil 3,6). Er wird sich erst in der Begegnung mit Christus vor Damaskus der Tatsache bewusst, dass er die Tora nicht als Geschenk Jahwes (als Gnade), sondern als seine eigene Leistung missverstanden und also pervertiert hat. Die Begegnung mit Christus öffnet ihm die Augen für die Wurzel aller Sünde, für den Versuch nämlich, aus der eigenen Leistung statt aus dem Glauben leben zu wollen. Auch die Tora ist ein Geschenk, das nur im Glauben angenommen werden kann – allerdings in einem dem Inhalt der Tora entsprechenden und also tätigen Glauben. Im Vergleich zur Tora ist das Christusgeschehen das Ereignis der personalen *Selbst*mitteilung Gottes. Deshalb kann Christus von sich sagen: „Wer mich gesehen hat, hat den Vater bzw. den Willen des Vaters (die Tora) gesehen" (Joh 14,9b). Wer Jesus als den Christus glauben kann, lebt aus der Gewissheit, *als* Sünder von Gott nicht auf Grund eigener Leistung oder Sühne, sondern aus Gnade *gerechtfertigt* worden zu sein. Luther wollte mit seiner viel diskutierten Formel *simul iustus et peccator* nicht sagen, dass der Sünder unter ein und demselben Gesichtspunkt auch der Gerechte ist, sondern dass der, der im Blick auf sich selbst Sünder bleibt, im Blick auf Christus schon gerecht ist. Zudem ist das gläubige Vertrauen in die durch Christus zugesagte Rechtfertigung alles andere als das Greifen nach einer billigen oder faulen Gnade. Denn wer seine Existenz auf das Vertrauen in die in Christus inkarnierte Gnade gründet, dessen Glaube wird zum Mitvollzug der herabsteigenden, proexistenten und fußwaschenden Inkarnation. Von daher darf man mit guten Gründen vermuten, dass die thomanische Kennzeichnung des rechtfertigenden Glaubens als *fides caritate formata* den Intentionen des Apostels Paulus besser entspricht als die mit der Autorität eines Augustinus oder Luther geschmückte Behauptung, das Gesetz bzw. die Tora sei das Gegenteil der Gnade.

Im Vorfeld der *Gemeinsamen Erklärung zur Rechtfertigungslehre* vom 31. 10. 1999 gab es besonders heftig geführte Diskussionen um den Artikel 18, in dem die kriteriologische Funktion der Rechtfertigungslehre zur Sprache kommt. Da ist die Rede von dem gemeinsamen Ziel, „in allem Christus zu bekennen, dem allein über alles zu vertrauen ist als dem einen Mittler (1 Tim 2,5f)". Zugleich aber wird unterschieden zwischen den Lutheranern, für welche die Rechtfertigungslehre eine einzigartige Bedeutung besitzt, und den Katholiken, welche die besondere Funktion der Rechtfertigungsbotschaft nicht verneinen.

Wenn von der Rechtfertigungs*lehre* gesprochen wird, ist an die zum Kennzeichen des Protestantismus avancierte Funktion eines bestimmten

Glaubensartikels gedacht. Zwar gibt es die Rede von der Rechtfertigung auch in der vorreformatorischen Theologie[305]; aber dort ist sie ein Teil der Sakramenten-, Gnaden- (z. B. bei Thomas von Aquin) oder Gotteslehre (z. B. bei Duns Scotus oder Wilhelm von Ockham). Doch niemals ist sie dort das hermeneutische Integral aller anderen Glaubenswahrheiten. Von einer Rechtfertigungs*lehre* in diesem Sinne kann erst *nach* Luther gesprochen werden. Dabei ist die Beobachtung wichtig, dass Luther selbst zwischen Rechtfertigungslehre und Rechtfertigungsbotschaft kaum unterscheidet. Er nannte die Rechtfertigungslehre den *articulus iustificationis* und deklarierte diesen zum „Lehrer und Führer, Hausherr, Lenker und Richter über alle Arten christlicher Lehre"[306]. Wer dieses Zitat vorschnell im Sinne eines alles durchdringenden Systemgedankens deutet, projiziert die eigene Sichtweise auf Luther. Denn der meint mit dem *articulus iustificationis* nicht den roten Faden eines dogmatischen Handbuches, sondern „die Hilfestellung, die dem angefochtenen Gewissen, das mit seiner Unterscheidung zwischen Lebenslüge und Wahrheit im Schatten des Todes nicht aus noch ein weiß"[307], zuteil werden kann. Es geht um den Blick auf Jesus Christus als die in Welt und Geschichte wahrnehmbare Gestalt des Handelns Gottes. Kriteriologische Funktion hat der *articulus iustificationis* also nur insofern, als er unser theologisches Denken dem in Christus wahrnehmbaren Handeln Gottes unterstellt. „In dieser Wegweisung" – so Gerhard Sauter – „besteht die Aufgabe der Rechtfertigungslehre, darum ist sie unvertretbar"; keineswegs aber deshalb, weil sie „sämtliche Themen der Theologie an sich reißen, sie soteriologisch zuspitzen oder zur Gewissensfrage machen"[308] soll.

In der Geschichte des Protestantismus ist der Begriff *Rechtfertigung* durchaus nicht immer für dieselbe Sache verwandt worden. Deshalb spricht Otto Hermann Pesch von einem Paradebeispiel für das Grundphänomen des Nominalismus: dass von verschiedenen Interpreten zwar ein und derselbe Begriff verwandt, damit aber durchaus Verschiedenes bezeichnet wird. Wer „den brillanten Durchblick von Albrecht Peters zur Geschichte der (Umformungen der) Rechtfertigungslehre in der evangelischen Theologie liest[309], gewinnt den peinlichen Eindruck: Der in einer ganz konkreten theologischen

---

305 Dazu: O. H. Pesch, Gottes Gnadenhandeln.
306 „Articulus iustificationis est magister et princeps super omnia doctrinarum genera, et gubernat omnem conscientiam et ecclesiam, sine quo mundus est insulsus et merae tenebrae, nec ullus est error, qui non irrepat et regnet sine illo" (WA 39/I, 205).
307 G. Sauter, Rechtfertigungslehre, 278.
308 Ebd. 279.
309 In: O. H. Pesch / A. Peters, Einführung, 119–168.222–365. – Dazu auch: K. Otte, Gnade.

und geistlichen Situation in den Vordergrund gerückte ‚Artikel' von der Rechtfertigung des Sünders ohne Werke aus Glauben allein ist im Verlaufe der Geschichte des Luthertums seit der Konkordienformel so sehr zur obligatorischen Sprachregelung geworden, daß man neuen Entwicklungen und neuen Fragestellungen nur dadurch Rechnung tragen konnte, daß man die jeweils vorentworfene und von anderen Argumenten und Einsichten getragene Lehre als Inhalt dessen ausgab, was Luther gemeint habe"[310].

Wenn es – sachlich gesehen – in der Rechtfertigungsbotschaft nicht um einen bestimmten Begriff oder um den systematischen Schlüssel des christlichen Lehrgebäudes, sondern um die freimachende Wirkung der Christusbotschaft geht, stellt sich wie von selbst die Frage: Wo und wodurch fühlt sich ‚der moderne Mensch' abhängig, geknechtet oder gefangen? Steht er in einer ähnlichen Situation wie der junge Mönch in Wittenberg mit seiner Angst vor dem Verlust des ewigen Heils? Hat er Angst vor dem ‚gerechten Gott'? Fühlt er sich im Würgegriff der eigenen Sünde und Konkupiszenz? Auf diese Fragen wird auch der strengste Lutheraner nicht mit einem glatten Ja antworten wollen. Natürlich kann es nicht darum gehen, die Rechtfertigungsbotschaft den Fragen der Menschen anzupassen. Aber wenn das Befreiende dieses Evangeliums den heutigen Menschen treffen soll, muss um der gemeinten Sache willen anders als zur Zeit der Reformatoren geredet werden. Was von dem Begriff *Gnade* gilt, gilt analog vom Begriff *Rechtfertigung*: Man verrät die von ihm intendierte Sache, wenn man sie nicht in den Horizont der Menschen trägt, die heute ihre Adressaten sind.

Gerade die protestantische Lutherforschung[311] hat mit überzeugenden Argumenten belegt, dass die Situation, aus der heraus Luther die Rechtfertigungsbotschaft entdeckt, eine unter vielen möglichen Situationen ist. Mit anderen Worten: Die Rechtfertigungsbotschaft beschränkt sich nicht auf die Frage des einzelnen Sünders nach einem Weg zur Versöhnung mit Gott, sondern stellt ganz allgemein heraus, dass der Glaube die Art und Weise des Menschen ist, das zu werden, was er von Gott her sein soll. Insofern ist der Artikel, mit dem die Kirche steht oder fällt, identisch mit dem Bekenntnis des Menschen zu dem einen Gott, der sich in Christus als Vater und Sohn in der Einheit des Heiligen Geistes offenbart hat.

Resümierend darf man festhalten: Die Rechtfertigungsbotschaft bindet die Gnadenlehre an das Christusereignis und richtet den Blick des Theologen oder Verkündigers auf die Adressaten der Selbstmitteilung Gottes. Luther fragte als Kind seiner Zeit auf Grund bestimmter Erfahrungen: „Was habe ich noch zu hoffen und was soll mein Leben noch bedeuten, wenn ich durch meine Sünde von Gott getrennt bin ohne eine eigene Möglichkeit, das än-

---

310 O. H. Pesch, Argumentative Verfahrensweisen, 142 f.
311 So schon P. Althaus, Theologie Martin Luthers; G. Ebeling, Luther.

dern zu können?" Und heute fragen Menschen auf Grund einer neuen Situation: „Was habe ich noch zu erhoffen, was soll meinem für die Menschheit absolut entbehrlichen Leben Bedeutung geben, wenn da kein Gott ist, der mich bei meinem Namen gerufen hat?"[312]

---

312 O. H. Pesch, Argumentative Verfahrensweisen, 147. – Vgl. auch: B. Langemeyer, Frage nach dem gnädigen Gott.

Drittes Kapitel

Gnadenlehre als Frage nach dem Kriterium des Christseins

Die im Kontext der *Gemeinsamen Erklärung zur Rechtfertigungslehre* (31. 10. 1999) geführten Debatten haben gezeigt, dass es bei der kriteriellen Funktion des Rechtfertigungsartikels nicht um einen bestimmten Lehrsatz, sondern um die rechte Bestimmung des Gott-Mensch-Verhältnisses geht. Dieses darf – so kann man das berechtigte Anliegen Luthers wahren – nicht vom Menschen her entworfen oder additiv im Sinne einer Verrechnung von göttlichem und menschlichem Handeln verstanden werden. So weit es um die Abweisung von Fehlformen der Verhältnisbestimmung von Gott und Mensch geht, sind sich die Konfessionen einig. Weniger einig dagegen sind sie sich in der positiven Beschreibung dieses Verhältnisses.

1. Die Verhältnisbestimmung von Gott und Mensch

Man kann, wenn man will, den innerkatholischen Streit der nachtridentinischen Zeit als ein einziges Ringen um diese positive Bestimmung des Gott-Mensch-Verhältnisses interpretieren. Jedenfalls soll im Folgenden deutlich werden, dass die oft als Theologengezänk ignorierten Kontroversen der nachtridentinischen Gnadenlehren ein Problem traktieren, das bis in die Gegenwart mit dem Paradox- oder dem Geheimnisbegriff eher zugedeckt als denkerisch durchdrungen wird.

a) Der innerkatholische Gnadenstreit als Streit um die Verhältnisbestimmung von Gnade und Freiheit

Wir befinden uns nach der Reformation[313] in einer Epoche, die, vom Barock geprägt, durch eine Reorganisation der Kirche, durch eine intensive Erneuerung der Sakramentenpraxis, durch eine glänzende Unterrichtsreform in den Universitäten, Priesterseminaren und Kollegien, durch den Willen zum künstlerischen Ausdruck in der religiösen Literatur, Dramatik, Musik und Architektur besticht. Heute sagt uns der triumphalistische Ton des barocken Lebensgefühls nicht mehr zu. Es wäre jedoch ungerecht, eine Epoche von unserer heutigen Situation her zu beurteilen.

Mit dem missionarischen Elan des Jesuitenordens (Reduktionen in Paraguay; Bestrebungen zur Aneignung der Kultur der Brahmanen Südindiens etc.) verbunden war die theologische Frage: Wie konnten die Vorfahren der missionierten Heiden zum Heil gelangen? Die Antwort der Anhänger des großen Jesuiten-Theologen Francisco de Suárez (1548–1619), der so genannten Suarezianer, liegt in der für die Folgezeit verhängnisvollen Unterscheidung von Natur und Übernatur. Man konstruiert den fiktiven Zustand der *natura pura*, also den Zustand eines Menschen, der, um er selbst zu sein, nicht unbedingt der Gnade (der übernatürlichen Selbstmitteilung Gottes) bedarf. Wenn aber die Gnade für die Natur des Menschen ein *superadditum* (ein übernatürliches Stockwerk über dem natürlichen) ist, dann widerspricht es der Güte Gottes nicht, wenn ein Großteil der Menschen ohne die Gnade leben muss. Allerdings gehen die Suarezianer davon aus, dass auch die Amerikaner und Inder Nachkommen Adams und also nicht mehr im Zustand der natura pura sind. Aber der Einfluss Adams wird als bloße Beraubung praeternaturaler Gaben (z. B. Unsterblichkeit etc.) gedeutet. Man lehrt – im Unterschied zu Augustinus! – eine *denudatio*, nicht aber eine *corruptio* der Natur durch den Sündenfall. Und man folgert aus dieser Position: Die Menschen, die von Christus nichts hören können, sind dennoch in der Lage, den in Christus Fleisch gewordenen Logos – zugleich Grund und Ziel, Alpha und Omega aller Schöpfung und Geschichte – in den Zeichen und Hinweisen der eigenen Tradition und Religion zu bejahen.

So modern und sympathisch diese Antizipation der rahnerschen These vom anonymen Christen auf den ersten Blick scheint, so verhängnisvoll ist die mit ihr verbundene Dissoziation von Natur und Übernatur. Denn die Suarezianer fragen in der Folgezeit, woran man erkennen könne, dass ein Heide Christus unbewusst bzw. implizit angenommen habe. Ihre Antwort verweist auf den übernatürlichen Charakter der Werke, die mit der Annahme der

---

313 Überblicke mit zahlreichen Literaturangaben zu einzelnen Autoren und Fragestellungen bieten: J. Martin-Palma, Gnadenlehre; W.-D. Hauschild, Gnade.

Gnade verbunden sind; wer im Stande der Gnade ist, muss etwas können, was seine natürlichen Kräfte sprengt. Kurzum: Das spezifisch Christliche bzw. Gnadenhafte wird zum Außergewöhnlichen, Übergebührlichen, ja sogar Unmenschlichen. Mit dieser Auffassung verbunden ist eine völlig einseitige (bis heute fortwirkende) Definition des Heiligen: Er ist einer, der Übermenschliches (Kriterium des heroischen Tugendgrades) geleistet und möglichst viele Wunder (verhängnisvollerweise verstanden als Außerkraftsetzungen des Natürlichen!) gewirkt hat!

Der Jesuit, der den Suarezianismus am konsequentesten entfaltet hat, ist Luis de Molina (1535–1600)[314]. Dem in Coimbra und Evora lehrenden Philosophieprofessor ging es vor allem um eine Vermittlung des allgemeinen Heilswillens Gottes mit der Willensfreiheit des Einzelnen. Seine Lösung liegt in der Lehre von der *scientia media*.

Molina und seine Anhänger, die Molinisten, fühlten sich ebenso wie die Reformatoren an die Autorität des Augustinus gebunden. Aber ihnen schien die Frage klärungsbedürftig, wie denn die von Augustinus beschriebene Gnade im und am Sünder wirke: Setzt sie sich gleichsam von selbst durch, sodass ihre Annahme vonseiten des Sünders in keiner Weise Akt der kreatürlichen Freiheit ist? Ist die rechtfertigende Gnade in dieser Weise eine *gratia efficax*? Oder muss man nicht eher von einer für die Möglichkeit der freien Annahme *hinreichenden* Gnade (*gratia sufficiens*) sprechen? Die Molinisten plädieren für die letztgenannte Variante. Sie gehen davon aus, dass der in Christus geoffenbarte universale Heilswille Gottes jedem Sünder unter Einbeziehung der ihn umgebenden Umstände die Möglichkeit schenkt, in Freiheit einzuwilligen. Sie sprechen deshalb von einem *concursus simultaneus* zwischen göttlichem und menschlichem Handeln, zwischen Gnade und Freiheit. Dabei bereitet ihnen ein Spezialproblem besonderes Kopfzerbrechen: nämlich die schon von Hrabanus Maurus in seinem Streit mit Gottschalk von Orbais traktierte Frage, wie eine Gnade hinreichend genannt werden kann, wenn Gott im Voraus von jedem Menschen weiß, ob sie wirklich hinreicht. Mit anderen Worten: Ist das Vorauswissen nicht immer schon ein Vorausbestimmen? Luis de Molina beantwortet diese Frage mit seiner Theorie von der *scientia media*. Gott – so lehrt der Jesuit – erkennt, wie sich der einzelne Mensch in dieser oder jener Situation entscheiden würde (*scientia media* als Vorauswissen des *bedingt* Zukünftigen). In den Situationen, in denen er zustimmen würde, kommt Gott seiner Entscheidung mit der *hinreichenden Gnade* zuvor, sodass der auf diese Weise übernatürlich bewegte Wille zustimmen kann, ohne zu diesem Akt gezwungen zu werden. Die Gnade und

---

314 Zur Gnadenlehre Molinas und seiner Schule: J. Rabeneck, Grundzüge; ders., Axiom; ders., Heilslehre; K. Reinhardt, Pedro Luis, bes. 53–162; M. Plathow, Problem, 45–60.

der freie Wille wirken im Sinne eines *concursus* zusammen. Molina will Augustinus treu bleiben, indem er das *Voraus* der hinreichenden Gnade und also die Unfähigkeit des Sünders unterstreicht, ohne diese Hilfe einzuwilligen. Aber insgesamt kann er den Graben, der ihn von Augustinus trennt, doch nicht verbergen. Denn die Annahme der rechtfertigenden Gnade selbst wird als ein von Gottes Einfluss unabhängiger (autonomer) Akt beschrieben.

Dem Molinismus sehr nahe steht der so genannte Kongruismus[315]. Diese von Francisco de Suárez und Kardinal Robert Bellarmin (1542–1621) ausgebildete Theorie geht von der Annahme aus, dass Gott seine Gnade (*gratia congrua*) den inneren und äußeren Verhältnissen des einzelnen Menschen so anpasst, dass jeder in ausreichendem Maße befähigt wird zur freien Annahme. Das Folgeproblem ist dasselbe wie das des Molinismus; denn der Akt, durch den die *gratia congrua* zur *gratia efficax* wird, ist hier als von Gott unabhängiger (autonomer) Akt des Menschen konzipiert.

Ganz anders als die Jesuiten um Luis de Molina argumentieren die Dominikaner um den Löwener Professor Domingo de Bañez (1528–1604). Sie wollen Augustinus gegen den jesuitischen Pelagianismus verteidigen und beschreiben deshalb die Gnade als ein Wirken Gottes, das den Sünder in seinem Innersten erfasst und seine mit der Sünde identifizierte Unfreiheit in deren Gegenteil – in die mit der Freiheit identifizierte Bejahung Gottes – umwandelt. Indem sie jedoch die Lehre der Molinisten von der *gratia sufficiens* ablehnen und stattdessen die rechtfertigende Gnade als *gratia efficax* im Sinne einer *praemotio physica* des menschlichen Willens beschreiben, handeln sie sich vonseiten der Jesuiten den Vorwurf ein, ihre Gnadenlehre gipfele in dem Gebet: ‚Vor der hinreichenden Gnade bewahre mich, o Herr!'

Die Gnadenlehre der Thomisten um Domingo de Bañez wird im Sinne eines logischen Konsequenzialismus ausgefaltet durch den Löwener Augustinismus. Dessen bedeutendste Repräsentanten sind Michael de Bay (1513–1589) – auch Baius genannt; und Cornelius Jansenius (1585–1638), der spätere Bischof von Ypern.

Beide intendieren eine getreue Interpretation des hl. Augustinus[316]. Beide beginnen ihre Gnadenlehre mit der Beschreibung des Urstandes. Augustins These, dass nach dem Sündenfall Adam selbst und jeder Adamit auch dann sündigt, wenn er materialiter etwas Gutes tut, ist nach Ansicht der Löwener Augustinisten nur damit erklärlich, dass Adam zunächst mit einer besonderen ‚Gnadenhilfe' ausgestattet war, die ihm – richtig angewandt – das Freisein

---

315 Einen hervorragenden Überblick über die Spezifica der verschiedenen ‚Gnadensysteme' (Kongruismus, Kondeterminismus, Sorbonnisches Gnadensystem, Augustinismus, Neuscholastik) bietet: G. Kraus, Gnadenlehre, 255–259.

316 Aus der Sicht Henri de Lubacs ist dieses Vorhaben misslungen. Dazu: M. Figura, Anruf der Gnade, 176–193.

von Sünde bis zu dem Tag ermöglicht hat, an dem er gefallen ist. Durch das Ereignis des Sündenfalls wurde die Natur Adams und die seiner Nachkommen auf sich selbst zurückgeworfen; sie ist danach bloße *natura pura*; und als solche verfällt sie der Schwerkraft des eigenen Gefälles.

Das römische Lehramt war auf Grund der vielen Augustinuszitate, mit denen die Löwener Professoren ihre Thesen stützten, sehr vorsichtig, warf aber der Urstandslehre des Baius eine Naturalisierung der Gnade vor[317]. Jansenius reagierte mit einer Distinktion: Adam sei nicht mit einer übernatürlichen Erhöhung seiner Natur, wohl aber mit einer besonderen Hilfe (*gratia actualis*) bei der Vollbringung guter Werke[318] beschenkt worden. Doch diese Distinktion war nur eine scheinbare Antwort auf den besagten Vorwurf des Lehramtes. Denn wenn die *gratia actualis* als ebenso notwendig bezeichnet wird wie die übernatürliche Ausstattung der Natur insgesamt, dann verliert auch sie ihren gnadenhaften Charakter; dann wird der Vorwurf einer Naturalisierung der Gnade in keiner Weise entkräftet.

Jansenius selbst folgerte aus Augustins Urstandslehre, dass jeder Mensch notwendig dem Motiv in seinem Handeln folgt, das ihn am stärksten zieht; dass also sein Wille von sich aus weder zu guten Werken noch zu deren Gegenteil fähig ist. Allein die *gratia efficax* kann ihn so in die Richtung des Guten bewegen, dass die Schwerkraft der Begierlichkeit überwunden wird. Von daher kann man – in diesem Punkt stimmt Jansenius nahtlos mit Jean Calvin überein – an den guten Werken eines Menschen ablesen, ob ihm das Geschenk der rechtfertigenden Gnade zuteil geworden ist oder nicht. Die in der Logik des augustinischen Spätwerkes liegende Lehre von der doppelten Prädestination wird von Jansenius konsequenzialistisch entfaltet und von

---

317 Papst Pius V. erließ am 1.10.1567 „die Bulle Ex omnibus afflictionibus [DH 1901–1980], in der 76 (oder – bei einer anderen Einteilung – 69) Sätze gebrandmarkt wurden. […] Der Text der Bulle war nicht nur ungenau, sondern auch doppeldeutig. Er stellte sich als eine allgemeine Verurteilung dar, in der man an einer entscheidenden Stelle je nach Kommasetzung lesen konnte, daß alle Sätze verurteilt wurden in dem vom Autor gemeinten Sinn oder aber daß doch eine Anzahl von Sätzen gerade in dem vom Autor gemeinten Sinn aufrechterhalten werden könnten (comma Pianum). Für die Zeitgenossen des Baius galt hauptsächlich die letztere Deutung" (J. A. G. Tans, Baius; 1361).

318 Jansenius entnahm der Schrift „De correptione et gratia" Augustins eine Unterscheidung, die bei ihm entscheidende Bedeutung gewinnt: Das „adiutorium sine quo non", von Augustinus auch „adiutorium possibilitatis" genannt, besteht in einem aktuellen göttlichen Beistand, der zur Ermöglichung des Aktes absolut notwendig ist, während das „adiutorium quo" („adiutorium voluntatis et actionis") unmittelbar auf den Willen und den Akt einwirkt. Die erste Form der Gnade wird von Gott jeder ‚heilen' Natur geschenkt, während die zweite ihrem Wesen nach ‚heilende' Gnade ist.

seinen Anhängern – besonders von einer Gruppierung im Umfeld der Abtei Port Royal – in die Verkündigung eines Elitechristentums umgesetzt.

Die Tragödie des Jansenismus kann nur ermessen, wer Dokumente aus dem Leben von Menschen liest, die unter der extremen Heilsangst der Frage gelebt haben: ‚Bin ich erwählt oder nicht erwählt? Entsprechen meine Werke der Gnade, oder genügen sie ihr nicht?‘. Franz von Sales (1567–1622) zum Beispiel hat bis zur so genannten Kehre seines Gottesbildes in der jansenistischen Angst gelebt und uns erschütternde Zeugnisse seiner Furcht vor Gott und seiner Skrupulosität hinterlassen. Ähnliches gilt von Blaise Pascal (1623–1662), dem wohl bedeutendsten Kopf des mit dem jansenistischen Zentrum, dem Kloster Port Royal, verbundenen Führungskreises.

Molinisten und Jansenisten, Dominikaner und Jesuiten haben sich über Jahrhunderte auf schlimmste Weise verketzert. Vor allem in Frankreich entstand zeitweilig ein kirchliches Klima, das von Bespitzelungen, Anfeindungen und Denunziationen gekennzeichnet war. Natürlich wollten beide Parteien den Papst für sich vereinnahmen. Es kam zu partiellen Verurteilungen des extremen Augustinismus durch Innozenz X.[319], Alexander VII.[320] und Clemens XI.[321] – letztlich aber ohne wirklichen Erfolg, da die wenigen zensurierten Sätze genügend Spielraum für Interpretationen boten. Erst nachdem sich der Jansenismus mit dem antipäpstlichen Gallikanismus verbündet hatte und auch in Italien (Synode der Jansenisten in Pistoia 1786) Fuß zu fassen drohte, schritt das römische Lehramt mit der Bulle *Auctorem fidei* (DH 2600–2700) Pius' VI. am 28. 8. 1794 zu einer eindeutigen Verurteilung des inzwischen zu einem Lehrsystem ausgebauten Jansenismus[322].

b) Das neuthomistische Zwei-Stockwerke-Modell als Versuch einer Verhältnisbestimmung von Übernatur und Natur

Weil die nominalistische Theologie gern von der faktischen Heilsgeschichte absah und über alternative Möglichkeiten spekulierte, ist in ihrem Kontext erstmals die Frage diskutiert worden, ob Gott auch einen Menschen hätte erschaffen können, der in keiner Weise auf seinen Schöpfer hingeordnet, in keiner Weise von ihm durch die Gnade bewegt oder gezogen nur seinen natürlichen Kräften überlassen wäre[323].

---

319 Vgl. die Bulle Cum occasione vom 31. 5. 1653: DH 2001–2007.
320 Vgl. die Bulle *Ad sacram* vom 16. 10. 1656: DH 2010–2012.
321 Vgl. die Bulle *Unigenitus* vom 8. 9. 1713: DH 2400–2502.
322 Dazu: H. de Lubac, Freiheit der Gnade, 58–128; F. Hildesheimer / M. Pieroni Francini, Il giansenismo.
323 Dazu: P. Smulders, De oorsprong; H. de Lubac, Freiheit der Gnade, 204–210.

(1) Das Entstehen der Lehre von einer *natura pura*

Der besagte Michel de Bay verwahrt sich ähnlich scharf wie vormals Luther gegen eine solche Possibilientheologie. Er „hält die Erschaffung einer neutralen, nicht auf die Vereinigung mit Gott ausgerichteten Natur für unvereinbar mit der Schrift und der Lehre der Kirchenväter. Für ihn ist der Gedanke absurd, die Natur sei bei der Erschaffung zunächst Gott gegenüber neutral; dann werde nachträglich dieser neutralen Natur als zusätzliches Element die Urstandsgerechtigkeit (,integritas') geschenkt, wodurch sie ,aus etwas Gutem etwas noch Besseres geworden sei'"[324]. Dennoch wird der Löwener Professor zum Urheber eines ,Systems der *natura pura*' als einer in sich sinnvollen Ordnung (*status naturae purae*). Denn er denkt die Angewiesenheit der Natur auf die Gnade anders als Thomas von Aquin.

Wie oben detailliert ausgeführt, beschreibt der Aquinate die gesamte Schöpfung als hingeordnet auf den Menschen und den Menschen als hingeordnet auf die ewige Gemeinschaft mit seinem Schöpfer. Das heißt: Die Natur *als Natur* wäre nicht das, was sie sein soll, ja sie würde zum Absurdum, wenn sie das ihr eingeschriebene Ziel nicht erreichen würde. Die Ungeschuldetheit der Gnade wird von Thomas dennoch gewahrt, weil die Natur sich unter keinen Umständen selber geben kann, wonach sie sich – als Natur! – immer schon ausstreckt.

Ganz anders Michel de Bay: Aus seiner Sicht hat die Natur einen Rechtsanspruch[325] auf die Gnade, weil sie ohne die entsprechende Gnade nur sündigen würde. In seiner an Genauigkeit kaum übertreffbaren Baius-Analyse bestätigt Henri de Lubac (1896–1991) den vom Lehramt erhobenen Vorwurf, die Urstandsgnade ,naturalisiert' zu haben. Wörtlich bemerkt er: „Der Mensch des Baius bedient sich Gottes, um seine eigene Natur zu entfalten und zu vollenden; und hat er sich seiner einmal bedient, so bleibt er, wie vordem, reiner Mensch"[326].

Derselbe Baius, der die Schöpfung einer *bloßen Natur* ablehnt, lehrt zugleich, dass die Natur durch die Gnade nicht über sich selbst hinausgehoben wird, sondern sich ihrer wie eines Instrumentes der Selbstvervollkommnung bedient. Um die in Christus geschenkte *Erlösungsgnade* als gänzlich ungeschuldet darstellen zu können, ,naturalisiert' Baius die *Urstandsgnade*. Aus seiner Sicht hätte Adam vor dem Sündenfall das Ziel seiner Natur ganz allein verwirklichen können; denn das eben beschriebene Instrument (*gratia actualis*) war eine Hilfe, die ihm der Schöpfer bis zum Sündenfall regelrecht schul-

---

324 M. Figura, Anruf der Gnade, 181.

325 Zur Problematik dieses von Henri de Lubac in die Baius-Interpretation eingeführten Terminus: M. Figura, Anruf der Gnade, 186–188.

326 H. de Lubac, Freiheit der Gnade, 49.

dete. Das Geschenk der seligen Anschauung Gottes wäre für die Natur eines sündelos gebliebenen Adam eine streng ungeschuldete Zugabe, ein *superadditum*, gewesen.

Weil Baius einerseits die Urstandsgnade *naturalisiert* und andererseits die Selbstmitteilung Gottes an den Menschen als *superadditum* bezeichnet, wird er zum Autor einer Position, die den *status naturae purae* als dem Wesen des Menschen nicht widersprechend erklärt. Die Intention dieser Lehre liegt in dem Bestreben, die eigentliche Gnade als gänzlich *ungeschuldete* Zugabe zu kennzeichnen. Die Folge aber ist eine Dissoziation zwischen rechtfertigender Gnade und bloßer Natur. Oder anders ausgedrückt: Der Gnadenbegriff wird zum Gegenbegriff des Naturbegriffs.

Die verheerenden Konsequenzen dieser Dissoziation sind mit Händen zu greifen: Die Gnade – die Gemeinschaft des Menschen mit Gott – wird zu etwas an sich Entbehrlichem, zu einem Stockwerk ohne Aufzug oder Treppe über dem Stockwerk der Natur. Der Mensch – so lässt sich folgern – kann sehr wohl ohne das Geschenk der Selbstmitteilung Gottes Mensch sein; seine Natur ist ohne das Geschenk der *visio beatifica* keineswegs *das Absurde*.

Wie die glänzenden Analysen von Henri de Lubac gezeigt haben, lohnt es sich, den weiteren Schritten der Verhältnisbestimmung von Natur und Gnade zu folgen. Das aber ist in dem enggesteckten Rahmen dieser Studie nicht möglich. Deshalb soll hier nur ein flüchtiger Blick auf die Auseinandersetzungen geworfen werden, die im Vorfeld der so genannten Modernismuskrise kennzeichnend waren für das 19. Jahrhundert.

(2) Das Zwei-Stockwerke-Denken des Neuthomismus und seine Infragestellung durch Rosmini und Blondel

Im Italien des 19. Jahrhunderts kommt es zu einem regelrechten Kampf zwischen Neuthomisten und Rosminianern. Eine zunächst von den Dominikanern und dann noch mehr von den Jesuiten geförderte Thomas-Renaissance sieht sich herausgefordert durch den Versuch, Thomas mit Kant zu versöhnen. Dieser Versuch durchzieht das gesamte Werk des großen italienischen Denkers Antonio Rosmini-Serbati (1797–1853), der nach der Gründung eines Ordens mit seinen Anhängern fast alle wichtigen Lehrstühle Oberitaliens erobert hat.

Im Nachhinein bestreitet niemand mehr, dass Rosmini den Aquinaten authentischer interpretiert hat als die ihn vielfach verfälschenden Neuthomisten. Dennoch wurde er vor allem von einzelnen Jesuiten mit einer Fülle von Thomas-Zitaten als Kantianer, Rationalist oder Immanentist beschimpft. Neben machtpolitischen Motiven lag der zentrale Grund dieser Fehde in Rosminis radikaler Verwerfung des neuthomistischen Zwei-Stockwerke-Denkens – erstes Stockwerk: die Wahrheit, die der Vernunft zugänglich ist; zweites

Stockwerk: die Wahrheit, die von Gott wie eine übernatürliche Instruktion von oben kommt. Wörtlich schreibt er: „Ich würde meine Vernunft und meine Freiheit verleugnen und also unsittlich handeln, wenn ich etwas glauben würde, von dessen Wahrheit ich nicht überzeugt wäre"[327]. In der dem Freund Alessandro Manzoni gewidmeten Schrift mit dem bezeichnenden Titel *Del divino nella natura* stellt er klar, dass die natürliche Vernunft auf Grund ihrer transzendentalen Verwiesenheit auf ‚das Ganze der Wahrheit'[328] den Menschen bis zu der Einsicht führt, dass die Inhalte der Offenbarung zwar nicht zu fassen und zu begreifen, zugleich aber für das Menschsein des Menschen notwendig sind[329].

Der dem Neuthomismus verhaftete Jesuit Francesco Bruno wirft Rosmini noch 1952 in einer Abhandlung mit dem bezeichnenden Titel *Die Beweise für die Existenz der Trinität bei Rosmini* eine rationalistische Reduktion der übernatürlichen Offenbarung vor und beruft sich dabei auf die 1950 erschienene Enzyklika *Humani Generis*[330]. Genauerhin moniert Bruno, dass Rosmini den Glauben an die Trinität Gottes als Voraussetzung für die Lösung der Antinomien des natürlichen Erkennens bezeichne. Und in der Tat, genau das behauptet Rosmini: nämlich dass die natürliche Vernunft nur dann nicht an ihrer Verwiesenheit auf das von ihr selbst unerreichbare Unbedingte verzweifeln muss, wenn es Gott gibt, und wenn Gott trinitarisch ist, d. h. sich selbst an das Andere seiner selbst mitteilen kann. Aber: Nirgendwo folgert Rosmini aus den Antinomien der natürlichen Vernunft, dass es den trinitarischen Gott *tatsächlich* gibt. Er betont lediglich, dass der zwischen Endlichkeit und Unendlichkeit ausgespannte Mensch in der Selbstoffenbarung des trinitarischen Gottes das erkennt, was sein muss, damit er zur Erfüllung seiner selbst gelangt[331].

Rosmini hat in seinem theologischen Hauptwerk (*Antropologia Soprannaturale*) klargestellt, dass die transzendentale Vernunft den Menschen bis zu

---

327 A. Rosmini, Introduzione alla Filosofia, 301 f.
328 Rosmini ist mit Kant der Meinung, dass die von Descartes beschriebene Fähigkeit des Menschen, alles Bedingte zu hinterfragen, kein Beweis der Existenz Gottes oder der Partizipation des Menschen an der göttlichen Unbedingtheit ist. Er will nichts unkritisch voraussetzen, sondern rein transzendentalphilosophisch argumentieren. Deshalb wendet er sich in seinem philosophischen Hauptwerk („Nuovo Saggio sull'origine delle idee") gegen die unbegründeten Voraussetzungen der Sensualisten und der Innatisten. Zu den letzteren rechnet er nicht nur Descartes, sondern auch Kant, weil der nicht begründe, warum die angeborenen Anschauungsformen und Kategorien bzw. die synthetischen Urteile apriori Wahrheit im Sinne der Korrespondenz von Denken und Sein garantieren.
329 Vgl. K.-H. Menke, Vernunft und Offenbarung, bes. 246–283.
330 Vgl. F. Bruno, Le dimostrazioni trinitarie; ders., L'indole apologetica.
331 Vgl. A. Rosmini, Teosofia, 200 f.

der Einsicht führt, des Absoluten unbedingt zu bedürfen, dieses aber von sich selbst her unmöglich erfassen oder erreichen zu können. Das Übernatürliche ist so gesehen die Wirklichkeit, die sich dem Menschen schenken bzw. mitteilen muss, damit er nicht das absurde Wesen bleibt, das alles Bedingte transzendieren soll, ohne das Unbedingte, nach dem es sich ausstreckt, je zu erreichen. Ausdrücklich wendet Rosmini sich gegen jene ‚Naturalisten', die darin einen Widerspruch zur Weisheit des Schöpfergottes sehen, dass der Mensch seine Sehnsucht nach dem Absoluten nicht selbst beantworten bzw. erfüllen kann. Denn – so seine Argumentation – wie das Auge nicht deshalb unvollkommen ist, weil es sich nicht selbst das Licht geben kann, so ist auch der Mensch kein unvollkommenes Geschöpf, weil er sich die Gemeinschaft mit Gott nicht selbst geben kann. Wie der in Palermo lehrende Theologe Francesco Conigliaro in einem lesenswerten Vergleich Rosminis mit den Vertretern der so genannten *nouvelle théologie*, besonders mit Henri de Lubac, gezeigt hat[332], kann man nach Rosmini den Status einer *natura pura* nur denken, wenn man von dem Gott abstrahiert, der sich als Schöpfer ‚verpflichtet' hat, der Sehnsucht des Menschen nach dem Absoluten zu entsprechen. Fast mit denselben Worten wie Jahrzehnte später der französische Denker Maurice Blondel[333] (1861–1949) betont der Roveretaner, dass das Übernatürliche für den Menschen zugleich und unter ein und demselben Gesichtspunkt unbedingt notwendig und doch von ihm selbst unmöglich erreichbar oder machbar ist[334].

Mit dem Ziel, „eine Philosophie zu entwickeln, die aus ihrer autonomen Bewegung heraus sich spontan dem Christentum öffnet", arbeitet Blondel fast zehn Jahre lang an seiner Dissertation mit dem Titel *L'Action*. Diese Arbeit dokumentiert die Suche nach dem Ganzen der Wirklichkeit bzw. nach dem unbedingten Sinn. Denn der erste Satz lautet: „Ja oder nein, hat das menschliche Leben einen Sinn oder der Mensch eine letzte Bestimmung?"

---

332 Vgl. F. Conigliaro, Rosmini, 143–234.

333 „Absolument impossible et absolument nécessaire à l'homme, c'est là proprement la notion du surnaturel." (M. Blondel, L'Action, 388).

334 „Premesse queste notizie sull' intrinseca natura dell'uomo e delle sue potenze apparisce manifestamente che costituito l'uomo nell'ordine puramente naturale sarebbe stato imperfetto; perché non avrebbe avuto giammai la congiunzione reale di quel sommo bene al quale la sua volontà è indeclinabilmente volta, e nel quale solo può a pieno saziare il suo desiderio; come pure il suo intendimento per trascorrere d'una in altra cognizione di tutti gli esseri finiti non avrebbe ottenuto giammai riposo alcuno, ma infaticabilmente si sarebbe aggirato in continua mutazione di oggetti da lui contemplati, e non trovato cibo a sé proporzionato veramente in nessuno." (A. Rosmini, Antropologia Soprannaturale, 297). – Zu den Ähnlichkeiten zwischen Rosmini und Blondel: K.-H. Menke, Deontologische Glaubensbegründung.

Zu Beginn seiner Dissertation schildert Blondel den Typus des dilettantischen Ästheten[335]: „Spielen und genießen, als kenne und erführe man die Nichtigkeit von allem, während man sie weder erfahren hat noch kennt, ist es doch unmöglich, sie zu erfahren und zu kennen, heißt jeder Frage vorgreifen unter dem Vorwand, jedes Fragen zu unterschlagen und willkürlich vorwegnehmend zu behaupten, es gäbe weder Wirklichkeit, noch Wahrheit"[336]. – Der dilettantische Ästhet greift jeder Frage vor, indem er willkürlich vorwegnehmend behauptet, es gebe weder Wirklichkeit noch Wahrheit. Er versucht sich einzuigeln in eine vermeintliche Autonomie, indem er jedes Wollen verneint. Aber aus der *noluntas* – die sich in der Reflexion in ein *volo nolle* übersetzen lässt – schält sich ein jedes Nichtwollen unterfassendes Wollen heraus. Blondel analysiert den Widerspruch zwischen der *volonté volue* (gewollter Wille) und der *volonté voulante* (wollender Wille). Er stellt dem dilettantischen Ästheten den *homme de sacrifice* gegenüber, der seine egozentrische Autonomie im Tun (in der Annahme der eigenen *volonté voulante*) opfert. Im Opfer, in der Entsagung und besonders in der Demut beugt sich der Mensch der Tatsache, dass er unendlich viel mehr will als er in seinen einzelnen Willensakten erstreben kann.

So paradox es scheinen mag, Blondels *Philosophie der Tat* ist ebenso wie Rosminis Denken bestimmt vom Prinzip der Passivität. Gemeint ist damit auch bei ihm das Gegenteil von Nichtstun, nämlich das Transzendieren der eigenen Subjektivität (*volonté voulue*) durch Annahme der *volonté voulante*.

Ausgehend von der Frage nach dem Sinn des menschlichen Lebens in seiner Ganzheit will Blondel keine Erkenntnistheorie betreiben, nicht nach dem Wesen der menschlichen Vernunft fragen, sondern den Lebensvollzug des Menschen als solchen (die *Aktion*) untersuchen. Blondel zeigt, wie die Aktion in allen ihren Vollzügen bestimmt ist durch die Antinomie zwischen dem, was der Mensch zu wollen glaubt, und dem, was er in einer tieferen Schicht seiner Seele tatsächlich will, zwischen dem erstrebten Gegenstand und dem spontanen Antrieb des Willens, oder, in der Sprache Blondels, zwischen dem gewollten Willen (*volonté voulue*) und dem wollenden Willen

---

335 Der von Blondel gebrandmarkte Dilettantismus ist zugleich ein nolo velle [der Dilettant spricht: Ich will nicht wollen] und ein volo nolle [der Dilettant spricht: Ich will Nicht-Wollen]. Denn der Versuch, jeder Handlungsaufforderung auszuweichen oder dagegen aufzubegehren, offenbart den Willen zur unbedingten Unabhängigkeit. Und dieser Wille ist so etwas wie Autolatrie. Denn – so formuliert Blondel wörtlich – „nichts wollen heißt, sich jedem Objekt zu versagen, um sich ganz sich selbst vorzubehalten und sich jede Gabe, jede Hingabe und Selbstverleugnung zu verbieten". Die Autolatrie des Dilettanten ist die vielleicht subtilste Art, sich gegenüber dem Fremden und Anderen zu immunisieren.

336 M. Blondel, L'Action, 14 (Die Aktion, 38 f).

(*volonté voulante*). Mit dieser Antinomie ist kein bloßer Bewusstseinszustand, sondern die innere Logik des menschlichen Tuns selbst beschrieben. Denn wenn Blondel im Kern des menschlichen Willens ein Bedürfnis, ein Verlangen nach dem Übernatürlichen, zu entdecken glaubt, so haben wir das nicht so zu denken, als hieße es: entdeckt in unserem Bewusstsein. Im Gegenteil: An den Ungläubigen gewandt, setzt Blondel voraus, dass dieses Bedürfnis nicht empfunden wird. Er will aber *auf dem Wege rationaler Reflexion* begreifbar machen, dass ein solches Bedürfnis im menschlichen Tun mitgesetzt ist – und das sogar in dem Akt, in dem man das Übernatürliche ablehnt!

Blondels Dissertation führt zu der Erkenntnis, dass der menschliche Wille seinem innersten Wesen gemäß, d. h. notwendig, jede Grenze überschreitet und doch die Erfüllung dieser Notwendigkeit nicht selbst bewirken kann[337]. Blondel zeigt, dass der Mensch nur im Tun, nur in der Aktion sich in das andere seiner Selbst entäußern kann und deshalb die Objektivität der Wirklichkeit nie durch den bloßen Gedanken erreicht. Die Idee verweist auf die Wirklichkeit, ist diese Wirklichkeit aber nicht selbst. Nur in der Aktion gelangt der Mensch zu einer freilich stets partiellen Synthese von Denken und Sein. Anders gesagt: Der Mensch strebt notwendig nach etwas, was sich dem Zugriff dieses seines eigenen Strebens wesentlich entzieht. Das Tun des Menschen reicht über den Menschen hinaus, und das ganze Bemühen seiner Vernunft liegt darin, einzusehen, dass er dabei nicht stehen bleiben kann, noch darf. Wörtlich bemerkt Blondel: „Es ist unmöglich, das Ungenügen der ganzen natürlichen Ordnung nicht anzuerkennen und ein weiteres Bedürfnis nicht zu empfinden; es ist unmöglich, in sich selber etwas zu finden, das dieses religiöse Bedürfnis zu befriedigen vermöchte. Es ist *notwendig*; und es ist *unausführbar*"[338]. Absolut *unmöglich* und absolut *notwendig* für den Menschen – das ist aus Blondels Sicht der exakte Begriff des Übernatürlichen.

Weil der Mensch von sich her nicht in der Lage ist, den Ausgleich der beiden Willen zu bewirken, ist die *volonté voulante* nicht nur Ausdruck seines innersten Wollens, sondern zugleich Ausdruck der Andersheit in ihm. Die vom einzelnen Menschen her unüberbrückbare Diastase zwischen *volonté voulante* und *volonté voulue* ist nicht gleichbedeutend mit der ‚schlechten Unendlichkeit' eines perennierenden Strebens, sondern bezeichnet ein prinzipiell Uneinholbares und in diesem Sinne ganz Anderes. Die *Idee* des

---

337 Vgl. M. Blondel, L'Action, 339.

338 „Il est impossible de ne pas reconnaitre l'insuffisance de tout l'ordre naturel et de ne point éprouver un besoin ultérieur; il est impossible de trouver en soi de quoi contenter ce besoin religieux. *C'est nécessaire; et c'est impraticable*" (M. Blondel, L'Action, 319).

Unendlichen zerstört nicht die *Andersheit* des Unendlichen. Vielmehr ist die *Idee* des Unendlichen als genuiner Akt des Denkens gleichsam eine Störung seiner Selbstgenügsamkeit, Hinweis auf Kompetenz und Beschränkung des Denkens zugleich, der Punkt, an dem das Denken über sich selbst hinausweist. Die Idee des Unendlichen ist Ausdruck für die Selbsttranszendenz des Menschen in der Praxis der *action*.

Blondels Denken wollte *philosophisch* erweisen, dass die christliche Offenbarung nicht der übernatürliche Überbau (das übernatürliche Stockwerk) über der Welt der Vernunft (über dem natürlichen Stockwerk), sondern deren innerste Vollendung ist[339]. Mit dieser Position aber war sein Konflikt mit dem römischen Lehramt ebenso vorprogrammiert wie die lehramtliche Verurteilung Rosminis[340]. Denn unter dem Pontifikat Leos XIII. und Pius' X. gelang es den Neuthomisten, alle Schalthebel der kirchlichen Macht mit den eigenen Leuten zu besetzen. Der von Neuthomisten geprägte Begriff *Modernismus* richtete sich gegen jeden theologischen Versuch, die neuzeitliche Wende zum Subjekt – genauerhin die Kantsche Philosophie – positiv zu integrieren. Vielfach wurden die Begriffe *Modernismus*, *Subjektivismus*, *Protestantismus* und *Kantianismus* als Etiketten auf ein und dasselbe Phänomen geklebt. Als Neuerer bzw. Modernist galt den Neuthomisten jeder, „der sich nicht nur von der Kirche als Hüterin objektiver Wahrheit leiten ließ, sondern

---

339 Blondel geht in den Analysen seines Spätwerkes einen ähnlichen Weg wie Rosmini in der Teosofia. Die christlichen Dogmen der Trinität, Schöpfung, Inkarnation und Erlösung sind nicht das rationale Postulat einer sich selbst begründenden Vernunft, sondern umgekehrt, im Lichte der zunächst hypothetisch vorausgesetzten Wahrheit der christlichen Offenbarung löst sich die Frage nach dem Sinn und dem Ziel einer wesentlich bzw. notwendig über die eigenen Grenzen hinaus verwiesenen Immanenz. Im ersten Teil seiner Philosophie des Christentums beschreibt Blondel die Grenzen der Philosophie angesichts der christlichen Wahrheit, setzt dann diese Wahrheit hypothetisch voraus und konfrontiert die Grenzen der Philosophie mit den Antworten des Dogmas. In einem angehängten Exkurs bezeichnet er dieses Vorgehen als methode cycloidale. Und das erste seiner postum veröffentlichten Fragmente endet mit einer Abhandlung: „Wie aufgrund einer Konvenienz als höchstem Beweis des Katholizismus eine volle Einsichtigkeit der integralen Lösung der Probleme der sittlichen und der religiösen Ordnung entspricht, die bis auf den Grund des Menschen geht, den ganzen Menschen nimmt und fordert und bei hinreichender Klarheit und Begründung des verpflichtenden Charakters seiner Verantwortung unter dem schützenden Schleier des gegenwärtigen Lebens dennoch so weit verhüllt bleibt, daß sie der Gradheit und der Großmut das Verdienst einer Entscheidung beläßt" (M. Blondel, Philosophische Ansprüche, 216).

340 Vgl. V. Conzemius, Antonio Rosmini; R. Aubert, Aspects diverses; G. Martina, La censura romana; K.-H. Menke, Lehramtliche Selbstkorrektur.

von Erfahrung, autonomer Moral und dem Wissen um Geschichtlichkeit
(historisch-kritische Forschung)"[341] sprach oder – schlimmer noch – schrieb.

Als Geburtsjahr des Modernismus im engeren Sinn gilt das Erschei-
nungsjahr der von Alfred Loisy (1857–1940) unter dem Titel *L'évangile et
l'église* publizierten Verteidigung der katholischen Kirche gegenüber den
Angriffen des Dogmenhistorikers Adolf von Harnack (1851–1930)[342]. Blondel hat die Thesen Loisys punktuell für überzogen gehalten, schrieb aber
unter dem Eindruck des um ihn entbrannten Kampfes seinem Freund, dem
Philosophen Auguste Valensin, dass man mittlerweile von zwei unvereinba-
ren Denkweisen inmitten der einen katholischen Kirche sprechen müsse[343].
Diese Diagnose des großen französischen Denkers ist von Hans Urs von Balthasar mit einem Kommentar versehen worden, der es verdient, wenigstens
auszugsweise zitiert zu werden: Blondel erkennt

„bei den zeitaufgeschlossenen Christen das Bewußtsein der Verflochtenheit alles geschichtlich Wirklichen, die Forderung, durch wagendes soli-
darisches Handeln darin einzusteigen, um es in seiner inneren Bewegtheit
zu erfahren. Bei den ‚Neuthomisten‘ bzw. ‚Supranaturalisten‘ dagegen die
Ansicht, die Wirklichkeit könne in abstrakten, fixen und unabänderlichen
Begriffen ausgeschöpft werden, so daß es genüge, im Blick auf die rechten Begriffe zu handeln, um die Welt auch recht zu bewegen. Bei den
ersten folgt aus ihrem Ansatz, daß auch im Verhältnis von Natur und
Gnade dieselbe Verflochtenheit herrscht; daß es auch Wege gibt, die Menschen guten Willens auch außerhalb der Kirche durch rechte Entschei-
dungen in den Bereich der Gottesliebe einzuführen. Bei den zweiten ist
die Übernatur primär ein System von Lehrbegriffen, die auf übernatürliche Weise geoffenbart sich definitionsgemäß in der Menschenwelt nirgendwo vorfinden können, daher nur von einer rein absteigenden kirchlichen Autorität dem Laienvolk zur passiven Annahme vorgestellt werden
kann. Aus diesem […] extrinsezistischen Ansatz folgt für Blondel die
Rückbildung der christlichen Botschaft zu einem ‚Gesetz der Furcht und

---

341 O. Weiß, Modernismus, 367.
342 Dazu: A. Raffelt, Wesen des Christentums. – Raffelt weiß sich in Übereinstimmung mit fast der gesamten neueren Forschung, wenn er feststellt: „Loisys
theologisches Programm ist als fundierter Versuch einer Neubegründung der
katholischen Theologie unter Berücksichtigung der historischen Wissenschaft
anzusehen. Die Vorwürfe des Immanentismus (Enzyklika *Pascendi*), Historismus
[auch von seiten Blondels], Evolutionismus usw. verweisen zwar auf Probleme,
können es aber nicht grundsätzlich diskreditieren. Der Fall Loisy bleibt ein tragi-
sches Ereignis der neueren Kirchengeschichte" (Loisy, 1041).
343 M. Blondel / A. Valensin, Correspondance, Bd. I, 150–154.

des Zwanges'. Man übt im Namen des Herrn eine Härte aus, die er selber nie geübt hätte, ja ,unter dem Vorwand, ihm das Wort zu lassen und seine Feinde zu treffen, verletzt man ihn vielleicht selber'. [...] Die klarbegriffliche Trennung eines geschlossenen Reiches der Natur und eines ebenso geschlossenen der Übernatur, die von oben herab herrscht, fordert von den Vertretern der letzteren, ,sich selbst mit der Offenbarungswahrheit zu identifizieren, oder vielmehr die Offenbarungswahrheit mit sich, um schließlich zu einer rein menschgestaltigen Theokratie zu gelangen, die man zwar dauernd ableugnet, aber doch immerfort praktiziert'. Da der weltliche Arm für diese Herrschaft nicht mehr verfügbar ist, muß man ihn notgedrungen durch eine innerkirchliche Machtanwendung ersetzen; die Kirche im ganzen liegt im ,Belagerungszustand', und da der ideale Untertan der blind gehorchende ist, wird die Tendenz dahin gehen, alle nicht restlos Gefügigen aus der Kirche hinauszutreiben: ,in Ermangelung des compelle intrare wird man das compelle exire praktizieren; [...] der Herr ließ damals die 99 getreuen Schafe auf ihrer Weide, um dem einen verlorenen nachzueilen, manche möchten heute bei dem einzigen getreuen verharren, um es noch besser anzubinden'. Das Leitbild ist jetzt der ,Kreuzzug' für die von der weltlichen Gewalt verkannten Rechte der kirchlichen Macht, ist ,die kleine vollkommen durchgeschulte Sturmschar der Fachleute für die konfessionellen Fragen, die gefügige Elite der Sakristan-Soldaten', während ,die Menschheit zur sedia gestatoria der geistlichen Vollmacht wird, die alles zu geben und nichts zu erhalten hat'"[344].

(3) Henri de Lubac, Karl Rahner und die Enzyklika *Humani Generis*

Nicht zuletzt inspiriert durch Maurice Blondel, hat die so genannte *nouvelle théologie* das Problem der Verhältnisbestimmung von Natur und Gnade erneut aufgegriffen. Der zunächst als Synonym für das Schimpfwort *Modernismus* verwandte Begriff *nouvelle théologie* ist heute zur Bezeichnung für eine Richtung der französischen Theologie geworden, die in der Zeit um den zweiten Weltkrieg versucht hat, durch das Studium der Väter und aus der Perspektive des Personalismus das im Neuthomismus erstarrte Denken aufzubrechen. So kam es auch innerhalb des Dominikaner- und des Jesuitenordens zu Spannungen zwischen den treuen Erfüllungsgehilfen des päpstlich verordneten Neuthomismus und den Anhängern der ,neuen Richtung'. Der junge Jesuit Henri de Lubac (1896–1991) wagt 1930 in einem Aufsatz der *Nouvelle Révue Théologique* folgende Bemerkung über die gängige Schultheologie: „Um ,übernatürlich' zu bleiben, entwickelt sie eine Art ,Überbau' weil sie es

---

344 H. U von Balthasar, Integralismus, 738 f.

dazu für nötig hält, daß das Dogma ‚oberflächlich' sei, und weil sie meint, es sei um so göttlicher, je mehr sie es von der menschlichen Wurzel abschneidet. Als wäre der gleiche Gott nicht Ursprung von Natur und Gnade, und zwar der Natur gerade in Hinblick auf die Gnade!"[345]

Der noch junge Theologe will den Gegner mit dessen eigenen Waffen bekämpfen: nämlich mit einem Rückgriff auf die Aussagen desselben Thomas, auf den sich die Neuthomisten für ihre Zwei-Stockwerke-Theorie berufen. Im Jahre 1946 veröffentlicht er das Werk, das ihm, dem später zum Konzilsperitus und zum Kardinal ernannten Theologen, die Entfernung von seinem Lehrstuhl in Lyon und Lehrverbot eintrug. Das Buch trägt den bezeichnenden Titel *Surnaturel*[346]. Darin kritisiert de Lubac jene Thomas-Interpreten, die seine Aussagen über das *desiderium naturale ad visionem beatificam* als die dem Menschen als geistbegabter Kreatur geschenkte *Möglichkeit* bezeichnen, von Gott in einen übernatürlichen Zustand erhoben werden zu *können*. Der Begriff Möglichkeit wird aus seiner Sicht den vielen Aussagen des Aquinaten nicht gerecht, in denen dieser die *visio beatifica* als die einzig wahre Erfüllung der geistbegabten Kreatur Mensch bezeichnet[347]. Thomas betont zwar auch die Unwirksamkeit des *desiderium naturale*; aber – das ergibt sich aus der Gesamtkonzeption seiner *Summa theologica* – der Schöpfer hat die geistbegabte menschliche Natur von Anfang an so gewollt, dass die visio beatifica nicht nur deren *Möglichkeit*, sondern deren *Bestimmung* ist[348].

Wie in unserem Kapitel zur Gnadenlehre des Aquinaten dargelegt, kann

---

345 H. de Lubac, Apologétique; dt. Übers. 263.

346 H. de Lubac, Surnaturel. – Die heftige Diskussion um dieses Buch dokumentiert mit vielen Literaturangaben auf vorzügliche Weise: M. Figura, Anruf der Gnade, 328–350.

347 Einige der Stellen, auf die sich de Lubac beruft, sind: STh I, q.12 a.1; I–II, q.3 a.8; ScG III, cc.25–51. – Dazu ausführlich: C. Ruini, Trascendenza della grazia, bes. 165–198.

348 Die Position de Lubacs lässt sich wie folgt resümieren: „1) In der Tradition der Thomaskommentatoren und in allen Arbeiten über das ‚desiderium naturale' bis in die Gegenwart ist es unbestritten, daß das ‚desiderium naturale visionis Dei' unwirksam sein muß, da es allein durch die Gnade wirksam ist. – 2) Aus de Lubacs Denkhaltung von oben nach unten wird verständlich, daß er das ‚desiderium naturale' primär als Anruf Gottes versteht, der den Menschen *konkret* auf die Gottesschau ausgerichtet hat. […] Hier zeigt sich […], daß de Lubac die allgemeine Struktur des Verhältnisses von Natur und Gnade (formale Ontologie) heraushebt, die von oben her bestimmt wird. – 3) Den Begriff ‚desiderium inefficax' bezeichnet de Lubac als äquivok. Er kann richtig verstanden werden als Ausdruck der Disproportion zwischen eigenen Mitteln und zugedachtem Ziel; er kann aber auch Anlaß sein, das ‚desiderium naturale (inconditionatum)' zu einer bloßen ‚velleitas' zu verflüchtigen" (M. Figura, Der Anruf der Gnade, 279).

man in der *Summa theologica* Schöpfungslehre und Christologie nicht trennen. Dies gilt ohne Abstriche auch von de Lubacs eigenem Werk. Was in der
frühen Periode seines Schaffens schon anklingt, wird in späteren Arbeiten
zum roten Faden: die Überzeugung nämlich, dass dasselbe Wort, das in Christus Mensch geworden ist, die Schöpfung hervorgebracht hat, und dass deshalb jede geistbegabte Kreatur *immer schon ausgerichtet ist auf Christus*. De
Lubac unterstreicht, „daß jeder Mensch, ob Christ oder nicht, ob ‚im Stand
der Gnade' befindlich oder nicht, ob ausdrücklich auf Gott hin ausgerichtet
oder nicht, gleichgültig welches Wissen er besitzt, oder was alles er nicht
weiß, eine organische Bindung zu Christus hin hat"[349].

Diese apriorische Ausrichtung auf Christus ist identisch mit der oben
bezeichneten *Bestimmung der geistbegabten Kreatur von Anfang an*. Von
dieser *Urbestimmung* allerdings zu unterscheiden ist jene *Kraft*, die den
konkreten Menschen faktisch mit Christus verbindet. „An dieser zweiten Art
von Bindung nehmen nur die teil, die in ausdrücklicher oder verborgener
Weise Christus empfangen oder angenommen haben"[350].

De Lubac betont beides zugleich: Die faktische Hinordnung des Menschen auf Christus bzw. auf die ewige Gemeinschaft mit Gott; *und* die Unfähigkeit des Menschen, das ihm immer schon eingeschriebene Ziel mit
eigenen Mitteln zu erreichen. Letzteres wurde von seinen neuthomistischen
Gegnern nicht übersehen, aber als mit dem ersten Teil der These für logisch
nicht vereinbar betrachtet. Mit anderen Worten: Die Vertreter des Zwei-
Stockwerke-Denkens sahen die Ungeschuldetheit der Gnade von de Lubac
nicht mehr gewahrt.

Unter ihrem Einfluss kam es zur Entstehung der Enzyklika *Humani
Generis*, deren Veröffentlichung am 12.8.1950 zwar keine lehramtlichen
Prozesse, wohl aber Amtsenthebungen und Publikationsverbote nach sich
zog. Die Stelle der Enzyklika, die sich ganz offensichtlich auf die geschil-
derte Position de Lubacs bezieht, lautet: „Andere machen die wahre ‚Gna-
denhaftigkeit' der übernatürlichen Ordnung zunichte, da sie behaupten, Gott
könne keine vernunftbegabten Wesen schaffen, ohne diese auf die selig-
machende Schau hinzuordnen und dazu zu berufen" (DH 3891).

In dem Lehrschreiben Pius' XII. wird gesagt, dass die Hinordnung des
Menschen auf die ewige Gemeinschaft mit Gott ein Werk der Gnade ist; und
dass sich daraus mit logischer Konsequenz folgern lässt, der Mensch sei auch
dann wahrer Mensch, wenn er in den Grenzen seiner geschöpflichen Geistnatur verbliebe.

Ein Ordensbruder Henri de Lubacs, der deutsche Jesuit Karl Rahner
(1904–1984), war von den Folgen der Enzyklika *Humani Generis* nicht be-

---

349 H. de Lubac, Geheimnis, 135.
350 H. de Lubac, Geheimnis, 136.

troffen. Denn er hatte das besagte „desiderium naturale in visionem beatificam" mit einer terminologischen Anleihe bei seinem philosophischen Lehrer Martin Heidegger als *übernatürliches Existential* bezeichnet. Zweifelsfrei lässt sich nachweisen, dass er diese Bezeichnung nicht kreiert hat, um den Sanktionen des Lehramtes auszuweichen oder sich gar in Absetzung von seinen Freunden aus der ‚nouvelle théologie' in Sicherheit zu bringen. Denn schon Jahre vor dem Erscheinen von Humani Generis kommt der Ausdruck *übernatürliches Existential* in kleineren Veröffentlichungen vor. Sein Entstehen erklärt sich ganz einfach aus der Tatsache, dass der junge Rahner zunächst in der Denkform des Neuthomismus geschult wurde und immer bestrebt war, diese Denkform nicht einfach durch eine andere zu ersetzen, sondern Brücken zu bauen[351]. Ein typisches Beispiel für dieses Bestreben ist die Erklärung des neuen Begriffs *Selbstmitteilung Gottes* durch Termini der aristotelisch-thomistischen Metaphysik. Um die Differenz zwischen Schöpfer und Geschöpf auch im Falle der *Selbst*-Mitteilung Gottes an ein Geschöpf zu wahren, spricht Rahner von einer *quasi-formalen Kausalität* – *quasi*-formal deshalb, weil Gott auch als realontologische Bestimmung eines Geschöpfes nicht von diesem abhängig (bzw. dessen *forma*) wird. Ähnlich ist die Bildung des Kompositums *übernatürliches Existential* zu erklären. Rahner will im Sinne der neuthomistischen Denkform, in der er theologisch argumentieren gelernt hat, die Ungeschuldetheit der Gnade wahren; deshalb die Verwendung des Attributes ‚*über*-natürlich'. Auf der anderen Seite will er wie die Theologen der ‚nouvelle théologie' (neben Henri de Lubac vor allem Henri Bouillard und Henri Rondet[352]) betonen, dass die Natur des Menschen im Heideggerschen Sinne nicht *eigentlich* Natur ist, wenn sie im Um-zu-Zusammenhang (in der Uneigentlichkeit) aufgeht, statt im Bewusstsein der eigenen Zeitlichkeit bzw. des eigenen Todes zu ‚ek-sistieren'. Doch ein *Existenzial* im Heideggerschen Sinn – eine Daseinsweise, die den Menschen aus der *bloßen Natur* bzw. aus dem Um-zu-Zusammenhang *ek-statisch* heraushebt – ist nach Rahner erst dann identisch mit der von Thomas beschriebenen Ausrichtung auf die ewige Gemeinschaft mit Gott, wenn diese Ausrichtung ‚unterfasst' wird von der Gnade.

Hier genau liegt der entscheidende Unterschied zur Position von Henri de Lubac: Rahner hält den Restbegriff *natura pura* für eine notwendige Abstraktion, um die Ungeschuldetheit der Gnade zu wahren. Man muss sich aus seiner Sicht den Menschen ohne die faktisch von der Gnade erhobene Ausrichtung auf die Gemeinschaft mit Gott zumindest *denken* können. Eben diese Abstraktion aber ist aus der Sicht de Lubacs unzulässig. Sie ist nach

---

351 In diesem Sinn besonders aufschlussreich: K. Rahner, Begrifflichkeit der ungeschaffenen Gnade.

352 Vgl. H. Rondet, Gratia Christi, bes. 200–234; ders., Le problème.

seiner Meinung überflüssig, weil der Schöpfer, wenn er den Menschen faktisch mit dem *desiderium naturale in visionem beatificam* ausgestattet hat, eine ‚Verpflichtung‘ eingegangen ist, die seine Freiheit nicht mindert, sondern im Gegenteil ausweist.

In diesem Zusammenhang macht der Freiburger Fundamentaltheologe Hansjürgen Verweyen auf ein längst vergessenes Argument Anselms von Canterbury aufmerksam:

> „Auf die Behauptung Anselms, Gott werde mit der menschlichen Natur vollenden, was er begonnen (nämlich sie zur seligen Anschauung Gottes führen), sonst sei sein Werk vergebens, wendet sein Dialogpartner Boso ein: Welchen Dank schulden wir Gott dann für das, was er um seiner eigenen Konsistenz willen tut? Wie sollen wir unser Heil seiner Gnade zuschreiben, wenn er uns mit Notwendigkeit zu diesem Heil führt[353]? Anselm erwidert: Wer sich freiwillig der Notwendigkeit, Gutes zu tun, unterwirft, verdient um so größeren Dank. Als Beispiel verweist Anselm auf die mönchischen Gelübde: Einmal abgelegt, müssen sie mit Notwendigkeit eingehalten werden. Heißt dies aber, das spätere Tun des Mönches sei weniger frei als das von Leuten, die ohne solche Gelübde leben? Im Gegenteil! Der Ordensmann entsagte ja um Gottes willen nicht nur dem gewöhnlichen Lebenswandel, sondern auch der *Erlaubnis dazu*. Darum darf man nicht sagen, daß er aus Nötigung heilig lebt, sondern mit derselben Freiheit, mit der er es gelobt hat“[354].

Wie der Ordensmann durch das Gelübde nicht unfrei wird, sondern im Gegenteil seine Freiheit ausweist, so mutatis mutandis auch Gott, wenn er sich dazu ‚verpflichtet‘, dem faktisch so und nicht anders geschaffenen Menschen zu schenken, worauf er selbst ihn hingeordnet hat. Wenn Rahner daher bis in sein Spätwerk hinein meint, er müsse wegen der Ungeschuldetheit der Gnade an der Hypothese von der Restnatur festhalten, dann darf man fragen: Liegt bei ihm „nicht ein unbewältigter Rest nominalistischen Denkens – von der ‚potentia absoluta‘ Gottes her – vor? Warum sollte Gott bei der Schöpfung eines auf die Gnadenordnung hin entworfenen Menschen dadurch an Freiheit gewinnen, daß er sich die Schöpfung einer nicht auf die volle Gemeinschaft mit ihm angelegten Menschennatur gleichsam ‚in petto‘ vorbehält? Kann eine durch den göttlichen Logos geschaffene Vernunft anders als von diesem Logos durch und durch geprägt begriffen werden – wie es die Vätertradition und dann vor allem Anselm von Canterbury bedacht haben“[355]?

---

353 Vgl. Anselm von Canterbury, Cur Deus homo, in: Opera Omnia II, 99–100.
354 H. Verweyen, Gottes letztes Wort, 242 f.
355 Ebd. 243.

In seiner jüngst erschienenen Dissertation über Rahners Gnadenlehre schließt der Bonner Theologe Paul Rulands aus der Tatsache, dass Rahner in seinen nach 1970 erschienenen Publikationen nur noch siebenmal den Terminus ‚übernatürliches Existential‘ verwendet und vierzigmal die Gnade bzw. Gottes Selbstmitteilung als Existential bezeichnet, eine zwar nicht ausdrückliche, aber doch faktische Annäherung seiner Position an die von de Lubac[356]. Der späte Rahner spreche nicht mehr von einer zumindest denkbaren *natura pura*, sondern wie de Lubac von dem konkreten Menschen, in dem faktisch Gnade und Natur nicht voneinander subtrahierbar sind.

Doch einmal abgesehen davon, dass die weitgehende Vermeidung des Attributes ‚übernatürlich‘ noch keine Änderung in der Sache bedeutet, übersieht Rulands den entscheidenden Differenzpunkt: De Lubac bezeichnet die Hinordnung des Menschen auf Gott nicht als eine immer schon von der Gnade erhöhte Natur, sondern einfach als die Natur des Menschen. Rahner hingegen meint die Ungeschuldetheit der Erlösungsgnade (*gratia Christi*) nur dadurch retten zu können, dass er die der Geistnatur des Menschen eingeschriebene *Hinordnung* auf die ewige Gemeinschaft mit Gott als eine irgendwie ‚immer schon‘ (antizipativ) vorhandene Wirkung derselben Erlösungsgnade erklärt. Dabei spielt es eine völlig untergeordnete Rolle, ob er auf den Terminus ‚übernatürliches Existential‘ verzichtet und stattdessen von der *Selbstmitteilung* Gottes (Gnade) *als* (!) einem *Existential* des Menschen spricht.

Mit Recht stellt Rulands fest, dass Rahner ebenso wie de Lubac das Phänomen der direkten Proportionalität von Gnade und Freiheit bzw. von Übernatur und Natur als ‚paradox‘ bezeichnet. Aber er folgert im Unterschied zu de Lubac aus der untrennbaren Verbindung von Übernatur und Natur, dass es keine methodisch autonom argumentierende Vernunft gebe; dass sich also die Vernunft nicht über ihre eigenen Grenzen aufklären könne, sondern ‚immer schon‘ unterfasst sei von der übernatürlichen Offenbarung bzw. von der Gnade.

Damit ist der Punkt genannt, in dem sich die rahnersche Version von Transzendentalphilosophie von der eines Hansjürgen Verweyen (‚Freiburger Schule‘) oder Thomas Pröpper (‚Münsteraner Schule‘) unterscheidet. Während letztere für eine klare Unterscheidung zwischen Philosophie und Theologie plädieren, bezeichnet Rahner eine solche Trennung als unmöglich[357]. Denn angetrieben von dem Bemühen, im Kontext des interreligiösen Dia-

---

356 Vgl. P. Rulands, Menschsein, 319 f.

357 „Ich glaube, ja, und möchte etwas überspitzt behaupten: das übernatürliche Exsistential wurde weitgehend wie der quasi-offizielle theologische Segen für eine philosophische Welle empfunden, die mit Macht von allen Ecken und Enden (etwa der Hermeneutik Gadamers und Ricoeurs oder der angelsächsischen

loges die Heilsuniversalität des Christusereignisses zu erklären, spricht er von einer apriorischen Bestimmung jedes Menschen[358] durch das einmalige geschichtliche Ereignis der Selbstmitteilung Gottes in Christus[359]. Aber – so bemerkt Verweyen mit guten Gründen – ist die Frage nach der universalen Bedeutung eines einmaligen geschichtlichen Ereignisses „dadurch angemessen weitergebracht, daß man das universale Heilsangebot Gottes als eine ‚realontologische Bestimmung des Menschen selbst' versteht, durch die seine transzendentale Subjektivität innerlich aufgelichtet ist? Hiermit liegt doch von vornherein die Gefahr nahe, daß die ‚kategoriale Offenbarung' (also die Präsenz Gottes im geschichtlich begegnenden Ereignis) gegenüber der ‚transzendentalen Offenbarung' (in jenem übernatürlichen Existential) unterbewertet wird"[360].

Im Gefecht dieser Rahner-Kritik sollte allerdings nicht vergessen werden, was in der Einführung (vgl. S. 14–16) als ein entscheidendes Verdienst schon der Erstlingsvorlesung des jungen Innsbrucker Theologen herausgestellt wurde: die Wiederentdeckung der *gratia externa*. Weil Rahner in der Abkoppelung der Gnadenlehre von der Christologie einen Kardinalfehler der von Augustinus geprägten Entwicklung sieht, plädiert er für eine Rückbindung aller Rede über die Selbstmitteilung Gottes an das geschichtliche Ereignis Jesus Christus. Dabei verweist er zu Recht auf die biblisch gut begründete These, dass jedes Geschöpf durch dasselbe Wort geworden ist, das in dem Menschen Jesus Fleisch angenommen hat. Erst die Verbindung dieser fundamental wichtigen Wiederentdeckung mit den traditionellen Fragen nach der Verhältnisbestimmung von Natur und Gnade (speziell nach der Ungeschuldetheit der Gnade) verführt Rahner (a) zu der Bezeichnung der Hinordnung des Menschen auf die Gemeinschaft mit Gott als übernatürlich und (b) zu der

---

Sprachphilosophie, insbesondere im Anschluß an den späten Wittgenstein) über eine soeben vom Studium der Philosophie des Aquinaten dispensierte Theologen-Generation hereinbrach. Nach Rahner impliziert das übernatürliche Existential die Unmöglichkeit einer methodisch autonomen Philosophie, weil die menschliche Vernunft auch in ihrer apriorischen Strukturiertheit sich faktisch universal ‚immer schon' als ein mixtum compositum aus einer rein-natürlichen und einer geschichtlich-übernatürlich aufgelichteten Transzendentalität vorfindet, ein mixtum, das sich nicht adäquat entflechten läßt" (H. Verweyen, Existential, 129). – Vgl. J. Heinrichs, Ideologie oder Freiheitslehre?, hier: 414 f; R. Schenk, Gnade vollendeter Endlichkeit, 363–370.432–442; G. Essen, Neuzeit.

358 Die apriorische Bestimmung jedes Menschen durch das Christusereignis ist die Grundlage von Rahners Ausführungen über ein ‚anonymes Christentum'. Wichtige Beiträge zum Thema bieten: N. Schwerdtfeger, Gnade und Welt, bes. 23–95.345–424; H. Waldenfels, Begegnung der Religionen, bes. 53–101.

359 Vgl. K. Rahner, Anonymer und expliziter Glaube; ders., Universalität des Heils.

360 H. Verweyen, Existential, 130.

These, die apriori verliehene Gnade der Hinordnung sei identisch mit einer Raum und Zeit übergreifenden, realontologischen Bestimmung jedes Menschen durch das Christusereignis.

Wie die methodische Autonomie der menschlichen Vernunft nicht mehr gewahrt bleibt, wenn man diese als immer schon von der Offenbarung unterfasst oder erhöht bezeichnet, so bleibt auch das An-sich der Geschichte (konkret: das An-sich des Christusereignisses) nicht gewahrt, wenn man sie zumindest partiell bzw. irgendwie (unthematisch) mit dem transzendentalen Apriori[361] der menschlichen Vernunft identifiziert.

---

361 H. Verweyen verweist darauf, dass Rahner ein transzendentales Apriori eigener Art konstruiert. So lassen sich drei Bestimmungen des Terminus „transzendental" unterscheiden: „(a) ‚Transzendental' im Kantischen Sinn meint eine allgemeingültige Möglichkeitsbedingung von Erfahrung überhaupt, ein ‚Apriori' von Erfahrung, das schlechthin ‚a priori', d. h. ohne jeden ‚aposteriorischen Einschluß', absolut unbedingt von empirischen und geschichtlichen Vorgaben ist. […] – (b) Nun ist gerade die Philosophie Kants ein anschauliches Beispiel dafür, wie schwer es ist, ein schlechthin ‚apriorisches Apriori' sicherzustellen. […] Von daher liegt ein zweites Verständnis von ‚transzendental' nahe, das der Geschichtlichkeit des Verstehens Rechnung trägt. Das ‚Transzendentale' in diesem weiteren Sinn ist zwar immer noch ein Apriori, nämlich der Interpretationsraster zeitbedingter Erfahrungen, ein Vorverständnis, dessen Aufdeckung ja oft erheblicher Anstrengungen bedarf. Es ist aber nicht ein ‚Apriori schlechthin', sondern ein solches, das selbst durch bestimmte geschichtliche Bedingungen konstituiert ist. In diesem Sinn wird der Terminus ‚transzendental' mit der Entwicklung des hermeneutischen Bewußtseins zunehmend auch in der phänomenologischen Forschung verwandt, weitgehend mit impliziter Voraussetzung der Unvermeidbarkeit des ‚hermeneutischen Zirkels', d. h. der Annahme, daß ein ‚Apriori schlechthin' unmöglich sei. – (c) Erst unter Voraussetzung dieses Schritts von ‚transzendental Nr. 1' zu ‚transzendental Nr. 2' ist nun die Weiterentwicklung des Terminus zu jener dritten Fassung von ‚transzendental' zu begreifen […]. Wird nämlich ein Apriori anerkanntermaßen durch geschichtliche Vorgaben konstituiert, dann können solche geschichtlichen Vorgaben ja durchaus auch theologischer Art sein. Nimmt man darüber hinaus – wie K. Rahner mit seinem ‚übernatürlichen Existential' – eine universale geschichtliche Vorgabe an, ohne die überhaupt kein Mensch faktisch zur Welt kommt, dann scheint mit dem nun gewonnenen Begriff eines ‚theologischen Apriori' zugleich auch ein fließender Übergang von ‚transzendental Nr. 1' zu ‚transzendental Nr. 2' gewonnen, ein Übergang, der philosophisch nicht möglich ist. Dieses ‚übernatürliche Existential' nämlich wäre zwar (im Sinne von Nr. 2) eine geschichtliche Mitgift, nichtsdestoweniger aber (im Sinne von Nr. 1) schlechthin universal, Auszeichnung einer jeden existierenden Menschenvernunft. Die reflexive Erhellung dieses ‚transzendental Nr. 3' könnte allerdings […] nicht mehr rein philosophisch vonstatten gehen – man hat es ja nicht mit einer Vernunft ohne übernatürliche

Obwohl Rahner im übertragenen Sinn als Schüler Joseph Maréchals (1878–1944) bezeichnet werden kann, hat er doch dessen strikte (an Blondel anknüpfende) Trennung von Philosophie und Theologie, von Vernunft und Offenbarung, von Natur und Übernatur nicht durchgehalten. Maréchal fragt nach einem letzten Fundament der kritischen (transzendentalphilosophisch argumentierenden) Vernunft, das ohne performativen Selbstwiderspruch nicht bezweifelt werden kann; und er erkennt dieses Fundament in der Beobachtung, dass die Vernunft auch da, wo sie alles bezweifelt, für diesen Zweifel unbedingte Gültigkeit einfordert. Maréchal bedient sich der retorsiven Argumentation[362], indem er zeigt, dass jedes Urteil auch noch im Modus der Verneinung eine Affirmation von Wirklichkeit ist. Der Skeptiker, der alle Geltung negiert, widerspricht sich selbst, weil er für seine These, dass nichts den Anspruch auf unbedingte Geltung erheben könne, unbedingte Geltung beansprucht. Natürlich kann jeder ein bestimmtes Urteil wieder zurückziehen oder verneinen; aber er kann auch dies nur in Form eines Urteils und so in Gestalt einer Affirmation tun. Damit ist deutlich, dass jeder Urteilsinhalt unter der apriorischen Bedingung der Affirmation steht, und dass mithin in jedem – auch dem falschen – Urteil ein *unbedingter* Geltungs-, Gewissheits- und Wahrheitsanspruch gesetzt ist. Das Sein – so Maréchal – kennt keine andere Grenze als das pure Nichts. Der Begriff des Nichts ist aber ohne die immer schon notwendig vorausgesetzte Idee des Seins nicht einmal denkbar, da das Nichts nur in Bezug auf Sein und Seiendes bestimmt werden kann, nämlich als dessen totale Verneinung. Anders gesagt: Die totale und universale Negation fordert als Bedingung ihrer Möglichkeit eine ebenso universale Position bzw. Affirmation. Eben darin tut sich aus der Sicht von Maréchal das Absolute in all unserem Erkennen kund; darin, dass im Vollzug aller Urteile vorgängig zu jeder kategorialen Inhaltlichkeit ein schlechthin unumstößliches ‚Dass‘ in uneingeschränkter Geltung, Gewissheit, Wahrheit und Notwendigkeit gesetzt ist[363]. Maréchal spricht von einem apriorischen Dynamismus des

---

Bestimmtheit zu tun. Für ein solches Unternehmen wäre vielmehr ‚transzendentale Theologie‘ der angemessene Ausdruck. Und da der letzte Boden für eine solche transzendental-theologische Analyse immer eine (wenn auch noch so universal konzipierte) geschichtliche Bestimmtheit bliebe, dürfte man dann auch von einer (für Kant ein ‚hölzernes Eisen‘) ‚transzendentalen Erfahrung‘ oder ‚transzendentalen Offenbarung‘ reden" (H. Verweyen, Gottes letztes Wort, 126 f).

362 Der Terminus *Retorsionsargument* bezeichnet ein indirektes Beweisverfahren, welches das Argument des Gegners gegen diesen selbst wendet; das ‚Retorsionsargument‘ will beweisen, dass der Gegner durch den Vollzug seines Einwandes implizit die These bejaht, die er explizit verneint.

363 Zu den Stärken und Schwächen des Retorsionsargumentes vgl. H. Verweyen, Ontologische Voraussetzungen, bes. 45–54.

menschlichen Erkennens auf das Absolute hin, bezeichnet diesen apriorischen Dynamismus aber niemals als Ergebnis einer ‚übernatürlichen Erhöhung‘, sondern im Gegenteil als das, was die Geistnatur des Menschen *als solche* auszeichnet.

c) Der Versuch eines Lösungsvorschlags

In einer bemerkenswerten Abhandlung[364] hat der Jesuit Johannes Heinrichs auf die Vereinbarkeit der Grundintention des Thomas von Aquin mit der Grundintention der protestantischen Rechtfertigungslehre in einer transzendentaldialogisch reformulierten Gnadenlehre verwiesen.

Aus seiner Sicht haben Henri de Lubac, Otto Hermann Pesch und in ihrem Gefolge viele Thomasspezialisten mit guten Argumenten die These verworfen, der Aquinate beschreibe als guter Aristoteliker eine in sich abgegrenzte Natur des Menschen und halte deshalb auch so etwas wie eine von der Selbstmitteilung Gottes getrennte ‚natürliche Glückseligkeit‘ für möglich. Weil Thomas den aristotelischen Naturbegriff einzeichnet in die große Bewegung alles Seienden von Gott her und auf Gott hin, bedeutet das *natura*-Sein für jedes Seiende so viel wie die ihm eigentümliche Art und Weise des Unterwegsseins zu Gott. Und da der Mensch – weil geistbegabt – um die Verwiesenheit seiner Endlichkeit auf das Gegenteil aller Endlichkeit weiß, ohne die ihm eingeschriebene Verwiesenheit aus eigener Kraft befriedigen zu können, ist er entweder das absurdeste aller Geschöpfe oder Adressat eines Gottes, der ihn gerade so geschaffen hat, damit das Geschenk der Gemeinschaft mit dem Unendlichen (mit dem trinitarischen Gott) ganz Gnade und zugleich ganz Realisierung der geschöpflichen Freiheit (der Eigentlichkeit des Menschen) ist.

Thomas will mit seiner differenzierten Verhältnisbestimmung von *gratia increata* und *gratia creata* und mit seiner Einzeichnung dieser Verhältnisbestimmung in eine christozentrische Sicht von Schöpfung und Geschichte[365] erklären, was viele jüngere Autoren mit dem Etikett ‚Paradox‘ eher zudecken als analytisch erschließen: nämlich das *Zugleich* von ‚ganz Gottes Gnade‘ *und* ‚ganz Ausdruck der menschlichen Freiheit‘. Damit unterscheidet er sich gar nicht so fundamental von der reformatorischen Gnadenlehre, wie Luther mit seinen Invektiven gegen die Bezeichnung der Gnade als *habitus* oder *virtus* glauben machen will. Denn wenn man einmal fragt, warum die protestantische Theologie statt der ontologischen (sapientialen) eine aktual-personalistische (relationale) Denkform wählt, dann wird rasch deutlich, dass dies

---

364 Vgl. J. Heinrichs, Ideologie oder Freiheitslehre?
365 Vgl. die obigen Ausführungen über den Aufbau der thomanischen *Summa theologica* (S. 98–102).

aus demselben Grund geschieht, aus dem Thomas den aristotelischen Naturbegriff im oben bezeichneten Sinne korrigiert. Die protestantische Theologie will sagen: „Eine sich irgendwie in sich abrundende Natur des Menschen kann gerade als sich abschließende, sich in sich vollenden wollende, nur ‚total korrupt' genannt werden. Wenn es einen Sinn haben soll, von ‚Natur' in einem neutralen Sinn zu sprechen, dann nur im Sinne einer bloßen Voraussetzung für die rechtfertigende Gnade, die außerhalb dieses Voraussetzungs-Zusammenhangs nur als völlig nichtig verstanden werden darf. Es gibt keine analogia entis zwischen Natur und Gott, sondern einzig Glaube und Gnade stiften ein Verhältnis, das einzig mögliche zwischen Gott und Mensch bzw. Welt (analogia fidei), dem die Natur lediglich als ein dialektisches Verhältnis angehört, dessen Verselbständigung gerade ihre Nichtigkeit darstellt (K. Barth)"[366].

Heinrichs selbst greift die im Kontext unterschiedlicher Denkformen identische Grundintention des *Zugleich* von Gott und Mensch, von Gnade und Freiheit auf. „Gott" – so bemerkt er – „wirkt in seiner gnadenhaften Mitteilung nicht ‚hinter' oder ‚vor' unserer Freiheit, sondern eben ‚in' ihr"[367]. Mit Vehemenz wendet er sich gegen die vorschnelle Verwendung des Etikettes ‚Paradox'. Aus seiner Sicht sind die Gnadenstreitigkeiten des 16. und des 17. Jahrhunderts keineswegs der Beweis für die grundsätzliche Unauflösbarkeit des Problems von göttlicher Allwirksamkeit und menschlicher Freiheit. Man sollte, so schreibt er, dagegen protestieren, dass dort von Geheimnis gesprochen wird, wo es sich um ein bloßes Rätsel als Folge unzureichender Denkmittel handelt. Und er stellt den ‚Vertretern eines neuen Geheimnisses' die Frage, wie sie denn jenseits der Verhältnisbestimmung von Gnade und Freiheit die Freiheit des einen Menschen mit der des anderen vereinbarten.

Was der Löwener Dogmenhistoriker Piet Fransen als Erfahrung der großen Mystiker beschreibt[368], nämlich die Erfahrung der Nähe Gottes *als* Befreiung zur eigenen Freiheit, wird von Heinrichs transzendental-dialogisch reflektiert. Seine Antwort auf die in den nachtridentinischen Gnadenstreitigkeiten verhandelte Problematik verweist auf das Phänomen, dass menschliche Freiheit die Anerkennung der Andersheit des Anderen (der Freiheit des

---

366 J. Heinrichs, Ideologie oder Freiheitslehre, 407.

367 J. Heinrichs, Ideologie oder Freiheitslehre, 431.

368 „Gott vereinigt sich mit unserm innersten Wesen. Er ist uns mehr präsent, als wir uns selbst präsent sind. Er umgreift und durchdringt uns mit seiner radikalen Immanenz, die uns an der Stelle erfaßt, wo unser Dasein aus seinen schöpferischen und heilschaffenden Händen hervorgeht. Gerade weil Gott so radikal transzendent ist, vermag er uns so radikal immanent zu sein. Göttliches und menschliches Tun addieren sich nicht, sondern durchdringen sich so, daß das Alles Gottes zum Alles des Menschen wird" (P. Fransen, Das neue Sein, 934).

Anderen) als Bedingung der Möglichkeit ihrer eigenen Realität immer schon impliziert. Übertragen auf das Verhältnis der Gnade Gottes zum Menschen bedeutet dies: Gott bestimmt sich selbst dazu, sich von der geschöpflichen Freiheit des Menschen bestimmen zu lassen. So gesehen ist die Freiheit des Menschen nicht *Folge*, sondern *Implikat* der wesentlich dialogisch strukturierten Freiheit Gottes, welche als Liebe bzw. Selbstmitteilung identisch ist mit dem, was die Tradition Gnade nennt.

Dem Münsteraner Theologen Thomas Pröpper kommt das große Verdienst zu, diese Position mit Hilfe der von Hermann Krings vorgelegten Freiheitsanalyse[369] nicht nur weiter erhellt, sondern als möglichen Ansatz für eine neue Systematik aller dogmatischen Einzeltraktate bezeichnet zu haben[370]. Wenn Heinrichs im Blick auf die Gnade von geschenkter Freiheit und auch von geschenkter Autonomie spricht, findet er Pröppers volle Zustimmung, stößt aber auch auf dessen kritische Anfrage, wie denn wirkliche Autonomie (Selbstursprünglichkeit bzw. formale Unbedingtheit) als geschaffene gedacht werden könne. Der ebenfalls in Münster lehrende Philosoph Klaus Müller schlägt in dieselbe Kerbe, wenn er gegen die „Konzepte, die mit der Formel eines ‚Bei-sich-sein(s) als Beim-andern-sein(s)‘ operieren", den Vorwurf einer rhetorischen Verschleierung der eigenen Ratlosigkeit erhebt[371]. Denn – so seine Begründung – diese Konzepte *behaupten* ein Zugleich von Gnade und Freiheit, das sie nicht *begründen*.

Dieses Defizit will Thomas Pröpper mit einem Rekurs auf die Freiheitsanalyse von Hermann Krings[372] beheben. Vergegenwärtigen wir uns deshalb die Grundzüge dieser Analyse:

(1) Freiheit ist zunächst die apriori jedem Menschen gegebene Fähigkeit, sich als Ich zu jedem Nicht-Ich verhalten zu können. Hermann Krings spricht von der formalen Unbedingtheit dieses Phänomens und meint damit die durch kein Nicht-Ich eingeschränkte und also *un-bedingte* Selbstbestimmung des Ich.

(2) Auf Grund seiner Endlichkeit (als ‚Geist in Welt‘) kann der Mensch die formale Unbedingtheit seiner Freiheit nur auf endliche Weise ausdrücken bzw. realisieren. Deshalb spricht Krings von der unüberbrückbaren Antinomie zwischen formaler Unbedingtheit und materialer Bedingtheit der menschlichen Freiheit.

(3) Auch da, wo ein Ich im Vollzug seiner Freiheit auf einen seiner formalen Unbedingtheit adäquaten Gehalt – nämlich auf die formal ebenso

---

369 Vgl. H. Krings, Transzendentale Logik; ders., System und Freiheit.
370 Vgl. T. Pröpper, Erlösungsglaube; ders., Rede von Gott; ders., Allmacht Gottes; ders., Freiheit Gottes. – Dazu: M. Striet, Das Ich, 237–306.
371 K. Müller, Wenn ich „ich" sage, 120.
372 Vgl. T. Pröpper, Erlösungsglaube, 182–191.

unbedingte Freiheit eines anderen Menschen – trifft, kann das Ich seine Anerkennung dieses Anderen nur auf endlich-bedingte Weise bzw. symbolisch
realisieren. Mit anderen Worten: Die Antinomie zwischen formaler Unbedingtheit und materialer Bedingtheit ist ein unaufhebbares Konstitutivum der
Freiheit jedes Menschen, wenn er denn wirklich Mensch ist.

(4) Weil jeder Mensch, der seinen konkreten Nächsten der formalen Unbedingtheit seiner Freiheit entsprechend unbedingt anerkennt, mit diesem Akt
mehr verspricht als er im Endlichen von Welt und Geschichte einlösen kann,
bleibt letztlich nur die Alternative, die Freiheit auf Grund ihrer konstitutiven
Antinomie als Inbegriff des Absurden zu entlarven oder mit der Idee Gottes
eine Instanz zu denken, die den Sinn der vom Menschen selbst unüberbrückbaren Diastase zwischen dem, wonach er sich in unendlich vielen Anläufen
ausstreckt, und dem, was er tatsächlich realisieren kann, verbürgt.

(5) Wählt man die letztere Alternative, dann denkt man Gott nicht als
transzendentes Absolutum, sondern als die Allmacht, die sich – identisch mit
der absoluten (trinitarischen) Liebe – unbedingt dazu bestimmt, sich von
anderer Freiheit bestimmen zu lassen. Ausgehend von der Analyse der Freiheit des Menschen definiert Pröpper die Idee Gottes als Idee einer allen
Gehalt und sich selbst unbedingt eröffnenden Freiheit, d. h. einer Freiheit, die
als Einheit von unbedingtem Sich-Öffnen und unvermittelter Fülle des Inhalts
nicht nur formal, sondern auch material unbedingt ist und insofern vollkommen genannt werden muss.

Vor dem Hintergrund dieser Analyse ist Gnade die in Christus realsymbolisch ausgedrückte unbedingte Anerkennung des einzelnen Menschen durch
Gott. Wer diese Anerkennung als eine Zusage glaubt, die bewirken kann, was
sie verspricht (unbedingte Anerkennung heißt u. a.: Ich will, dass Du unbedingt bist, dass Du durch Sünde und Tod nicht zerstört wirst), ist befreit von
dem unheimlichen Zwang, seinem Leben – seinen vierzig, fünfzig, wenn's
hochkommt, neunzig Jahren – selbst einen Sinn geben zu müssen; ist – positiv formuliert – dazu befähigt, der Wirklichkeit seines eigenen Lebens, der
Wirklichkeit seines Nächsten, der Wirklichkeit der Schöpfung und nicht zuletzt der Wirklichkeit Gottes theoretisch wie praktisch immer mehr zu entsprechen. Solche Entsprechung – ein Leben aus der Gnade – könnte man ab-
strakt mit dem Etikett ‚wachsende Anerkennung der Andersheit des Anderen'
versehen.

In diesem von der kringsschen Freiheitsanalyse bestimmten Konzept ist
das Verhältnis von Gnade und Freiheit kein *Grund-Folge-Verhältnis*, sondern
ein *Bestimmungsverhältnis*. Die Gnade ist nicht im Sinne der aristotelischen
Kausalitätslehre der *Grund*, sondern die *Bestimmung* der geschöpflichen
Freiheit. So wird dem berechtigten Anliegen Augustins Rechnung getragen:
dass die menschliche Freiheit sich ganz und gar – von Anfang an! – der
Gnade verdankt. Zugleich aber wird deutlich, dass es zum Wesen dieser

Gnade gehört, sich von der geschenkten Andersheit des Anderen real (nicht nur scheinbar!) bestimmen zu lassen. Der Mensch ist also nicht nur *in* der Bejahung Gottes bzw. *in* der Annahme der Gnade frei, sondern auch *gegenüber* der Gnade. In dieser Feststellung liegt eine deutliche Kritik an jedweder Gnadenlehre, die im Gefolge Augustins oder Luthers die Freiheit des Menschen mit der Existenz von Gott her und auf Gott hin *identifiziert*. Allerdings betont Pröpper gegenüber jedem möglichen Missverständnis der von ihm apostrophierten Autonomie (der formalen Unbedingtheit oder Selbstursprünglichkeit) der geschöpflichen Freiheit: Das *Gegenüber*-der-Gnade-frei-Sein des Menschen bedeutet nicht: *Unabhängig*-von-Gott-frei-sein, sondern ist im Gegenteil Darstellung der biblisch bezeugten Tatsache, dass Gottes Allmacht sich in der Heilsgeschichte selbst dazu bestimmt, sich von wirklicher (selbstursprünglicher) geschöpflicher Freiheit real bestimmen zu lassen.

Auch wenn diese Position für die protestantische Tradition wegen ihrer Betonung des *Zugleich* von Gott und Mensch, von Gnade und Freiheit, nicht ohne Probleme ist, sollte man beachten, dass der Gnade in allem der Primat zukommt und dass die Autonomie des Menschen eine geschenkte ist. Noch deutlicher wird das ökumenische Potential der von Pröpper explizierten These, wenn man seinen jüngst unterbreiteten Vorschlag[373] einbezieht, künftig auf jedwede Rede von einer geschaffenen Gnade zu verzichten.

Bei diesem Vorschlag ist ihm durchaus bewusst, was wir in dem obigen Abschnitt über die Gnadenlehre des Aquinaten erklärt haben: dass Thomas die *eigentliche Gnade* mit der personalen Selbstmitteilung des trinitarischen Gottes identifiziert und mit dem Ausdruck *gratia creata* nur das reale Ankommen dieser *eigentlichen Gnade* in der Freiheit des Menschen bezeichnet. Aber die thomanische Unterscheidung zwischen *gratia increata* und *gratia creata* kommt – so kritisiert Pröpper – aus der unerbittlichen Logik von Grund und Folge (aus der Abgrenzung dessen, was Gott tut, von dem, was der Mensch tut) nicht wirklich heraus. Deshalb plädiert Pröpper für die Ersetzung des Grund-Folge-Schemas durch das Modell des Bestimmungsverhältnisses und – damit verbunden – für die Eliminierung des Terminus *gratia creata*.

---

373 Vgl. T. Pröpper, Gott hat auf uns gehofft, bes. 306–321.

2. Christsein – oder: Das geschichtliche Ankommen des göttlichen im menschlichen Handeln

Wie in der Einführung dargestellt, liegt eines der größten Verdienste Karl Rahners in der strikten Rückbindung aller Rede über die Gnade an das Christusereignis. Rahner erkennt, dass die Identifikation der Gnade mit einem rein innerlichen, pneumatischen, unmittelbaren und unsichtbaren Handeln Gottes im einzelnen Sünder unweigerlich die Frage nach sich zieht, ob Gott sich die geschichtliche Selbstmitteilung Gottes in Jesus Christus nicht hätte sparen können.

a) Die Externalität und Erfahrbarkeit der Gnade

Eine Gnadenlehre, die den Vorgang der Rechtfertigung als unsichtbares und unmittelbares Wirken des Heiligen Geistes im Inneren des Sünders (als bloße *gratia interna*) versteht, trennt die Pneumatologie (das Wirken des Heiligen Geistes) von der Christologie (vom Christusereignis). Augustins Prädestinationslehre ist die Konsequenz einer Gnade, die sich ohne den Sünder und gegen ihn durchsetzt, wenn sie ihn zum Heil erwählt hat.

(1) Gnade: Unterwegs zur Inkarnation

Eine solche Prädestinationslehre widerspricht dem biblischen Bundesgedanken, der vom Konzil von Chalkedon in die christologische Formel „ungetrennt und unvermischt wahrer Gott *und* wahrer Mensch" gefasst worden ist. Anders gesagt: Der Bundesgedanke schließt ein geschichtsenthobenes, unsichtbares und unmittelbares Handeln Gottes am Menschen ohne den Menschen aus. Die beiden folgenden Szenen der alttestamentlichen Heilsgeschichte können diesen Sachverhalt exemplarisch veranschaulichen:

(1) In Ex 3,1–22 begegnet Mose seinem Gott: Er erfährt ihn als den, der ganz und gar transzendent und zugleich ganz und gar nahe ist. Der eine und wahre Herr des Himmels und der Erde offenbart sich als der Ich-bin-da. Er ist nicht da *oder* dort, sondern der in jedem Geschöpf und Ereignis inwendige Sinn, ohne deshalb mit der Summe aller Geschöpfe identisch zu sein. Mose erfährt seinen Gott als alles durchdringende Wirklichkeit – geschöpflich und geschichtlich vermittelt im brennenden Dornbusch; und er erfährt Jahwe als den, der ihm schenkt, wozu er ihn beauftragt. Anders gesagt: Mose erfährt die Wirklichkeit dessen, was wir mit dem alten und abgegriffenen Terminus Gnade vielleicht mehr verbergen als erklären: dies, dass er sich ganz und gar seinem Gott verdankt, und zwar so, dass ihm eine Identität geschenkt wird, die nur er – und niemand statt seiner! – realisieren kann. Das Geschenk dieser Identität ist zugleich Auftrag. Gottes Gnade ist kein Handeln an Mose ohne

Mose, sondern mit Mose. Gottes Gnade will des Adressaten bedürfen, den sie beschenkt.

(2) In Ex 20,1–21 (Übergabe des Bundesgesetzes) wird einerseits deutlich, dass der Bund kein Vertrag zwischen zwei ebenbürtigen Partnern, sondern ganz und gar Gnade bzw. Geschenk Jahwes an sein Volk Israel ist. Aber dieses Geschenk behandelt den Beschenkten nicht wie ein willenloses Objekt. Im Gegenteil: Israel soll durch die Tora befähigt werden, Subjekt dessen zu sein, was ihm geschenkt wird. Das Bundesgesetz bzw. die Tora ist ganz und gar Geschenk Jahwes an Israel und gerade so auch ganz und gar Auftrag, Befähigung und Sendung. Jahwe schenkt seinem Volk das Versprechen seines Daseins, seiner Treue, seiner Gerechtigkeit und befähigt Israel damit, seinerseits zu leben, was ihm geschenkt wurde: nämlich Treue, Wahrhaftigkeit und Gerechtigkeit bzw. all das, was das Grundgebot der Gottes- und Nächstenliebe konkretisiert. Die Tora ist Geschenk (Gnade) und Berufung (Sendung) zugleich. Israels Erwählung (Gnade) ist zugleich ein Auftrag (Sendung) von universalgeschichtlicher Bedeutung.

Innerhalb der Geschichte Israels sind die Nähe, das Handeln und der Wille Gottes stets geschichtlich vermittelt und also von außen (*gratia externa*) erfahrbar. Gottes Gegenwart in Welt und Geschichte setzt sich niemals über die Bedingungen von Raum und Zeit hinweg. Gott ist als Schöpfer und Bundespartner Israels immer schon unterwegs zur Inkarnation. In der Terminologie der kringsschen Freiheitsanalyse (vgl. S. 181 f) ausgedrückt: Gott unterwirft seine freie Selbstmitteilung der Antinomie, die alle innerweltlichen Freiheitsakte unhintergehbar bestimmt: nämlich der Antinomie zwischen formaler Unbedingtheit und materialer Bedingtheit.

(2) Der christologische Charakter aller Gnade

Wenn der Mensch, in dem Gott sich als er selbst mitteilt, nicht im mythologischen Sinne eine bloße Erscheinung (ein bloßes *phainomenon*) ist, dann gilt auch für diesen Einzigen die für menschliche Freiheit schlechthin konstitutive Antinomie zwischen formaler Unbedingtheit und materialer Bedingtheit. Thomas Pröpper betont mit Nachdruck, dass sich auch die vollkommene Freiheit Gottes innergeschichtlich nur *symbolisch* in die sinnlich-endlich verfasste Aufnahmefähigkeit des Menschen hineinvermitteln kann. Es ist zwar anzunehmen, dass der einzige Mensch, der sich der Liebe Gottes unmittelbar gewiss war, mehr als jeder andere ausdrücken konnte, was das abgedroschene Wort Liebe sagen will. Georg Essen bemerkt in seiner freiheitsanalytisch reformulierten Christologie: „Sein Vertrautsein mit Gott und seine Geborgenheit in ihm darf als der eigentliche Bestimmungsgrund gelten, dem Jesus sich in der Souveränität seiner Freiheit überlassen hat. Daß er in seinem Leben dieser Gottunmittelbarkeit in Treue und Gehorsam entsprochen (vgl.

Mk 14,32–42 par; Hebr 5,7f) und deshalb die Unbedingtheit der Liebe, mit der er selbst von Gott beschenkt wurde, in seiner Verkündigung und Lebenspraxis für andere vermittelt hat, darf als das Person- und Lebensgeheimnis Jesu bezeichnet werden"[374].

Dennoch: Die biblisch gut bezeugte Untrennbarkeit der Reich-Gottes-Verkündigung von der Person Jesu ändert nichts an der beschriebenen Diastase zwischen der formalen Unbedingtheit der Anerkennung des Anderen und der materialen Bedingtheit des Ausdrucks dieser Anerkennung. Pröpper unterscheidet zwar zwischen Symbol und Realsymbol, sieht in letzterem aber keine Aufhebung der besagten Diastase. Wesentlich ist ihm, „unter Symbol die Wirklichkeit zu verstehen, in der und durch die eine Freiheit sich anderer Freiheit selbst mitteilt oder verweigert. Eine Wirklichkeit näherhin, in der die formal unbedingte Freiheit mit ihrer Erscheinung ‚zusammenfällt', ohne sich doch in ihr zu erschöpfen oder differenzlos mit ihr in eins gesetzt werden zu können. Eine Wirklichkeit endlich, ohne die die Entschiedenheit einer Freiheit, sei es die Gottes oder eines Menschen, für den Menschen in seiner symbolischen (sinnlich-geistigen) Verfassung nicht ‚wirklich' und insofern auch nicht offenbar, nicht ‚wahr' werden könnte"[375].

Von Anfang an ist Jesus sich als wahrer Mensch der unbedingten Liebe gewiss, die das Sohnsein des ewigen Logos bestimmt. Die formale Unbedingtheit seiner Freiheit ist – wie Essen vorzüglich erklärt[376] – der Inbegriff seiner personalen Identität mit dem innertrinitarischen Sohn. Doch diese Identität kann sich in den Worten und Taten des historischen Jesus nur keno-

---

374 G. Essen, Freiheit Jesu, 263.

375 T. Pröpper, Erlösungsglaube, 246.

376 Wenn „Jesus seiner unmittelbaren, nicht mehr vermittelten Bestimmtheit durch die Liebe Gottes im Sinne ihrer Selbstgegenwart in ihm ursprünglich gewiß gewesen ist, dann übersteigt das Selbstbewußtsein Jesu alle uns bekannten Formen von Bewußtsein und Selbstbewußtsein, weil es nicht im Rahmen der anthropologischen Möglichkeiten von uns Menschen liegt. Diese Einsicht aber gibt Anlaß zu der Frage, wie eine geschaffene Freiheit denkbar ist, die auf den für uns schlechthin entzogenen und unverfügbaren Grund aller Wirklichkeit bereits unmittelbar bezogen ist. Unter der Voraussetzung, daß die menschliche Freiheit Jesu zurecht ‚sohnschaftliche Freiheit' (*Balthasar*) genannt werden kann, weil Jesu (von Gott selbst bestätigte) Vollmacht darin bestand, das Geschehen der hereinbrechenden Gottesherrschaft so mit seiner Verkündigung und Lebenspraxis zu identifizieren, daß er sich als Mensch von Gott unterschied, um eben dadurch der verwirklichende Ausdruck seiner Liebe für uns zu sein, dann ist die durch die ursprünglich-unmittelbare Beziehung zum Vater bestimmte Freiheit des Menschen Jesus in formell strenger Identität die Freiheit des göttlichen Sohnes, die eben als göttliche in ihrer Gehaltlichkeit zum göttlichen Grund der geschaffenen Wirklichkeit nicht in der Weise des geschöpflichen Abgrundes steht wie wir" (G. Essen, Freiheit Jesu, 290 f).

tisch offenbaren. Essen unterscheidet die innertrinitarische Kenosis, die ihren Ausdruck in der wirklichen Freiheit des Sohnes findet, von der innergeschichtlichen Kenosis[377], die darin besteht, dass die von der Antinomie zwischen formaler Unbedingtheit und materialer Bedingtheit geprägte Freiheit des Menschen Jesus die unbedingte Freiheit des ewigen Sohnes in seiner von den Evangelisten erzählten Geschichte darstellt.

Weil das Christusereignis die nicht mehr überbietbare *Darstellung* des Verhältnisses Gottes zur Schöpfung insgesamt (und speziell zum Menschen) ist, darf man einerseits bestätigen, was auch jeder Jude so sagen kann: nämlich dass Gottes Gegenwart in Welt und Geschichte sich niemals über die Bedingungen von Zeit und Raum hinwegsetzt, also im Sinne der von Pröpper gegebenen Definition symbolisch bzw. realsymbolisch vermittelt ist; und andererseits auch behaupten, dass jedwede Gegenwart Gottes in Welt und Geschichte unterwegs ist zu Christus bzw. das Christusereignis vermittelnd tradiert. Mit anderen Worten: Die Gegenwart Gottes in Welt und Geschichte ist immer *gratia externa* und *gratia Christi*[378].

Diesen Sachverhalt hat Rahner schon in seiner ersten Innsbrucker Vorlesung (vgl. S. 14 f) gegenüber einer vornehmlich an Augustinus orientierten Gnadenlehre zum Ausdruck gebracht. Das zeigt sich vor allem in den Passagen seines Vorlesungsmanuskriptes, die eine Antwort auf die Frage geben, wie das geschichtliche Christusereignis jeden Punkt in Raum und Zeit erreichen kann. Hier erklärt Rahner die apriorische Hinordnung jeder geistbegab-

---

377 Das „ist, so Kierkegaard, ‚der Liebe Unergründlichkeit, nicht zum Scherz, sondern im Ernst und in der Wahrheit, gleicher Art mit dem Geliebten zu werden‘. Verhielte es sich anders und wäre die ‚Knechtsgestalt‘ doch ein ‚bloßer Umhang‘, stünde die unbedingte Entschiedenheit Gottes, die im ‚Herniedersteigen des Sohnes‘ in des ‚Knechtes Gestalt‘ beschlossen ist, unter dem Vorbehalt, nur ‚unvollkommener Ausdruck‘ seiner Liebe zu sein. Daß jedoch die hier vorausgesetzte restriktive Auslegung, daß in Jesus Gottes Sohn den Menschen ein Mensch wird und er dem Menschen nicht nur ‚wie ein Mensch‘, sondern als Mensch entgegentritt, nicht die Gottheit des Sohnes depotenziert, kann im Anschluß an Kierkegaard dadurch prägnant zum Ausdruck gebracht werden, daß Gott dem Geringsten gleich werden kann ‚kraft seiner allmächtigen Liebe‘. In der ‚entschlossenen Liebe Allgewalt‘, die zu ihrem Implikat hat, die ihrer eigenen und aller Wirklichkeit mächtige Freiheit zu sein, liegt begründet, daß die Liebe des ewigen Gottes, unveränderlich in ihrer ewigen Selbstidentität und deshalb im Vollzug ihrer Selbstmitteilung nicht aufhörend die Liebe Gottes zu sein, dennoch sich ändert und Mensch wird, um sich in die Aufnahmefähigkeit ihres freien Partners hinein vermitteln zu können: ‚Jede andere Offenbarung wäre für die Liebe ein Betrug‘" (G. Essen, Freiheit Jesu, 309 f).

378 Zu diesem Sachverhalt umfassend: E. Schillebeeckx, Christus und die Christen, 103–446.

ten Kreatur auf Christus noch nicht als übernatürliches Existential. Hier bezieht er sich auf den biblisch gut belegten und von den Vätern (besonders von Irenäus) explizierten Zusammenhang von Schöpfung und Erlösung: näherhin auf die Tatsache, dass das in Jesus Christus Fleisch gewordene Wort derselbe Logos ist, durch den der Kosmos insgesamt und jedes einzelne Geschöpf ins Dasein gerufen wurde. Von daher ist alles Seiende Abbild des Logos, der sich in Jesus Christus als er selbst (personal bzw. realsymbolisch) offenbart hat. Ohne die oben erklärte Problematik der Rede von einem übernatürlichen Existential einbeziehen zu müssen[379], kann man sich auf Rahner berufen, wenn man von der *Externalität* und von der *Erfahrbarkeit* jeder Form der Anwesenheit Gottes in Welt und Geschichte spricht.

(3) Der ekklesiologische Charakter aller Gnade

Rahner war es auch, der mit dem christologischen den *ekklesiologischen* Charakter aller Gnade neu ins Bewusstsein gerufen hat. Wenn er betont, dass Gott sich so in die Endlichkeit von Welt und Geschichte vermittelt hat, dass grundsätzlich alles Seiende in Raum und Zeit Sakrament des Christusereignisses werden kann, übersieht er keineswegs die paradigmatische Sakramentalität der Menschen, die mit der Annahme der Gnade selbst zu Mitteln und Werkzeugen Christi werden. Letztlich kann Materie nur dann Sakrament der Gnade sein, wenn sie zum Symbol miteinander kommunizierender Subjekte (Freiheiten) wird. Wo immer ein Mensch – um mit Paulus zu sprechen – ,Christus anzieht', empfängt er nicht nur das Geschenk der Rechtfertigung für sich selbst, sondern zugleich auch eine Sendung für die anderen. Er wird, wie Rahner in seiner Interpretation der ignatianischen Exerzitien darlegt, Christus zugesellt und also einbezogen in den Heilsdienst der Kirche. Oder anders gesagt: Die Annahme der Gnade kann nur im Modus des Mitvollzugs der Inkarnation, der Verleiblichung und missionarischen Weitergabe erfolgen. Rahner nennt die Kirche ebenso heilsnotwendig wie das Christusereignis – nicht weil jeder Mensch erst dann ,gerettet' ist, wenn er der sichtbaren Kirche angehört, sondern deshalb, weil Christus nur durch das Grundsakrament Kirche „alles in allem und in allen" (Eph 1,10; Kol 1,15–20) werden kann. Auch der von Rahner als anonym bezeichnete Christ – also ein Mensch, der zur Annahme seiner Hinordnung auf das heilige Geheimnis befähigt wurde, ohne den Namen dieses heiligen Geheimnisses zu kennen – ist keine private Existenz, sondern immer schon (unthematisch) unterwegs zu Christus und zur Kirche. Der Gott, der als der trinitarische sich selbst dazu bestimmt, sich

---

379 In gewisser Weise bedeutet Rahners Rede vom übernatürlichen Existential eine Interiorisierung der gerade von ihm neu entdeckten bzw. gewürdigten gratia externa.

von der Freiheit seiner Adressaten bestimmen zu lassen, will, dass der Sünder als Empfänger der rechtfertigenden Gnade zugleich Geber der Gabe wird, die er empfängt. Deshalb bindet er seine Selbstmitteilung nicht nur an die Selbsthingabe des Menschen Jesus (an die menschliche Natur des Erlösers als *Ursakrament*), sondern auch an die Kommunikationsgemeinschaft derer, die die ihnen geschenkte *communio cum Christo* als *missio* und *diaconia* leben (an die Kirche als *Grundsakrament*). Karl Rahner unterstreicht, „daß in der Gnadenökonomie Christi, aus seiner Mittlerschaft und durch sie jeder von jedem abhängt, von Bedeutsamkeit ist, jeder eine Christo untergeordnete Aufgabe (‚munus subordinatum‘) hat, Empfang des Heils auch Empfang des Heils*handelns* und so einer ‚participata ex unico fonte cooperatio‘ bedeutet"[380].

b) Die Frage nach dem Verhältnis von göttlichem und menschlichem Handeln

In einem Aufsatz mit dem bezeichnenden Titel *Erfahrung des Heiligen Geistes* nennt Rahner folgende Beispiele für die Erfahrung der Gnade mitten im Alltag:

„Da ist einer, dem geschieht, daß er verzeihen kann, obwohl er keinen Lohn dafür erhält und man das schweigende Verzeihen von der anderen Seite als selbstverständlich annimmt. [...] Da ist einer, der seine Pflicht tut, wo man sie scheinbar nur tun kann mit dem verbrennenden Gefühl, sich wirklich selbst zu verleugnen und auszustreichen, wo man sie scheinbar nur tun kann, indem man eine entsetzliche Dummheit tut, die einem niemand dankt. [...] Da ist einer, der schweigt, obwohl er sich verteidigen könnte, obwohl er ungerecht behandelt wird, der schweigt, ohne sein Schweigen als Souveränität seiner Unantastbarkeit zu genießen. [...] Da ist einer, der sich rein aus dem innersten Spruch seines Gewissens heraus zu etwas entschieden hat, da, wo man solche Entscheidung niemandem mehr klarmachen kann, wo man ganz einsam ist und weiß, daß man eine Entscheidung fällt, die niemand einem abnimmt, die man für immer und ewig zu verantworten hat. Da gehorcht einer, nicht weil er muß und sonst Unannehmlichkeiten hat, sondern bloß wegen jenes Geheimnisvollen, Schweigenden, Unfaßbaren, das wir Gott und seinen Willen nennen. [...] Da ist einer, der restlos einsam ist, dem alle farbigen Konturen seines Lebens verblassen, für den alle verläßlichen Greifbarkeiten zurückwei-

---

380 K. Rahner, Der eine Mittler, 222. – Dass hier ein Gedanke anklingt, der Rahners gesamtes Denken durchzieht, beweisen seine Ausführungen in: Nächsten- und Gottesliebe; Sendung und Gnade, bes. 51–147.

chen in unendliche Fernen, der aber dieser Einsamkeit, die wie der letzte Augenblick vor dem Ertrinken erfahren wird, nicht davonläuft, sondern sie in seiner letzten Hoffnung gelassen aushält"[381].

Alle genannten Beispiele sind Belege für die oben beschriebene Beobachtung, dass die Gnade, die in Christus Hand und Fuß bekommen hat, nur da wirklich angenommen wird, wo der Empfänger zum Geber dessen wird, was er empfangen hat. Es mag angesichts der zitierten Beispiele befremden, dass Rahners berühmtester Schüler Johann Baptist Metz die bekannte Parabel vom Wettlauf zwischen Hasen und Igel gegen seinen Lehrer bemüht hat, um die Untrennbarkeit des Gebens vom Empfangen der Gnade zu veranschaulichen[382].

---

381 K. Rahner, Erfahrung, 239–241; vgl. ders., Erfahrung der Gnade; Theologie der Freiheit. – B. Claret (Hoffnung, 59–74) erklärt unter dem Titel „Erlösung als ‚Verstehen' der Liebe" den von Rahner geschilderten Zusammenhang zwischen Empfangen und Geben zum Leitmotiv des Erlösungsgeschehens.

382 „Um diese kritische Intention zu verdeutlichen, möchte ich an ein Märchen erinnern, das hierzulande zu den bekanntesten und beliebtesten zählt: das Märchen vom Hasen und vom Igel, näherhin die Geschichte von jenem krummbeinigen, aber pfiffigen ‚Swinegel', der am Sonntagmorgen auf dem Felde spazieren geht und dem Hasen, der ihn wieder einmal wegen seiner ‚schiefen Beine' gefoppt hatte, kurzerhand einen Wettlauf in den Ackerfurchen vorschlägt, und der dann vor dem Lauf erst noch einmal nach Hause geht (zum Frühstücken, wie er sagt, da es sich auf nüchternen Magen nicht gut laufe …), um seine Igelfrau zu holen – ‚die bekanntlich genauso aussieht wie ihr Mann' – und sie am oberen, entfernteren Ende der Ackerfurche zu postieren, während er selbst sich am unteren Ende neben dem Hasen zum Lauf aufstellt. Wie man weiß, fällt der Hase auf diesen Igeltrick herein: er läuft und läuft in seiner Furche, der Igel ist, hier und dort, ‚immer schon da', und schließlich rennt und stürzt sich der Hase auf dem Ackerfeld zu Tode. Die ‚Kleinen', Zukurzgekommenen und ‚Langsamen' im Leben, zu deren Ermutigung das Märchen geschrieben ist, mögen mir gestatten, diese schöne Geschichte gegen ihre eigene, nur allzu berechtigte Intention zu lesen und einen Augenblick lang – für den Hasen Partei zu ergreifen, der läuft und läuft und sich schließlich im Wettlauf zu Tode stürzt, während der Igel durch einen Trick siegt, der ihm das Laufen überhaupt erspart. Die Option für den Hasen, das wäre hier die Option für das Eintreten in das Feld der Geschichte, das man nur im Lauf, im Wettstreit, im Flug (und wie immer die Bilder gerade der paulinischen Traditionen für das geschichtlich-eschatologische Leben der Christen lauten) durchmessen kann. Und diese Option für den Hasen bedeutet gleichzeitig den Versuch, die idealistische Sicherung gefährdeter Identität des Christentums, die absieht von der identitätsrettenden Kraft der Praxis (des Laufens), kritisch zu entlarven – sozusagen als theologischen Igel-Trick, der Identität und Sieg ohne die Erfahrung des Laufens (d. h. auch ohne die Erfahrung der Bedrohung, und des möglichen Untergangs) verbürgt" (J. B. Metz, Glaube in Geschichte und Gesellschaft, 158 f).

(1) Die von Metz gegen Rahner bemühte Parabel vom Wettlauf zwischen
    Hase und Igel

Metz unterstreicht die Geschichtlichkeit der Selbstmitteilung Gottes und die
Geschichtlichkeit der Annahme dieser Selbstmitteilung vonseiten des gläubigen Christen. Wenn Gott sich immer schon unsichtbar und innerlich mit-
geteilt hätte, dann – so folgert er – wäre der wahre Christ mit dem Igel
vergleichbar, der am Feldrand dem sich zu Tode rennenden Hasen zuruft: Ich
bin immer schon da! Metz ergreift Partei für den Hasen und erklärt dessen
Existenzweise zum Kriterium des wahren Christseins. Denn – so seine
Begründung – die Annahme der Gnade erfolgt im Modus des Mitvollzugs der
Inkarnation und Passion Jesu Christi, sozusagen in der Weise des sich für den
Nächsten verausgabenden ‚Hasen'.

(2) Erfahrung der Gnade im befreienden Handeln

Die theologiegeschichtlich bedeutendsten Entwürfe der südamerikanischen
Befreiungstheologie[383] berufen sich auf die eben skizzierte Position von
Johann Baptist Metz. Einer ihrer Repräsentanten – Leonardo Boff – hat eine
Gnadenlehre unter dem bezeichnenden Titel *Erfahrung der Gnade*[384] veröffentlicht – dies allerdings nicht, ohne auf die Bedeutungsweite des Erfah-
rungsbegriffes hinzuweisen: „Erfahrung", so bemerkt er, „darf nicht einfach
mit Erlebnis identifiziert werden, das heißt mit inneren Gemütsbewegungen,
intimen Tröstungen und göttlichen Visionen und Auditionen. Wir möchten
nichts von dem in Abrede stellen, zumal ja auch die Geschichte echter Heiliger – in all ihren unterschiedlichen Lebensläufen – sehr wohl solche Phä-
nomene aufzuweisen hat. Erleben ist eine Komponente von Erfahren. Aber
wenn die Erfahrung von Gnade auf den Umfang von Erlebnissen reduziert
würde, dann wäre sie eben ein Privileg, ja ein Luxus nur für Eingeweihte.
Wenn wir indessen von Erfahrung sprechen, dann denken wir nicht primär
an eine psychische Disposition der Gefühle (Erleben), sondern an etwas
Komplexeres und Tieferes. Erfahrung ist die Weise, wie wir mit der Welt in
Beziehung treten; oder die Weise, wie wir die Welt in uns und uns in der Welt
vergegenwärtigen"[385]. Boff geht davon aus, dass Gnade nur ein anderes Wort
für Inkarnation ist. Welt und Geschichte – so betont er – sind „immer durchdrungen und durchwirkt von der Gnade Gottes, denn trotz des Vorhanden-

---

383 Aus der kaum noch überschaubaren Literatur sei hier die im Kontext der Gna-
    denlehre besonders aufschlussreiche Analyse von H. Kessler empfohlen: *Redu-
    zierte Erlösung.*
384 Vgl. L. Boff, *Erfahrung von Gnade.*
385 L. Boff, *Erfahrung von Gnade,* 59 f.

seins der Sünde und des Neins von seiten des Menschen verweigert sich die göttliche Liebe nie und hört niemals auf, sich dem Menschen mitzuteilen. Gott ist immer in vollkommener Weise in der Welt präsent[386], die Welt jedoch ist nicht immer in derselben vollkommenen Weise in Gott. Welt und Mensch lassen Gott nicht immer durchscheinen und können es verhindern, daß die Gegenwart Gottes zutage tritt und phänomenologisch wahrnehmbar wird. Aber diese Hindernisse zerstören die Präsenz Gottes nicht, sie verhindern nur, daß sie in der Welt geschichtlich Gestalt annimmt, und erschweren die Erfahrung von Gnade"[387].

Boff erzählt zwei erlebte Beispiele[388] für die Erfahrung der Gnade, die als geschichtliche Selbstmitteilung Gottes (als Christusereignis) alles Seiende immer schon durchdringt.

Severino, ein brasilianischer Landarbeiter, kommt zu ihm: ‚Herr Pfarrer, kann ich etwas Weihwasser bekommen?' Und Boff antwortet: ‚Hier ist es, mein Sohn! Aber darf ich auch wissen, wozu?' ‚Ja sicher, Herr Pfarrer, ich will mir mein Haus segnen.' ‚Gut', sagt Boff, ‚aber sollte ich als Priester das nicht tun? Ich komm zu Ihnen.' ‚Nein, lieber nicht, Herr Pfarrer', antwortet Severino. ‚Ich schäme mich, es zu sagen. Aber Sie sollen es wissen. Ich lebe mit einer Frau zusammen, und wir haben doch nicht kirchlich geheiratet. Sie hat zwei Fehler. Erstens ist sie eine Negerin, und zweitens hab ich sie aus der Prostitution geholt. Ich werd versuchen, mit ihr zu leben. Ich will ihr Verständnis entgegenbringen, Zärtlichkeit. Wenn sie gesund wird und in der Lage ist, die Frau von nur einem Mann zu sein, soll sie meine Frau werden. Jetzt ist's noch zu früh. Jetzt können Sie uns noch nicht besuchen. Wir leben noch im Stand der Sünde. Deshalb muss ich selbst unser Haus mit Weihwasser segnen. Aber Gott soll ihr doch helfen. Wenn's klappt, werde ich Sie einladen; und Sie sollen die Hochzeit halten.' Und Boff schreibt: Severino „war überzeugt, sie könne gesunden. Sein Grundprojekt war von einer großen Reinheit, die als solche mehr gilt als alle Einzelakte in sich betrachtet". Der Landarbeiter Severino hat in den Verhältnissen, in denen er lebt und leben muss, die Gnade erkannt, angenommen und inkarniert.

Und dann das zweite Beispiel: Boff besucht Schwestern in einem Städtchen am Rande des Amazonasurwaldes. Und die zeigen ihm ein Pflegeheim, das von einer Frau mit Namen Dona Sinhá geführt wird. Sie erzählen ihm: ‚Wir finden immer wieder schwerkranke, pflegebedürftige, alleingelassene Menschen. Wir bringen sie zu Dona Sinhá'. Boff besucht diese Frau und fragt sie, woher sie denn die Mittel zum Unterhalt ihres Hauses nehme. Und die

---

386 Zu diesem Grundgedanken umfassend: E. Schillebeeckx, Menschen, bes. 21–138.
387 L. Boff, Erfahrung von Gnade, 134.
388 Ebd. 154–157.

Antwort: ‚Verstehen Sie mich bitte! Ich hab ne Bar. Ich muss ja leben. Und die Frauen hier haben keine Arbeit, die müssen aber auch leben. Viele sind Prostituierte. Ich auch. Die arbeiten mit mir zusammen. Ich weiß, ich weiß, dass das gegen das Gesetz Gottes ist. Es zerreißt mir das Herz, wenn ich Ihnen das sage. Aber ich weiß weder ein noch aus. Mit der Bar komm ich rum, auch die anderen Frauen. Alles, was von meinem bescheidenen Leben übrigbleibt, geht in das Pflegeheim. Ich kann eine ganze Reihe Kranke unterhalten. Bezahlen tun sie nichts. Das Essen koch ich ihnen. Die Wäsche wasch ich für sie und kauf die Medikamente. Sie bleiben bei mir, bis es wieder geht. Alles umsonst. Ich tu's ja nur, um meine Sünden wieder gutzumachen.' Selbst Boff spricht hier nicht mehr vom Sichtbarwerden der Gnade. Stattdessen bemerkt er metaphorisch: „Auch im Sumpf wachsen Lilien. Gerade sie sind oft die weißesten und makellosesten".

Der Befreiungstheologe stellt an keiner Stelle seines umfangreichen Werkes in Frage, dass die Annahme der Gnade – ob bewusst oder unbewusst – eine Verähnlichung des Annehmenden mit Christus und also auch ein Weg in jene sichtbare *communio* ist, die vom Zweiten Vatikanischen Konzil als „Zeichen und Werkzeug für die innigste Vereinigung mit Gott wie für die Einheit der ganzen Menschheit" (LG 1) bzw. als ‚Grundsakrament' bezeichnet wird. Boffs Dissertation trägt den Titel: *Die Kirche als Sakrament im Horizont der Welterfahrung.* In dieser viel beachteten Studie wendet sich der Befreiungstheologe gegen jeden Versuch, die Kirche mit dem Reich Gottes zu identifizieren und so als die Gemeinschaft derer misszuverstehen, die im Unterschied zu denen ‚draußen' schon vollendet sind[389]. Boff wagt die Bezeichnung der Kirche nicht nur als Sakrament Christi, sondern auch als ‚Sakrament des Heiligen Geistes'[390], weil der Geist nicht nur die Einheit, sondern auch die Differenz bezeichnet. Seine Gnadenlehre plädiert für ein pneumatologisches bzw. trinitarisches Verständnis der Gnade – nicht in Analogie zur hypostatischen Union von zwei Naturen, sondern in Analogie zum Verhältnis der innertrinitarischen Personen.

Boff legt Wert auf die Feststellung, dass die Kirche nicht Ziel, sondern Mittel und Werkzeug für die so genannten Anderen ist. Sie darf sich nicht mit den Wenigen begnügen, die schon zu ihr gehören. Denn klein „ist die Kirche nicht primär dadurch, daß sie eine kleine gesonderte Gruppe darstellt, sondern dadurch, daß sie sich im Gewoge des Streites mit der Welt ‚klein' machen lassen muß. Und sie kann sich das Kreuz ihrer Armut und ihrer

---

389 Vgl. L. Boff, Die Kirche als Sakrament, bes. 344.360.476–498. – Zur vergleichenden Würdigung dieses Ansatzes: J. Meyer zu Schlochtern, Sakrament Kirche, bes. 81–84.

390 Vgl. L. Boff, Die Kirche als Sakrament, 361–376. – Ähnlich: M. Kehl, Kirche – Sakrament des Geistes.

Kleinheit nicht selber wählen, denn von eben diesem Kreuz ist gesagt, daß es keineswegs im Sanctissimum steht, sondern ‚draußen'. Gekreuzigt wird nie im Heiligtum, sondern immer ‚vor den Toren der Stadt'. Das ist der Ort der Erfahrung der Kleinheit und der Armut des Kreuzes, den wir nicht verrücken oder von uns aus selbst wählen können. Wo aber ist die größere Bereitschaft, gerade dieses Kreuz auf sich zu nehmen – im Willen zu schmerzlichen Wandlungen unserer eigenen vertrauten kirchlichen Lebensformen im Angesicht der Herausforderungen dieser Welt oder in der verdächtigen Selbstgewißheit so vieler Reformgegner?"[391]

(3) Menschliches Befreiungshandeln *als* Gnade?

Metz und der auf seinen Schultern argumentierenden Befreiungstheologie ist oft vorgeworfen worden, das ‚Laufen des Hasen' bzw. das proexistente Handeln des Menschen so sehr mit dem Wirken Christi zu identifizieren, dass man von einem Säkularismus oder gar von einer Identifizierung von Christentum und Politik, von Kirche und Welt sprechen müsse[392]. Jedenfalls stellt Ludwig Weimer – Mitglied der ‚Integrierten Gemeinde'[393] – in seiner ekkle-

---

391 J. B. Metz, Jenseits bürgerlicher Religion, 136 f.

392 „Jesu gelebte und verkündete Heilsbotschaft kann als endzeitliche in keinen eindeutig zu machenden Bezug zur Gestaltung der innerzeitlichen Zukunft der Welt gebracht werden. Das ist der ‚eschatologische Vorbehalt' (Käsemann), der weder einen Monismus noch einen Dualismus zwischen Geschichte und Reich zuläßt. Gottes Reich ist eschatologisch, sofern es zuletzt auf Tod und Auferstehung Jesu gründet und sich in den innerweltlichen Geschichtsereignissen immer nur indirekt spiegelt […]. Äußerlich christusförmige Taten können durch innere Haltung (Pharisäismus) verwerflich sein. Was Gottes ist, läßt sich nie wie ein Endliches zu den Dingen dieser Welt hinzuzählen oder davon subtrahieren. Deshalb ließe auch ein reiner Dualismus (zwischen ‚Kultur' und ‚Reich') die Kirche (als eine abgetrennte ‚societas perfecta') und ihren Weltauftrag als etwas vom Weltauftrag der Menschheit Abgehobenes erscheinen, womit der Mensch-Werdung Gottes widersprochen würde. Sofern Welt als ganze auf ihren Tod vorläuft, kann sie nicht als ein immanentes Spiegelbild oder als eine Antizipation des Gottesreiches betrachtet und als diese erhofft werden" (H. U. v. Balthasar, Heilsgeschichtliche Überlegungen, 166). – Zu diesem Problemkomplex informiert umfassend: E. Schillebeeckx, Christus und die Christen, 725–822.

393 Es handelt sich bei der ‚Integrierten Gemeinde' um eine mittlerweile in drei Kontinenten verbreitete Gemeinschaft von Laien und Priestern. Die Anfänge reichen in das Jahr 1945 zurück und standen ganz unter dem Eindruck, dass inmitten eines christlich geprägten Landes der Holocaust möglich war. Die Initiatoren waren Traudl und Herbert Wallbrecher. 1978 wurde die IG kirchlich approbiert und 1985 gemäß c. 301 CIC als ‚öffentlicher Verein' errichtet. Rudolf Pesch

siologisch reformulierten Gnadenlehre den Vertretern der politischen Theologie die Frage nach dem Kriterium, an dem erkennbar wird, dass Christsein ein Leben aus der Gnade und nicht einfach die Identifizierung des eigenen Handelns mit dem Gottes ist. Wenn man die Rolle Gottes in der Welt nicht darauf beschränken will, „Stimulans zur Veränderung zu sein", bedarf es aus seiner Sicht „einer eigenen Basis, eines dritten Ortes, der noch und schon beides ist, Erde und Himmel, ohne gettohaft aus dem universalen Weltzusammenhang herauszufallen". Seine Alternative spiegelt sich in der emphatisch vorgetragenen Behauptung: „Die Kraft und Eigenart der Lösung Gottes besteht gerade darin, daß die Jünger Jesu als Gemeinde das Wunder des Gelingen-Könnens vorweisen, das von Gott ermöglicht ist, und daß durch dieses anschaubare Faktum die Strukturen der Gesellschaft humanisiert und kritisch orientiert werden. Deshalb wäre es die Aufgabe der Christen, die in der Gesellschaft nötigen Aktivitäten im Bereich der Wirtschaft, der Medizin und der Kultur selbst exemplarisch zu leisten, um in Stellvertretung das Gleichgewicht der Welt als eines humanen Lebensraumes zu erhalten und um das Götzenhafte aus den autonomen Bereichen und Formen des Lebens in der ‚alten' Gesellschaft auszuschmelzen"[394]. Um dem Missverständnis vorzubeugen, der Begriff Stellvertretung bedeute in diesem Zusammenhang so viel wie bloßes ‚Vorbild', fügt Weimer hinzu, dass eine Gemeinde, die sich von der Hegemonie fremder Interessen befreit und alle Bereiche des Daseins in das Leben aus der Gnade (aus Christus) integriert, ihre Stellvertretung durchaus missionarisch lebt und also den berechtigten Impetus der politischen Theologie zur Weltveränderung aufgreift.

(4) Die ideale ‚communio ecclesialis' *als* Gnade?

Doch nicht nur die Tendenz der politischen Theologie, das Befreiungshandeln des Menschen mit dem Handeln Gottes (mit der Gnade) zu identifizieren, birgt die Gefahr eines ekklesiologischen Pelagianismus in sich, sondern auch die vordergründig gegenteilige Tendenz der ‚Integrierten Gemeinde', die als ‚ideale communio' beschriebene Kirche mit der Anwesenheit Gottes in Welt und Geschichte gleichzusetzen. Weimers Position hat den heftigen Protest eines Theologen provoziert, der den Communio-Begriff zum Schlüsselbegriff der gesamten Theologie und des gelebten Christseins erklärt hat. Gisbert

---

(Integrierte Gemeinde) nennt als Zielsetzungen: „Theologie des Volkes Gottes; Zusammenführung von apostolischem Leben und apostolischem Amt; vita communis von Familien und Ledigen; Bemühungen um ‚Glaube und Form' (in Medizin, Erziehung, Gestaltung, Wirtschaft) sowie um Überwindung der Spaltungen seit dem ‚Urschisma' zwischen Israel und Kirche".

394 L. Weimer, Die Lust an Gott, 279.

Greshake wendet sich gegen den Traum von einer Communio, „die zunächst einmal in sich selbst den Glanz erlösten communialen Lebens erfahren muß, um ihn *dann* weiterzugeben bzw. um gleichsam abzuwarten, daß dieser Glanz sich auf die Umwelt ausbreitet"[395]. Wo Kirche sich als eine Gruppe Gleichgesinnter versteht, die durch Abgrenzung glänzen will, wird sie zu einer Idee. Greshake spricht in diesem Zusammenhang von der ‚korinthischen Ideologie' und von einer weitgehenden Ausblendung des eschatologischen Vorbehaltes[396]. Denn wie Christus nicht einen Weg geoffenbart hat, auf dem jeder einzelne die eigene Seele durch Loslösung von der Welt erlösen kann, so kann die Gemeinschaft derer, die von Christus her und auf Christus hin (aus der Gnade) leben, kein Verein sein, der sein Heil in weltdistanzierter Innerlichkeit sucht. Kurzum: Weil „Sendung in die Welt zur (freigewählten) *Identität* der trinitarischen Communio gehört, kann auch die Realisierung der Erlösung in und durch die Communio der Kirche nicht anders geschehen als durch ein kenotisches ‚Hinabsteigen' in die Gott widersprechende und sich ihm verweigernde Welt, in deren Tiefen und Abgründe, hinein. Missio, und zwar als kenotische Missio, als sich hingebende Proexistenz für die Welt bis zum letzten und als Mitvollzug des Kreuzes Christi, ist darum die notwendige Gestalt der kirchlichen Communio"[397].

Wenn die Kirche aller protestantischen Ablehnung zum Trotz als *Grundsakrament* bezeichnet wird, dann nicht, weil sie sich mit Christus identifizieren darf, sondern weil Christus sich so an sie – an eine Gemeinschaft armseliger Sünder! – gebunden hat, dass sie ihn in ihren Grundvollzügen (in den Sakramenten) auch dann noch vermittelt, wenn die Spender das Gegenteil von dem leben, was sie von Amts wegen darstellen.

Leonardo Boff beschreibt die Gefahren einer verabsolutierten Sakramentalität und spricht von der Geistvergessenheit jeder christomonistischen Ekklesiologie[398]. Auf diese Weise bestätigt er ein zentrales Anliegen des Paderborner Theologen Heribert Mühlen, der die Philosophie des Dialogischen Personalismus in seine Ekklesiologie transponiert und eine pneumatologische Reformulierung aller theologischen Traktate vorgeschlagen hat[399]. Beide Theologen verweisen in diesem Zusammenhang auf den ‚pneumatologischen Vorsprung' der Ost- vor der Westkirche – z. B. auf Vladimir Lossky (1903–1958), einen prominenten Vertreter der neopatristischen bzw.

---

395 G. Greshake, Der dreieine Gott, 402.
396 Vgl. ebd. 401[495].
397 Ebd. 402.
398 Vgl. L. Boff, Die Kirche als Sakrament, 351–358.
399 Vgl. H. Mühlen, Der Heilige Geist; ders., Una Mystica Persona; ders., Entsakralisierung. – Dazu: J. B. G. Banawiratma: Der Heilige Geist; J. Freitag, Geist-Vergessen, 124–133.

neopalamitischen Richtung der orthodoxen Theologie[400]. Lossky hält an der athanasianischen Bezeichnung des Rechtfertigungsvorgangs als ‚Vergöttlichung'[401], fest, betont aber gleichzeitig, dass der Heilige Geist das Prinzip dieser ‚Vergöttlichung' ist und dass deshalb die Differenz zwischen den Christen und Christus mindestens ebenso stark zu betonen ist wie die Einheit[402].

In dieselbe Richtung zielen die kritischen Bemerkungen der in Chur lehrenden Theologin Eva-Maria Faber gegenüber zeitgenössischen ‚Kirchenträumen'. Sie erklärt, warum der sakramentale Charakter der Kirche eher deren Differenz zu Christus als deren Einheit mit ihm zum Ausdruck bringt:

„Wohl ist das Sakrament Ort der personalen Begegnung von Gott und Mensch; diese muß jedoch in der Regel ohne ergreifende Erfahrung auskommen und bleibt Begegnung im Glauben, den auch das Sakrament nicht abnimmt. Die Eucharistie ist nun einmal kein überwältigend schöner Blumenstrauß, den Gott uns überreicht, sondern ein armseliges Stück Brot, das in einem vielleicht noch armseligeren Gottesdienst dargereicht wird. Die vergoldete Monstranz und die meditative Kreisgestalt sollten nicht vergessen lassen, daß die Eucharistie *gewöhnliches und gebrochenes Brot* ist. Wahrnehmbar sind somit nur recht bescheidene Vorgänge: Handlungen, in denen materielle Zeichen eine eigentlich nicht einsehbare Bedeutung erlangen. Wieso soll dieses bißchen Wasser, Brot, Öl mir Heil vermitteln? Wieso ist gerade dieses Stück Welt geeignet, Gemeinschaft mit Gott zu stiften"[403]?

c) Die integralistische Gefahr eines ekklesiologischen Pelagianismus

Insgesamt argumentiert Ludwig Weimer viel ausgewogener als einzelne Zitate seiner zumeist kritischen Rezensenten vermuten lassen. Was er als Ergebnis der in der Gemeinde wirksamen Gnade beschreibt, nämlich ‚die Lust an Gott und seiner Sache', ist auch aus seiner Sicht nicht ohne die Kreuzesnachfolge zu haben[404]. Selbst in den Passagen, in denen er die real

---

400 Gregor Palamas war der treueste Schüler der Kappadokier. Die Spiritualität der russischen Starzen und des byzantinischen Hesychasmus berufen sich auf ihn. Vladimir Lossky hat versucht, den theologischen Grund der palamitischen Spiritualität erneut ins Bewusstsein zu heben. Eine ausgezeichnete Übersicht über sein Gesamtwerk bietet: J. Freitag: Geist-Vergessen, 18–31.

401 Vgl. C. Schönborn, Über die richtige Fassung.

402 Vgl. V. Lossky, À l'Image, 106.

403 E.-M. Faber, Kirche, 78.

404 Einen ganzen Abschnitt (Die Lust an Gott, 467–498) widmet Weimer der *theologia crucis*.

existierende Kirche kaum noch von der eschatologisch erhofften Communio unterscheidet, spricht Weimer *auch* von deren missionarischem Charakter – z. B. in diesem von Gisbert Greshake[405] zu Recht abgewiesenen Passus:

> „In der geisterfüllten Gemeinde ist die Frage nach der ausbleibenden sichtbaren Parusie Christi dem Ärgernis entzogen: der erfahrbare Geist ist schon erster Anteil an der Freiheit der Gottessöhne. Das zeigt sich im Gelingen des sonst Unvorstellbaren. In der Kirche werden die vielen einig, das Pneuma schafft den Raum der Befreiung von den trennenden Mechanismen der menschlichen Natur (Hochmut, Prestige, Macht, Angst, Gier usw.). In der Mitwirkung mit dem Pneuma geschieht zugleich Gottes Handeln, am sichtbarsten in der Mission"[406].

Und was für Weimer gilt, darf man erst recht von seinem Mitstreiter Norbert Lohfink behaupten. Denn er hat seine früher zuweilen einseitig zugespitzte Position[407] in dem magistralen Werk mit dem Titel *Braucht Gott die Kirche?* von jedem Verdacht einer irgendwie gearteten Identifikation von Reich Gottes und Kirche befreit. An der Sendung Israels liest er ab, was das Wesen der Kirche ausmacht. Mit Blick auf Abraham, durch den alle Geschlechter der Erde Segen erlangen sollen (Gen 12,3) und mit Blick auf das Zwölfstämme-volk als jenen sichtbaren Ort, an dem die Erlösung der Welt ihren Anfang nimmt, beschreibt er die Dialektik von Partikularität und Universalität als Grundgesetz der Heilsgeschichte. Die Kirche ist aus seiner Perspektive nicht das Ziel der Gnade, wohl aber deren Mittel und Werkzeug zur Heimholung aller Menschen[408]. Diese Heimholung erfolgt nicht ohne die Inklusion der

---

405 G. Greshake, Der dreieine Gott, 405.

406 L. Weimer, Die Lust an Gott, 133.

407 In dem vieldiskutierten Büchlein mit dem bezeichnenden Titel *Kirchenträume* meint N. Lohfink, „daß es vielleicht doch das Klügste ist, in kleiner, aber gleich-gesinnter Gruppe anzufangen, dort neue Gesellschaftsformen ohne viel Reden einfach zu leben und um den Rest der Welt sich nur noch am Rande zu kümmern. Wenn dann etwas wächst und da ist, wird das Neue seine Anziehungskraft schon entfalten und auf die Gesamtgesellschaft zurückwirken" (144).

408 „Wie also kommt die Allmacht Gottes in der Welt an ihr Ziel? Nur über Menschen und ihre Freiheit. […] Gott erweist sich also gerade darin allmächtig, daß er allein auf die Einsicht, den freien Wilen und das Vertrauen des Menschen setzt, sich damit jeder Macht entäußert und dennoch sein Ziel mit der Welt er-reicht. Er erreicht sein Ziel, weil in der Welt die Freude an seiner Geschichte letztlich stärker ist als alle Trägheit und Gier, so daß diese Freude immer wieder Menschen ergreift und zum Volk Gottes sammelt" (N. Lohfink, Braucht Gott die Kirche, 68 f).

‚schon' Glaubenden in die inkarnatorische Bewegung des Erlösers hin zu denen, die ‚noch nicht' glauben. Und diese Inklusion ist ‚integral'. An der Tora Israels liest Lohfink ab, daß da, wo Menschen durch, mit und in Christus Gott ihren Herrn sein lassen, auch die Lebensverhältnisse, die sozialen Strukturen und die Formen der Umwelt einbezogen werden[409]. Damit plädiert er keineswegs für eine enge Verknüpfung von Staat und Kirche; ganz im Gegenteil: Er wünscht sich einen Einfluss der Kirche auf Gesellschaft und Politik, der nicht aus der Synthese, sondern aus der gelebten Unterscheidung resultiert[410].

Unbedingt zu differenzieren ist zwischen dem Selbstverständnis der *Integrierten Gemeinde* und den Systemen des *Integralismus*. Denn während in der ekklesiologisch zugespitzten Gnadenlehre Ludwig Weimers oder Norbert Lohfinks der Unterschied zwischen Reich Gottes bzw. Christus (Gnade) und Kirche gewahrt und *communio* nach innen stets auch *als* (!) *missio* nach außen verstanden wird, ist der eigentliche Integralismus ein gigantischer Pelagianismus.

Ganz allgemein wird mit dem Begriff Integralismus der Versuch bezeichnet, die Aufgabe der Kirche durch die profanen Mittel der Macht voranzu-

---

409 „Hegel hat, wie schon vor ihm Voltaire, die Nase darüber gerümpft, daß sich die Tora sogar mit der Beseitigung der Notdurft am Rande des Heerlagers beschäftigt (Dtn 23,13 f), ‚Es wäre besser gewesen', meinte er, ‚wenn Gott den Juden Belehrung über die Unsterblichkeit der Seele gegeben hätte, als daß er sie lehrte, auf den Abtritt zu gehen' [G. W. F. Hegel, Vorlesungen, 211]. Aber die Tora scheut sich nicht vor dem anstößig Materiellen, und sie ist penetrant diesseitig. Nichts soll ausgenommen sein. Die gesamte Welt des Menschen soll der Herrschaft Gottes unterstellt werden, damit alles seine Würde und Identität bekommt – in unserem besonderen Fall auch ganz schlicht: damit die Hygiene gewahrt wird und die Menschen gesund bleiben" (N. Lohfink, Braucht Gott die Kirche, 105).

410 „In Europa erleben wir zur Zeit eine erschreckende Anpassung der Christen an die Gesellschaft. Sicher: Diese Gesellschaft gewährt Freiheit. Aber vielleicht sind viele ihrer Leitbilder für das Gottesvolk gefährlicher als die Fronvögte Ägyptens. Das Schlimmste dabei ist eine weit verbreitete Mentalität innerhalb der Kirche selbst, die aus der Anpassung sogar noch eine Theologie macht: Die Christen müßten allen alles werden und deshalb leben wie alle. Das aber ist auch einer bis ins Extrem angepaßten Kirche nur möglich, wenn sie sich Freiräume ausspart, mit deren Hilfe sie sich ihr Eigensein bestätigen kann. Ein solcher Freiraum ist in der gegenwärtigen Situation der Kirche ohne Zweifel die Liturgie. Wenigstens in dem ausgesparten Raum der Liturgie beziehungsweise der Feste erscheint noch von weitem die wahre Gestalt der Kirche. Dann allerdings beginnt wieder der Alltag, und da leben die Christen wie ihre Zeitgenossen" (N. Lohfink, Braucht Gott die Kirche, 95).

treiben[411]. Zu nennen sind vor allem der französische Traditionalismus, dessen in der Rückschau abstruse Theorien einen kaum überschätzbaren Einfluss auf Zeitpunkt, Entstehen und Formulierung des Unfehlbarkeitsdogmas von 1870 hatten[412]; außerdem der unter Pius X. entfaltete Antimodernismus, der unter der Führung des römischen Prälaten Umberto Benigni zu einem Geheimbund (‚Sodalitium Pianum') mit einem perfekten Spionagesystem mutierte[413]; und schließlich die gegen das Zweite Vatikanische Konzil gerichtete Bewegung des inzwischen exkommunizierten Alterzbischofs Marcel Lefebvre[414].

Vor diesem Hintergrund erscheint das von dem spanischen Prälaten Josemaría Escrivá de Balaguer (1902–1975) gegründete *Opus Dei* als gemäßigt, ist aber zugleich die bisher mit Abstand größte integralistische Institution[415].

---

411 „Die Sache wird als ein kirchliches Gesamtphänomen wohl erstmals in der Restaurationszeit (Metternich, De Maistre, Bonald, Donoso Cortés, Veuillot) greifbar, wenn man auch die Geistesrichtung durch die ganze Kirchengeschichte zurückverfolgen kann. Der Name taucht in der offiziellen kirchlichen Sprache spät auf, erstmals vielleicht in dem berühmten Hirtenschreiben Kardinal Suhards von 1947. Aufs Ganze gesehen, ist der Integralismus eine post-revolutionäre Denkart und Bewegung, welche die mehr als tausendjährige Liga zwischen geistlicher und weltlicher Macht im Gedächtnis und im Blut hat und sie, soweit sie in der früheren Gestalt unwiederbringlich ist, in neuer, diesmal innerkirchlicher Form abzubilden bestrebt ist. Hieraus erklären sich übrigens die steten Annäherungen zwischen kirchlichem Integralismus und politischem Royalismus: zur Zeit der Restauration, stärkstens in der Bewegung der Action Française und in deren Nachwehen und wohl auch im spanischen Opus Dei" (H. U. v. Balthasar, Integralismus, 737).

412 J. de Maistre (1753–1821) vertritt mit L.-A.-G. de Bonald (1754–1840) die These, dass der Ursprung unserer Ideen auf einer göttlichen *Uroffenbarung* beruht. Damit gemeint ist die Mitteilung der für alle Erkenntnis konstitutiven *höchsten Ideen*. Im unfehlbaren Lehramt des Papstes sehen beide die von Gott gewollte Instanz, die verbindlich und unabhängig von jedem demokratischen Prozess definieren kann, was der Uroffenbarung entspricht und was nicht. Zum Einfluss dieser ‚Sprachtheorie' auf das Dogma des Ersten Vatikanum: H. J. Pottmeyer, Unfehlbarkeit und Souveränität; K.-H. Menke, Unfehlbarkeitsverständnis.

413 Dazu: E. Poulat, Catholicisme.

414 Dazu: A. Schifferle, Marcel Lefebvre.

415 Die 1928 gegründete Institution wurde 1941 als ‚pia unio' approbiert. „In den Regulae werden drei Mitgl.-Klassen unterschieden: eingeschriebene (Inscripti), außerordentliche (Supernumerarii) und ordentliche Mitglieder (Numerarii). Am 11.10.1943 wurde die mit dem Opus Dei verbundene *Priesterliche Gemeinschaft vom Hl. Kreuz* (Societas Sacerdotalis Sanctae Crucis) gegründet; am 2.2.1947 wurde das Opus Dei als erstes Säkularinstitut päpstlichen Rechts und am 28.11.1982 – ein Jahr vor Inkrafttreten des CIC – als Personalprälatur errichtet. Das

Da Beurteilungen, die nach der Berechtigung dieser mächtigen Institution fragen, von den Betroffenen stets als subjektiv motivierte Angriffe relativiert werden, soll im Folgenden nur das Urteil eines Theologen und Kardinals referiert werden, der auch vonseiten der Mitglieder des *Opus Dei* nicht als Modernist bezeichnet werden kann. Gewiss ist selbst das Urteil eines großen Theologen und Kardinals vor Irrtum und Unrecht nicht gefeit. Aber Hans Urs von Balthasar (1905–1988) gründet seine Kritik auf gründliche Analysen. Dabei ist er überzeugt, dass die persönliche Heiligkeit des Gründers und die persönliche Integrität der meisten Mitglieder des *Opus Dei* durchaus vereinbar sind mit den Schattenseiten der Institution. Beurteilt werden von ihm nicht Personen, sondern Dokumente, Regeln und Methoden.

Balthasar (1905–1988) hat erstmals 1963, dann noch einmal in Gestalt einer Replik auf die Reaktionen des Opus Dei und schließlich in seiner letzten, erst nach seinem plötzlichen Tod erschienenen Publikation das Phänomen des Integralismus mit einer Analyse des Opus Dei verbunden[416]. Er vermisst schon rein phänomenologisch die Gelassenheit eines Institutes, das sich als Werkzeug jener Gnade begreift, die möglichst viele Menschen zur wahren Freiheit befreien will. Stattdessen beobachtet er ein ‚Bollwerk‘, das meint, die Gnade sei in dem Maße wirksam, in dem das *Opus Dei* Machtmittel in sich vereinigt bzw. institutionalisiert[417]. Schon 1963 bemerkt er: Das Opus Dei ist die „stärkste integralistische Machtballung in der Kirche […], ein Säkularinstitut mit Tausenden von Mitgliedern, vor allem in der akademischen Welt, und mit Weltverbreitung; es besitzt zahlreiche Studentenhäuser in aller Welt, hat eine Großzahl der Hochschulkatheder Spaniens inne und jüngst eine eigene Universität (Pamplona) eröffnet, ist mit dem Franco-Regime engstens liiert, verwaltet hohe Regierungsstellen, besitzt Banken, Verlage, Zeitschriften und Zeitungen (selbstgegründete und aufgekaufte) und entwickelt überall, auch in Deutschland, Frankreich, Österreich und der Schweiz, eine eifrige diskrete Propagandatätigkeit. Der Mitgliederbestand ist vielfältig und kompliziert gestuft von äußeren weitesten Kreisen bis zu innersten geheimen Gruppen und Zellen"[418]. Ohne Macht als solche diffamieren zu wollen, ge-

---

Opus Dei ist auf allen fünf Kontinenten tätig; es zählte 1996 rund 80000 Katholiken in fast 90 Ländern, davon 2% im Opus Dei inkardinierte Weltpriester." (E. Garhammer, Opus Dei).

416 H. U. v. Balthasar, Integralismus; ders., Friedliche Fragen; ders., Integralismus heute.

417 In diesem Zusammenhang äußerst lesenswert sind die Ausführungen des Paderborner Systematikers H. Mühlen über die genuin christliche Entsakralisierung der politischen Macht und des kirchlichen Dienstes in: Entsakralisierung, 177–472.

418 H. U. v. Balthasar, Integralismus, 742.

steht Balthasar seine Skepsis und fragt nach der Spiritualität, die der Gründer mit dem Büchlein *Camino – der Weg* so ähnlich ‚einpflanzen' wollte wie Ignatius von Loyola dem Jesuitenorden seinen Weg mit dem Exerzitienbüchlein.

Man darf Balthasar bescheinigen, dass die folgende Auswahl von Zitaten rein willkürlich und also keineswegs mit der Absicht erfolgt ist, angreifbare Sätze herauszupicken:

> „Du willst ein Durchschnittsmensch sein? In der Masse untergehen? Du bist doch zum Führer (caudillo) geboren! Unter uns ist kein Platz für Laue. Laß dein Leben nicht steril sein. Sei nützlich. Setze eine Spur. Wille – Energie! Ohne sie wäre Inigo nie Ignatius geworden. Dios y audacia! Sei stark und männlich. So wirst du zunächst Herr über dich selbst und dann Richtschnur, Vorsteher, Führer (caudillo), der die andern sich verpflichtet, vorantreibt, mit sich reißt mit deinem Beispiel, mit deinem Wort, mit deiner Wissenschaft, mit deiner Überlegenheit (imperio). Die Ehe ist für das Fußvolk, nicht für den Generalstab Christi. Sehnsucht nach Kindern? Ja, Kinder, viele Kinder, und eine untilgbare Lichtspur hinterlassen wir, wenn wir den Egoismus des Fleisches opfern. Mir gefällt soviel Anpassungsfähigkeit nicht, eure Feigheit tauft ihr Klugheit. Und diese eure Klugheit ist Anlaß für die Gottesfeinde, mit ihren ideenleeren Hirnen sich als Weise aufzuspielen und Einfluß zu gewinnen, den sie nicht hätten erlangen dürfen. Aufwärts mit heiliger Unverschämtheit! Sei ein Mann! Deinem Charakter fehlt es an Festigkeit! Schweige, sei nicht kindisch! Mein Lieber, sei doch etwas weniger naiv! Du bist ein Sandsack, raffe dich auf! Caudillo, stähle deinen Willen, damit Gott dich zum Führer mache! [...] Viel Gehorsam ist nötig. Ein Laie, der sich zum Lehrer der Moral aufwirft, wird oft fehlgreifen; Laien können nur Schüler sein. Der Priester, wer er auch sei, ist immer ein zweiter Christus. Gott lieben und den Priester nicht ehren: das ist unvereinbar"[419].

Balthasar kommentiert diese Zitate mit der unzweideutigen Bemerkung: „Sollte der Verfasser wirklich der Meinung sein, hier eine echte Spiritualität zu entwickeln, gar eine, die ausreicht, um ein so gewaltiges Elitecorps christlich zu ernähren? Es ist ein Handbüchlein für höhere Pfadfinder. Spanisch? Aber spanisch ist doch auch die authentische Mystik des Ramón Llull, Johannes vom Kreuz und Ignatius von Loyola, mit dem Herzklang des Evangeliums und mit Werten für die Jahrhunderte"[420]. Der von Jose-María Escrivá de Balaguer verfasste *Camino* setzt aus Balthasars Sicht bestenfalls eine Spiritualität voraus; selber aber hat er keine. In seiner Antwort auf die

---

419 H. U. von Balthasar, Integralismus, 743.
420 Ebd.

wütenden Proteste der von ihm kritisierten Verteidiger des Opus Dei heißt es:
Im *Camino* wird das Entscheidende – „der Gott der Offenbarung, der Sinn
der christlichen Verkündigung, der Glaube, die Kirche" – mit der stereotypen
Redewendung „‚Du weißt doch!' ‚Erinnere dich!' ‚Du hast dich doch darauf
verpflichtet!'" vorausgesetzt. Also wird nur noch einexerziert. „Und zwar un-
erbittlich, stramm, im schneidenden Befehlston des Rekrutendrills. Parolen,
Devisen, Rüffel, Belobigungen. Alles rein praktisch und moralisch. Die jungen begüterten Herren Studenten, die ehrgeizig auf erste Posten in der Wissenschaft und Politik emporstreben, werden tüchtig gezwirbelt: härter mit
sich! Keine Mutlosigkeit bei geheimen Sünden und Rückfällen! Kein Erbarmen mit der Sinnlichkeit! Demütigungen schweigend ertragen lernen! Be-
dürfnislos, gehorsam, rein sein, treu beten und die Gnadenmittel gebrauchen,
immer zur Kirche stehen! Alles das ist in Ordnung, durchaus auch die Übertragung der Härten alten aszetischen Trainings und meinetwegen ordens-
ritterlicher Kadettenschule. Aber Sie werden es mir nicht verübeln, wenn ich
sage: ein solches Sammelsurium von barschen, schroffen Marschbefehlen (übrigens ohne innere Ausrichtung, Stufung, Ordnung, also gerade kein ‚Weg')
ist, sowohl was den Inhalt wie was den Ton angeht, überhaupt nicht in einem
Atem zu nennen mit den charismatischen Klassikern der Spiritualität"[421].

Balthasar sieht das *Opus Dei* gerade in den Schriften, in denen der Grün-
der seine ‚Spiritualität' anbietet, geprägt vom Francismus, von der irrigen
Meinung, eine Mischung aus Traditionalismus, Monarchismus, Juridismus,
Armeegeist, Geheimgesellschaft, Politik und Hochfinanz würde innerhalb
der eigenen Communio zum ‚opus Dei' bzw. zur ‚gratia efficax'. Balthasar
gibt zu: „Das Problem bleibt, ob und wie diese (sehr verschiedenartigen)
Wertsphären in den Dienst Jesu Christi gestellt werden können, der als
‚Lamm' und nicht als Tiger die Sünde der Welt getragen hat"[422].

In seiner letzten Publikation ruft der große Theologe zunächst das berechtigte Grundanliegen des fälschlich unter die Modernisten gerechneten
Maurice Blondel ins Gedächtnis: Kirche darf keine Macht oder Institution
sein, die irgendeinen Menschen zu irgendetwas zwingt. Die Wahrheit darf
kein System von Lehrsätzen sein, das ohne Rücksicht auf das Verstehen und
die freie Zustimmung ihrer Adressaten vermittelt wird. Die Offenbarung kann
kein übernatürliches Stockwerk ohne Aufzug oder Treppe über dem natürlichen Souterrain der Vernunft sein. Bei all dem – so konstatiert Balthasar –
geht es um die Frage, ob die Kirche ihr Leben von Christus her und auf Christus hin als Mitvollzug der gekreuzigten (nichts erzwingenden) Liebe zu den
so genannten letzten Brüdern und Schwestern versteht, oder aber sich bzw.
einen Teil von sich mit dem Handeln Gottes (der Gnade) *identifiziert*.

---

421 Ders., Friedliche Fragen, 117.
422 Ders., Integralismus, 744.

Wiederholt unterstreicht Balthasar, dass Macht als solche zunächst einmal wertneutral ist. Aber innerhalb der Kirche ist Macht an Kriterien gebunden. Wo eine sich kirchlich nennende Gruppe beginnt, „auf dem Umweg über weltliche Machtpositionen angeblich christliche Wirkungen hervorzubringen", da werden die Seligpreisungen der Bergpredigt mit Füßen getreten. „Macht als Weg, das Kreuz aufzurichten, war weithin der Weg der Kolonisatoren […], deren verheerende Politik bis heute ihre Früchte trägt, so vieles die nachträglichen Missionierungen an Gutem gestiftet haben mögen. Es ist gut, daß der Vatikan arm ist. Denn auch Geld kann ein Machtmittel sein, mit dem man sich zu einer Zeit, da das Wort Simonie obsolet geworden ist, manches erkaufen kann, vielleicht sogar Heiligsprechungen"[423].

d) Die gnostische Gefahr einer Internalisierung der Gnade

Wie es eine integralistische Gefahr der Exteriorisierung der Gnade gibt, so eine gegenteilige, nämlich die gnostische Versuchung einer überzogenen Internalisierung. Auch diese Versuchung zieht sich wie ein roter Faden durch die Kirchen- bzw. Theologiegeschichte. Deshalb kann es auch bei der Charakterisierung dieses Problems nicht um eine auf Vollständigkeit bedachte Phänomenologie, sondern lediglich um ein aktuelles Beispiel gehen. Bei allen Verdiensten, die sich Eugen Drewermann mit seinen Anfragen an das Objektive, Amtliche, Hierarchische, Dogmatische und Institutionelle in der Kirche erworben hat, kann man ihm mit guten Gründen eine Psychologisierung von Christologie und Gnadenlehre vorwerfen.

In seinem Frühwerk mit dem Titel *Die Strukturen des Bösen* kennzeichnet er den Menschen als das einzige Geschöpf, das um seine Endlichkeit weiß und sich zu dieser Endlichkeit verhalten muss; als das einzige Wesen, das seine Erfüllung nicht im Endlichen finden kann, sondern auf das Andere aller Endlichkeit, auf das Unbedingte bzw. den ‚Sinn an sich' verwiesen ist, ohne dieses Ziel seines Verlangens je haben oder ergreifen zu können[424]. Da der Mensch sich als endlich weiß, *muss* er das Gegenteil des Endlichen zumindest denken – selbst dann, wenn er überzeugt ist, dass es nichts wirklich Unendliches bzw. Unbedingtes oder Absolutes gibt. Und nicht nur das! Weil der Mensch sich seiner Endlichkeit bewusst ist, verlangt er notwendig nach der Überschreitung alles Endlichen. Die Pyramiden in Ägypten sind ein steinerner Beweis für das Verlangen des Menschen nach Unsterblichkeit. Natürlich kann ein Mensch auch an seiner Endlichkeit verzweifeln – z. B. durch Selbstmord, den ein Tier gar nicht begehen kann, weil es um seine Endlichkeit nicht

---

423 Ders., Integralismus heute, 225.
424 Vgl. E. Drewermann, Strukturen des Bösen, Bd. III, 436–588.

weiß und sich also auch nicht positiv oder negativ zu ihr verhalten kann. Aber auch diese und andere Formen der Verzweiflung sind ja bei Licht besehen nichts anderes als Versuche des Menschen, sein Ausgespanntsein zwischen Endlichkeit und Unendlichkeit entweder durch Flucht aus der Endlichkeit in die Unendlichkeit oder umgekehrt durch Verabsolutierung der Endlichkeit aufzuheben. Wer verzweifelt er selbst oder verzweifelt nicht er selbst sein will, hebt die Spannung zwischen Endlichkeit und Unendlichkeit auf, indem er entweder etwas Endliches verabsolutiert (Depression oder Zwangsneurose) oder aber das Unendliche bzw. Absolute durch Flucht aus der Endlichkeit sucht (Hysterie oder Schizoidie). Drewermann nennt das Aushalten der Spannung zwischen Endlichkeit und Unendlichkeit Glauben und das Gegenteil Verzweiflung.

Ein Mensch, der seine natürliche Verwiesenheit auf das Unendliche bzw. Absolute an Traditionen, Institutionen, Normen und Dogmen festmacht, verabsolutiert etwas Endliches, wird deshalb abhängig bzw. unfrei und im Extremfall neurotisch. Deshalb legt Drewermann allergrößten Wert auf die generelle Feststellung, dass Riten, Normen und Dogmen einer Religion nichts anderes sein dürfen als Symbole, die den Menschen befähigen, seine Endlichkeit anzunehmen und glaubend bzw. vertrauend auf das Unendliche hin zu relativieren.

Bezogen auf unser Thema bedeutet diese Feststellung: Es ist aus der Sicht Drewermanns durchaus legitim, zur Interpretation des Jesus Christus sich bestimmter Traditionen und Dogmen zu bedienen. Aber dann – so betont er mit Nachdruck – müssen sie sich als für den Glaubensvollzug des einzelnen Gläubigen hilfreich erweisen. Wörtlich: „Sie dürfen keinesfalls, wie in der katholischen Kirche, als ein objektives, an und für sich bestehendes System göttlicher ‚Heilswahrheiten' und ‚Heilsveranstaltungen' veräußerlicht und in dieser Form den Menschen entfremdet entgegengestellt werden"[425].

Nicht darin unterscheidet sich Drewermann von dem herkömmlichen Ver-

---

425 E. Drewermann, Glauben in Freiheit, 85. – Entsprechend formuliert Drewermann viele Passagen im ersten Band seiner *Dogmatik* – zum Beispiel: „Die Kirche beruft sich auf die Person und die Botschaft eines Mannes, den sie in seinem prophetischen Auftreten widerlegt, indem sie ihn dogmatisch ‚verkündet'." (93) – Drewermann ist der Auffassung, „daß die gesamte Form der kirchlichen ‚Aneignung' der religiösen ‚Wahrheit' sich nicht dazu eignet, eine wahre Form christlicher Existenz hervorzubringen" (119). – Es wird, so formuliert er, „die höchste Zeit, daß wir uns auf die Suche machen nach einem dogmenfreien ‚Christentum'; wo dieses in den Herzen der Menschen wächst, mag eines Tages auch die ‚Kirche' sich (wieder) anpflanzen – um den Preis freilich einer neuen, vermenschlichten Gestalt ihrer selbst; es in den bestehenden Kirchen erblühen zu lassen, erscheint derzeit als ein endgültig unmögliches Unterfangen" (141).

ständnis der kirchlichen Tradition bzw. der Dogmen, dass er sie als ‚Symbola‘, als Verweise auf die Wahrheit – also nicht als die Wahrheit selbst! – begreift. Entscheidend ist, dass er auch ‚den Propheten aus Nazaret‘ nicht mit der absoluten Wahrheit (dem Sinn an sich) identifiziert. Jesus ist für Drewermann gewiss mehr als ein Dogma, eine Norm oder ein Ritus; aber auch er ist nur Beziehung zur Wahrheit. Er ist nach Drewermann der schlechthin Glaubende, d. h. derjenige, der die Spannung zwischen Endlichkeit und Unendlichkeit angstfrei aushält, weil er sich selbst, die Situationen seines Lebens und natürlich auch alle Bilder, Riten, Dogmen und Traditionen auf seinen Gott, auf seinen Abba, bezieht. Wenn Drewermann nicht nur Gott, sondern gelegentlich auch Jesus ‚eine absolute Person‘ nennt, dann wird spätestens im ersten Band seiner so genannten Dogmatik deutlich, dass er damit nicht sagen will: ‚Jesus *ist* die Wahrheit‘, sondern nur: ‚Jesus vertraut seinem Gott ohne Bedingung und in diesem Sinne absolut‘. In Bezug auf Mk 13,32, wo Jesus sich selbst als Gottes Sohn bezeichnet, bemerkt Drewermann: Diese Stelle ist keineswegs Ausweis einer metaphysischen Gottessohnschaft, sondern zeigt nur, „worin Jesu Sohnschaft beruht: nämlich in seinem totalen Vertrauen gegenüber der Macht, der wir unser Leben verdanken und die er Vater zu nennen wagt"[426].

Drewermann spricht zwar wiederholt von der Einzigartigkeit und einmal sogar von der Exklusivität Jesu Christi, begründet diese Einzigartigkeit aber nicht mit der einmaligen Selbstmitteilung des Absoluten (also inkarnatorisch), sondern mit dem Hinweis auf das unbedingte Vertrauen des Menschen Jesus (also anthropologisch). Wie Jesus für jeden Menschen einzigartig ist, der durch ihn zur Überwindung der Angst vor der eigenen Endlichkeit gelangt, so ist Buddha für jeden Menschen einzigartig, der durch ihn zu demselben Vertrauen gelangt. Jesus ist aus Drewermanns Perspektive eine Person, die uns lehrt, unsere Endlichkeit, unsere Angst, unser Wissen um den Tod, unsere Kontingenzerlebnisse und Grenzen so auf das ewige Du Gottes zu beziehen, dass wir erlöst sind von dem Zwang, unserer Endlichkeit selbst einen Sinn zu geben. Ähnliches – so betont er – geschieht in allen anderen Weltreligionen auch – zum Beispiel „wenn Prinz Gautama angeredet wird als ‚der Budda‘ oder als der ‚Bodhisattva‘"[427].

Die *geschichtliche* Selbstmitteilung Gottes in Jesus Christus (*gratia externa*) spielt keine Rolle. Christus ist für Drewermann der austauschbare Katalysator eines Weges zur Selbstüberschreitung (= Erlösung)[428]. Dass hier

---

426 E. Drewermann, Wort des Heils, Bd. II, 16.
427 E. Drewermann, Glauben in Freiheit, 380.
428 „Die katholische Fundamentaltheologie hat im 20. Jahrhundert – endlich möchte man sagen – Gottes geschichtliche Offenbarung als personale Selbst-Offenbarung Gottes verstehen gelernt. Drewermann aber scheint diesen unverkenn-

das Etikett *gnostisch* nicht übertrieben ist, wird deutlich, wenn man nach dem fragt, worin alle gnostischen Christologien übereinstimmen. Sie betrachten das Christusereignis als bloße Einkleidung einer Lehre, einer Botschaft oder eines Weges. Für sie war Christus nicht die reale (geschichtliche) Offenbarkeit des ewigen Sohnes, sondern ein Mittel der Gottheit, ein Katalysator dessen, was wir selbst tun müssen, um die Angst vor der Endlichkeit, vor dem Eingeschlossensein in diese Welt, vor Leid und Tod zu überwinden.

Hinzu kommt, dass dieses ‚Heil‘ im Inneren, im Bewusstsein, in der privaten Existenz des einzelnen verbleibt. Indem Drewermann die Erlösung des einzelnen Menschen einseitig als Überwindung der Angst durch den Glauben erklärt, bleibt ausgeklammert, dass die Gnade das Antlitz des geschichtlichen Jesus Christus trägt und – biblisch gesehen – nur angenommen werden kann im Modus des Gebens bzw. des Mitvollzugs der Inkarnation und gekreuzigten Proexistenz.

Gewiss, kaum ein katholischer Theologe nach Erich Przywara betont mehr als Drewermann, dass die Gnade des Erlösers als radikale „Herausforderung und Bedrohung des gesamten angstvollen und verzweifelten Systems der Selbstsicherung und der Selbstbestätigung"[429] die Gestalt des Kreuzes trägt. Aber auch kaum ein anderer Theologe wehrt sich mehr als er gegen die These, dass die Kreuzigung des alten Adam nicht nur Therapie, sondern auch Forderung, nicht nur Indikativ, sondern auch Imperativ, nicht nur ein Empfangen, sondern auch ein Geben ist. Worin – so muss man ihn mit Metz fragen[430] – besteht denn konkret das Ablassen des einzelnen Sünders von all seinen Versuchen, entweder aus der eigenen Endlichkeit zu fliehen oder seine Endlichkeit zu verabsolutieren? Worin besteht konkret das Gegenteil der Sünde? Worin besteht der alles auf das ganz andere (absolute) Du des Erlösers beziehende Glaube? – Die Antwort der Heiligen Schrift und der gesamten geistlichen Tradition der Kirche ist eindeutig: Die Beziehung zum Du des Erlösers ist untrennbar von der Beziehung zum Du des Nächsten; der Glaube an den trinitarischen Gott, der immanent und ökonomisch Selbsthingabe ist, realisiert sich im Modus der Liebe zum Nächsten. „Wer sich am eigenen Ich festhalten will, der verliert sein Leben; und wer sein Leben hingibt, der gewinnt es" (Mt 16,25 parr).

---

baren Lern-Erfolg‘ in Frage zu stellen, ja den Offenbarungsbegriff überhaupt der Theologie aus der Hand zu schlagen und tiefenpsychologisch zu ‚rekonstruieren‘" (J. Werbick, Gottesoffenbarung, 17). – Zu den Stärken und Grenzen des Begriffes ‚Selbstoffenbarung‘: Ders., Das Medium ist die Botschaft).
429 E. Drewermann, Strukturen des Bösen, Bd. III, 512.
430 Vgl. K.-H. Menke, Osterbotschaft, 103–105.

Schlusswort

Darin stimmt Drewermann mit Metz überein, dass Erlösung Befreiung des einzelnen Ich von aller Entfremdung zu sich selbst ist. Aber für ihn besteht diese Befreiung nicht in einer je einmaligen Inklusion des zu sich selbst befreiten Menschen in die Proexistenz des Erlösers, sondern in der Befreiung von der Angst. Deshalb sind für ihn die Selbstzeugnisse von Menschen, die ihre Gemeinschaft mit Christus (Gnadenerfahrung) zugleich als Berufung bzw. als ‚Zugesellung' zu dem gekreuzigten Christus schildern, Dokumente ein und derselben Zwangsneurose[431]. Zum Beispiel Therese von Lisieux, wenn sie nach eigenem Bekunden stellvertretend das Nicht-Beten-Können eines anderen Menschen auf sich nimmt und deshalb bekennt: „Ich kann nie beten", zugleich aber: *„ich* kann es, wenn nicht mehr *ich* lebe, sondern *Christus in mir"*[432]. Drewermann spricht in diesem Zusammenhang von einem das Ich zerstörenden Über-Ich und also von dem Gegenteil von Gnade bzw. dem Gegenteil einer erlösenden Befreiung.

---

431 Drewermann erklärt die ‚Selbstquälerei' des hl. Franziskus aus einem „negativen väterlichen Überichanteil" (Kleriker, 816[25]), nennt das angeblich stellvertretende Leiden der Kleinen Therese einen „masochistischen Triumph der Selbstzerstörung" (ebd. 176), beschreibt die Hingabebereitschaft der Seligen Schwester Maria Euthymia als Folge ihrer Mutterabhängigkeit (ebd. 808[11]) und trifft die allgemeine Feststellung: „Es ist psychoanalytisch mit Händen zu greifen, was hier ideologisiert wird: unzweideutig handelt es sich um die Gedankenwelt eines Überichs, das sich in Tagen geformt hat, wie wir sie als Hintergrund einer klerikalen Psychogenese generell herausgearbeitet haben: ein erdrückendes Leid (der Mutter zumeist), das die ganze ‚Welt' (des Kindes) überschattet und deshalb später die ganze Weltsicht entscheidend prägen wird; das strikte Verbot, innerhalb einer solchen ‚Welt' auf irgend etwas Eigenes Anspruch zu machen; und die Absolutsetzung solcher Erfahrungen in der Ersetzung der Mutter durch die Rolle des Christus" (ebd. 693).

432 F. Ulrich (Gebet als geschöpflicher Grundakt, 97) mit Bezug auf Thereses ‚Gedichte' (Office Central Lisieux), 412.

Man darf die psychologische Diagnose Drewermanns nicht vorschnell als Ausdruck eines Mangels an geistlichem oder theologischem Tiefblick abweisen. Aber die geistliche Tradition des Christentums ist – angefangen von den ersten Märtyrern bis hin zu den jüngsten Heiligen des 20. Jahrhunderts – voll von Zeugnissen, die Gnade als Verähnlichung mit dem für-leidenden Christus erfahren; voll auch von den Zeugnissen von Menschen, die – mit, durch und in Christus (*sola gratia*) ihre physischen und psychischen Gebrechen unterfasst bzw. in *Medien* der Proexistenz verklärt oder verwandelt haben[433].

Paulus bezeichnet sein eigenes Leiden als Verähnlichung mit dem leidenden Christus (2 Kor 1,5; 4,10; Gal 6,17; Phil 3,10). Und es darf als gesichertes Ergebnis der patristischen Forschung gelten, dass fast alle Väter seit Ende des 2. Jahrhunderts die besonders von Origenes und Cyprian theologisch begründete Überzeugung teilen, der Märtyrer empfange nicht nur die Gnade seines besonderen Zeugnisses, sondern werde auch zum Mittel und Werkzeug des Erlösers für die anderen. Wie ein roter Faden zieht sich die Gewissheit einer Identität von Gnade und Berufung durch weite Teile der eucharistischen Frömmigkeit, der Herz-Jesu- und Passionsmystik des Mittelalters und in geradezu bestimmender Weise durch die Hagiographie des 19. und des 20. Jahrhunderts: Gestalten wie Charles de Foucauld, Léon Bloy, Charles Péguy, Charles Williams, Clive Staples Lewis, Dietrich Bonhoeffer, Edith Stein, Maximilian Kolbe, Oscar Arnulfo Romero y Galdamez oder Adrienne von Speyr sind unabhängig von theologischen Vorprägungen Zeugen einer Befreiungserfahrung, welche das Erleben des Zu-sich-selbst-Befreitwerdens nicht von der Selbstvergessenheit im Dienst des Nächsten trennen kann.

1. Gnade: ,Ver-Anderung des Ich' oder ,Stellvertretung'?

Emmanuel Levinas (1905–1995) hat diese Erfahrung wie kein anderer Zeitgenosse *philosophisch* reflektiert. Wenn Gott[434] bzw. das Unendliche das gegenüber allem Endlichen ganz andere ist, dann – so folgert er – kann der Mensch Gott nur begegnen, wenn es im Raum der Endlichkeit ein Medium der unbedingten Andersheit gibt. Dieses ,Medium' – das will er induktiv (phänomenologisch) erweisen – ist das Antlitz des Anderen, der mich an-

---

433 Vgl. K.-H. Menke, Stellvertretung, 398–434.

434 Gemeint ist nicht ein ,Gott an sich', sondern das, was ,mich unbedingt angeht'. Denn: „Was *unmittelbar* einen Sinn hat, bevor er ihm verliehen wird, genau das ist der Nächste. Aber was auf diese Weise einen Sinn hat, kann nur als Anderer sein, als *derjenige*, der einen Sinn hat, bevor man ihn ihm gibt" (E. Levinas, Die Spur des Anderen, 28). Levinas spricht vom ,Einfallen' Gottes in die Verantwortung für den Anderen (vgl. ders., Wenn Gott ins Denken einfällt, 13–21).

schaut – auch dann, wenn ich ihn unterdrücke und beherrsche, auch dann noch, wenn ich ihn physisch vernichtet (getötet) habe[435]. Das Antlitz ist „die Weise des *Anderen*, sich darzustellen, indem er *die Idee des Anderen in mir* überschreitet". Das Antlitz „besteht nicht darin, vor meinem Blick als Thema aufzutreten, sich als ein Ganzes von Qualitäten, in denen sich ein Bild gestaltet, auszubreiten". Vielmehr „zerstört und überflutet das Antlitz des Anderen"[436] in jedem Augenblick mein Bild (meine Idee) von ihm. „Noch ursprünglicher" – so kommentiert Bernhard Casper – „als der Naturwissenschaftler z. B. die Gegenstände seines Forschens vorfindet und nicht ‚machen' kann, finde ich den Anspruch, der mir in dem anderen Menschen begegnet, vor; richtiger: finde ich mich durch ihn angesprochen und herausgefordert. Ich erkenne, daß ich selbst in Frage gestellt bin – als solcher, der selbst Zeit hat, mit der er etwas anfangen muß[437]. Und zwar auf den Anderen hin. Ich erwache zu mir selbst als zu jenem, der von dem in Frage gestellt und angegangen wird, was sich schlechthin außerhalb seiner selbst findet"[438].

Levinas beschreibt das Phänomen des unbedingten Angegangenseins von außen (‚Ant'-litz) mit dem anschaulichen Ausdruck „être otage pour autrui – Geisel für den Anderen sein"[439]. Wo uns das Unbedingte unbedingt angeht – aus der Sicht von Levinas immer da, wo mich das Antlitz eines bestimmten Menschen anblickt –, werde ich zur Geisel. Das heißt: Ich selbst werde erst dann frei, wenn auch der Andere, dessen Antlitz mich anblickt, frei wird. Gnadentheologisch gewendet: Gnade (das Unbedingte bzw. Gott) begegnet mir im Antlitz des Anderen[440]. Und diese Gnade macht mich nur unter der Bedingung frei, dass es auch mit dem Anderen, in dem Gott mich anblickt (mich beruft, mich sendet), gut ausgeht.

Stephan Strasser übersetzt den Ausdruck „être otage pour autrui" mit dem deutschen Substantiv ‚Stellvertretung', das insofern das Gegenteil von ‚Ersatz' bezeichnet, weil Vertretung überall da stattfindet, wo die Identität, Einmaligkeit und Einzigkeit gewahrt werden soll[441]. Wenn – zum Beispiel! –

435 Vgl. E. Levinas, Totalität und Unendlichkeit, 339–442.
436 Vgl. E. Levinas, Totalität und Unendlichkeit, 63.
437 Levinas stellt der ‚Synchronie' des transzendentalen Subjekts die ‚Diachronie' der ‚unterbrechenden Vorladung' des Augenblicks gegenüber. Noch bevor der Augenblick Glied einer Zeitkette *wird*, *ist* er das Ereignis des Anhaltens. Dazu: B. Casper, Illéité, 278.
438 B. Casper, Denken im Angesicht des Anderen, 24.
439 Vgl. E. Levinas, Die Spur des Anderen, 295–330; ders., Wenn Gott ins Denken fällt, 103–105.116–120; ders., Humanismus des anderen Menschen, 82 f.
440 Eine beeindruckende Konkretisierung der Beobachtung, dass der Andere Medium der Gnade ist, bietet: B. Claret (Hoffnung, 89–97: „Im Blick auf den liebenden Menschen ‚… trotzdem Ja zum Leben sagen'").
441 Vgl. S. Strasser, Jenseits von Sein und Zeit, bes. 310 f.

eine verstorbene Mutter von einer Dienstperson *ersetzt* und nicht *vertreten* würde, dann hätte man bei ihren Kindern nicht nur die Erinnerung an sie ausgelöscht, sondern auch versucht, ihre Einzigkeit zu leugnen.

Wo das Unbedingte (Gott) begegnet – ganz sicher im Antlitz des Anderen – da wird der ‚Begnadete‘ zu sich selbst (zu seiner Einzigkeit bzw. Identität) befreit, und zwar im Modus einer unbedingten Beanspruchung, für die Levinas bis zu dem Bild der Geiselnahme geht. Aber diese Beanspruchung ist alles andere als eine entmündigende Vereinnahmung, alles andere als ‚Ersatz‘. Im Gegenteil: Der Andere, der mich anblickt, ersetzt mich nicht, sondern er befreit mich zu meiner Eigentlichkeit im Modus der ‚Stellvertretung‘.

Natürlich spricht der *Philosoph* Levinas nicht von der Gnade und schon gar nicht von der Gnade Christi; aber doch davon, dass das, was den Menschen unbedingt angeht, kein Produkt seines eigenen Erkennens und Wollens ist, sondern ihm von außen in der Konkretheit des Antlitzes entgegentritt. Und was von außen kommt, wird zum Eigensten, wenn der ‚Angegangene‘ sein Erkennen in Anerkennen, sein Begreifen- und Habenwollen in Verantwortung umkehrt. Levinas spricht von der Verwandlung des Willens in Freiheit durch Güte, weil Güte nie in sich selbst ruht, sondern immer Verlangen (Transzendenz) bleibt[442]. Wo immer die Anerkennung des Anderen realisiert wird, erweist sich, dass der Andere, der vordergründig als Begrenzung oder gar als heteronome ‚Ver-Anderung‘ bzw. Vereinnahmung des Ich erscheint, in Wahrheit das ‚Einfallstor‘ der Gnade ist,

Levinas lehnt jede Reflexion darüber ab, *warum* es Sinn macht, der „Vorladung vor das Antlitz des Anderen" zu entsprechen. Er stellt ganz einfach fest, dass jeder, der dieser Vorladung folgt, „fruchtbar" ist[443]. Jeder Versuch, die Grundbefindlichkeit des Verantwortlichseins für den Anderen philosophisch, psychologisch, soziologisch oder sonstwie kausalanalytisch zu erklären, würde aus der Perspektive von Levinas den Anderen den Zwecken des eigenen Ich unterwerfen. Wie Metz in seiner theologischen Applikation der Erzählung vom Wettlauf zwischen Igel und Hase plädiert der jüdische Philosoph für den Hasen, der Sinn und Identität (theologisch: Gnade) nur im Laufen bzw. in dem nie abgeschlossenen, stets auch mit dem Leiden (mit dem Kreuz) verbundenen Annahme der Andersheit des Anderen erfährt. Es gibt – so betont er – keinen Akt, in dem ich mich selbst in intensiverer Weise als ich selbst gemeint finden könnte, als die Verantwortung für den Anderen. Denn – so Klaas Huizing in seinem Vergleich zwischen Levinas und Hei-

---

442 Vgl. E. Levinas, Die Spur des Anderen, 204 f.
443 Vgl. E. Levinas, Die Zeit und Der Andere, 61–65; ders., Totalität und Unendlichkeit, 390–395.400–406.

degger – für ihn ist „die konstitutive Struktur von Subjektivität [...] von vornherein heteronom verfaßt"[444].

Doch so erhellend die phänomenologischen Beobachtungen von Levinas
für eine am Bundesgedanken abgelesene Gnadenlehre auch sein mögen, die
Frage lässt sich kaum verdrängen, ob die von ihm vorgetragene Behauptung,
die wahre Autonomie sei die Heteronomie, mehr als eine unausgewiesene Behauptung ist. Mit den Vertretern der Münsteraner Schule um Thomas Pröpper
und der Freiburger Schule um Hansjürgen Verweyen darf man kritisch be-
merken: „Ohne die Bestimmung der subjektiven Voraussetzungen einer Begegnung mit dem ‚ganz Anderen' kann nicht festgestellt werden, ob die mir
im ‚ganz Anderen' begegnende Heteronomie gerechtfertigte oder ungerecht-
fertigte Ansprüche an mich stellt"[445].

Die menschliche Freiheit – so zeigt Hermann Krings – ist wesentlich bestimmt durch die Antinomie zwischen der formalen Unbedingtheit und der
materialen Bedingtheit ihrer Vollzüge. Formale Unbedingtheit bedeutet, dass
sie sich zu sich selbst (zu ihren Vollzügen) entscheiden kann und also nicht
mit einem ihrer Vollzüge oder der Summe ihrer Vollzüge identisch ist.

Die Freiheit eines Menschen ist nicht einfach identisch mit dem Akt der
Anerkennung eines ihn anblickenden Antlitzes, sondern sie gibt sich im Falle
dieser Anerkennung einen konkreten (materialen) Inhalt. Sie wäre blind bzw.
fundamentalistisch, wenn sie wie der als Geck beschriebene Hase in der Parabel vom Wettlauf alles geben würde, ohne sich transzendentallogisch über
den Sinn dieses Unternehmens aufzuklären.

Ist diese transzendentallogische Vergewisserung identisch mit der von Le-
vinas abgewiesenen Reduktion des Anderen auf die Kategorien des eigenen
Ich? – Mitnichten! Denn das transzendentale Ich, von dem Blondel und
Krings auf unterschiedliche Weise sprechen, ist nicht das reflexe Ich, sondern
eine formale (unbedingte) Verwiesenheit auf das Andere, die allem reflexen
Denken und Wollen vorausliegt[446]. Es geht also nicht um ein Subjekt, das

---

444 K. Huizing, Das Sein und der Andere, 192.
445 G. Schwind, Das Andere und das Unbedingte, 59.
446 Georg Schwind bemerkt in seinem Vergleich zwischen Levinas und Blondel:
     Weil der Mensch von sich her nicht in der Lage ist, den Ausgleich zwischen dem
     geäußerten (*volonté voulue*) und dem eigentlichen Wollen (*volonté voulante*) zu
     bewirken, ist die *volonté voulante* nicht nur Ausdruck seines innersten Wollens,
     sondern zugleich Ausdruck der Andersheit in ihm. „Der innerste Kern der Selbst-
     erfahrung des Menschen ist bei Blondel durchwirkt von einem uneinholbar
     Anderen, weshalb die Autonomie des Menschen niemals unter Umgehung dieses
     Anderen zu sich selbst kommen kann. [...] Für Blondel handelt es sich allerdings
     nicht um ein einfaches Umschlagen in Heteronomie, vielmehr wird das Denken,
     Wollen und Handeln im innersten Mark seiner unangetastet bleibenden Auto-

alles außerhalb seiner selbst objektiviert, sondern im Gegenteil um ein Ich, das sich selbst nur in dem Maße gerecht wird, in dem es der Andersheit des Anderen entspricht.

Das von außen kommende Antlitz trifft in dem Menschen, der sich ‚angehen‘ lässt, auf die seinem Ich (bzw. seinem Wollen) apriori eingeschriebene Verwiesenheit auf den Anderen (das Nicht-Ich). Sie ist also nichts, was seiner Eigentlichkeit widerspricht. Das Antlitz des Anderen kann der Egomanie eines selbstverliebten Menschen völlig zuwider sein, nicht aber dem, was er vor all seinen Akten immer schon ist bzw. sein soll. Dennoch ist das Antlitz des Anderen auch da, wo sich jemand von ihm treffen lässt, alles andere als ein bloßer *Katalysator* der Selbstverantwortung des Menschen; es ist vielmehr die *Bestimmung* seiner Selbstverantwortung. Levinas sagt über das Verhältnis zwischen dem Antlitz des Anderen und dem von ihm angegangenen Menschen ganz Ähnliches wie Thomas Pröpper über das Verhältnis von Gnade und Freiheit (vgl. S. 181–183). Weil der trinitarische Gott, der als die formal *und* material unbedingte Freiheit die Liebe ist, sich dazu bestimmt, sich von der geschöpflichen Freiheit real bestimmen zu lassen, ist die Gnade nicht der *Katalysator* der menschlichen Freiheit, sondern deren *Bestimmung*.

2. Christsein als ‚inklusive Stellvertretung‘

Was Pröpper über die Ablösung des *Grund-Folge*-Denkens durch die Kategorie des *Bestimmungs*verhältnisses bemerkt hat, entspricht exakt den Ausführungen von Levinas. Und – auch darauf sei abschließend hingewiesen – die deutschen Levinas-Übersetzer greifen zur Bezeichnung dieses Bestimmungsverhältnisses auf den tief in der jüngeren Theologiegeschichte – vor allem in der protestantischen Rechtfertigungs- und Versöhnungslehre (vgl. S. 139 ff) – beheimateten Begriff *Stellvertretung* zurück; und dies nicht ohne die Semantik dieses Wortes von der des Begriffes *Ersatz* abzugrenzen.

Wenn Christus im Rechtfertigungsgeschehen so an die Stelle des Sünders tritt, dass er nicht nur dessen Besserung, Umkehr oder Wiedergutmachung

---

nomie getroffen“ (Das Andere und das Unbedingte, 118 f). Die vom einzelnen Menschen her unüberbrückbare Diastase zwischen volonté voulante und volonté voulue ist nicht gleichbedeutend mit der ‚schlechten Unendlichkeit‘ eines perennierenden Strebens, sondern bezeichnet ein prinzipiell Uneinholbares und in diesem Sinne ganz Anderes. Die Idee des Unendlichen zerstört nicht die Andersheit des Unendlichen. Vielmehr ist die Idee des Unendlichen als genuiner Akt des Denkens gleichsam eine Störung seiner Selbstgenügsamkeit, Hinweis auf Kompetenz und Beschränkung des Denkens zugleich, der Punkt, an dem das Denken über sich selbst hinausweist.

evoziert (Gnade als bloßer Katalysator), sondern die Bestimmung seiner Freiheit wird, dann ist exakt ausgedrückt, worum es Augustinus mit seinem antipelagianischen Plädoyer für das ‚Alles Gottes' (*sola gratia*) ging[447]. Allerdings kam in der augustinischen Gnadenlehre zu kurz, dass sich Gott als Schöpfer und Erlöser (als Gnade) unwiderruflich dazu bestimmt hat, sich von der geschöpflichen Freiheit real (bis zur Konsequenz der Kreuzigung) bestimmen zu lassen. Also ist die Freiheit des Menschen ohne die Gnade nichts; aber zugleich – auf Grund der Gnade – im oben beschriebenen Sinn formal unbedingt und also befähigt, sich zur Annahme oder zur Ablehnung zu entschließen.

Weil der Stellvertretungsbegriff das berechtigte Anliegen des augustinisch-lutherischen *sola gratia*-Axioms wahrt und *zugleich* die Identität, Einzigkeit und Personalität (wahre Freiheit) des vom Stellvertreter Christus vertretenen Sünders ausdrückt, könnte man das Rechtfertigungsgeschehen als Geschehen der *inklusiven Stellvertretung* erklären.

Inklusiv ist die Stellvertretung des Erlösers (die Gnade) deshalb, weil sie stets auch Sendung, Berufung oder – im Sinne von Levinas – Ruf in die konkrete Verantwortung ist.

Die gesamte Heilsgeschichte des Alten und des Neuen Testamentes ist gezeichnet von der Überzeugung, dass Gnade im Modus des Für-Seins empfangen wird. Wenn Maria im Lukasevangelium als die Frau „voll der Gnade" (Lk 1,18) bezeichnet wird, dann wird deutlich: Ihrer einzigartigen Erwählung entspricht eine ebenso einzigartige Beanspruchung[448]. Wer auf sie blickt, weiß, dass man nicht für sich selbst, sondern für die anderen erwählt wird, dass man überhaupt nur ‚für sich selbst' Christ sein kann, *indem* man es für die Anderen ist.

Weil die Annahme der Gnade (der Gemeinschaft mit Christus) den Annehmenden eo ipso in die Stellvertretung des Erlösers inkludiert, liegt das Kriterium des wahren Christseins in der je größeren Bereitschaft zum Mitvollzug der inkarnatorischen Bewegung von oben nach unten an die Stelle des von Levinas bezeichneten Anderen. Wie das Volk Israel nicht für sich selbst erwählt ist, so auch die Kirche Jesu Christi nicht. Aufgabe der Kirche „nach außen" ist es, „in der Nachfolge des Einen, der die ganze Menschheit auf die Schultern genommen hat, die Schar der Wenigen darzustellen, durch die Gott die Vielen retten will"[449]. Von daher bekommt das missverständliche Axiom *extra ecclesiam nulla salus* einen neuen Sinn. Die Kirche ist heilsnotwendig – nicht, weil nur ihre Mitglieder ‚gerettet' werden, sondern weil sich jede ‚Rettung' der Stellvertretung Christi und der von ihr untrennbaren Stellver-

---

447 Vgl. W. Simonis, Anliegen und Grundgedanke.
448 Dazu: K. Rahner, 127–147; K.-H. Menke, Fleisch geworden, 135–151.
449 J. Ratzinger, Das neue Volk Gottes, 359.

tretung der Kirche verdankt. So gesehen ist das vorrangige Ziel der christlichen Mission nicht ‚die Rettung von Seelen‘, sondern die intensive und extensive Stärkung der inklusiven Stellvertretung, welche die Kirche insgesamt und in ihr alle jene sind, die Christus im Sinne des hl. Paulus ‚angezogen haben‘.

Eine Kirche, die sich durch, mit und in Christus als ein Geflecht von Stellvertretungen für das Heil der ganzen Welt versteht, hegt gewiss nicht die alte Vorstellung, nur ein Christ könne selig werden; weiß aber auch, dass Christus der Christen bedürfen will. Wenn der größere Teil der Menschheit gemäß der in 1 Tim 2,4 und Tit 2,11 ausgedrückten Hoffnung ohne den Empfang der Taufe zum Heil gelangt, dann nur deshalb, weil die Getauften eine geistgewirkte Communio bilden, die so in die Inkarnation des Sohnes inkludiert ist, dass er durch sie geschichtlich präsent bleibt. In dem Maße, in dem das sakramentale bzw. kirchliche Christsein inklusive Stellvertretung ist, gibt es auch das ‚anonyme Christsein‘. Wo immer ein sündiger Mensch seine ‚Verwiesenheit auf das absolute Geheimnis‘ (K. Rahner) realisiert, lebt er aus der geschichtlichen Selbstmitteilung Gottes in Christus und seiner Kirche (aus der Gnade) – auch dann, wenn er den Grund seiner Freiheit nicht kennt.

Im Blick auf einen Vergleich zwischen bekennenden und ‚anonymen‘ Christen bemerkt Ratzinger: „Keiner hat das Recht zu sagen: Siehe, es werden andere gerettet ohne den vollen Ernst des katholischen Glaubens, warum nicht auch ich?“ Denn, so muss sich jeder fragen, woher weißt du denn, „daß der volle katholische Glaube nicht gerade deine sehr notwendige Sendung ist, die Gott dir auferlegt hat aus Gründen, um die du nicht markten sollst, weil sie zu den Dingen gehören, von denen Jesus sagt: Du kannst sie jetzt noch nicht verstehen, sondern erst später“[450]? Erwählung (Gnade) kann gewiss sehr unbequem sein und in die Einsamkeit des Nichtverstandenwerdens führen. Aber Untreue gegenüber der eigenen Sendung bzw. Berufung ist auf Dauer immer gleichbedeutend mit dem Verlust der aus selbstvergessener Liebe stammenden Freude. Wer begriffen hat, was inklusive Stellvertretung ist, hört auf, sich mit anderen zu vergleichen oder nach dem Gewinn seiner Erwählung für das eigene Leben zu fragen. Vielmehr macht er in dem Maße, in dem er diese Frage vor dem Antlitz des Anderen vergisst, die Erfahrung der ‚Frucht‘, von der Levinas in seinen phänomenologischen Beobachtungen auf ähnliche Weise spricht wie die hagiographische Tradition der Kirche.

---

450 J. Ratzinger, Das neue Volk Gottes, 336.

Literaturverzeichnis

Alle Abkürzungen von Zeitschriften und Reihen folgen den Vorgaben von Siegfried Schwertner (Internationales Abkürzungsverzeichnis für Theologie und Grenzgebiete, New York/Berlin 1992).

Alle darüber hinaus verwandten Abkürzungen entsprechen dem Verzeichnis des LThK³ (XI [2001] 698–746).

Die im folgenden Verzeichnis kursiv gedruckten Teile der aufgeführten Titel entsprechen den in den Fußnoten genannten Kurztiteln.

Zitate aus *Augustinus* sind mit dem vollen Titel des jeweiligen Werkes und der Bezeichnung der benutzten Ausgabe (ALG; CCL; CSEL) versehen.

Die Pelagiuszitate sind der von A. Souter besorgten Ausgabe seiner Pauluskommentare entnommen: Expositiones XIII epistularum Pauli, Cambridge 1926.

Zitate aus *Thomas von Aquin* verwenden für die Bezeichnung seiner Werke die im LThK vorgegebenen Abkürzungen. Sie folgen ausnahmslos der Marietti-Ausgabe: Opera Omnia, Turin (Marietti) 1948 ff. Für Übersetzungen ins Deutsche werden die zweisprachigen Ausgaben der *Summa contra gentiles* (Ausgabe der Wissenschaftlichen Buchgesellschaft hg. v. Karl Albert, Paulus Engelhardt u. Leo Dümpelmann, 5 Bde., Darmstadt ²2001) und der *Summa Theologica* („Walberberg-Ausgabe" hg. v. den Dominikanern und Benediktinern Deutschlands und Österreichs) benutzt.

Zitate aus *Martin Luther* folgen unter dem Kürzel WA der Weimarer Gesamtausgabe seiner Schriften.

Alexander von Hales: Summa theologica I–III, ed. studio et cura PP. Collegii S. Bonaventurae, 4 Bde., Quaracchi 1924–28.

Alfaro, J., *Lo natural y lo sobrenatural*. Estudio historico desde santo Tomas hasta Cayetano (1274–1534), Madrid 1952.

–, *Natur und Gnade*, in: SM III (1969) 719–729.

–, *Person und Gnade*, in: MThZ 11 (1960) 1–20.

Anselm von Canterbury, Opera Omnia, 6 Bde., hg. v. F. S. Schmidt, Seckau/Rom/Edinburgh 1938–1961.

Althaus, P., Die *Theologie Martin Luthers*, Gütersloh ²1963, 99–118.

Ansorge, D., *Johannes Scottus Eriugena*: Wahrheit als Prozeß. Eine theologische Interpretation von „Periphyseon", Innsbruck 1996.

Arendt, H., *Vom Leben des Geistes*. Das Wollen, München [3]1998.

Asendorf, U., *Rechtfertigung und Vergottung* als Thema in Luthers Theologie und als Brücke zur Orthodoxie. Ein Beitrag über die Bedeutung der gegenwärtigen finnischen Lutherforschung, in: ÖR 41 (1992) 173–189.

Aubert, R., *Aspects diverses* du néo-thomisme sous le pontificat de Léon XIII, in: Rossini, G. (Hg.), Aspetti della cultura cattolica nell'età di Leone XIII. Atti del convegno tenuto a Bologna il 27–29 dicembre 1960, Roma 1961, 133–227.

Auer, J., Das *Evangelium der Gnade*. Die neue Heilsordnung durch die Gnade Christi in seiner Kirche, Regensburg 1970.

–, Die Entwicklung der Gnadenlehre in der Hochscholastik mit besonderer Berücksichtigung des Kardinals Matteo d'Acquasparta. Bd. I. *Das Wesen der Gnade*, Freiburg 1942.

–, Die Entwicklung der Gnadenlehre in der Hochscholastik, Bd. II. *Das Wirken der Gnade*, Freiburg 1951.

–, Inwieweit ist im 13. Jh. der *Wandel des Begriffes „supernaturalis"* bedingt durch den Wandel des Naturbegriffes?, in: La filosofia della natura nel Medioevo. Atti del terzo congresso internazionale di filosofia medievale (Trento 1964), Milano 1966, 333–349.

Avemarie, F., *Tora und Leben*, Untersuchungen zur Heilsbedeutung der Tora in der frühen rabbinischen Literatur, Tübingen 1996.

Bader, G., *Sünde und Bewußtsein der Sünde*. Zu Schleiermachers Lehre von der Sünde, in: ZThK 79 (1982) 60–79.

Balthasar, H. U. v., *Friedliche Fragen* an das Opus Dei, in: Der christliche Sonntag 16 (1964) 117–118.

–, *Heilsgeschichtliche Überlegungen* zur Befreiungstheologie, in: Lehmann, K. (Hg. im Auftrag der Internationalen Theologenkommission), Theologie der Befreiung, Einsiedeln 1977.

–, *Integralismus heute*, in: Diakonia 19 (1988) 221–229

–, *Integralismus*, in: WuW 18 (1963) 737–747.

–, *Karl Barth*. Darstellung und Deutung seiner Theologie, Einsiedeln [4]1976.

Banawiratma, J. B. G., *Der Heilige Geist* in der Theologie von Heribert Mühlen, Frankfurt 1981.

Bannach, K., *Die Lehre* von der doppelten Macht Gottes bei Wilhelm von Ockham. Problemgeschichtliche Voraussetzungen und Bedeutung, Wiesbaden 1975.

Barth, K., Ein *Brief nach Frankreich*, in: Ders., Eine Schweizer Stimme 1938–1945, Zollikon/ Zürich 1945, 108–117.

–, Die *Kirchliche Dogmatik*, Bde. I/1–2. Die Lehre vom Wort Gottes. Prolegomena zur Kirchlichen Dogmatik, München 1935 bzw. Zollikon/Zürich 1948; Bde. II/ 1–2. Die Lehre von Gott, Zollikon/Zürich 1940/42; Bde. III/1–4. Die Lehre von der Schöpfung, Zollikon/Zürich 1948/48/50/57; Bde. IV/1–3. Die Lehre von der Versöhnung, Zollikon/Zürich 1953/55/59.

Bayer, O., *Oratio, Meditatio, Tentatio*. Eine Besinnung auf Luthers Theologieverständnis, in: LuJ 55 (1988) 112–122.

Behnk, W., *Contra liberum arbitrium* pro gratia Dei. Willenslehre und Christuszeugnis bei Luther und ihre Interpretation durch die neuere Lutherforschung. Eine systematisch-theologische Untersuchung, Frankfurt 1982.

Beißer, F., *Zur Frage der Vergöttlichung* des Menschen (theosis) bei Martin Luther, in: KuD 39 (1993) 266–281.

Bengsch, A., *Heilsgeschichte und Heilswissen.* Eine Untersuchung zur Struktur und Entfaltung des theologischen Denkens im Werk „Adversus Haereses" des hl. Irenäus von Lyon, Leipzig 1959.

Benjamins, H. S., *Eingeordnete Freiheit.* Freiheit und Vorsehung bei Origenes, Leiden 1994.

Benz, E., *Joachim-Studien* III, in: ZKG 53 (1934) 52–116.

Berger, D., *Natur und Gnade.* In systematischer Theologie und Religionspädagogik von der Mitte des 19. Jahrhunderts bis zur Gegenwart, Regensburg 1998.

Berger, K., *Theologiegeschichte des Urchristentums.* Theologie des Neuen Testaments, Tübingen/Basel ²1995.

Beumer, J., *Gratia supponit naturam.* Zur Geschichte eines theologischen Prinzips, in: Gr. 20 (1939) 381–406.535–552.

Bieler, M., *Befreiung der Freiheit.* Zur Theologie der stellvertretenden Sühne, Freiburg 1996.

Blaumeiser, H., *Martin Luthers Kreuzestheologie.* Schlüssel zu seiner Deutung von Mensch und Wirklichkeit. Eine Untersuchung anhand der *Operationes in Psalmos* (1519–1521), Paderborn 1995.

Blondel, M., *L' Action.* Essai d'une critique de la vie et d'une science de la pratique, Paris 1893 [Nachdr. 1950]. – Deutsche Übers. v. R. Scherer: *Die Aktion.* Versuch einer Kritik des Lebens und einer Wissenschaft der Praktik, Freiburg 1965.

–/ Valensin, A., *Correspondance*, 3 Bde. (I–II [1899–1912]; III [1912–1947]), Paris 1957/1965.

–, *Philosophische Ansprüche* des Christentums [zwei postum 1950 in Paris unter dem Titel *Exigences philosophiques* veröffentlichte Fragmente: a) *Le Sens chrétien*; b) *De l'Assimilation*], übers. v. R. Scherer, Wien 1954.

Boff, L., *Die Kirche als Sakrament* im Horizont der Welterfahrung. Versuch einer Legitimation und einer struktur-funktionalistischen Grundlegung der Kirche im Anschluß an das II. Vatikanische Konzil, Paderborn 1972.

–, *Erfahrung von Gnade.* Entwurf einer Gnadenlehre, Düsseldorf 1978.

Bohlin, T., Die *Theologie des Pelagius* und ihre Genesis, Uppsala/Wiesbaden 1957.

Bonner, G., *Pelagius* / Pelagianischer Streit, in: TRE XXVI (1996) 176–185.

Bouillard, H., *Blondel und das Christentum*, aus dem Frz. [Blondel et le Christianisme, Paris 1961] übers. v. M. Seckler, Mainz 1963.

–, *Conversion et grace* chez S. Thomas d'Aquin. Étude historique, Paris 1941.

Braulik, G., *Gesetz als Evangelium.* Rechtfertigung und Begnadigung nach der deuteronomischen Tora, in: ZThK 79 (1982) 127–160.

Brosseder, J., *Luthers Stellung zu den Juden* im Spiegel seiner Interpreten, München 1972.

Brunner, P. Die *Rechtfertigungslehre* des Konzils von Trient, in: Schlink, E. / Volk, H. (Hgg.), Pro Veritate. Ein theologischer Dialog, FS L. Jäger/ W. Stählin, Münster/ Kassel 1963, 59–96.

Bruno, F., *Le dimostrazioni trinitarie* di Antonio Rosmini, in: DT(P) 55 (1952) 166–195;

–, *L' indole apologetica* della filosofia rosminiana, in: Sciacca, M. F. (Hg.), Atti del Congresso Internazionale di Filosofia Antonio Rosmini (Stresa/Rovereto 20.–26. 7. 1955), Firenze 1957, 471–479.

Bubenheimer, U., *Augustinismus in der Reformationszeit*, in: TRE IV (1979) 718–721.

Bultmann, R., *Glauben und Verstehen*. Gesammelte Aufsätze, Bd. I, Tübingen ³1993.

Calvin, J., *Institutio Christianae Religionis* (Ausg. v. 1559), in: Ioannis Calvini Opera selecta, hg. v. P. Barth u. W. Niesel, Bd. 3 [München ²1957], Bd. 4 [München ²1959], Bd. 5 [München ²1962]; dt. v. O. Weber: Unterricht in der chistlichen Religion, Neukirchen-Vluyn ²1962.

Casper, B., *Illeité*. Zu einem Schlüssel'begriff' im Werk von Emmanuel Levinas, in: PhJb 91 (1984) 273–288.

Chenu, M. D., *Le plan* de la Somme théologique de S. Thomas, in: RThom 45 (1939) 93–107 [deutsch in: Ders., Das Werk des hl. Thomas von Aquin, Walberberg-Ausg., 2. Ergänzungsbd., aus dem Frz. übers. v. O. H. Pesch, Graz 1960, 336–365].

Claret, B. J., *Geheimnis des Bösen*. Zur Diskussion um den Teufel, Innsbruck ²2000.

–, *Hoffnung* in einer zerbrochenen Welt. Ein Antwortversuch auf die Sinnfrage, Mainz ³2002.

Conigliaro, F., *Rosmini*, precursore della „nouvelle théologie"? La questione del soprannaturale in A. Rosmini e H. de Lubac, in: Menke, K.-H. / Staglianò, A. (Hgg.), Credere Pensando Domande della teologia contemporanea nell'orizzonte del pensiero di Antonio Rosmini. Atti del Convegno internazionale si Filosofia Antonio Rosmini [Rovereto 3–5 maggio 1995], Brescia 1997, 143–234.

Conzemius, V., *Antonio Rosmini*. Die fünf Wunden der Kirche, in: Ders., Propheten und Vorläufer. Wegbereiter des neuzeitlichen Katholizismus, Zürich 1972, 49–62.

Courth, F., Das *Wesen des Christentums* in der Liberalen Theologie dargestellt am Werk Fr. Schleiermachers, Ferd. Chr. Baurs und A. Ritschls, Frankfurt 1977.

Dassmann, E., Der *Stachel im Fleisch*. Paulus in der frühen christlichen Literatur bis Irenäus, Münster 1979.

Dettloff, W., Die *Entwicklung* der Akzeptations- und Verdienstlehre von Duns Scotus bis Luther mit besonderer Berücksichtigung der Franziskanertheologen, Münster 1963.

–, Die *Lehre von der acceptatio divina* bei Johannes Duns Scotus mit besonderer Berücksichtigung der Rechtfertigungslehre, Werl 1954.

Dörnemann, H., *Freundschaft* als Paradigma der Erlösung. Eine Reflexion auf die Verbindung von Gnadenlehre, Tugendlehre und Christologie in der Summa theologiae des Thomas von Aquin, Würzburg 1997.

Doss, M., *Geist-Christologie*, in: LThK³ XI (2001) 87.

Drecoll, V. H., Die *Entstehung der Gnadenlehre* Augustins, Tübingen 1999.

Drewermann, E., *Glauben in Freiheit* oder Tiefenpsychologie und Dogmatik, Bd. I. Dogma, Angst und Symbolismus, Solothurn/Düsseldorf 1993.

–, *Kleriker.* Psychogramm eines Ideals, Olten/Freiburg 1989.

–, *Strukturen des Bösen*, Bd. III, Paderborn ²1988.

–, *Wort des Heils* und Wort der Heilung. Von der befreienden Kraft des Glaubens. Gespräche und Interviews, 3 Bde., Düsseldorf 1989.

Duchrow, U., *Christenheit und Weltverantwortung.* Traditionsgeschichte und systematische Struktur der Zwei-Reiche-Lehre, Stuttgart ²1983.

–, *Sprachverständnis* und biblisches Hören bei Augustin, Tübingen 1965.

Dunn, J. D. G., The *Justice of God.* A Renewed Perspective on Justification by Faith, in: JThS 43 (1992) 1–22.

–, The *New Perspective* on Paul, in: Ders., Jesus, Paul and the Law. Studies in Mark and Galatians, Louisville/London 1990, 183–214.

Ebeling, G., *Luther.* Theologie, in: RGG³ IV (1960) 495–520.

Essen, G., Die *Freiheit Jesu.* Der neuchalkedonische Enhypostasiebegriff im Horizont neuzeitlicher Subjekt- und Personphilosophie, Regensburg 2001.

– „Und diese Zeit ist unsere Zeit, immer noch". *Neuzeit* als Thema katholischer Fundamentaltheologie, in: Müller, K. (Hg.), Fundamentaltheologie – Fluchtlinien und gegenwärtige Herausforderungen, Regensburg 1998, 23–44.

Esser, H. H., Das *Paulusverständnis* des Pelagius nach seinem Pauluskommentar, Bonn 1961.

Evans, R. F., *Pelagius.* Inquiries and reappraisals, New York 1968.

Faber, E.-M., *Kirche* – Gottes Weg und die Träume der Menschen, Würzburg 1994.

–, *Symphonie von Gott und Mensch.* Die responsorische Struktur von Vermittlung in der Theologie Johannes Calvins, Neukirchen-Vluyn 1999.

Ferguson, J., *Pelagius*, Cambridge 1956.

Fessard, G., *La dialectique* des Exercices spirituels, Paris 1956.

Figura, M., Der *Anruf der Gnade.* Über die Beziehung des Menschen zu Gott nach Henri de Lubac, Einsiedeln 1979.

Fischer, K. P., Der *Mensch als Geheimnis.* Die Anthropologie Karl Rahners, Freiburg 1974.

–, *Gott als das Geheimnis* des Menschen. Karl Rahners theologische Anthropologie – Aspekte und Anfragen, in: ZKTh 113 (1991) 1–23.

Flasch, K., *Einleitung*, in: Logik des Schreckens. Augustinus von Hippo: De diversis quaestionibus ad Simplicianum I/2, übers. v. W. Schäfer, hg. u. komm. v. K. Flasch, Mainz 1990, 7–138.

–, Zum *Begriff der Wahrheit* bei Anselm von Canterbury, in: PhJ 72 (1965) 322–352.

Flick, M./ Alszeghy, Z., Il *Vangelo della Grazia.* Un trattato dogmatico, Firenze 1967.

Fransen, P., *Das neue Sein* des Menschen in Christus, in: MySal IV/2 (1973) 921–982.

Frede, H. J., *Ein neuer Paulustext* und Kommentar, Bd. I. Untersuchungen, Bd. II. Die Texte, Freiburg 1973–74.

Freitag, J., *Geist-Vergessen* – Geist-Erinnern. Vladimir Losskys Pneumatologie als Herausforderung westlicher Theologie, Würzburg 1995.

Gäde, G., *Eine andere Barmherzigkeit.* Zum Verständnis der Erlösungslehre Anselms von Canterbury, Würzburg 1989.

Ganoczy, A., *Aus seiner Fülle* haben wir alle empfangen. Grundriß der Gnadenlehre, Düsseldorf 1989.

Garhammer, E., *Opus Dei*, in: LThK³ VII (1998) 1079.

Geerlings, W., *Christus Exemplum.* Studien zur Christologie und Christusverkündigung Augustins, Mainz 1978.

Gerlitz, P., *Der mystische Bildbegriff* (eikôn und imago) in der frühchristlichen Geistesgeschichte. Die philosophischen Grundlagen der Eschatologisierung des altkirchlichen Dogmas, in: ZRGG 15 (1963) 244–256.

Gestrich, C., *Christentum und Stellvertretung*, Tübingen 2001.

Goebel, B., *Rectitudo*. Wahrheit und Freiheit bei Anselm von Canterbury. Eine philosophische Untersuchung seines Denkansatzes, Münster 2001.

Graf, F. W., *Konservatives Kulturluthertum*, in: ZThK 85 (1988) 43–63.

Grane, L. *Contra Gabrielem*. Luthers Auseinandersetzung mit Gabriel Biel in der Disputatio Contra Scholasticam Theologiam 1517, Gyldendal 1962.

Gräßer, E., *Der ruhmlose Abraham* (Röm 4,2). Nachdenkliches zu Gesetz und Sünde bei Paulus, in: Trowitzsch, M. (Hg.), Paulus, Apostel Jesu Christi, FS G. Klein, Tübingen 1998, 3–22.

Greshake, G., *Der dreieine Gott*. Eine trinitarische Theologie, Freiburg 1997.

–, *Erlösung und Freiheit*. Zur Neuinterpretation der Satisfaktionstheorie Anselms von Canterbury, in: ThQ 153 (1973) 332–345.

–, *Geschenkte Freiheit*. Einführung in die Gnadenlehre, Freiburg 1992.

–, *Gnade als konkrete Freiheit*. Eine Untersuchung zur Gnadenlehre des Pelagius, Mainz 1972.

Häring, H., Die *Macht des Bösen*, Zürich/Köln 1979.

Härle, W., *Sein und Gnade*. Die Ontologie in Karl Barths Kirchlicher Dogmatik, Berlin 1975.

Harnack, A. v., *Lehrbuch der Dogmengeschichte*, Bd. III, Darmstadt 1990 [Nachdr. der 4. Aufl. von 1909].

Haun, J., *Bibliographie* zur Zwei-Reiche-Lehre, in: Sauter, G. (Hg.), Zur Zwei-Reiche-Lehre Luthers, München 1973, 215–245.

Hauschild, W.-D., *Gnade*. IV. Dogmengeschichtlich, in: TRE XIII (1984) 476–495.

Hegel, G. W. F., *Vorlesungen* über die Philosophie der Religion, Bd. I, Frankfurt 1986.

Heinrichs, J., *Ideologie oder Freiheitslehre?* Zur Rezipierbarkeit der thomanischen Gnadenlehre von einem transzendentaldialogischen Standpunkt, in: ThPh 49 (1974) 395–436.

Henkel, A., *Geistliche Erfahrung* und Geistliche Übungen bei Ignatius von Loyola und Martin Luther. Die ignatianischen Exerzitien in ökumenischer Relevanz, Frankfurt 1995.

Hevenesi, G., *Scintillae Ignatianae*, Wien 1705.

Hilberath, B. J., *Gnadenlehre*, in: Schneider, T. (Hg.), Handbuch der Dogmatik, Bd. II, Düsseldorf 1992, 3–46.

Hildesheimer, F. / Pieroni Francini, M., *Il giansenismo*, Milano 1994.

Hintzen, G., *Scheitert der katholisch-lutherische Dialog* an einem „Grunddissens"?, in: Cath(M) 53 (1999)1–32.

Hofmann, F., Der *Kirchenbegriff des hl. Augustinus* in seinen Grundlagen und in seiner Entwicklung, München 1933 (Nachdr. Münster 1978).

Hoffmann, H., Zum Aufkommen des Begriffs „Wesen des Christentums", in: ZKG 45 (1927) 452–459.

Honecker, M., *Thesen* zur Aporie der Zweireichelehre, in: ZThK 78 (1981) 128–140.

Hoping, H., *Erbsünde*. III. Systematisch-theologisch, in: LThK³ III (1995) 747.

–, *Weisheit als Wissen des Ursprungs*. Philosophie und Theologie in der „Summa contra gentiles" des Thomas von Aquin, Freiburg 1997.

Huber, W., Kirche und Öffentlichkeit, München ²1991.

Hübner, H., Das *Gesetz bei Paulus*. Ein Beitrag zum Werden der paulinischen Theologie, Göttingen 1978.

–, *Was heißt bei Paulus* „Werke des Gesetzes"?, in: Gräßer, E./Merk, O. (Hgg.), Glaube und Eschatologie, FS W. G. Kümmel, Tübingen 1985, 123–133.

Huizing, K., *Das Sein und der Andere*. Levinas' Auseinandersetzung mit Heidegger, Frankfurt 1988.

Ignatius von Loyola, *Die Exerzitien*, übers. v. H. U. v. Balthasar, Einsiedeln ⁹1986.

Iserloh, E., *Gnade und Eucharistie* in der philosophischen Theologie des Wilhelm von Ockham. Ihre Bedeutung für die Ursachen der Reformation, Wiesbaden 1956.

–, *Luthers Stellung* in der theologischen Tradition, in: Ders., Kirche – Ereignis und Institution, Bd. II. Geschichte und Theologie der Reformation, Münster 1985.

–, „*Mit dem Evangelium* läßt sich die Welt nicht regieren" – Luthers Lehre von den beiden Regimenten im Widerstreit, in: Ders., Kirche – Ereignis und Institution. Aufsätze und Vorträge, Bd. II. Geschichte und Theologie der Reformation, Münster 1985, 163–180.

Ivánka, E. v., *Apex mentis*. Wanderung und Wandlung eines stoischen Terminus, in: ZKTh 72 (1950) 129–176.

Jaeger, J., *Paideia*. Die Formung des griechischen Menschen, I–III, Berlin 1934/1944/1947.

Jedin, H., *Geschichte des Konzils von Trient*, Bd. II. Die erste Tagungsperiode 1545/47, Freiburg 1957.

Jonas, H., *Augustin* und das paulinische Freiheitsproblem, Göttingen ²1965.

Kehl, M., *Kirche – Sakrament des Geistes*, in: Kasper, W. (Hg.), Gegenwart des Geistes: Aspekte der Pneumatologie, Freiburg 1979,155–180.

Kern, W., *Philosophische Pneumatologie*. Zur theologischen Aktualität Hegels, in: Kasper, W. (Hg.), Gegenwart des Geistes. Aspekte der Pneumatologie, Freiburg 1979 , 54–90.

Kessler, H., *Reduzierte Erlösung*? Zum Erlösungsverständnis der Befreiungstheologie, Freiburg 1987.

Klein, G., *Sündenverständnis* und theologia crucis bei Paulus, in: Andresen, C./Klein, G. (Hgg.), Theologia crucis – signum crucis, FS E. Dinkler, Tübingen 1979, 249–282.

–, Art. Gesetz III. Neues Testament, in: TRE XIII (1984) 58–75.

Koch, T., „*Natur und Gnade*". Zur neueren Diskussion, in: KuD 16 (1970) 171–187.

Krämer, H., Die *Grundlegung des Freiheitsbegriffs* in der Antike, in: Simon, J. (Hg.), Freiheit. Theoretische und praktische Aspekte des Problems, Freiburg/München 1977, 239–270.

Kraus, G., *Gnadenlehre* – Das Heil als Gnade, in: W. Beinert (Hg.), Glaubenszugänge. Lehrbuch der Katholischen Dogmatik, Bd. III, Paderborn 1995, 157–305.

–, *Vorherbestimmung*. Traditionelle Prädestinationslehre im Licht gegenwärtiger Theologie, Freiburg 1977.

Krings, H., *System und Freiheit*. Gesammelte Aufsätze, Freiburg/München 1980.

–, *Transzendentale Logik*, München 1964.

Krötke, W., *Sünde und Nichtiges* bei Karl Barth, Neukirchen-Vluyn ²1983.

Kühn, U., *Natur und Gnade* als innerkatholisches und als kontroverstheologisches Problem, in: US 14 (1959) 55–73

–, *Natur und Gnade. Untersuchungen* zur deutschen katholischen Theologie der Gegenwart, Berlin ²1962.

Küng, H., *Rechtfertigung*. Die Lehre Karl Barths und eine katholische Besinnung, Einsiedeln 1957.

Kutschera, F. v., *Die falsche Objektivität*, Berlin 1993.

Lange, H., *De Gratia*. Tractatus Dogmaticus, Freiburg 1929.

Langemeyer, B., Die *Frage nach dem gnädigen Gott* heute, in: GuL 43 (1970) 125–135.

Leff, G., *Augustinismus im Mittelalter*, in: TRE IV (1979) 699–717.

Lercher, L., *Institutiones Theologiae Dogmaticae*. Volumen tertium: De Verbo incarnato [de B.V.M. et cultu Sanctorum]. De Gratia Christi, Innsbruck 1925.

Levinas, E., *Die Spur des Anderen*. Untersuchungen zur Phänomenologie und Sozialphilosophie, übers. u. hg. v. W. N. Krewani, Freiburg/München 1983.

–, *Die Zeit und der Andere*, übers. u. hg. v. L. Wenzler, Hamburg 1984.

– *Humanismus* des anderen Menschen, übers. u. hg. v. L. Wenzler, Hamburg 1984.

– *Totalität und Unendlichkeit*. Versuch über die Exteriorität, übers. u. hg. v. W. N. Krewani, Freiburg/München 1987.

–, *Wenn Gott ins Denken einfällt*. Diskurse über die Betroffenheit von Transzendenz, übers. v. T. Wiemer, eingel. v. B. Casper, Freiburg/München 1985.

Lohfink, N., *Braucht Gott die Kirche*? Zur Theologie des Volkes Gottes, Freiburg ³1998.

–, *Kirchenträume*. Reden gegen den Trend, Freiburg 1982.

Lohse, B., *Beobachtungen* zum Paulus-Kommentar des Marius Victorinus und zur Wiederentdeckung des Paulus in der lateinischen Theologie des vierten Jahrhunderts, in: Ritter, A. M. v. (Hg.), Kerygma und Logos. Beiträge zu den geistesgeschichtlichen Beziehungen zwischen Antike und Christentum, FS C. Andresen, Göttingen 1979, 351–366.

–, *Epochen der Dogmengeschichte*, Stuttgart ⁴1978.

Lorenz, R., Der *Augustinismus* Prospers von Aquitanien, in: ZKG 73 (1962) 217–252.

Lossky, V., À l'*Image* et à la Ressemblance de Dieu, Paris 1967.

Lubac, H. de, *Apologétique* et théologie, in: NRTh 57 (1930) 361–378; deutsche Übers. von K.-H. Neufeld: Apologetik und Theologie, in: ZKTh 98 (1976) 258–270.

–, Die *Freiheit der Gnade*, Bd. I. Das Erbe Augustins, Bd. II. Das *Paradox des Menschen*, hg. u. übers. v. H. U. v. Balthasar, Einsiedeln 1971.

–, *Geheimnis*, aus dem wir leben [Original: Paradoxe et mystère de l'église, Paris 1967], eingel. v. H. U. v. Balthasar, übers. v. K. Bergner u. H. U. v. Balthasar, Einsiedeln 1967.

–, *Surnaturel*. Études historiques, Paris 1946; 2. stark veränderte Aufl. in 2 Bdn. Paris 1965; dt. nach der 2. Aufl. durch H. U. v. Balthasar unter dem Titel: Die Freiheit der Gnade (s. o.).

Lutz, J., *Unio und Communio*. Zum Verhältnis von Rechtfertigungslehre und Kirchenverständnis bei Martin Luther, Paderborn 1990.

Mannermaa, T., Der im *Glauben* gegenwärtige Christus. Rechtfertigung und Vergottung, Hannover 1989.

Manns, P. *Fides absoluta* – Fides incarnata. Zur Rechtfertigungslehre Luthers im Großen Galaterkommentar, in: Iserloh, E. / Repgen, K. (Hgg.), Reformata Reformanda, Bd. I, FS H. Jedin, 265–312.

Maron, G., *Ignatius von Loyola*. Mystik – Theologie – Kirche, Göttingen 2001.

Martelet, G., *La dialectique* des Exercices, in: NRTh 78 (1956) 1060[20].

Martina, G., *La censura romana* del 1848 alle opere di Rosmini, in: RRFC 62 (1968) 384–409; 63 (1969) 24–49.

Martin-Palma, J., *Gnadenlehre* von der Reformation bis zur Gegenwart, Freiburg 1980.

McSorley, H., *Luthers Lehre* vom unfreien Willen nach seiner Hauptschrift De Servo Arbitrio im Lichte der biblischen und kirchlichen Tradition, München 1967.

Mechels, E., *Analogie* bei Erich Przywara und Karl Barth. Das Verhältnis von Offenbarungstheologie und Metaphysik, Neukirchen-Vluyn 1974.

Menke, K.-H., *Aktualismus*. II. Theologisch, in: LThK[3] I (1993) 308 f.

–, *Analogia fidei*, in: LThK[3] I (1993) 574–577.

–, Das *Unfehlbarkeitsverständnis* der „gegen-reformatorischen Konzilstraktate", in: Cath(M) 45 (1991) 102–118.

–, *Deontologische Glaubensbegründung*. Antonio Rosmini (1797–1855) und Maurice Blondel (1861–1949), in: ZKTh 109 (1987) 153–172.

–, Die *Annahme der Gnade* als Mitvollzug der Erlösung. Ökumenische Reflexionen über das Verhältnis von Rechtfertigung und Kirche, in: Cath(M) 47 (1993) 1–19.

–, Die *Einzigkeit* Jesu Christi im Horizont der Sinnfrage, Einsiedeln/Freiburg 1995.

–, *Fleisch geworden* aus Maria. Die Geschichte Israels und der Marienglaube der Kirche.

–, Die *Osterbotschaft* in der Kontroverse zwischen Drewermann und Metz, in: PB 45 (1993) 100–109.

–, *Lehramtliche Selbstkorrektur*. Zur Rehabilitierung von Antonio Rosmini, in: Her Korr 55 (2001) 457–460.

–, *Stellvertretung*. Schlüsselbegriff christlichen Lebens und theologische Grundkategorie, Einsiedeln/ Freiburg [2]1997.

–, *Vernunft und Offenbarung* nach Antonio Rosmini. Der apologetische Plan einer christlichen Enzyklopädie, Innsbruck 1980.

Merk, O., *Paulus-Forschung* 1936–1985, in: ThR 53 (1988) 1–81.

Merklein, H., *Der (neue) Bund* als Thema der paulinischen Theologie, in: Ders., Studien zu Jesus und Paulus, Bd. II, Tübingen 1998, 357–376.

–, Die *Bedeutung des Kreuzestodes* Christi für die paulinische Gerechtigkeits- und Gesetzesthematik, in: Ders., Studien zu Jesus und Paulus, Tübingen 1987, 1–106.

–, *Impliziert das Bekenntnis* zum Gekreuzigten ein Nein zum Judentum? Zur Interpretation der oppositionellen Semantik von 1 Kor 1,18–25, in: Wengst, K./Saß, G. (Hgg.), Ja und nein. Christliche Theologie im Angesicht Israels, FS W. Schrage, Neukirchen-Vluyn 1998, 111–126.

–, „*Nicht aus Werken des Gesetzes ...*". Eine Auslegung von Gal 2,15–21; in: Ders., Studien zu Jesus und Paulus, Bd. II, Tübingen 1998, 303–315.

–, *Paulus und die Sünde*, in: Ders., Studien zu Jesus und Paulus, Bd. II, Tübingen 1998, 316–356.

–, *Paulus*. III. Paulinische Theologie, in: LThK³ VII (1998) 1498–1505.

Metz, J. B., *Glaube in Geschichte und Gesellschaft*. Studien zu einer praktischen Fundamentaltheologie, Mainz ⁵1992.

–, *Jenseits bürgerlicher Religion*, München 1980.

Metz, W., Die *Architektonik* der Summa Theologiae des Thomas von Aquin. Zur Gesamtsicht des thomanischen Gedankens, Hamburg 1998.

Meyer zu Schlochtern, J., *Sakrament Kirche*. Wirken Gottes im Handeln der Menschen, Freiburg 1992.

Mühlen, H., *Der Heilige Geist* als Person: In der Trinität, bei der Inkarnation und im Gnadenbund. Ich-Du-Wir, Münster ⁵1989.

–, *Entsakralisierung*. Ein epochales Schlagwort in seiner Bedeutung für die Zukunft der christlichen Kirchen, Paderborn ²1970.

–, *Gnadenlehre*, in: Vorgrimler, H. / Vander Gucht, R. (Hgg.), Bilanz der Theologie im 20. Jahrhundert, Bd. III, Freiburg 1970, 148–192.

–, *Una Mystica Persona*. Die Kirche als das Mysterium der heilsgeschichtlichen Identität des Heiligen Geistes in Christus und den Christen. Eine Person in vielen Personen, München ³1968.

Mühlen, K. H. zur, *Luthers Kritik* am scholastischen Aristotelismus in der 25. These der „Heidelberger Disputation" von 1518, in: Lutherjahrbuch 48 (1981) 54–79.

–, *Nos extra nos*. Luthers Theologie zwischen Mystik und Scholastik, Tübingen 1972.

–, *Reformatorische Vernunftkritik* und neuzeitliches Denken. Dargestellt am Werk Martin Luthers und Friedrich Gogartens, Tübingen 1980.

Müller, G. L., Hebt das sola-fide-Prinzip die *Möglichkeit einer natürlichen Theologie* auf?, in: Cath(M) 40 (1986) 59–96.

–, *Katholische Dogmatik*. Für Studium und Praxis der Theologie, Freiburg 1995.

–, *Semipelagianismus*, in: LThK³ IX (2000) 451–453.

–, *Texte* zur Theologie (Dogmatik 7/1A–7/1B): *Gnadenlehre I* (Anfänge bis Mittelalter); *Gnadenlehre II* (Mittelalter bis Gegenwart), Graz/Wien/Köln 1996.

–, *Texte* zur Theologie (Dogmatik 7/2): Der Heilige Geist (*Pneumatologie*), Graz/Wien/Köln 1993.

Müller, G., Die *Rechtfertigungslehre*. Geschichte und Probleme, Gütersloh 1977.

Müller, K., *Wenn ich „ich" sage*. Studien zur fundamentaltheologischen Relevanz selbstbewußter Subjektivität, Frankfurt 1994.

Naab, E., Zur *Begründung* der analogia entis bei Erich Przywara. Eine Erörterung, Regensburg 1987.

Neufeld, K.-H., Adolf von Harnacks Konflikt mit der Kirche. Weg-Stationen zum „Wesen des Christentums", Innsbruck 1979.

Neufeld, K. H., Die *Brüder Rahner*. Eine Biographie, Freiburg 1994.

Nygren, G., Das *Prädestinationsproblem* in der Theologie Augustins, Göttingen 1956.

Oberman, H. A., *Das tridentinische Rechtfertigungsdekret* im Lichte spätmittelalterlicher Theologie, in: ZThK 61 (1964) 251–282.

–, *Wurzeln des Antisemitismus*. Christenangst und Judenplage im Zeitalter von Humanismus und Reformation, Berlin 1981.

Ohlig, R., Die *Zwei-Reiche-Lehre Luthers* in der Auslegung der deutschen lutherischen Theologie der Gegenwart seit 1945, Bern 1974.

Osten-Sacken, P. von der, *Evangelium und Tora*. Aufsätze zu Paulus, 1987.

Otte, K., *Gnade*. V. Neuzeit. Systematisch-theologisch, in: TRE XIII (1984) 496–511.

Otto, St., *„Natura" und „Dispositio"*. Untersuchung zum Naturbegriff und zur Denkform Tertullians, München 1960.

Pannenberg, W., *Anthropologie* in theologischer Perspektive, Göttingen 1983.

Pemsel-Maier, S., *Rechtfertigung durch Kirche*? Das Verhältnis von Kirche und Rechtfertigung in Entwürfen der neueren katholischen und evangelischen Theologie, Würzburg 1991.

Pesch, O. H., *Argumentative Verfahrensweisen* in der Dogmatik. Am Beispiel der Rechtfertigungslehre, in: Neuner, P. (Hg.), Glaubenswissenschaft? Theologie im Spannungsfeld von Glaube, Rationalität und Öffentlichkeit, Freiburg 2002, 125–148.

–, *Das Gesetz*. Kommentar zu Thomas von Aquin: Summa Theologiae I–II, 90–105, Heidelberg/Graz 1977.

–, Die *Theologie der Rechtfertigung* bei Martin Luther und Thomas von Aquin. Versuch eines systematisch-theologischen Dialogs, Mainz 1967.

–, *Dogmatik im Fragment*. Gesammelte Studien, Mainz 1987.

–, *Existentielle und sapientiale Theologie*. Hermeneutische Erwägungen zur systematisch-theologischen Konfrontation zwischen Luther und Thomas von Aquin, in: ThLZ 92 (1967) 731–742.

–, *Frei sein aus Gnade*. Theologische Anthropologie, Freiburg 1983.

–, *Gottes Gnadenhandeln* als Rechtfertigung und Heiligung des Menschen, in: MySal IV/2, 831–920.

–, *Rechtfertigung und Kirche*. Die kriteriologische Bedeutung der Rechtfertigungslehre für die Ekklesiologie, in: ÖR 37 (1988) 22–46.

–, *Rez. zu: Metz*, W., Die Architektonik der Summa Theologiae des Thomas von Aquin (s. o.), in: ThRev 97 (2001) 60–63.

–, *Thomas von Aquin*. Grenze und Größe mittelalterlicher Theologie, Mainz 1988.

–, Um den *Plan der Summa* Theologiae des hl. Thomas von Aquin. Zu Max Secklers neuem Deutungsversuch, in: MThZ 16 (1965) 128–137.

–/ Peters, A., *Einführung* in die Lehre von Gnade und Rechtfertigung, Darmstadt ²1989.

Pesch, R., *Integrierte Gemeinde*: in: LthK³ V (1996) 550.

Petrus Lombardus: Libri IV Sententiarum: ed. studio et cura PP. Collegii S. Bonaventurae, Quaracchi 1916.

Pirenne, R., *La Morale de Pélage*. Essai historique sur le rôle primordial de la grâce dans l'enseignement de la théologie morale, Rom 1961.

Plathow, M., Das *Problem* des concursus divinus. Das Zusammenwirken von göttlichem Schöpferwirken und geschöpflichem Eigenwirken in K. Barths „Kirchlicher Dogmatik", Göttingen 1976.

Plinval, G. de, *Essai* sur le style et la langue de Pélage, Fribourg 1947.

–, *Pélage*. Ses écrits, sa vie et sa réforme. Étude d'histoire littéraire et religieuse, Lausanne 1943.

Pohlenz, M., *Griechische Freiheit*. Wesen und Werden eines Lebensideals, Heidelberg 1955.

Pottmeyer, H. J., *Unfehlbarkeit und Souveränität*. Die päpstliche Unfehlbarkeit im System der ultramontanen Ekklesiologie des 19. Jahrhunderts, Mainz 1975.

Poulat, E., *Catholicisme*, démocratie et socialisme. Le mouvement catholique et Msgr. Benigni de la naissance du socialisme à la victoire du fascisme, Paris 1977.

Prete, S., *Pelagio* e il Pelagianesimo, Brescia 1961.

Pröpper, T., *Allmacht Gottes*, in: Ders., Evangelium und freie Vernunft. Konturen einer theologischen Hermeneutik, Freiburg 2001, 288–293.

–, *Erlösungsglaube* und Freiheitsgeschichte. Eine Skizze zur Soteriologie, München ³1991.

–, *Freiheit Gottes*, in: Ders., Evangelium und freie Vernunft (s. o.), 294–299.

–, *Gott hat auf uns gehofft*. Theologische Folgen des Freiheitsparadigmas, in: Ders., Evangelium und freie Vernunft (s.o.), 300–321.

–, Zur theoretischen Verantwortung der *Rede von Gott*. Kritische Adaption neuzeitlicher Denkvorgaben, in: Ders., Evangelium und freie Vernunft (s. o.), 72–92.

Przywara, E., Der *Grundsatz* „Gratia non destruit, sed supponit et perficit naturam". Eine ideengeschichtliche Interpretation, in: Schol. 17 (1942) 178–186.

Putnam, H., *Vernunft*, Wahrheit und Geschichte, Frankfurt 1982.

Rabeneck, J., Das *Axiom: Facienti quod est in se Deus non denegat gratiam* nach der Erklärung Molinas, in: Schol. 32 (1957) 27–40.

–, Die *Heilslehre Molinas*, in: Schol. 33 (1958) 31–62.

–, *Grundzüge* der Prädestinationslehre Molinas, in: Schol. 31 (1956) 351–369.

Raffelt, A., Das „*Wesen des Christentums*" nach Alfred Loisy, in: WiWei 35 (1972) 165–199.

–, *Loisy*, Alfred, in: LThK³ VI (1997) 1041–1042.

Rahner, H., *Ignatius von Loyola* als Mensch und Theologe, Freiburg 1964.

Rahner, K., *Anonymer und expliziter Glaube*, in: Ders., Schriften XII (1975) 76–84.

–, Der eine Jesus Christus und die *Universalität des Heils*, in: Ders., Schriften XII (1975) 251–284.

–, *Der eine Mittler* und die Vielfalt der Vermittlungen, in: Ders., Schriften VIII (1967) 218–235.

–, Die *Logik der existentiellen Erkenntnis* bei Ignatius von Loyola, in: Ders., Das Dynamische in der Kirche, Freiburg 1958, 74–148.

–, *Erfahrung* des Heiligen Geistes, in: Ders., Schriften XIII (1978) 226–251.

–, *Gerecht und Sünder zugleich*, in: Ders., Schriften VI (1968) 262–276.

–, *Grundentwurf einer theologischen Anthropologie*, in: HPTh II/1 (1966) 20–38 (Krit. Gesamtausg. 19,181–196).

–, *Grundkurs* des Glaubens. Einführung in den Begriff des Christentums, Freiburg ⁹1977 (Krit. Gesamtausg. 26,3–442).

–, *Natur und Gnade*, in: Ders., Schriften IV (1960) 209–236.

–, *Sendung und Gnade*. Beiträge zur Pastoraltheologie, Innsbruck/Wien 1988.

–, *Theologie der Freiheit*, in: Ders., Schriften VI (1968) 215–237.

–, Über das *Verhältnis* von Natur und Gnade, in: Ders., Schriften I (1954) 323–345.

–, Über die Einheit von *Nächsten- und Gottesliebe*, in: Ders., Schriften VI (1968) 277–300.

–, Über die *Erfahrung der Gnade*, in: Ders., Schriften III (1956) 105–126.

–, Zum theologischen Begriff der *Konkupiszenz*, in: Ders., Schriften I (1954) 377–414.

–, Zur scholastischen *Begrifflichkeit der ungeschaffenen Gnade*, in: Ders., Schriften I (1954) 347–375.

Räisänen, H., Ein *Sturmzentrum* der Paulusforschung, in: VF 33/1 (1988) 40–56.

–, *Paul and the Law*, Tübingen ²1987.

–, The *Torah and Christ*. Essays in German and English on the Problem of the Law in Early Christianity, Helsinki 1986.

Ratzinger, J., *Das neue Volk Gottes*. Entwürfe zur Ekklesiologie, Düsseldorf 1969.

–, *Gratia praesupponit naturam*, in: Ders., Dogma und Verkündigung, München/ Freiburg 1973, 161–181.

Rees, B. R., The *Letters of Pelagius* and his Followers, Woodbridge 1991.

Reinhardt, K., *Pedro Luis* SJ (1538–1602) und sein Verständnis der Kontingenz, Praescienz und Praedestination. Ein Beitrag zur Frühgeschichte des Molinismus, Münster 1965.

Rieger, R., *Rez. zu: Blaumeiser*, H., Martin Luthers Kreuzestheologie (s.o.), in: ThRv 93 (1997) 479–482.

Rondet, H., *Gratia Christi*. Essai d'histoire du dogme et de théologie dogmatique, Paris 1948.

–, *Le problème* de la nature pure et la théologie du XVIᵉ siècle, in: RSR 35 (1948) 481–521.

–, *Nature et surnaturel* dans la théologie de S. Thomas d'Aquin, in: RSR 33 (1946) 56–91.

–, *Pelagianismus*, in: SM IV (1969) 1101–1105.

Rosmini, A., *Antropologia Soprannaturale*, Bd. I (Edizione critica 39), hg. v. U. Muratore, Roma 1983.

–, *Introduzione alla Filosofia* (Edizione critica 2), hg. v. Pier Paolo Ottonello; Roma 1979.

–, *Teosofia*, Bd. I (Edizione critica 12), hg. v. M. A. Raschini / P. P. Ottonello, Roma 1998.

Ruhstorfer, K., Das *Prinzip ignatianischen Denkens*. Zum geschichtlichen Ort der „Geistlichen Übungen" des Ignatius von Loyola, Freiburg 1998.

Ruini, C., La *trascendenza della grazia* nella teologia di San Tommaso d'Aquino, Roma 1971.

Rulands, P., *Menschsein* unter dem An-Spruch der Gnade. Das übernatürliche Existential und der Begriff der natura pura bei Karl Rahner, Innsbruck 2000.

Sanders, E. P., *Paul*, the Law and the Jewish People, London 1985.

–, *Paulus und das palästinische Judentum*. Ein Vergleich zweier Religionsstrukturen, Göttingen 1985.

Sauter, G., Die *Rechtfertigungslehre* als theologische Dialogregel. Lehrentwicklung als Problemgeschichte?, in: ÖR 48 (1999) 275–295.

Schäfer, R., *Wesen des Christentums*, in: HWP I (1971) 1007–1016.

Scheffczyk, L., Die *Heilsverwirklichung* in der Gnade. Gnadenlehre, Aachen 1998.

Scheld, S., *Media salutis*. Zur Heilsvermittlung bei Calvin, Stuttgart 1989.

Schenk, R., Die *Gnade vollendeter Endlichkeit*. Zur transzendentaltheologischen Aus-legung der thomanischen Anthropologie, Freiburg 1989.

Scheuer, M., *Weiter-Gabe*. Heilsvermittlung durch Gnadengaben in den Schriftkommentaren des Thomas von Aquin, Würzburg 2001.

Schifferle, A., *Marcel Lefebvre*. Ärgernis und Besinnung. Fragen an das Traditions-verständnis der Kirche, Kevelaer ²1984.

Schillebeeckx, E., *Christus und die Christen*. Die Geschichte einer neuen Lebens-praxis, übers. v. H. Zulauf, Freiburg 1977.

–, *Menschen*. Die Geschichte von Gott, übers. v. H. Zulauf, Freiburg 1990.

Schindler, A., *Augustin* / Augustinismus I, in: TRE IV (1979) 646–698.

Schleiermacher, F. D. E., *Der christliche Glaube* nach den Grundsätzen der evange-lischen Kirche im Zusammenhange dargestellt, Bd. II, krit. hg. auf der Basis der 2. Aufl. von 1830 v. Martin Redeker, Berlin 1960.

Schlette, H. R., *Weltseele*. Geschichte und Hermeneutik, Frankfurt 1993.

Schmidt, M., *Augustinismus in der Neuzeit*, in: TRE IV (1979) 721–723.

Schmidt-Leukel, P., Was will die pluralistische *Religionstheologie?*, in: MThZ 49 (1998) 307–334.

Schmitz, H. J., *Frühkatholizismus* bei A. von Harnack, R. Sohm und E. Käsemann, Düsseldorf 1977.

Schnädelbach, H., Der *Fluch des Christentums*, in: Die Zeit Nr. 20 (11. 5. 2000) 41 f.

Schneider, M., „*Unterscheidung der Geister*". Die ignatianischen Exerzitien in der Deutung von E. Przywara, K. Rahner und G. Fessard, Innsbruck ²1987.

Schockenhoff, E., *Bonum hominis*. Die anthropologischen und theologischen Grund-lagen der Tugendethik des Thomas von Aquin, Tübingen 1987.

Schönborn, C., *Über die richtige Fassung* des dogmatischen Begriffs der Vergöttli-chung des Menschen, in: FZPhTh 34 (1987) 3–45.

Schrimpf, G., *Die ethischen Implikationen* der Auseinandersetzung zwischen Hraban und Gottschalk um die Prädestinationslehre, in: Böhne, W. (Hg.), Hrabanus Mau-rus und seine Schule, Fulda 1980, 164–174.

Schulz, M., *Die „gefallene" Natur*. Mensch und Schöpfung unter der Macht der Sünde, in: IKaZ 30 (2001) 110–123.

Schwerdtfeger, N., *Gnade und Welt*. Zum Grundgefüge von Karl Rahners Theorie der „anonymen Christen", Freiburg 1982.

Schwind, G., *Das Andere und das Unbedingte*. Anstöße von Maurice Blondel und Emmanuel Levinas für die gegenwärtige theologische Diskussion, Regensburg 2000.

Sciuto, I., La ragione della fede. Il *Monologion* e il programma filosofico di Anselmo d'Aosta, Genova 1991.

Seckler, M., Das *Heil in der Geschichte*. Geschichtstheologisches Denken bei Thomas von Aquin, München 1964.

–, *Instinkt und Glaubenswille* nach Thomas von Aquin, Mainz 1961.

Siebenrock, R., *Gnade als Herz der Welt*. Der Beitrag Karl Rahners zu einer zeit-gemäßen Gnadentheologie, in: Delgado, M. / Lutz-Bachmann, M. (Hgg.), Theo-logie aus Erfahrung der Gnade. Annäherungen an Karl Rahner, Berlin 1994, 34–71.

Smith, A. J., *The Latin Sources* on the Commentary of Pelagius on the Epistle of St. Paul to the Romans, in: JTS 19 (1917/18) 162–230.

Simonis, W., *Anliegen und Grundgedanke* der Gnadenlehre Augustins, in: MThZ 34 (1983) 1–21.

Smulders, P., *De oorsprong* van de theorie der zuivere natuur. Vergeten meesters der Leuvense school, in: BPTF 10 (1949) 105–127.

Söhngen, G., *Die neuplatonische Scholastik* und Mystik der Teilhabe bei Plotin, in: PhJ 49 (1936) 98–120.

Steiner, H., *Das Verhältnis Tertullians* zur antiken Paideia, St. Ottilien 1989.

Stoeckle, B., „*Gratia supponit naturam*". Geschichte und Analyse eines theologischen Axioms, Rom 1962.

Strasser, S., *Jenseits von Sein und Zeit*. Eine Einführung in Emmanuel Levinas' Philosophie, Den Haag 1978.

Striet, M., *Das Ich* im Sturz der Realität. Philosophisch-theologische Studien zu einer Theorie des Subjekts in Auseinandersetzung mit der Spätphilosophie Nietzsches, Regensburg 1998.

Studer, B., *Grace in the works of St. Augustine*, in: Ders., Dominus Salvator. Studien zur Christologie und Exegese der Kirchenväter, Rom 1992, 327–346.

–, *Gratia Christi – gratia Dei* bei Augustinus von Hippo. Christozentrismus oder Theozentrismus?, Roma 1993.

–, Der apologetische Ansatz zur *Logos-Christologie* Justins des Märtyrers, in: Kerygma und Logos (FS C. Andresen), Göttingen/Zürich 1979, 435–448.

–, *Rez. zu: Greshake*, Gnade als konkrete Freiheit (s.o.), in: FZPhTh 21 (1974) 459–467.

Tans, J. A. G., *Baius*, in: LThK³ I (1993) 1360–1362.

Terán Dutari, J., *Christentum und Metaphysik*. Das Verhältnis beider nach der Analogielehre Erich Przywaras, München 1973.

–, Zum theologischen Verständnis der *Gnade als Kreuz* der Natur, in: ZKTh 88 (1966) 283–314.

–, Zur philosophisch-theologischen *Auffassung der Freiheit* bei Karl Rahner und Erich Przywara, in: Vorgrimler, H. (Hg.), Wagnis Theologie. Erfahrungen mit der Theologie Karl Rahners, Freiburg 1979, 284–298.

Theobald, M., *Rechtfertigung und Ekklesiologie* nach Paulus. Anmerkungen zur „Gemeinsamen Erklärung zur Rechtfertigungslehre", in: ZThK 95 (1998) 103–117.

Thier, S., *Kirche bei Pelagius*, Berlin 1999.

Troeltsch, E., Die *Soziallehren* der christlichen Kirchen und Gruppen, Tübingen 1912.

Ulrich, F., *Gebet als geschöpflicher Grundakt*, Einsiedeln 1973.

Urban, H. J./Wagner, H., *Die konfessionellen Prinzipien*: Grundübereinstimmung – Grunddissens, in: H. J. Urban/H. Wagner (Hgg.), Handbuch der Ökumenik, Bd. III/1, Paderborn 1987, 195–260.

Verweyen, H., *Gottes letztes Wort*. Grundriß der Fundamentaltheologie, Regensburg ³2000.

–, *Ontologische Voraussetzungen* des Glaubensaktes. Zum Problem einer transzendentalphilosophischen Begründung der Fundamentaltheologie, Düsseldorf 1969.

–, Wie wird ein *Existential* übernatürlich? Zu einem Grundproblem der Anthropologie Karl Rahners, in: TThZ 95 (1986) 115–131.

Vorster, H., Das *Freiheitsverständnis* bei Thomas von Aquin und Martin Luther, Göttingen 1965.

Wagenhammer, H., Das *Wesen des Christentums*. Eine begriffsgeschichtliche Untersuchung, Mainz 1973

Waldenfels, H., *Begegnung der Religionen*. Theologische Versuche I, Bonn 1990.

Weimer, L., Die *Lust an Gott* und seiner Sache oder: Lassen sich Gnade und Freiheit, Glaube und Vernunft, Erlösung und Befreiung vereinbaren?, Freiburg 1981.

Weiß, O., *Modernismus*, in: LThK³ VII (1998) 367–370; 367.

Welte, B., Über den Grund der *Möglichkeit des Bösen* nach den Quaestiones disputate de veritate des hl. Thomas, in: Greg. 32 (1951) 405–424.

Wenz, G., *Geschichte der Versöhnungslehre* in der evangelischen Theologie der Neuzeit, Bd. I, München 1984.

Werbick, J., *Das Medium ist die Botschaft*. Über einige wenig beachtete Implikationen des Begriffs der ,Selbstoffenbarung Gottes' – mit Blick auf die Auseinandersetzung um die fundamentalistische Versuchung im Christentum, in: Ders. (Hg.), Offenbarungsanspruch und fundamentalistische Versuchung, Freiburg 1991, 187–245.

–, *Gottesoffenbarung* in der „Sprache der Seele". Eugen Drewermanns Herausforderung der herkömmlichen Fundamentaltheologie, in: MThZ 43 (1992) 17–38.

Wermelinger, O., *Neuere Forschungskontroversen* um Augustinus und Pelagius, in: Mayer, C./Chelius, K. H. (Hgg.), Internationales Symposion über den Stand der Augustinus-Forschung 1987, Würzburg 1989, 189–217.

–, *Rom und Pelagius*. Die theologische Position der römischen Bischöfe im pelagianischen Streit in den Jahren 411–432, Stuttgart 1975.

Wilckens, U., Der *Brief an die Römer*, Zürich/Neukirchen-Vluyn ²1987–89.

–, *Rechtfertigung als Freiheit*. Paulusstudien, Neukirchen-Vluyn 1974.

Wytzes, J., *Paideia* and Pronoia in the Work of Clemens of Alexandria, in: VigChr 14 (1960) 129–153.

Zahlauer, A., *Karl Rahner* und sein „produktives Vorbild" Ignatius von Loyola, Innsbruck 1996.

Personenregister

Alexander von Hales 89; 123
Alexander VII. 161
Alfaro, J. 59; 96
Alszeghy, Z. 13; 120
Althaus, P. 154
Ambrosiaster 64
Anselm von Canterbury 79–88; 174
Ansorge, D. 77
Antonius (Wüstenvater) 30
Arendt, H. 44
Aristoteles 94–96; 98; 108
Arnoldi, B. 108
Aubert, R. 168
Auer, J. 13; 76; 96
Augustinus 23–35; 38–42; 47–50;
    52–66; 68–71; 73–79; 81; 83–85;
    87–91; 106; 109 f.; 114–116; 120 f.;
    123; 125; 143; 146; 148 f.; 151 f.;
    158–160; 176; 182–184
Avemarie, F. 68

Bader, G. 142
Baius (De Bay), M. 159 f.; 162 f.
Balthasar, H. U. von 19; 131; 136; 143;
    170; 186; 194; 200–204
Banawiratma. J. B. G. 196
Bañez, D. 159
Bannach, K. 109
Barth, K. 120; 133 f.; 141–149; 180
Barth, P. 139
Baumann, U. 122
Bayer, O. 117
Behnk, W. 116
Beißer, F. 118

Bellarmin, R. 159
Bengsch, A. 47
Benigni, U. 200
Benjamins, H. S. 47
Benz, E. 104
Berger, D. 147
Berger, K. 66
Bernhart, J. 24
Beumer, J. 147
Biel, G. 108; 115
Bieler, M. 146 f.
Bismarck, O. von 134
Blaumeiser, H. 118
Blondel, M. 96; 163; 165–170; 178;
    203; 212
Bloy, L. 209
Boff, L. 191–193; 196
Bohlin, T. 41; 47
Bonald, L. G. A. de 200
Bonaventura 123
Bonhoeffer, D. 209
Bonner, G. 53
Borg, M. J. 19
Bouillard, H. 96 f.; 173
Bours, J. 136
Braulik, G. 67–69
Brosseder, J. 75
Brunner, P. 120
Bruno, F. 164
Bubenheimer, U. 56
Bultmann, R. 67; 70; 141

Calvin, J. 139 f.; 160
Casper, B. 210

Karl-Heinz Menke

Fleisch geworden
aus Maria

Die Geschichte Israels und
der Marienglaube der Kirche

187 Seiten, kartoniert
ISBN 3-7917-1665-4

Für viele Christinnen und Christen gehören die „Mariendogmen"
zu den am wenigsten plausiblen Aussagen des Glaubens. Zentrum des „Unverständnisses" ist zweifellos die „jungfräuliche
Empfängnis".
Den zahlreichen Bestreitungen dieses Glaubensartikels setzt der
Autor eine provozierende These entgegen: Die mariologischen
Dogmen – allen voran das Dogma von der „jungfräulichen Empfängnis" – sind nicht durch außerchristliche bzw. außerjüdische
Einflüsse zu interpretieren; sie sind allesamt heilsgeschichtlich
begründet. Mariologie und die Mariendogmen erscheinen hier als
eine unaufgebbare theologische Konsequenz der wörtlich (nicht
metaphorisch) verstandenen Fleischwerdung Gottes.
Das Buch ist bestens geeignet als kleines „Lehrbuch" der Mariologie", aber auch als Argumentations- und Orientierungshilfe für
alle, die an Person und theologischer Bedeutung Marias interessiert sind.

Verlag Friedrich Pustet D-93008 Regensburg

Studienliteratur bei Pustet

Franz Gruber
Im Haus des Lebens
Eine Theologie der Schöpfung
240 Seiten, ISBN 3-7917-1740-5

Franz Gruber
Das entzauberte Geschöpf
Konturen des christlichen Menschenbildes
(Topos plus positionen)
160 Seiten, ISBN 3-7867-8486-8

Klaus Müller
Gottes Dasein denken
Eine philosophische Gotteslehre für heute
182 Seiten, ISBN 3-7917-1741-3

Elmar Klinger
Christologie im Feminismus
Eine Herausforderung der Tradition
303 Seiten, ISBN 3-7917-1742-1

Hansjürgen Verweyen
Warum Sakramente?
127 Seiten, ISBN 3-7917-1762-6

Wolfgang Beinert
Tod und jenseits des Todes
(Topos plus positionen)
148 Seiten, ISBN 3-7867-8380-2

Verlag Friedrich Pustet 𝕻 D-93008 Regensburg